International Criminal Court, 3rd.ed.

国際刑事裁判所

第三版

最も重大な国際犯罪を裁く

尾﨑久仁子・洪恵子 共編

東信堂

第三版　はしがき

　このたび『国際刑事裁判所―最も重大な国際犯罪を裁く』の第三版を公刊することとなった。2014年に第二版を公刊してからおよそ10年の時が経過した。第三版では新たに尾﨑久仁子を共編者とし、これまでの本書の基本的な構造や内容は維持しつつも、この10年間の国際刑事裁判所（ICC）の活動の拡大と判例の蓄積を的確に反映するために、章立てに若干の変更を加えた。具体的には、実体法においては、刑事責任に関する章を新設し、手続面においては、従来の章を、裁判の実態に即して統合、整理した。これに伴い、新たな執筆者にも参加いただいた。さらに、読者の理解を助けるために、事態・事件の一覧とその概要や判例一覧、ICCの組織及び手続に関する図・チャートを加えるなどの工夫を行った。

　ICCは、冷戦終結後のいわばユーフォリアともいうべき国際環境のなかで、それまで実現は困難とされてきた普遍的な国際刑事法廷として設立された。その後、およそ20年の間に、ICCは、様々な法的試行錯誤を重ねつつ、また、締約国・非締約国双方との政治的軋轢を経験しながら、裁判所としての実績を重ねてきた。今や、国際社会全体の価値に反する犯罪について個人の刑事責任を問うという流れは、国際社会において不可逆的なものとなったと言っても過言ではなく、このような流れに対してICCの存在が一定の役割を果たしたことも否定できない。他方で、新冷戦とも評価される近年の国際的対立と価値の分断は、ICCの存立基盤にかかわる大きな影響を与えつつある。例えば、ウクライナやパレスチナの事態にICCが如何に対応するか、そして、

それに対して国際社会がどのように反応するかは、ICCの今後を占う試金石となるだろう。

　これらの問題を考えるにあたって前提となるのが、ICCの法的機能の正確な理解であることは言うまでもない。ICC規程は裁判所の機構や適用する法、締約国との関係など極めて多岐にわたる規定を有する国際条約であるうえに、多数の付属文書が存在する。さらに、それらの規定が相互に密接に関連しており、その全体像を把握することは容易ではない。ICCの機能と意義を正しく理解し、その法的問題点を論じるための出発点になる知識を本書が提供することができていることを願っている。

　時間的制約もあるなか執筆を引き受けてくださった皆様に感謝するとともに、巻末資料の作成では鈴木孟氏（立教大学・助教）、北島佑樹氏（東京大学大学院）の多大な協力を得たことを感謝とともに記したい。また第三版の出版にあたっても、東信堂の下田勝司社長、下田勝一郎氏に大変お世話になった。心から御礼申し上げる。

　　　　　　　　　　　　　　　　　　　2024年10月1日　尾﨑久仁子
　　　　　　　　　　　　　　　　　　　　　　　　　　　洪　　恵子

第二版　はしがき

　このたび『国際刑事裁判所―最も重大な国際犯罪を裁く』の第二版を公刊することになった。初版が出版された 2008 年は、国際刑事裁判所の設立根拠であるローマ規程が発効して 5 年が過ぎ、実質的にいくつかの事態について管轄権を行使し始めた時期であり、またその前年には日本のローマ規程への加入が実現した。このようなことから、初版は、新しく活動を開始した国際刑事裁判所に関する法的問題点を明確にし、国際刑事裁判所の意義と機能を明確にしようと試みた。その後、早くも 7 年が経過したが、その間、国際刑事裁判所に関してさらに重要な進展がみられた。まず、ローマ規程の検討会議が行われた。2010 年ウガンダのカンパラで行われた検討会議では最大の懸案であった「侵略犯罪」の定義と国際刑事裁判所が管轄権を行使するための条件について合意がなされるなど、いくつかの重要な改正案が採択された。またこの 6 年の間に国際刑事裁判所の実行が積み重なっていることも重要である。ローマ規程は国際刑事裁判所の管轄権行使を可能とするために、締約国による事態の付託、検察官の自己の発意による捜査の開始、国連安全保障理事会による事態の付託という 3 つのトリガー・メカニズムを用意したが、今日、そのすべてが利用され、まさに本格的に活動を行っているのである。
　しかし活動を本格化したことによって、あらたな問題が浮き彫りになっているのも事実である。そこで初版が出版された 2008 年春以降の国際刑事裁判所の実行を踏まえて、新たに加筆・訂正を行って、国際刑事裁判所をめぐる法的問題点に関するより正確な記述を目指したのが本書である。執筆者に

は新たに書き直すのではなくて、あくまでもオリジナルの構成を前提として、必要最小限の修正をお願いし、ただし章によっては大幅に変更したことをお断りしておきたい。執筆者には、国際刑事裁判所をめぐる状況が刻々と変化するなか、国際刑事裁判所の法的問題点、意義、機能の明確化という初版の目的を達成するために、紙幅の制約のなかで最大限の修正努力を行っていただいた。また第二版という貴重な機会は東信堂の下田勝司社長の格別の配慮によって可能となった。関係者の皆様に心から感謝申し上げる。

村瀬　信也
洪　恵子

初版　はしがき

　国際刑事裁判所（International Criminal Court, ICC）は、2002年7月以降、将来に起こりうる「国際社会全体の関心事である最も重大な犯罪（集団殺害犯罪・人道に対する犯罪、戦争犯罪・侵略犯罪）」に対して管轄権を設定した国際社会の一般的な裁判所（court）である。重大な犯罪を犯した者に対する「不処罰」（impunity）を許さず、おぞましい残虐行為をなくそうという国際社会の努力が、このような形で実を結んだことの意義は大きい。

　わが国の国会は、2007年4月27日、この「国際刑事裁判所（ICC）規程」および「国際刑事裁判所に対する協力等に関する法律」（ICC協力法）を承認した。同年7月17日にICCへの加入書が国連に寄託され、10月1日から、日本はICCの正式な締約国となった。また、日本政府は、齋賀富美子人権担当大使を、初めての日本のICC裁判官候補として指名し、同年11月に行なわれた裁判官補欠選挙に臨んで見事当選を果たした。こうして日本は、国際刑事裁判所の活動に対して、重要な役割を担うことになったのである。

　本書は、こうした機会に、この新しい裁判所に関する法的問題点を洗い直し、現段階におけるその意義と機能を明確にしようとするものである。

　本書の基になったのは『国際問題』2007年4月号（電子ジャーナル、日本国際問題研究所刊）での「国際刑事裁判所の課題」に関する特集である。そこでは、共編者を含む5名の執筆者による論稿が掲載されたが、本書は、新たに6名の執筆者を加え、かつ原稿枚数も倍近くに増やして、全く新しい企画として出版することとした。

本書の各論文は、国際刑事裁判所が直面している諸問題に取り組んでいる点で共通しているが、本書の特徴は、各々の筆者は自己の考えに基づいて検討を行なっており、国際刑事裁判やその背景となる法的理解に関して、必ずしも見解が統一されているわけではないことである。国際刑事裁判所をめぐる法は、刑法と国際法はもとより、行政法や憲法など多くの法分野を含むものであり、その違いを表面的に統一するよりは、むしろ相違を明らかにしておく方が、国際刑事裁判所の正しい理解につながると思われたためである。

　新たな執筆者の方々には、きわめて短期間のうちに原稿を完成していただくよう依頼しなければならなかったが、お願いした全ての方々から原稿を頂くことができ、心から感謝申し上げる。また東信堂の下田勝司社長には本書の出版につき格別の配慮を頂いた。編集を担当して下さった松井哲郎氏に対する感謝とともに、心から御礼申し上げる。

2007年12月1日　村瀬　信也
洪　恵子

目次／国際刑事裁判所——最も重大な国際犯罪を裁く——〔第三版〕

第三版　はしがき………………………………………………… i
第二版　はしがき………………………………………………… iii
初版　はしがき…………………………………………………… v

第1章　国際刑事裁判の発展と課題……………… 古谷　修一　3
　　　　──国際法秩序における革新性と連続性──
　Ⅰ　はじめに……………………………………………………… 4
　Ⅱ　国際刑事裁判の歴史的な発展……………………………… 5
　Ⅲ　個人責任論の意義と課題…………………………………… 16
　Ⅳ　国家を基盤とする国際法体系との並存…………………… 22
　Ⅴ　おわりに……………………………………………………… 29
　【注】(30)

第2章　ICCにおける管轄権の構造と受理許容性… 洪　恵子　34
　Ⅰ　はじめに……………………………………………………… 35
　Ⅱ　ICC規程における管轄権の制度的特徴…………………… 37
　Ⅲ　トリガー・メカニズム……………………………………… 43
　Ⅳ　受理許容性…………………………………………………… 48
　Ⅴ　おわりに……………………………………………………… 55
　【注】(57)

第3章　集団殺害犯罪（ジェノサイド罪）……… 稲角　光恵　63
　Ⅰ　「ジェノサイド」に関する国際法と社会認識とのギャップ … 64
　Ⅱ　集団殺害犯罪という犯罪類型の誕生……………………… 65
　Ⅲ　集団殺害犯罪の重大性の評価……………………………… 68
　Ⅳ　集団殺害犯罪が国際的な刑事裁判機関を生んだ………… 70
　Ⅴ　集団殺害犯罪の定義と社会認識との乖離………………… 75
　Ⅵ　おわりに……………………………………………………… 85

第4章　人道に対する犯罪　………………………… 坂本　一也　94

- Ⅰ　はじめに ……………………………………………………… 95
- Ⅱ　人道に対する犯罪の成立と展開 …………………………… 95
- Ⅲ　人道に対する犯罪に関する文脈的要件 ………………… 104
- Ⅳ　おわりに …………………………………………………… 112
- 【注】(114)

第5章　戦争犯罪 ………………………………………… 真山　全　122
―― 犯罪構成要件文書を中心に ――

- Ⅰ　はじめに …………………………………………………… 123
- Ⅱ　犯罪構成要件文書の性格と構造 ………………………… 126
- Ⅲ　戦争犯罪構成要件の総論的規定 ………………………… 130
- Ⅳ　個別戦争犯罪の構成要件 ………………………………… 133
- Ⅴ　おわりに …………………………………………………… 149
- 【注】(153)

第6章　侵略犯罪 ………………………………………… 新井　京　162

- Ⅰ　はじめに …………………………………………………… 163
- Ⅱ　侵略行為および侵略犯罪の定義 ………………………… 164
- Ⅲ　管轄権行使条件：安保理の関与 ………………………… 174
- Ⅳ　カンパラ改正の発効条件・適用範囲に関する問題 …… 179
- Ⅴ　おわりに …………………………………………………… 188
- 【注】(190)

第7章　刑事責任 ……………………………………… 髙山佳奈子　195

- Ⅰ　ローマ規程における関与形式 …………………………… 196
- Ⅱ　特に注目される類型 ……………………………………… 197
- Ⅲ　具体例 ……………………………………………………… 205
- Ⅳ　日本法の観点から ………………………………………… 210
- 【注】(211)

第8章　捜査と検察官の役割 …………………… 竹村　仁美　217

Ⅰ　はじめに ………………………………………………… 218
Ⅱ　検察局・検察官の役割 ………………………………… 218
Ⅲ　検察官の任命・回避・除斥 …………………………… 220
Ⅳ　予備的な検討 …………………………………………… 221
Ⅴ　捜査の開始 ……………………………………………… 230
Ⅵ　裁判所における最初の手続──犯罪事実を記載した文書の提供・犯罪事実の確認── ………………………………………… 235
Ⅶ　おわりに ………………………………………………… 238
【注】(239)

第9章　裁判手続 ……………………………………… 尾﨑久仁子　245

Ⅰ　はじめに ………………………………………………… 246
Ⅱ　国際刑事法廷における手続法の発展 ………………… 247
Ⅲ　ICCの手続の特徴 ……………………………………… 250
Ⅳ　犯罪事実の確認、公判前整理手続、証拠開示 ……… 255
Ⅴ　公　判 …………………………………………………… 260
Ⅵ　上訴及び再審 …………………………………………… 272
Ⅶ　おわりに ………………………………………………… 274
【注】(278)

第10章　被害者の地位 ………………………………… 東澤　靖　282

Ⅰ　はじめに ………………………………………………… 283
Ⅱ　刑事手続における被害者とその権利 ………………… 283
Ⅲ　ICCにおける被害者 …………………………………… 286
Ⅳ　被害者と証人の保護 …………………………………… 290
Ⅴ　被害者の手続参加 ……………………………………… 296
Ⅵ　被害者に対する賠償と信託基金 ……………………… 305
Ⅶ　おわりに ………………………………………………… 315
【注】(318)

第 11 章　裁判所に対する協力 ………………… 竹内　真理　322

　　Ⅰ　はじめに ………………………………………………………… 323
　　Ⅱ　国際刑事裁判所規程における国家の協力義務 ………………… 324
　　Ⅲ　国際刑事裁判所規程上の協力義務と他の国際規範との調整問題　333
　　　　──規程 98 条を巡る問題──
　　Ⅳ　おわりに ………………………………………………………… 338
　　【注】(338)

第 12 章　締約国会議 ……………………………… 大平　真嗣　342

　　Ⅰ　はじめに ………………………………………………………… 343
　　Ⅱ　国際社会における対 ICC 批判 ………………………………… 343
　　Ⅲ　ICC 改革のための ASP の取組 ………………………………… 346
　　Ⅳ　侵略犯罪 ………………………………………………………… 353
　　Ⅴ　おわりに ………………………………………………………… 354
　　【注】(356)

資　料 ……………………………………………………………… 359

　　国際刑事裁判所組織図 …………………………………………… 360
　　ICC 事態・事件一覧 (2024 年 3 月 12 日現在) ………………… 361
　　ICC における手続の流れ ………………………………………… 370
　　受理許容性審査の流れ …………………………………………… 372
　　判例一覧 …………………………………………………………… 373

　　事項索引 …………………………………………………………… 387
　　執筆者紹介 ………………………………………………………… 393

コラム目次一覧

- ニュルンベルグ諸原則 …………………………………………… 10
- 受理許容性の判断と国家承認 …………………………………… 55
- 国際裁判は集団殺害犯罪を止められるか？ …………………… 86
- アルメニア人虐殺 ………………………………………………… 97
- アイヒマン（Eichmann）事件 ………………………………… 102
- ジェンダー概念とジェンダー犯罪 ……………………………… 112
- 核兵器使用と戦争犯罪 …………………………………………… 151
- プーチン大統領の「侵略犯罪」は裁けるか？ ………………… 189
- 国際刑事裁判所の完了戦略──捜査の終期── ……………… 236
- 多言語法廷と法廷通訳・翻訳 …………………………………… 263
- 拘置及び刑の執行 ………………………………………………… 274
- 裁判手続と締約国会議 …………………………………………… 277

国際刑事裁判所
―― 最も重大な国際犯罪を裁く ――
〔第三版〕

第1章
国際刑事裁判の発展と課題
——国際法秩序における革新性と連続性——

古谷　修一

Ⅰ　はじめに
Ⅱ　国際刑事裁判の歴史的な発展
　1　第一次世界大戦から冷戦まで
　2　冷戦後の動き
Ⅲ　個人責任論の意義と課題
　1　個人責任の存立基盤と機能
　2　「国家のベールを突き通す効果」の限界
Ⅳ　国家を基盤とする国際法体系との並存
　1　国家責任とのパラレリズム
　2　国家の刑罰権とのパラレリズム
Ⅴ　おわりに

I　はじめに

　従来、国際法は主権国家の相互関係を規律する法体系と考えられてきた。したがって、国際刑事裁判所 (International Criminal Court, ICC) のような国際機関が刑事裁判権を行使し個人を裁くという発想は、伝統的な国際法秩序に革新をもたらす側面を持っている。こうした革新的側面こそが、ICC の活動やこれに関連する制度を考えるうえで、重要な要素となることは間違いない。他方で、いかに革新的な制度であっても、これまで存在した秩序から完全に独立して存立することはできない。すべての制度は、大なり小なり従来の制度が立脚する秩序のあり方を引き継ぎ、その連続性のうえで機能する側面を持っている。したがって、新たな制度は常に、革新性と連続性の均衡の中で機能し、あるいは時にそれらの摩擦によって機能不全を起こす可能性を内包する。本章は、新しい社会制度が抱える革新性と連続性の均衡と相克という観点から、国際刑事裁判の意義と課題を考えることを目的としている。
　では、具体的に、どのような点で国際刑事裁判という発想は革新的なのだろうか。第1に、責任追及の対象の変化を挙げることができる。伝統的な国際法規範は国家を名宛人とし、国家の責任を問うことによって規範内容の実現を目指す構造をもってきた。しかし、国際刑事裁判は、国際人道法等の重大な違反を犯した個人に対して国際法上の責任を問い、これに基づいて国際的な機関が当該個人を裁判・処罰することを目的としている。こうした個人責任論の導入という点で、国際刑事裁判の登場は旧来の国際法秩序とは一線を画する意義を持つ。とは言え、個人責任の新たな体系が、国家責任の従来の体系を完全に駆逐したわけではない。国家責任は依然として国際法の中核に位置し、国際人道法違反の場合にも重要な機能を果たしている。したがって、国際刑事裁判は、国家責任追及の枠組と平行して存在し、また行使されることになる。しかし、後に詳しく述べるように、個人責任と国家責任の体系は相互に抵触する側面を持っており、単純に並存が可能と割り切ることはできない。国際刑事裁判を支える個人責任論の発展は、国家責任法との関係で、どのような意義と課題を抱えるのか。この点の検討が本章の主題のひとつとなる。
　さらに、国際刑事裁判の発想は、刑罰権の所在に関する認識の変化を基盤としている。従来、刑罰を科す権限は国家に属し、刑罰権の独占的な保持は

国家の主権性を象徴する重要な要素と考えられてきた。ところが、国際刑事裁判は、国際機構として設立された国際裁判所が戦争犯罪や人道に対する犯罪に関して刑罰権を行使する点に特徴がある。これは、なぜ国際機構が刑罰権を持つことができるのかという理論的な問題とともに、国家が行使する刑罰権との関係という実務的な問題も提起する。国際刑事裁判権の行使は、分権的な国家間関係の束縛から完全に解き放たれているわけではない。国家は各々の国内法に基づき依然として刑事管轄権を保持しており、国際刑事裁判権が行使されうる犯罪についても、自らの管轄権を行使することが可能である。こうして、国際裁判所による裁判権と国家による裁判権は競合的に行使されることになる。このような状況から、国際刑事裁判の登場は、国家による裁判権との衝突を回避し、また両者の協働関係を構築するための新たな規範・制度を生み出すことにもなった。ICCの場合では、補完性の原則（principle of complementarity）がこうした機能を果たすが、その具体的な適用において課題を抱えることにもなる。

　本章は、以上のような視点から、ICCが行使する国際刑事裁判権の革新性と、従来の国際法秩序との連続性について検討を試みる。その点で、本書における総論的な考察を担うものであり、後の章で個々に検討されるICCの制度・原則の存立基盤を明らかにすることも目的としている。

II　国際刑事裁判の歴史的な発展

　ICCの意義や具体的な機能は、これまでに設置されてきた国際刑事裁判機構の歴史的な発展の延長線上にある。したがって、ICCの革新性と連続性を理解するうえで、まず国際刑事裁判がどのように発展してきたのかを概観することが重要となる。

1　第一次世界大戦から冷戦まで
(1)　第一次世界大戦後の試み

　第一次世界大戦が終結するとともに、人類史上最大の災禍をもたらした戦争の責任者を、刑事的に処罰しようという世論が沸き起こった。これが、国際的な刑事裁判制度は構築しようとする初めての動きを後押しすることとなった。連合国は、15名から成る「戦争開始者の責任と刑罰の執行に関する

委員会」を設置し、同委員会は検討の結果、「複数の国の裁判官から構成される高等裁判所」の創設を提案している[1]。こうした委員会の提案は、ドイツとのヴェルサイユ講和条約に反映され、同条約227条は「国際道義と条約の神聖を傷つけた最高の犯罪」について、ドイツ皇帝ヴィルヘルム2世を訴追するため、アメリカ、イギリス、フランス、イタリア、日本の5名の裁判官から成る「特別裁判所」(special tribunal) の設置を定めている。しかし、ヴィルヘルム2世はすでにオランダに亡命しており、オランダ政府が彼の引渡を拒んだため、実際には裁判は実現しなかった。

一方、ヴェルサイユ条約は、戦争犯罪を理由としてドイツの兵員を裁く軍事裁判所の設置も定めていた（228条～230条）。しかし、ドイツが関連条項の受諾を拒絶したため、結局は連合国が訴追されるべき人のリストを作成し、それをドイツのライプチヒ最高裁判所で裁くという妥協が成立した。だがこれに関しても、当初挙がっていた900名あまりのリストはすぐに45名に削減され、結局は12名が実際に裁判にかけられたにすぎない。そのうち半数は無罪となり、有罪となった他の者の刑も比較的軽いものであった[2]。この「ライプチヒ裁判」の失敗は、加害者本国の国内裁判所が実効的な裁判を行うことがいかに困難であるかを示しており、後に第二次世界大戦後の連合国に対して国際裁判を実施する必要性を強く意識させる教訓となった。

このように、第一次世界大戦の戦後処理として国際刑事裁判の制度を構築しようとする試みは失敗に終わったが、戦間期においても、多くの国際法学者がこうした構想を現実化しようと努力をしていた。たとえば、常設国際司法裁判所の設置計画を立案していた国際連盟の法律家諮問委員会は、「国際公序または普遍的な国際法の違反を構成し、連盟総会または理事会により付託された犯罪を審理する権限」を有する「高等司法裁判所」(High Court of International Justice) を設立することを提案している。しかし、連盟総会第3委員会は、こうした試みは時期尚早であると結論したのである[3]。

(2) ニュルンベルグ裁判・東京裁判

第一次世界大戦において失敗した国際刑事裁判の構想は、第二次世界大戦後に実現することになる。1945年8月8日、イギリス、アメリカ、フランス、ソ連は「欧州枢軸の主要戦争犯罪人の訴追と処罰、国際軍事裁判所条例を制定するための協定」(ロンドン協定) を締結した。この協定により、国際軍事裁

判所（いわゆるニュルンベルグ裁判所）が設立され、これら4か国からの裁判官により法廷が構成された。同年10月に24名のナチ指導者が起訴され、翌月から約1年間裁判が行われた結果、19名の被告人が有罪となっている。

この裁判所の特徴を考えるときに重要なのは、連合国4か国のみの協定によって設立され、ドイツはもとより他の連合国も当初は協定の締約国となっていないことである。ロンドン協定の前文は4か国が「連合国の利益を代表して」同協定を締結したと述べている。その点では、連合国全体のための裁判所を4か国が代表となって設立したと理解でき、一定の国際性を備えていると言えなくもない。他方で、第1条はニュルンベルグ裁判所が「特定の地理的な場所を持たない犯罪を行った戦争犯罪人を裁判する」ために設立されたと規定している。第二次世界大戦以前においても、戦争犯罪の概念は存在し、交戦国が他の交戦国の兵士などを処罰する実行はあった。その場合、当然に戦争犯罪は自国の領域内で発生、あるいは自国の兵士・文民に対して行われた犯罪行為に関する処罰となり、一定の地理的関係が特定できることが条件となる。ところが、ナチ指導者の戦争行為はヨーロッパ全土に及んでおり、連合国の特定の国家だけに向けられたものと考えることは困難であった。そうした観点から、「特定の地理的な場所を持たない犯罪」を4か国が共同して処罰する体制を構築したのである。この点では、ニュルンベルグ裁判所は本来4か国それぞれが行うことができる戦争犯罪の処罰を、単純に合同して行ったと解釈することもできる。ニュルンベルグ裁判所が「主要戦争犯罪人」の裁判を行ったのは、戦争犯罪の責任が重大で、その点で「主要」である被告人を対象としたというだけでなく、そもそも指導者層の責任を問う場合には犯罪が地理的に限定できないという理由から、共同した裁判の形式を取ったものと考えられる。そうした側面を捉えれば、ニュルンベルグ裁判は真の意味で「国際的」であったとは言えず、むしろ4か国の合同裁判所としての性格を持っていたことになる。

一方、アジア・太平洋地域においては、極東国際軍事裁判所（いわゆる東京裁判）が設立され、日本の政治・軍事指導者が、ニュルンベルグ裁判と同様に裁かれることになった。28名が起訴され、約2年半の審理の結果、25名が有罪となっている。東京裁判は多くの点でニュルンベルグ裁判の引き写しと言えるが、異なる側面もある。それは同裁判所が関係国の協定によってではなく、「極東国際軍事裁判所設立ニ関スル連合国最高司令官特別宣言書」

によって設置された点である。つまり、東京裁判は連合国軍のトップである最高司令官の命令で設置されており、その点では4か国の合同裁判という性格を帯びたニュルンベルグ裁判と比較して、連合国全体によって設置された「国際裁判所」という色彩が強い。実際、裁判官も11名で構成され、インド、中国、フィリピンなどの主要連合国以外の国々の裁判官も加えられている。

　ニュルンベルグ裁判所は、平和に対する罪、戦争犯罪、人道に対する犯罪について管轄権を行使するものとされていた。しかし、設置規則であるニュルンベルグ裁判所憲章はこれらの犯罪が行われた後に採択されたものであるため、事後法に基づく裁判との批判が向けられた。裁判所は、これに反論する形で、平和に対する罪については不戦条約、戦争犯罪については戦時に適用されるハーグ諸条約がすでに存在していたことを指摘し、事後法の適用ではないと判断している。しかし、人道に対する犯罪については、こうした既存の国際法規則を示すことはできず、事後法の禁止という原則を口実にナチ指導者を不処罰にすることは正義の要請に適わないと、道義的な側面を強調するに留まっている[4]。同様の批判は東京裁判にも当てはまる。また、両裁判所が戦勝国による敗戦国の責任者の処罰である側面は、その検察官や裁判官の構成から見ても否定できない。検察官は連合国から指名された者だけであったし、裁判の公正・中立性を担保する点で最も適任であろうと思われる中立国出身の裁判官も含まれていない。その点で、「勝者の裁き」という批判を免れることができないのは確かである。

　だがしかし、これら二つの裁判所が、後の国際刑事裁判の発展にとって、きわめて重要な意義を持つものであったことも間違いない。第一に、裁判官の構成に問題があったとは言え、国家による刑罰権の独占を打ち破り、史上初めて国際的な組織が刑事裁判を実施したことは重要である。第一次世界大戦後にヴィルヘルム2世を処罰する特別法廷が実現しなかったことを考え合わせると、国際刑事裁判を実現するための政治的・法的ハードルは決して低くなく、もし仮にニュルンベルグ・東京裁判が第二次世界大戦後に設置されず、このハードルを越える実行が生まれなければ、おそらくICCはいまだに創設されてはいないだろうとさえ考えられる。第二に、平和に対する罪と人道に対する犯罪という、二つの新しい犯罪類型が認められたことが挙げられる。これらの犯罪が、事後法による裁判という批判をもたらしたことは事実であるが、1945年以降において、これらが国際慣習法として認められ

るようになる契機を作ったことは否定できない。戦争犯罪も含めて、国際刑事裁判に服する「国際法上の犯罪」の概念と定義を鮮明にした意義は大きい。第三に、国際刑事裁判に関する諸原則、たとえば国家元首等の地位にあることは刑事責任を免除する理由とならない（公的資格の無関係性）、上官の命令に従ったという理由は責任を免除するものではない（上官命令の抗弁の否定）といった、ICC を設立するローマ規程が規定する原則は、基本的にニュルンベルグ・東京裁判において確立されたものである。とりわけ、国家の影に隠れていた個人の刑事責任をあぶり出す「個人責任論」の考え方は、今日の国際刑事裁判の中核的な理念となっている。

(3) 国際法委員会の作業

国連総会は 1946 年 12 月に「ニュルンベルグ裁判所憲章によって承認された国際法の原則」を確認する決議 95 (I) を採択するとともに[5]、翌年 11 月には国際法委員会 (International Law Commission) に対して二つの審議案件を付託している。第一は、「ニュルンベルグ裁判所憲章および同裁判所の判決において承認された原則」（以下、ニュルンベルグ諸原則）を定式化することである[6]。この諸原則は、後に ICC をはじめとする国際刑事裁判の共通原則を提示することになった（詳細はコラムを参照）。第二は、「人類の平和と安全に対する罪の法典」（以下、法典）を準備することである[7]。さらに総会は、翌 1949 年 12 月に「集団殺害罪の防止および処罰に関する条約」（ジェノサイド条約）を採択するとともに、国際法委員会にジェノサイドを犯した者を裁判するための国際刑事司法機構の設置の可能性を研究することを求めている[8]。このため、法典と国際刑事裁判機構の準備は平行して進められ、前者は刑事実体法が扱うべき犯罪の定義、責任に関する一般原則などを定め、後者は刑事手続法が扱う裁判機構や訴訟手続を規定するものと理解された。

国際法委員会は、1954 年に法典に関する報告書を総会に提出したが[9]、この段階で総会は、この作業が侵略の定義の問題と密接に結びついているという理由により、同問題に関する特別委員会の報告が提出されるまで審議を延期することを決定している。しかし延期の背景として、冷戦に伴う政治的緊張が国際法委員会の作業にも影響を及ぼしていたことは否定できない。その後、総会は 1974 年に「侵略の定義に関する決議」を採択し、国際法委員会の作業を停止した理由は無くなったが、実際に法典の制定作業が再開されたの

は 1981 年になってからであった。さらに、国際刑事裁判機構に関する作業の再開は、ベルリンの壁が崩壊する 1989 年まで待たなければならなかった。

コラム　　ニュルンベルグ諸原則

　1947 年 11 月 21 日、国連総会は決議 177 (II) を採択し、国際法委員会に対して「ニュルンベルグ裁判所憲章および同裁判所の判決において承認された原則」を定式化することを求めた。これを受けて同委員会が 7 つの原則にまとめたのが、ニュルンベルグ諸原則と呼ばれるものである。
　委員会が定式化した文書はニュルンベルグ裁判の経験を整理したもので、それ自体に法的拘束力があるわけではない。しかし、いずれの原則も冷戦後に設置された国際刑事裁判機構の規程に取り入れられており、ローマ規程のなかにも関連する条項が盛り込まれている。その意味で、国際刑事裁判の基本骨格を示す重要な原則と言える。
　原則 I は「国際法上の犯罪とされる行為を行った者は、その行為に対し責任を負い、罰せられる」と規定している。国際法は直接個人に対して一定の行為を慎む義務を課し、かつこれに違反した場合には「国際法上の犯罪」(a crime under international law) を構成する。このため、当該個人は国際法に基づいてその責任を負い、刑罰を科されることになる。伝統的な国際法が国家に義務を課していたのに対して、原則 I は個人が国際法上の義務を負うという「個人責任」の考え方を鮮明にしており、ローマ規程 25 条 2 項も同趣旨を規定している。
　原則 II は「国内法が国際法上の犯罪を構成する行為に対し罰則を科さない事実は、その行為を犯した者を国際法上の責任から免れさせるものではない」と定めているが、これは原則 I の帰結として、国際法上の犯罪を行った者の責任は、国内法が当該行為を犯罪としているか否かにかかわりなく発生することを示している。
　原則 III と IV は、国家責任の体系では免除される可能性がある個人の責任を明確にしている。諸国の憲法は、たとえば君主や大統領などの刑事責任を免除する制度を規定することがある。また国際法も、国家間の関係においては、外国の国家元首や外交官に対して特権免除を与えている。原則 III は「国際法上の犯罪を構成する行為を行った者が、国家元首または責任

ある政府公務員として行動した事実は、その者を国際法上の責任から免れさせるものではない」と指摘し、このような公的資格に基づく免除を否定し、国家機関として行動したという事実は国際法上の責任を免れる理由にならないことを鮮明にしている。同趣旨はローマ規程 27 条に「公的資格の無関係」として規定されている。

また、原則 IV は「政府または上官の命令に従って行為したという事実は、道徳的選択が現実に可能であった場合、国際法上の責任を免れさせるものではない」と述べ、国際法上の犯罪を行った者は、それが政府や上官の命令に忠実に従っただけであっても、個人としての責任を免れないことを示している。ローマ規程 33 条はこの原則を詳細に規定している。

原則 V は「国際法上の犯罪で訴えられた者は、事実と法にもとづく公正な裁判を受ける権利を有する」と規定し、刑事手続上の被告人の人権は、国際刑事裁判においても保障されるべきことを示している。ローマ規程は ICC の公判において保障される権利として、法適用における差別禁止（21 条 3 項）、無罪の推定（66 条）、公判に出席する権利（67 条）、弁護人を通じて防御を行う権利（同条）などを規定している。

原則 VI は「次に掲げる犯罪は、国際法上の犯罪として罰することができる」とし、(a) 平和に対する罪、(b) 戦争犯罪、(c) 人道に対する罪を挙げている。ニュルンベルグ裁判当時にはジェノサイドの概念はなく、ナチスによるユダヤ人の迫害は人道に対する罪として処罰された。1948 年にジェノサイド条約が採択されたことで、ジェノサイドは独立した犯罪類型となり、その後の国際刑事裁判においてはジェノサイドと人道に対する罪は別の犯罪として扱われている。ローマ規程も集団殺害犯罪（ジェノサイド）（6 条）、人道に対する犯罪（7 条）、戦争犯罪（8 条）、侵略犯罪（8 条の 2）について犯罪の要件を定義するとともに、「犯罪の構成要件に関する文書」(Elements of Crimes) がより詳細な構成要件を定めている。

最後に、原則 VII は「原則 VI に掲げた平和に対する罪、戦争犯罪または人道に対する罪の遂行にかかる共犯は、国際法上の犯罪である。」と指摘し、直接的な実行者だけでなく、これを計画した者、命令や教唆した者、幇助した者なども同様に責任を負うことを明確にしている。これらの犯罪の実行が組織性を強く持っていることを踏まえると、共犯まで含めた責任の追及は重要となる。ローマ規程は 25 条 3 項において、処罰されるべき犯罪への関与のあり方を詳細に規定している。

2 冷戦後の動き
(1) 国際法委員会の作業再開

国際法委員会が約35年ぶりに国際刑事裁判に関する作業を開始するきっかけは、これまでの経過からは予期されないものであった。1989年、国連総会は麻薬に関する特別会期を開催したが、ここでトリニダード・トバゴが麻薬取引に関する国際的な裁判所の設置を求めて、国際法委員会の作業再開を要請したのである。これを受けて、国連総会は同委員会に作業再開に関する報告書を要請し、翌年には正式に作業の再開が決定された。委員会は、要請があった麻薬取引を含みながらも、戦争犯罪、人道に対する犯罪などのより広範な犯罪をその管轄権に入れる形で、規程を作成する作業を開始し、1994年に最終の規程案を総会に提出している[10]。

この規程案は、次のような特徴を持っていた。①規程は裁判所の組織と手続のみを定め、犯罪の定義や関連する法原則については、将来の法典に委ねる。②規程を批准することのみによって裁判所の管轄権を受諾したものとする「自動管轄権」(automatic jurisdiction) の制度はジェノサイドだけに限定し、戦争犯罪や人道に対する犯罪などそれ以外の犯罪については、犯人逮捕国、犯行地国、犯人の本国などによる改めての管轄権受諾を必要とする。③規程の締約国と安全保障理事会だけが裁判所に事件を付託し、検察官が自ら捜査を開始する権限は認めない。④安全保障理事会は、国連憲章第7章にかかわる事態の場合には、裁判所による訴追・審理を停止する権限を与えられる。

しかし、こうした国際法委員会の作業は、これだけであればICCの早急な設立に至ることはなく、仮にこれに基づいてICCが設立されたとしても、その内容は大きく異なるものとなっていたと考えられる。ICCの設立に向けた動きを現実化し、さらに加速化したのは、国際法委員会の作業とほぼ平行して進んだ二つのアド・ホックな国際刑事裁判所の設立であった。

(2) 旧ユーゴ国際刑事裁判所とルワンダ国際刑事裁判所

1992年にユーゴスラヴィアで内戦が始まると、「民族浄化」と呼ばれる虐待・虐殺が発生した。国連安全保障理事会は、ユーゴ内戦の実情を調査する専門家委員会から、ボスニア内においてジェノサイド、戦争犯罪、人道に対する犯罪に該当する行為が行われ、それが継続しているとの報告を受け、1993年2月に旧ユーゴ国際刑事裁判所（ICTY）の設置を決定した。こうした動き

の背景には、民族対立・宗教対立の表面化というポスト冷戦期特有の問題があるが、何よりも「民族浄化」が過去のナチの行為を連想させ、ヨーロッパ諸国にニュルンベルグ裁判の再現の必要性を強く意識させたことがある。

　事務総長の報告書によれば、ICTY は、疑いなく慣習法の一部である国際人道法を適用するとされている[11]。これはアド・ホックな裁判所、すなわち事件が起こった後に設置された法廷について常に問題となる、事後法の適用という課題を克服することを意識したものである。作成された ICTY 規程は、基本的に進行中であった国際法委員会の作業から着想を得ている。ただし、ICTY の場合には、その実務的な必要性から、犯罪の定義や刑法の一般原則などの実体法に関する部分と裁判手続や機構に関する手続的部分が統合され、一つの規程の中に盛り込まれている。この点は、法典と裁判所規程とを別個に定めようとする国際法委員会の方針とは異なるものであり、これが後にローマ規程において両者が統合される遠源となっているとも考えられる。

　1994 年、安全保障理事会は、ルワンダの要請をきっかけとして、二番目のアド・ホック裁判所であるルワンダ国際刑事裁判所（ICTR）を設置した。ICTR 規程は ICTY 規程を雛形にしており、両者は基本的部分で同一であるが、犯罪構成要件に関する部分は、純粋に国内的な武力紛争の文脈で犯罪が行われたというルワンダの特殊性が反映されている。

　ICTY と ICTR はその設置自体だけではなく、裁判所が下した決定・判決も、後のローマ規程の内容に大きな影響を与えている。たとえば、ニュルンベルグ裁判では人道に対する犯罪は戦時に限定されていたが、両裁判所の判決は人道に対する犯罪が平時でも成立することを明らかにしている。また、戦争犯罪は国家間の国際武力紛争に限定されるという伝統的な見解を打破し、非国際武力紛争においてもその成立を認めた点も重要である。これらは、ローマ規程の第 7 条、第 8 条 2 項 (c) および (e) に反映されている。さらに、両裁判所は、ローマ規程の起草者に法的先例を提供するだけでなく、国際刑事裁判がどのように運用されるべきか、そのモデルを示した点でも重要であった。最も端的な例は、検察官の機能であろう。中立・公正を保ちながら、しかし積極的に訴追戦略を遂行しようとする両裁判所の検察官の姿は、ローマ規程を起草するに際して、ある国々からは検察官のあるべき姿として、またある国々からは政治化した訴追の危険性を示唆するモデルとして、参考にされたのである。

(3) 国連内での起草作業

　1994年、国連総会は国際法委員会が提出した規程案をたたき台として、国際刑事裁判所の設置に向けた作業を行うことを決定し、翌年にアド・ホック委員会 (Ad Hoc Committee) を設置した。当初、委員会内においては、こうした裁判所を設置すること自体に消極的な意見も根強かったが、交渉の過程でこうした意見は徐々に少数派となっていった。しかし、いずれにせよ、めざすべき裁判所のあり方について、諸国の間に大きな意見の相違があったことは間違いなく、国際法委員会の規程案は、種々の意見の衝突と妥協の結果、大きくその内容を変更されることになった。

　大枠で変更されたこととして、二つの点が指摘できる。第一に、国際法委員会の規程案においては、ICTY・ICTRと同様に、国際刑事裁判所が国内裁判所に対して「優越性」(primacy) を持つことが前提とされていた。これにしたがえば、仮に国内裁判所が犯人の訴追・裁判を行っていても、国際刑事裁判所がいつでもその事件を取り上げ、自ら審理できることになる。これに対して、アド・ホック委員会における議論では、「補完性」(complementarity) という新たな概念が登場し、国際刑事裁判所はあくまで関係国が訴追する意思または能力を持たない場合にのみ、管轄権を行使できるという制度に変更された。

　第二に、裁判所の管轄に服する犯罪を単に列挙し、その具体的定義は法典に委ねるという国際法委員会のこれまでの基本姿勢から離れ、裁判所規程そのものが犯罪の構成要件を詳細に定めるという方針を採用した。これとともに、刑法の一般原則や手続法上の細かな規則・基準も出来る限り規程に盛り込み、これらを後の裁判実行に委ねることを回避する方針が明確となった。こうした方針は、ICTY・ICTRにおいて、裁判官団の制定する手続証拠規則、あるいは個々の事件における裁判官の判断により、刑法の一般理論などが裁量的に処理されてきたことへの警戒から生まれている。委員会に集った国家は、「裁判官による法」(judge-made law) を極力少なくして、予見可能な制度運用・手続を望んだと言える。

　アド・ホック委員会は1994年中に2回の会合を持ったが、いまだ規程を正式に審議する外交会議を招集することは時期尚早であると考えられた。そこで、国連総会は新たに準備委員会 (Preparatory Committee) を設置し、加盟国、関係する国際機構、NGOの代表などの参加を招聘した。準備委員会

は、1996年に2回、翌1997年には3回の会合を開催し、規程案を詰めている。この交渉の結果、国際法委員会の規程案はほとんど跡形も無いほどに変更され、外交会議に提出される最終規程案が完成された。しかし、こうした文書としては異例なほどに複数のオプションや括弧に入った文言・条項が残されており、争点となる問題の大部分は、外交会議における議論に残されるかたちとなっていた[12]。

(4) ローマ外交会議

外交会議は、1998年6月15日から、ローマの国連食糧農業機関（FAO）本部において開催された。160か国以上の国が出席したこの会議の交渉過程を特徴づけたのは、「同志国」(like-minded States) と呼ばれる西欧諸国を中心とするICC積極派のグループと、これを支持する多くのNGOの活発な動きであった。約60か国により構成された同志国グループの基本的な方針は、次のような内容であった。①ジェノサイド、人道に対する犯罪、戦争犯罪といった「中核的犯罪」(core crimes) について、裁判所に固有の管轄権を与える（規程の当事国は自動的に管轄権を受諾したことになる）。②安全保障理事会に、裁判所による捜査・訴追を停止する権限を与えない。③検察官に職権で捜査を開始する権限を与える。④規程に対する留保は認めない。

一方、アメリカを中心とする安全保障理事会の常任理事国は、捜査・訴追を停止させる安全保障理事会の権限は必要であると主張し、また検察官が政治的な観点から訴追を行うことを回避するために、職権による捜査開始を認めるべきでないとの立場をとった。さらに、非同盟諸国グループは侵略の罪が対象犯罪に含まれるべきであると主張し、アラブ・イスラム諸国グループは核兵器の使用禁止を含めるべきであるとする一方、死刑廃止を盛り込むべきではないとの立場をとっていた[13]。

1か月間にわかる交渉過程においては、同志国グループが会議の主導権を握りながら、次のような妥協が図られていった。①裁判所の対象犯罪は、ジェノサイド、人道に対する犯罪、戦争犯罪、侵略犯罪とする。最初の3犯罪については裁判所の固有の管轄権を認め、加盟国の改めての管轄権受諾は必要としない（現行のローマ規程12条1項）。ただし、侵略犯罪については、その定義・管轄権の行使条件に関する合意を得た後に、規程の改正を経て、実際に対象犯罪する（5条2項）[14]。②安全保障理事会に対し、憲章7章の決議により、12

か月の間捜査・訴追を停止する権限を与える (16条)。③検察官は職権で捜査を開始する権限を持つが、予審裁判部による許可を必要とする (15条)。④留保は認められない (120条)[15]。

こうした中で、最後まで意見の一致をみなかったのは、締約国以外の国民が裁判所の管轄に服するのかという点であった。外交会議の最終段階で、犯行地国または被告人の国籍国のいずれかが規程の締約国であれば、管轄権の行使ができるという提案が出され (12条1項)、これが盛り込まれた最終案が採決に付された。その結果、賛成120、反対7、棄権21で、国際刑事裁判所に関するローマ規程は正式に採択されたのである。

以上のように、国際社会がICCの創設に至るまでの歴史を振り返ると、国内社会では当然のこととして行われている刑事裁判を、条約によって設置された国際機構が実施することの革新性と、それゆえに生じる困難さが鮮明になる。では、こうした革新性は、国際法の理論ではどのように捉えられ、また実務のうえではどのような問題を生じさせるのか。次節以下ではこれらの点を検討する。

III 個人責任論の意義と課題

1 個人責任の存立基盤と機能

国際法に限らず、あらゆる法規範における責任の発生は、一定の主体を法的にコントロールし、規範により定められた内容を現実化するという法実現過程のコロラリーと言える。つまり、一定の主体が特定の法規範に違反し、要請されている作為または不作為を実施しなかった場合、責任の追及は当該規範内容の実現に向けた補正機能を果たすことになる。したがって、法規範がどのような主体の責任を追及する構造を持っているのかは、その規範がどのような法秩序を想定しているのかという問題と直接にリンクすることになる。従来、国際法における責任論 (国際責任論) は、一般的には国家の責任の問題として理解され、しばしば国際責任は国家責任と同義のものとして扱われてきた。これはまさしく、国際法が、国家の行動を通してその規範内容を現実化するという法秩序のあり方を念頭においてきたことの反映である。これに対して、国際法が個人の責任を追及するアプローチは、本質的にこうした旧来の国際法秩序を脱却する意義を持つと言える。

国際法秩序がこれまで依拠してきた国家責任論の基本骨格は、個人との関係に焦点を絞れば、三つの要素によって成り立っている。第一に国家を名宛人とする国際法上の義務の存在、第二に一定の個人による行為の国家への帰属、第三に当該個人の責任追及からの免除である。国家責任を中核とする国際法秩序においては、国際法規範は国家をひとつの単位として義務を課し、その規範の違反もまた国家を単位として認識され、国家に対して責任が追及されることになる。この論理においては、個人の行為は国家の行為に解消されてしまい、行為を行った個人が国際法上の責任を問われることはない。

　ところが、国際刑事裁判が前提とする個人責任論は、個人を直接の名宛人とする国際法上の義務の存在を前提とし、さらに個人行為の国家行為への解消を阻止するところに意義がある。たとえば、ニュルンベルグ裁判所は、その判決において「国際法に対する犯罪は、抽象的実体により行われるのではなく、人間により行われるのである。したがって、当該犯罪を行った個人を処罰することによってのみ、国際法の規定は履行され得る」[16]と指摘し、抽象的な国家ではなく、実際に犯罪行為を実行した個人の責任を問うことによって、その規範内容の履行が確保できるとの立場を鮮明にしている。しかしよく考えてみると、あらゆる国家の行為は、突き詰めてみれば、すべて個人の行為の帰結である。国際法上国家の行為と認識されているものの中で、真に国家が行った行為など存在せず、これは国際法上の犯罪に限定されるものでもない。それにもかかわらず、伝統的な国際法が一定の個人行為を国家行為とみなし、国家の責任を問う形式を採用してきたのは、国家を媒介として国際法の目的・内容・価値を現実化することを主眼とした伝統的な秩序を支えるための、一定の概念上の操作とも言える。したがって、こうした伝統的な方式を採用せず、直接に個人行為の法的帰結を問題とする個人責任論の台頭は、国家責任論が寄って立つ基盤と対抗する要素を本質的に内在させていることになる。

　では、個人責任の台頭は、伝統的な国家責任との関係で、どのような意義を持つのだろうか。第一に、冷戦後における個人責任追及の機運の高まりと、これと連動した国際刑事裁判機構の設置が、国家を媒介としたアプローチでは、国際法規範の実現が十分に期待できない状況に対応して発生している点が注目される。従来、国際法は一定領域について責任をもって統治を行う政府が存在し、これが代表する国家によって国際義務が担われることを前提と

してきた。その上で、違反行為に対して国家の責任を問うことによって、国際法規範の実現に向けた補正が行われてきたと言える。ところが、この前提に立つ限り、ひとたび国家が無政府状態に陥り、統治能力を失うと、国際法は実質的に機能を失うことになる。しかも、ジェノサイド、人道に対する犯罪、戦争犯罪等が大規模に発生するのは、まさしくこうした状況においてである。こうした国際法実現の担い手としての国家の脆弱化に直面した場合、国際法の実効性を少しでも確保しようとすれば、国家を素通しした形で、現実に行為を行う個人へと訴えかけを行わざるを得ない。

旧ユーゴ内戦に直面した国連安全保障理事会が、ICTYの設置を決定する半年も以前から、すべての当事者が国際人道法とりわけジュネーブ諸条約上の義務に拘束され、重大な違反を行った者は個人として責任を負わなければならないと繰り返し決議したことは[17]、この点で示唆的である。国家基盤の動揺した事態への対応が、実質的なアプローチとしての個人責任の拡大を生み出していると考えられるのである。

第二に、個人責任の拡大は、違反行為とその反作用としての責任の発生という短期的視点だけではなく、その前後の文脈まで射程に入れて、より高い効果を生み出そうとする発想に裏打ちされている。国際法に限らず、すべての法における責任制度は、行われた違反行為に対するサンクションという事後的矯正措置としての意味に加えて、違反行為を事前に防止する抑止的効果が期待される。ところが、集団としての国家に責任が問われる場合、実際の違反行為者としての個人への抑止効果は小さいのが実情である。たとえば、国家元首または政府の長が、政策の一端としてジェノサイドを計画・遂行した場合、それを国家の行為として認識する限り、個人は国家の影に隠れ処罰を免れることになる。ところが、個人が、その地位にかかわりなく、違反行為の責任を問われ、処罰されるということになれば、個人に対する抑止力は格段に大きくなる。ローマ規程前文が「これらの犯罪を行った者が処罰を免れることを終わらせ、もってそのような犯罪の防止に貢献する」と言及するのは、こうした側面を端的に示している。

第三に、国家責任を追及するが当該国家の国民に引き起こす影響への考慮も、個人責任を拡大させる誘引となっている。国家責任が問われれば、当該国家は損害賠償等の支払いを求められる。その費用は、結局のところ納税者としての国民に被せられ、その弁済による国の経済状況の悪化は、国民の生

活に直接影響を与えることになる。独裁的指導者のもとで違反行為が行われ、国家責任が問われた場合には、本来はむしろ保護されるべき無辜の国民に重い負担を強いる結果となってしまう。一般国民への影響を極小化しながら、同時に行為の責任追及を実効的に行うという要請が、実質的に責任のある個人に対して刑事責任を追及するという方途を生み出していると考えられる。安全保障理事会が制裁措置に関して、政治的エリートの渡航制限、資産凍結、金融取引の封鎖を主体とした、いわゆる「狙い撃ちサンクション」(targeted sanctions)の方法を採用しているのは、こうした個人責任を問う方向と軌を一にする現象である。

2 「国家のベールを突き通す効果」の限界

　このような個人責任の論理は、基本的に国内法から独立して、国際法そのものが個人に対して直接に適用され、これに基づいて一定の義務が課されることを意味する。言葉を変えれば、個人は国内法上の権利・義務を理由として、当該国際法上の義務から免れることはできず、また国家機関として合法的に行動したという抗弁は排除される。こうした原則は、ニュルンベルグ・東京裁判においてすでに表明され、また国連総会が採択したニュルンベルグ諸原則にも含まれていた。また、ICTY・ICTR 規程もそれぞれ関連する条文を持ち、実際の裁判においてもこれが確認されている[18]。さらに、ICCにおいても、ローマ規程 27 条 1 項がこの法理を鮮明にしている。

　したがって、国際刑事管轄権の行使においては、個人はもはや国家機関あるいは国内法といったベールに包まれて保護されることはなく、国際法はこのベールを突き通して個人に至る。この限りで、個人の行為は国家の行為へと解消され、個人はその行為について責任を負わないという、国家責任の伝統的論理は排除されることになる。

　しかし、こうした国際刑事裁判の前提となる「国家のベールを突き通す効果」(effect of piercing the State's veil)が、どこまで広い射程を持つのかは検討されなければならない。国際刑事裁判において個人の刑事責任が追及される場合にこの効果が及ぶことは明確であるが、果たしてこうした効果が、国際法上の刑事責任に基づいて、国内裁判所が裁判を行う場合にまで及ぶのかという問題がある。

　国家はしばしば一定の公的資格を持った者、たとえば君主や大統領などの

刑事責任を免除する制度を、憲法その他で規定する。また、外国の国家元首や外交官に対する国際法上の特権免除を保障するため、国内法がこうした公的地位にある者を刑事管轄権から免除する旨を定めることも多い。ところが、ローマ規程前文は「国際的な犯罪について責任を有する者に対して刑事裁判権を行使することがすべての国家の責務である」としたうえで、「国際刑事裁判所が国家の刑事裁判権を補完するものであることを強調」している。したがって、ICC は単に自身による刑事責任の追及だけを目的としているのではなく、国内司法制度との協働により「不処罰の文化」(culture of impunity) を終了させることを意図していると言える。そうであるならば、ICC 制度と国内司法制度とは有機的に連携しており、ICC による裁判の基礎となる「国家のベールを突き通す効果」は国内司法制度における刑事責任追及にまで及び、各国家の法的伝統や従来の国家間関係における特権免除の体系は、その限りで変更されざるをえないとも考えられる。

　こうした見解をある程度支持する実行として、イギリスにおけるピノチェト事件を挙げることができる。この事件では、ピノチェト (Pinochet) が国家元首時代に行った拷問等の行為が、主権免除の原則により裁判権からの免除の対象となるかが争点のひとつであった。伝統的な見解にしたがえば、国家元首の行為は国家の行為であり、したがって par in parem non habet imperium の原則により、外国の国内裁判所において審理されることはない。まさしく、国家元首は国家のベールに守られることになる。

　これに対して、免除を否定する論理は、二つの方向から議論することが可能であった。第一は、ピノチェトが行った拷問等は本質的に国家元首が行うべき任務ではないので、公的資格で行った行為とは言えず、したがって免除は認められないという論理である。第二は、拷問等が国家元首の行為であるとしても、こうした犯罪についてはもはや免除は認められないとの論理である。前者の論理に基づく限り、何が国家元首の行為であるかが問題となるだけで、国家元首が国家のベールに守られるという本質に変化はない。ところが、後者の論理に立つと、たとえ国家元首の行為であっても、一定の犯罪行為については、国際法が国家のベールを突き通す効果を発揮し、国家機関としての公的資格で行った行為であるとの抗弁を排除することになる。1999年3月の貴族院 (House of Lords) による判決においては、免除を否定した6名の裁判官のうち少なくとも3名は後者の見解を支持し、拷問等の行為が公的

資格で行われたものであることを認めた上で、近年の国際法の発展が一定の国際犯罪について免除を認めない傾向にあると判断している[19]。

しかし、注意しなければならないのは、この判決においては元国家元首の事項的免除（immunity ratione materiae）が問題となったのであって、現役の国家元首の人的免除（immunity ratione personae）が問題となったわけではない点である。イギリス国家免除法によれば、現役の国家元首は問題となる行為の公的・私的な性格にかかわらず、イギリスにおける刑事裁判権から完全に免除される。ピノチェトの免除を否定した裁判官も含めて、全員がこの点を肯定している。

だが、もし国際法が一定の犯罪について「国家のベールを突き通す効果」を及ぼし、裁判権からの免除を認めないことを肯定するのであれば、その犯罪を行った者が現時点で国家元首であるか、あるいは元国家元首であるかは問題でないはずである。実際、国際刑事裁判においては、こうした区別は行われていない。ピノチェト判決は、明らかに国際刑事裁判の動向に触発された内容であり、その点で革新性を含むものであることは間違いないが、国内裁判においても、国際法が「国家のベールを突き通す効果」を発揮することを完全に認めたものとは言えない。現役の国家元首については、国内法上の地位に基づく保護が、依然として機能しているのである。

こうした連続性の側面は、さらに国際司法裁判所（ICJ）における逮捕状事件において確認されている。本件では、ベルギーが国際人道法の著しい違反を処罰する国内法を根拠に、コンゴの外務大臣の仮拘禁を要請する逮捕状を国際刑事警察機構を通して世界各国に送付した行為が、外交免除の侵害を構成するかが争点となった。ベルギーの「国際人道法の重大な違反の処罰に関する法」（1999年2月10日法）[20] 5条3項は、「個人の公的資格に付与される免除は、本法の適用を妨げない」と規定し、「国家のベールを突き通す効果」を、国内法のなかに取り入れた形になっていた。これにより、国家間関係を規律する免除に関する伝統的な国際法と、個人責任を規律する新たな国際法の交錯が表面化することになった。

しかし、ICJは判決において、戦争犯罪や人道に対する犯罪について免除は認められないとするベルギーの主張を退け、各種の国際刑事裁判所の規程が免除を否定する規則を含んでいたとしても、「〔それらは〕国内裁判所に関して、慣習国際法上そうした例外が存在すると結論することを可能とはしない」[21] と判断している。併せて、ICJは不処罰（impunity）と免除（immunity）は異

なり、本件で問題となっているのは手続法上の免除であって、刑事責任まで否定しているわけではないと指摘している[22]。しかし、たとえそれが手続法上の免除であっても、国内法上の公的地位を理由に一定の保護が行われることを肯定したことは間違いなく、その意味で国内裁判所での裁判についてまで、「国家のベールを突き通す効果」を貫徹することはできないことを認めたものと理解できるだろう。

　さらに、近年のアフリカ諸国の実行は、国際刑事裁判においてさえ「国家のベールを突き通す効果」を制約する傾向を示している。ICC が捜査・訴追を行った事態が圧倒的にアフリカ諸国に集中していること、とりわけスーダンやケニアの現職の指導者が訴追されている点をとらえて、アフリカ連合(AU)を構成する諸国は反発を強めている。具体的には、AU は 2009 年以来、安全保障理事会に対して、こうした指導者に対する訴追停止を要請するとともに、加盟国に対して ICC の逮捕状執行に協力しないことを求める決議を繰り返してきた[23]。さらに、AU は国家元首等が ICC の管轄権からの免除を享受するかという法律問題について、ICJ に勧告的意見を求める動きも見せている[24]。加えて、AU は 2014 年にアフリカ司法裁判所とアフリカ人権裁判所を統合してアフリカ司法人権裁判所 (African Court of Justice and Human Rights, ACJHR) を設置し、そこに新たに国際刑事管轄権を付与するマラボ議定書を採択した[25]。これは、アフリカ外からの司法的干渉を排除し、アフリカの問題はアフリカ自らが刑事裁判を行うという姿勢の表明であると言えるが、他方で AU 諸国の国家元首・政府の長が、ACJHR の管轄権から免除されることを明文で規定している[26]。

　こうした動きは、個人責任論の中核にある「国家のベールを突き通す効果」の及ぶ範囲に関して、伝統的な国際法理論との間で依然としてせめぎ合いが続いていることを示しているとも言えるのである。

IV　国家を基盤とする国際法体系との並存

1　国家責任とのパラレリズム

　国際刑事裁判は、個人責任の原則に立脚して、犯人たる個人に対して行われる。すでに指摘したように、当該犯人が国家機関を構成している場合でも、個人としての責任は免れない。では、こうした場合において、当該個人を媒

介とした国家責任はどのように扱われるのであろうか。

　この問題は、ICJにおけるジェノサイド条約適用事件において表面化している。本件において、原告のボスニア・ヘルツェゴビィナは、被告セルビア・モンテネグルにジェノサイドの実行につき責任があると主張した。一方、セルビア・モンテネグルは、ジェノサイド条約は個人によるジェノサイド行為を処罰する目的で作成されたものであり、国家はこれを防止し処罰する義務を負っているにすぎないと指摘している[27]。被告側の主張によれば、少なくともジェノサイド条約をICJの管轄権の根拠とする限り、国家はジェノサイドの実行について責任を問われないことになる。

　この点に関して、ICJは「当該条文〔1条〕は、明示的な文言によって、国家自身がジェノサイドを行うことを慎むことを要求してはいない。しかしながら、裁判所の見解では、条約の承認された目的を考慮するならば、第1条の効果は国家自身がジェノサイドを行うことを禁止するものである[28]」と判断して、原告側の主張を肯定している。この見解にしたがうならば、ジェノサイドに関する個人責任の存在は、仮に当該個人の行為が国家に帰属する場合には、国家責任の発生を排除しないことになる。すなわち、個人責任と国家責任は相互排他的ではなく、同一の個人の行為についてパラレルに生じる可能性を内包している。

　実際、ICJは、ローマ規程25条4項が「個人の刑事責任に関するこの規程のいかなる規定も、国際法の下での国家の責任に影響を及ぼすものではない」と定めている一方、一つのコインの裏側として、2001年に国連総会において採択された国家責任条文58条が「これらの条文は、国のために行動するいかなる者の国際法上の個人責任に関するいかなる問題にも影響を及ぼすものではない」と規定することを根拠に、個人責任と国家責任の二重性を肯定している[29]。

　しかも、この二重性は、単に二つの責任体系が相互に無関係に並存するのではなく、内的には密接な関係性を有することを意味する。ICJは判決において、ジェノサイドの実行だけでなく、ジェノサイド条約3条(b)から(e)が規定する共同謀議、扇動、未遂、共犯などについても、国家の責任が発生しうることを認めている。これは、個人の責任が問われうる行動のすべてについて、当該個人の行動が国家に帰属することが一般的に認められる限り、国家責任が発生することを示唆する。たとえば、国家機関である軍の部局が、

ジェノサイドを実施する計画を立案したならば、これにかかわった個人について、ジェノサイドの共同謀議として個人責任が発生すると共に、国家機関の行為として国家責任も発生する。

この論理は、ジェノサイド条約の枠内に留まらず、一般的な個人責任と国家責任の関係性としても敷衍できるであろう。ICC規定25条3項は、犯罪行為の実行に加えて、命令・教唆、幇助、援助などについて、責任が発生することを認めている。したがって、国家機関を構成する者が、たとえば人道に対する犯罪に該当する行為の実行を他人に教唆した場合、論理的には国家の責任が同時に発生することになる。

このように考えると、その論理としては抵触する内容を持つ個人責任と国家責任は、現実には相互に排除しあうわけでなく、むしろ基底では共通した要素をはらみながら、重複的に発生すると考えられる。これは、ジェノサイド、人道に対する犯罪、戦争犯罪などに関しては、国家と個人の両者に同一内容の義務（これらの犯罪を実行せず、また犯罪の発生を防止する義務）を課し、いわば国家と個人に二重の網掛けを行うことによって、これらの犯罪の発生を抑止しようとする規範構造を、現代国際法が持つことを示している[30]。

現実にも大枠では同一の紛争が、一方でICCにおいて個人の刑事責任が問われ、他方で国家責任の問題がICJで審議されるという状況が多く発生している。ミャンマーにおけるロヒンギャ族への迫害については、2019年11月にICCが人道に対する犯罪（住民の追放又は強制移送）として検察官に捜査開始を認めている[31]。他方で、この3日前にガンビアがICJに対してミャンマーのジェノサイド条約違反を提訴し[32]、これについてはミャンマーからの先決的抗弁が棄却されて[33]、本案審議が進行している。ロシアのウクライナ侵略については、2022年3月1日のリトアリアによる事態の付託をかわきりに43締約国から付託が行われ[34]、これに基づき捜査が開始された結果、プーチン大統領に対して戦争犯罪（不法な追放・移送）の容疑で逮捕状が発給されるに至った[35]。他方で、2022年2月26日にウクライナは、ジェノサイド条約に基づいてロシアをICJに提訴している[36]。さらに、2023年10月から始まったイスラエルによるガザ地区での軍事行動についても、2023年11月に南アフリカ、バングラディシュなど7締約国が事態の付託を行い[37]、捜査が進行している一方、翌12月には同じく南アフリカがイスラエルのジェノサイド条約違反をICJに提訴している[38]。

ICCに付託され捜査が進行している犯罪内容と、ICJに提訴された違反内容は厳密には同一ではない。しかし、大局的に見れば同一の紛争に関する責任が、個人責任と国家責任のそれぞれの観点から平行して追及されていると見ることができる。集団責任の体系である国家責任論の問題点を克服する意義を持っていた個人責任の追及は、現実には伝統的な国家責任の衰退をもたらすわけではなく、むしろ両者が相乗効果を生みながら、国際法違反の責任追及の傾向を強めていると言えるのである。

2　国家の刑罰権とのパラレリズム

　戦争犯罪などを行った個人を処罰する措置には、二つの方向性が考えられる。第一は、個々の国家が自国の刑事管轄権を積極的に行使し、国内裁判所において犯人を裁判する措置である。第二は、国際的な裁判機構が、身柄の確保や証拠の収集などにおいて関係国家の協力を得ながら、犯人の裁判を直接に行うアプローチである。前者が分権的な国際社会の構造を反映しているのに対し、後者は国際社会全体の利益を体現したより集権的な措置と言うことができる。冷戦終結後の国際社会においては、ICTY・ICTRからICCの創設に至る流れが形成され、その意味で後者の方向性が強力に打ち出されていることは明らかである。

　しかし、こうした国際刑事裁判の登場は、単純に前者の分権的措置の終焉を意味するわけではない。むしろ反対に、国際刑事裁判は、国内裁判を推奨する動きと並行して進展していると言える。たとえば、ローマ規程前文は「その実効的な訴追が、国内的レベルで措置をとること及び国際的な協力を強化することによって確保されなければならない」としたうえで、さらに「国際犯罪につき責任を負う者に対して刑事管轄権を行使することがすべての国の責務 (duty) である」と規定している。ここで述べられる「責務」が、ローマ規程上あるいは一般国際法上、法的な意味での「義務」(obligation) を意味しないと解されているが、少なくともローマ規程が分権的な個別国家による管轄権の行使を否定せず、逆に積極的にそうした措置を奨励していることは間違いない。したがって、国際刑事裁判の展開は、いずれにせよ国家による分権的な措置と平行して実現されることになり、いわば二重の裁判制度が同時に存在することは避けられない。

　こうした国際裁判と国内裁判の二重性は、競合管轄権 (concurrent jurisdiction)

として制度化される[39]。しかし、ひとたび国際裁判と国内裁判の管轄権の競合が認められることになると、具体的な事件において、いずれの側が実際に管轄権を行使するのかを決定する基本原則が改めて求められる。もしこうした原則を欠くならば、事件がいずれで処理されるかは、たとえば容疑者の身柄をどちらが先に確保したかといった偶然の要素によって決定されることになり、国際刑事司法の統一的・調和的な実現は困難となるからである。このため、国際刑事裁判機構の設置は、国際裁判と国内裁判の間の事案配分を決定する原則の生成を必然的に伴ってきた[40]。

ICC は、国家の刑事管轄権との関係において、補完性 (complementarity) を基本原則としている。補完性の原則は、ICC が国家による管轄権行使を補う役割を担うことを示しており、単純な優劣関係で見れば、国内裁判が優先されることを意味する。ローマ規程 17 条によれば、国内機関が事件を現に捜査・訴追している場合、あるいはすでに捜査のうえで訴追しないと決定した場合には、ICC は当該事件を受理許容できない (inadmissible) が、当該国家が捜査・訴追を真に行う意思または能力がない (unwilling or unable) 場合はこの限りでない。したがって、ICC による裁判と国家による裁判との間の事案配分は、当該国家が犯人を処罰する意思と能力を備えているか否かによって決定され、国家が犯人を真摯に裁く意思と能力がない場合には、司法介入 (judicial intervention) を行うことができるが、反対に国家にその意思と能力がある限り、ICC の出番はないと考えられる。

ところが、補完性の原則の現実の運用はそれほど単純ではなく、国家と ICC の間に想定される優劣関係は決して固定的なものとは言えない。補完性の原則はしばしば ICTY・ICTR が国内裁判所に対して有していた優越性 (primacy) と対比されるが[41]、補完性は優越性の単純な裏返しではない。原則として国内裁判所の管轄権が優先するという点では両裁判所とは異なるが、捜査・訴追を行う意思または能力があるか否かを含めた受理許容性の判断権限はあくまでも ICC の側にあり、その点では優越性に基づく制度と同一である[42]。このため、現実の補完性の運用は、検察局や裁判部といった ICC の機関によるローマ規程の解釈適用に依存する側面が大きく、その点で動態的把握を必要とするものである。

そうした観点で重要となるのは、過去 20 年間の実行を見る限り、一般的に ICC は自らが事件を裁判することに積極的で、国内裁判所がこれを扱う

ことを必ずしも歓迎していないという事実である。しかも、ICC と国内裁判の事案配分を決定するに際して中心的に機能してきたのは、ローマ規程が想定した捜査・訴追を行う意思または能力の有無ではなく、国家が捜査・訴追をしている事件 (case) が ICC の扱っている事件と同一であるか否かであった。17 条は「次の場合には事件を受理しない…（a）当該事件がそれについての管轄権を有する国よって現に捜査され、又は訴追されている場合」と規定する。これを文字どおりに解釈すれば、国家による捜査・訴追の意思と能力の有無はあくまで特定の事件について管轄権の競合が存在する場合の判断基準であり、そもそも国内機関が捜査・訴追している事件が、ICC が捜査・訴追をしようとしている事件と異なるのであれば、意思・能力を議論するまでもなく、ICC に受理許容性が認められる。したがって、受理許容性の基準としての意思と能力の評価が行われる以前の問題として、特定の事件について ICC と国内裁判所との間に現実の管轄権競合が発生しているか否かの評価が問題となる。

ところが、ローマ規程にはこの競合の存否を判断する具体的な基準が規定されていない。このため、ICC は判例の蓄積によって、「同一人物・同一行為」(Same Person and Same Conduct) の基準（以下、SPSC 基準）を打ち出し、これによって管轄権競合の判断を行ってきている[43]。この基準は捜査・訴追の対象となっている人物とそれが行った行為の同一性を厳格に求める内容であり、たとえばケニアやリビアにおける国内裁判の実行を勘案せず、ICC による捜査・訴追を増加させる効果を持ってきた。

こうした背景には、ICC 内にある二つの構造的な指向性があると思われる。第一は、裁判部における厳格なリーガリズムである。SPSC 基準は 17 条の文言解釈と他の条文との整合的解釈から導き出されている。その点で、裁判部は新しい考えを持ち込んだわけではなく、あくまでもローマ規程を文字通りに解釈しているにすぎない[44]。しかし、それは ICC と関連する国の関係を俯瞰して見ると、いかにも硬直的な解釈に見える。もう一つの指向性は、検察局が強く抱く ICC 中心主義的発想である。検察局は規程前文が謳う「国際正義の永続的な尊重と実現を保障すること」を第一に考慮する姿勢を示す[45]。それは、国内裁判よりも ICC による捜査・訴追を優先する、あるいは ICC による裁判が国内裁判よりもその実効性において勝っているという思想の表れでもある。もちろん、関係国に捜査・訴追の意思または能力がない状況を

想定すれば、当然に ICC による裁判が最良であることは否定できない。しかし、ICC の最良性は対応する国家の状況に応じて変わるものである。ところが、ICC 内部で捜査・訴追を行っている検察局は、ICC の活動を常に最大化し、その visibility を高めるというプレッシャーを受けることになる[46]。また被害者やこれを支持する NGO などからは、関係国の国内裁判所ではなく、むしろ ICC での裁判を望む強い要請を常に受けている。こうした背景は検察局の判断を左右する重要な要素である。

ただ、近年コロンビアに対する動きのなかで、検察局が同国における国内裁判の実行を肯定的に捉え、予備調査を終結させる決定を行ったことが注目される[47]。カーン検察官はコロンビアと協力協定を締結し、コロンビアは引き続き自国国内裁判所による実効的な裁判を実施する一方、検察局はこれを支援することを約束している。また、検察局がコロンビアにおける裁判の状況をモニターし、仮に状況に変化が生じた場合には補完性の見直しを行うことも規定されている[48]。こうした動きは、検察局の側からは「支援、関与、相互協力の新たなチャプター、すなわち積極的補完性の実施 (positive complementarity in action) の始まりを示した」[49]と評価されている。

そもそも国内司法制度が十分に機能していないことを理由に、ICC が事件を担当するという制度設計は、「国際刑事裁判に事件を奪われたくないのであれば、自国の司法制度を改革しなさい」という圧力を与えることになる。他方で、積極的に「事件を譲るので、これに合わせて司法制度を改革しなさい」というメッセージを発することもできる。一定の行為を奨励するうえで「アメとムチの戦略」があるとすれば、従来の SPSC 基準の厳格な適用はムチの戦略であり、コロンビアに対する対応はアメの戦略を体現しているとも言える。重要な点は、このいずれを取るのかは、補完性原則の法的な解釈の問題というよりも、むしろ ICC が果たすべき役割に関する政策的な問題であるということである。つまり、ICC とりわけ検察局は、ICC による裁判という集権的措置を取るか、それとも関係国による分権的処罰を取るかの選択を迫られることになる。前者を過度に強調すれば、ICC 自身の資源を消耗するだけではなく、関係国が自主的に国内司法を改革する意欲を削ぐ結果となる。他方で、後者の動きは公正かつ実効的な裁判が保障されないリスクを背負うことになり、被害者の立場からは批判もありうる。実際、コロンビアの事態に関する検察局の動きには、ICC での裁判を望む被害者や NGO から、見直し

要請も提起されている[50]。革新的な国際刑事裁判権の行使は、従来の国家による刑罰権の行使との間の適正なバランスを常に考慮しなければならないという課題を抱えているのである。

V　おわりに

　国際刑事裁判の登場は、国際法が適用される場としての国際社会における秩序観の変化を生んでいると考えられる。国際法上の個人責任が認められることにより、国際刑事裁判を実施する機構と責任が追及される個人との間には、国内社会におけると同様の垂直的な法関係 (vertical relation) が構想される。言葉を変えれば、対象となる個々の個人の同意を得るまでもなく、またその地位と無関係に、強制的に法の適用・執行が行われることになる。他方、伝統的な国家間関係に適用される国際法は、主権国家の並存という社会関係を反映して、水平的な法関係 (horizontal relation) を基礎としている。前者が一定の行為の責任を追及するという指向性を強く持っているのに対して、後者は紛争の回避・平和的な解決を主眼とする。前者は刑事法に特有の強制性や無差別性(画一性)を内包する。これに対して、後者はむしろ紛争解決方法を当事者の意思に任せる任意性を内在させ、個々の紛争に固有の事情に柔軟に対応する可能性を残している。しかし、すでに見てきたように、両者は完全に独立して存在するわけではなく、むしろ密接な関係が浮き彫りになってきている。

　ICCは国家や組織の指導者といった「最も責任のある者」の訴追に、人的・物的資源を集中する訴追戦略をとる[51]。しかし、このような指導者は自らが犯罪を実行するわけではなく、いわば国家の統治制度全体が指導者の策定した政策・計画にしたがって犯罪行為を行うことになる。こうしたことから、国家の統治システムや軍組織など階層的に組織化された機構全体を、政治・軍事指導者の利用可能な装置として把握し、その装置を使用して犯罪を行う者の責任を認定している[52]。こうした論理の展開は、組織性を特徴とするジェノサイドや人道に対する犯罪などに対処する上で最も効果的ではあるが、国家の統治制度そのものを個人責任の基盤とする点で、その内実は国家等の組織の行った行為の責任を個人に負わせるといった論理構造に等しい[53]。これは、国家内部における政策立案や実施プロセスの中身を

評価し、そのことを理由として指導者の刑事責任を問うことを意味しており、個人と国家とを完全に分離し、各々に適用される法の内容を峻別することは、ますます困難になってきている。

　本章が検討したように、主権国家のベールを貫通する形での国際法の適用、個人責任と国家責任のパラレルな追及、国家の刑罰権とICCの刑罰権の衝突といった問題の背景には、突き詰めれば、国家の主権性に立脚してきた従来の水平的法秩序と、ICCが体現する垂直的法秩序との間の摩擦があることを認識しなければならない。次章以降においては、ICCの具体的な制度や活動が検討されることになるが、それらはすべてその革新性ゆえに、水平的法秩序から連続する要素との相克を抱えながら展開していることに留意する必要があるだろう。

【注】

1　藤田久一「国際刑事裁判所構想の展開―ICC規程の位置づけ」『国際法外交雑誌』98巻5号（1999年）34-35頁。
2　多谷千香子「国際刑事裁判制度の発展と日本の役割」『法律時報』79巻4号（2007年4月）13頁。藤田久一『戦争犯罪とは何か』（岩波新書、1995年）45-49頁。
3　Antonio Cassese, *International Criminal Law* (2003), pp. 328-329.
4　William A. Schabas, *An Introduction to the International Criminal Court, Sixth Edition* (2020), p. 6.
5　UNGA Resolution 95(I), Affirmation of the Principles of International Law recognized by the Charter of the Nürnberg Tribunal (11 December 1946).
6　UNGA Resolution 177(II), Formulation of the principles recognized in the Charter of the Nürnberg Tribunal and in the judgment of the Tribunal, (a) (21 November 1947).
7　*Ibid.*, (b).
8　UNGA Resolution 260(III), Prevention and punishment of the crime of genocide, B. Study by the International Law Commission of the question of an international criminal jurisdiction (9 December 1948).
9　*Yearbook of the International Law Commission*, 1954, Vol. I, Summary of the Sixth Session, p.146.
10　*Yearbook of the International Law Commission*, 1994, Vol. II, Part 2, pp. 26-69.
11　Report of the Secretary-General Pursuant to Paragraph 2 of the Security Council Resolution 808 (1993), UN Doc. S/25704 (3 May 1993), para. 29.
12　アド・ホック委員会および準備委員会における交渉過程については、Adriaan Bos, "From the International Law Commission to the Rome Conference (1994-1998)" in Antonio Cassese et al. eds., *The Rome Statute of the International Criminal Court: A Commentary*, Vol. I (2002), pp. 35-65.
13　Schabas, *supra* note 4, pp. 19-20.

14 この点は、後に 2010 年にカンパラで開催された再検討会議で実際に改正され、現在は侵略犯罪についても対象犯罪となっている。Assembly of States Parties, Resolution RC/Res.6, Annex I, Amendments to the Rome Statute of the International Criminal Court on the crime of aggression (11 June 2010).

15 ローマ会議での事項別の審議については、小和田恒「国際刑事裁判所設置の意義と問題点」『国際法外交雑誌』98 巻 5 号 (1999 年) 1-30 頁。

16 Office of United States Chief of Counsel for Prosecution of Axis Criminality, *Nazi Conspiracy and Aggression, Opinion and Judgment* (1947), p. 53.

17 Security Council Resolution 764 (13 July 1992), UN Doc. S/RES/764 (1992), paragraph 10; Security Council Resolution 771 (13 August 1992), UN Doc. S/RES/771 (1992), paragraph 1.

18 *See, e.g.*, Prosecutor v. Slobodan Milošević, IT-99-37-PT, Decision on Preliminary Motions (8 November 2001), paras. 27-34.

19 *E.g.* Lord Millett, R. v. Bow Street Metropolitan Stipendiary Magistrate and others, *ex parte* Pinochet Ugarte (Amnesty International and others intervening) (No. 3), [1999] 2 All E.R. pp. 178-179.

20 Act concerning the Punishment of Grave Breaches of International Humanitarian Law, English translation in *International Legal Materials*, vol. 38 (1999), p. 918.

21 Case Concerning the Arrest Warrant of 11 April 2000 (Democratic Republic of the Congo v. Belgium). Judgment, *I.C.J. Reports* 2002, p. 24.

22 *Ibid.*, p. 25.

23 Assembly of the African Union, Decision on the Application by the International Criminal Court (ICC) Prosecutor for the Indictment of the President of the Republic of the Sudan, Twelfth Ordinary Session, 1-3 February 2009, Addis Ababa, Ethiopia, Assembly/AU/Dec.221(XII); Assembly of the African Union, Decision on Africa's Relationship with the International Criminal Court (ICC), adopted at the Extraordinary Session, 12 October 2013, Addis Ababa, Ethiopia, Ext/Assembly/AU/Dec.1(Oct.2013).

24 Assembly of the African Union, Decision on the International Criminal Court, Doc. EX.CL/1068(XXXII), Thirtieth Ordinary Session, 28-29 January 2018, Addis Ababa, Ethiopia, Assembly/AU/Dec.672(XXX), para. 5 ii).

25 議定書の採択に至る経緯と ACJHR の詳細については、稲角光恵「アフリカ連合 (AU) のアフリカ国際刑事裁判所の概要と特徴」『金沢法学』59 巻 (2016 年) 1-25 頁。

26 Protocol on amendments to the Protocol on the Statute of the African Court of Justice and Human Rights (adopted at 27 June 2014), Article 46A *bis*.

27 Case Concerning the Application of the Convention on the Prevention and Punishment of the Crime of Genocide (Bosnia and Herzegovina v. Serbia and Montenegro), Judgment (26 February 2007), *I.C.J. Reports 2007*, paras. 155-157.

28 *Ibid.*, para. 166.

29 *Ibid.*, para. 173.

30 拙稿「国際法上の個人責任の拡大とその意義―国家責任法との関係を中心として」『世界法年報』第 21 号 (2002 年 1 月) 90 頁。

31 Situation in the People's Republic of Bangladesh/Republic of the Union of Myanmar, Decision Pursuant to Article 15 of the Rome Statute on the Authorisation of an Investigation into the Situation in the People's Republic of Bangladesh/Republic of the Union of Myanmar (14 November 2019), Pre-Trial Chamber III, ICC-01/19-27.

32 Application of the Convention on the Prevention and Punishment of the Crime of Genocide (The Gambia v. Myanmar), Application Instituting Proceedings and Request for Provisional Measures (11 November 2019).

33 Application of the Convention on the Prevention and Punishment of the Crime of Genocide (The Gambia v. Myanmar), Preliminary Objections, Judgment (22 July 2022), *I.C.J. Reports 2022*, p. 477.

34 Lithuania refers to Article 14 of the Rome Statute for an Investigation into the Situation in the Ukraine (1 March 2022), *available at* <https://www.icc-cpi.int/sites/default/files/2022-04/1041.pdf>.

35 Press Release, Situation in Ukraine: ICC judges issue arrest warrants against Vladimir Vladimirovich Putin and Maria Alekseyevna Lvova-Belova (17 March 2023).

36 Allegations of Genocide under the Convention on the Prevention and Punishment of the Crime of Genocide (Ukraine v. Russian Federation), Application Instituting Proceedings, 26 February 2022. See also, Allegations of Genocide under the Convention on the Prevention and Punishment of the Crime of Genocide (Ukraine v. Russian Federation: 32 States Intervening), Preliminary Objections, Judgment (2 February 2024).

37 Statement of the Prosecutor of the International Criminal Court, Karim A.A. Khan KC, on the Situation in the State of Palestine: receipt of a referral from five States Parties (17 November 2023).

38 Application of the Convention on the Prevention and Punishment of the Crime of Genocide in the Gaza Strip (South Africa v. Israel), Application Instituting proceedings and request for the indication of provisional measures (29 December 2023).

39 たとえば、ICYT 規程 9 条 1 項、ICYR 規程 8 条 1 項、シエラレオネ特別裁判所規程 8 条 1 項を参照。ローマ規程は競合管轄権について明文では言及していない。しかし、19 条が関係事件に管轄権を有する国家に、受理可能性に対する異議申し立てを認めていることなどから、ICC が競合管轄権の制度に立脚していることは明白である。

40 拙稿「国際刑事裁判所 (ICC) における補完性の原則―事案配分に関する決定プロセスと実体的基準」、島田征夫・林司宣・杉山晋輔編『国際紛争の多様化と法的処理』(栗山尚一先生・山田中正先生古稀記念論文集) (信山社、2006 年) 92-93 頁。

41 たとえば ICYT 規程 9 条 2 項は「国際裁判所は、国内裁判所に優越する。国際裁判所は、国内裁判所に対して、手続のいかなる段階においても、この規程ならびに国際裁判所の手続証拠規則に従って、国際裁判所の権限に服するよう正式に要請することができ

る。」と規定する。
42 Rod Rastan, "What is 'Substantially the Same Conduct': Unpacking the ICC's 'First Limb' Complementarity Jurisprudence", *Journal of International Criminal Justice*, Vol. 15 (2017), p. 3.
43 この問題については、拙稿「国際刑事裁判所における『同一人物・同一行為』基準の適用―補完性に関する法と政策の狭間」浅田正彦他編『現代国際法の潮流 II』(坂元茂樹先生・薬師寺公夫先生古稀記念論文集)(東信堂、2020 年) 199-217 頁を参照。
44 Darryl Robinson, "The Mysterious Mysteriousness of Complementarity", *Criminal Law Forum*, Vol. 21 (2010), pp. 68-69.
45 Office of the Prosecutor, Policy Paper on the Interests of Justice (September 2007), p. 4.
46 Alexander K. A. Greenawalt, "Complementarity in Crisis: Uganda, Alternative Justice, and the International Criminal Court", *Virginia Journal of International Law*, Vol. 50 (2009), p. 160.
47 Press Release, ICC Prosecutor, Mr Karim A. A. Khan QC, concludes the preliminary examination of the Situation in Colombia with a Cooperation Agreement with the Government charting the next stage in support of domestic efforts to advance transitional justice (28 October 2021).
48 Cooperative Agreement between the Office of the Prosecutor of the International Criminal Court and the Government of Colombia, signed on 28 October 2021, Articles 1, 3 and 6.
49 The Office of the Prosecutor, Report on the Situation in Colombia (30 November 2023), para, 66.
50 International Federation for Human Rights (FIDH) and CAJAR, Request for review of the Prosecutor's decision of 28 October 2021 to close the preliminary examination of the situation in Colombia (27 April 2022), ICC-RoC46(3)-01/22-1-Red. See also the Office of the Prosecutor, Prosecution response to FIDH and CAJAR requests ICC-RoC46(3)-01/22-3 and ICC-RoC46(3)-01/22-1-Red (6 June 2022), ICC-RoC46(3)-01/22.
51 The Office of the Prosecutor, Strategic Plan 2019-2021 (17 July 2019), para, 25; Strategic Plan 2016-2018 (16 November 2015), paras. 35-36; Strategic plan June 2012-2015 (11 October 2013), paras, 19 and 22; Prosecutorial Strategy 2009-2012 (1 February 2010), para. 19.
52 Prosecutor v. Omar Hassan Ahmad Al Bashir, ICC-02/05-01/09, Decision on the Prosecution's Application for a Warrant of Arrest against Omar Hassan Ahmad Al Bashir (4 March 2009), para. 221-222; Prosecutor v. Germain Katanga and Mathieu Ngudjolo Chui, ICC-01/04-01/07, Decision on the confirmation of charges (30 September 2008), paras. 512-516.
53 拙稿「個人の国際責任と組織的支配の構造」『国際法外交雑誌』109 巻 4 号 (2011 年) 63-65 頁。

第 2 章
ICC における管轄権の構造と受理許容性

洪　恵子

I　はじめに
II　ICC 規程における管轄権の制度的特徴
　1　事項的管轄権
　2　ICC 管轄権行使の基礎と前提条件
　3　時間的管轄権
　4　人的管轄権
　5　場所的管轄権
III　トリガー・メカニズム
　1　トリガー・メカニズムとは何か
　2　締約国付託
　3　安保理による付託
　4　検察官の自己の発意による捜査の開始
IV　受理許容性
　1　受理許容性の審査に関する ICC 規程の枠組み
　2　補完性の原則
　3　補完性の解釈をめぐる問題
　4　重大性の解釈をめぐる問題
V　おわりに

I はじめに

　国際刑事裁判所(International Criminal Court, ICC)は1998年ローマで開催された外交会議(ローマ会議)において、多数国条約である裁判所規程(ICC規程)の採択によって設立された。2002年には60か国の批准を得て発効し、正式に活動を開始した。ICCは国際社会全体の関心事である最も重大な犯罪を処罰するために設立されたが、ここでいう最も重大な犯罪(コア・クライム)とは、集団殺害犯罪(ジェノサイド)、人道に対する犯罪、戦争犯罪、侵略犯罪のことである(ICC規程第5条)(以下、本章では特に明示しない限り、条文番号はICC規程の条文を示す)。国際社会はこれらの重大な国際法上の犯罪について、歴史上初めて常設的な裁判所を条約に基づいて設立したのである。

　本章の目的はICCの管轄権(jurisdiction)の構造と受理許容性のルールの概要を説明することであるが、具体的にICC規程に基づく構造を検討する前に、まずICCを他の国際的刑事裁判所[1]と比較し、その性質の特徴を明らかにしておきたい。これまでに実際に設立された国際的刑事裁判所は(a)国際軍事裁判所、(b)国連安全保障理事会決議に基づく国際的裁判所、(c)国連暫定統治機構の支援によるいわゆるハイブリッド裁判所、(d)国連と関係国との条約(合意)に基づいて設置された国際的刑事裁判所に分けることができる[2]。周知の通り(a)の国際軍事裁判所は第二次世界大戦後、ナチスドイツと日本の戦争責任者を処罰するために創設された裁判所である[3]。ドイツと日本が連合国の占領下にあったなかで行われ、交戦国の権利としての軍事裁判の性格を強く持っていた。また(b)は冷戦後、旧ユーゴスラビア領域内で行われた武力紛争で生じた非人道的行為を処罰するために国連の安全保障理事会(安保理)が国連憲章第7章に基づいて設立したユーゴ国際刑事裁判所(International Criminal Tribunal for the Former Yugoslavia, ICTY)、ルワンダで行われた非人道的行為について責任ある個人を処罰するためのルワンダ国際刑事裁判所(International Criminal Tribunal for Rwanda, ICTR)である。さらに(c)はコソボ国連暫定統治機構(United Nations Interim Administration Mission in Kosovo)の権限内に設立された国内司法制度に国際検察官や国際判事を登用したプログラム、東ティモール国連暫定統治機構(United Nations Transitional Administration in East Timor)の権限内に設立された裁判所(デリ特別裁判部)がある。(d)は安保理の主導によってシエラ・レオーネ政府と国連との合意に基づいて設置されたシエラ・レオー

ネ特別裁判所 (Special Court for Sierra Leone) およびレバノン政府と国連との合意に基づいて設立されたレバノン特別裁判所 (Special Tribunal for Lebanon)、国連総会の主導により国連とカンボジアの合意で設置されたカンボジア特別法廷 (Extraordinary Chambers in the Courts of Cambodia) がある[4]。

さて、これらの国際的刑事裁判所に比べて ICC は法的安定性の点から高く評価されている。第一に、国際条約に基づくという設立方式である。国際軍事裁判所は戦勝国による一方的創設 (ただしドイツと日本は無条件降伏の結果としてこれを受諾) であり、ICTY/ICTR は安保理という政治的機関、つまり「国際の平和と安全の維持」を確保するため、また 5 常任理事国の賛成投票が決定的な力を持つ手続による決議で作られたため、刑事裁判所としての独立性や公正さについて批判があった[5]。第二に、ICC はその対象とする犯罪が一定の地域で行われたものに限られないという普遍性を持っている。第三に、ICC 以外の国際的刑事裁判所が一定の犯罪的行為が行われてから (事後的に) 設置されたのに対して[6]、ICC は ICC 規程の発効後に行われる犯罪に対処するために事前に (*ex ante*)、常設的存在として設置された。これらの点から、ICC はより正統性、独立性と安定性のある裁判所として評価されているのである[7]。

他方で、事前に且つ常設性を持って設立された裁判所として抱える問題もある。犯罪が行われるごとに設立されるのではなく、常設的に存在しているとしても、ICC は国内裁判所と根本的な相違があるからである。つまり国際社会には国内社会に存在するような権力の集権化は存在しない。国内社会であれば、法が非難する一定の行為が行われた場合は、たとえ関係する個人が刑事処罰を求める行動をとらなくても、自動的に法が用意した手続が作動し裁判所の管轄についても既存の手続で確定する (例、我が国の刑事訴訟法第一章)。これに対して国際社会においては、国際法において犯罪であると観念されているような一定の残虐な行為が行われたことが確認されても、それで即座に国際社会が介入し、実行者を特定して、国際組織である国際裁判所で刑事裁判を行うということにはならない。犯罪はそれが行われた国又は加害者の国籍国で処罰されるのを原則とするからである[8]。したがって ICC が刑事手続を開始するためには ICC が当該犯罪に対して管轄権 (jurisdiction) を有し、さらには実際に裁判を開始する十分な条件がそろっているという受理許容性 (admissibility) が認められなければならない。管轄権と受理許容性が

確認されて始めて、ICCによる国際法上の犯罪の審理が開始されるのである。このことからICCに関しては管轄権と受理許容性に関するルールが極めて重要であることがわかる。そこで以下、本章ではICCの管轄権の構造と受理許容性に関するルールを紹介する。

II ICC規程における管轄権の制度的特徴

1 事項的管轄権 (subject-matter (*ratione materiae*) jurisdiction)

事項的管轄権とはICCにおける刑事手続の対象となる犯罪である。ICC規程第5条はICCの事項的管轄権を次のように定めている。すなわち、「1 裁判所の管轄権は、国際社会全体の関心事である最も重大な犯罪に限定する。裁判所は、この規程に基づき次の犯罪について管轄権を有する。(a)集団殺害犯罪 (b)人道に対する犯罪、(c)戦争犯罪、(d)侵略犯罪 条で集団殺害犯罪を、第7条で人道に対する犯罪を、第8条で戦争犯罪を定義している[9]。これらはコア・クライム（中核犯罪）と呼ばれている。

ICC規程はその前文で「国際社会全体の関心事である最も重大な犯罪が処罰されずに済まされてはならない」としているので、ICCの事項的管轄権の対象とはすなわち（個別国家ではなく）国際社会全体の法益を侵害する行為であることを示している。またICC規程では、最も重大な犯罪について、「人類の良心に深く衝撃を与える想像を絶する残虐な行為」（前文）であるとしている。ただし想像を絶する残虐な行為のすべてがICCの事項的管轄権の対象となっているのではなく、ICCの設立過程では何をその事項的管轄権の対象とするべきかについて常に意見の一致があったわけではない。

起草過程を振り返ってみよう。現在のICC規程は1998年のローマ会議で採択されたものだが、これは1994年国連国際法委員会(ILC)の国際刑事裁判所規程案(1994年草案)を土台としている。そもそも国際刑事裁判所を設立しようという構想は国連の創設時にさかのぼる。1947年に総会はILCに対して「人類の平和と安全に対する罪の法典案」を準備するよう要請し、他方で1950年には国際刑事裁判所を設立する特定の提案を準備する委員会を設置した。ILCにおける作業は順調には進まなかったが、1990年代から次第に国際刑事裁判所を設立しようという機運が高まった。1989年に総会はトリニダード・トバゴの提案により、国際刑事裁判所規程草案作業を再開するこ

とを決め (GA Res. 44/89)、1992年には人類の平和と安全に対する罪の法典案とは結び付けられない任務として国際刑事裁判所規程草案を準備することを決議し、その後ILCは1993年草案、1994年草案を国連総会に提出している。1994年草案を土台として、臨時委員会が設立され、さらに準備委員会が設立されて、1998年に1994年草案のほぼ2倍の規定数からなるICC規程がローマ会議で採択されたのである[10]。

ICCの事項的管轄権の対象について1994年草案とICC規程の最大の相違は、多数国間条約によって抑止と処罰のための国際協力が義務づけられている条約犯罪 (treaty crimes) が除外されたことである。麻薬の不法取引の取り締まり、航空機に対する不法行為や人質の奪取などの条約犯罪はそもそも1989年に国際刑事裁判所規程草案作業を総会が再び取り上げる際に想定されていたものであり、1994年草案までは事項的管轄権の対象とされていたが、結局は事項的管轄権の対象から外された。ICCの事項的管轄権の対象は一般国際法上の犯罪に限られたのである[11]。

2　ICC管轄権行使の基礎と前提条件
(1) 国内法の適用準則

国家が国内法を適用する準則として、国際法では5つの準則が認められている。すなわち属地主義、積極的属人主義、消極的属人主義、保護主義、普遍主義である。のちに詳しく検討する通り、ICCが管轄権を行使する際(の前提条件)はこうした準則のうち、属地主義と積極的属人主義を利用している(第12条2項)[12]。ICC以外の国際的刑事裁判所を振り返ると、国際軍事裁判についてはドイツと日本の指導者を処罰するための裁判所として設立され、行われた犯罪の犯行地を基準としたものではなかった[13]。次にICTYについては、「国際裁判所は、この規程の規定に従い、1991年以後の旧ユーゴスビアの領域内で行われた」国際人道法の重大な違反について訴追する権限を持つとし (ICTY規程第1条)、犯行地を基準とするものだった。これに対してICTRについては1994年にルワンダで行われた犯罪に対して管轄権を持つとする一方で隣国でルワンダ人によって行われた犯罪について管轄権を持つとし、犯行地と被疑者の国籍の双方に管轄権を基礎づけている (ICTR規程第7条)。このほか、シエラ・レオーネ特別裁判所、レバノン特別裁判所は犯行地を基礎としている(シエラ・レオーネ特別裁判所規程第1条1項、レバノン特別

裁判所規程第 1 条 1 項) のに対して、カンボジア特別法廷は一定期間に行われた重大な犯罪に関して最も責任のある民主カンボジアの上級指導者に対する管轄権を持つとし、人的基準を採用している (カンボジア特別法廷設立法第 1 条)。

(2) 締約国と管轄権の受諾

ICC 規程第 12 条 1 項は「この規程の締約国となる国は、第 5 条に規定する犯罪についての裁判所の管轄権を受諾する」と定めていることから、ICC の枠組みでは ICC 規程の締約国になることが ICC の管轄権を受諾することを意味する。換言すれば、ICC 規程という多数国間条約を批准・加入すれば、その国はあらためて ICC が第 5 条に掲げる犯罪について管轄権を有することに個別の明示の同意を与える必要はないということである。ILC の 1994 年草案では集団殺害犯罪に関してのみこうした自動的な受諾を認めていたが[14]、ICC 規程では他のコア・クライムについても同様の仕組みを採択した。

(3) 管轄権行使の前提条件

さらに ICC 規程では、ICC が管轄権を行使するための前提条件を定めている。すなわち第 12 条 2 項は「2 裁判所は、次条 (a) 又は (c) に規定する場合において、次の (a) 又は (b) に掲げる国の一又は二以上がこの規定の締約国であるとき又は 3 の規定に従い裁判所の管轄権を受諾しているときは、その管轄権を行使することができる。(a) 領域内において問題となる行為が発生した国又は犯罪が船舶若しくは航空機内で行われた場合の当該船舶若しくは航空機の登録国 (b) 犯罪の被疑者の国籍国」と定めている。つまり後に見る安保理による付託をのぞいて、そもそも ICC は世界で起きるあらゆる重大な非人道的行為に対して管轄権を行使できるような裁判所としては構想されておらず、属地主義又は積極的属人主義に基づいて国内裁判所の管轄権を行使することができる国の一方の同意を必要とするのである[15]。

なお、非締約国であっても、ICC の管轄権を受諾する宣言をすれば、ICC は管轄権行使を行うことができる。すなわち第 12 条 3 項は「3 この規程の締約国でない国が 2 の規定に基づき裁判所の管轄権の受諾を求められる場合には、当該国は、裁判所書記に対して行う宣言により、問題となる犯罪について裁判所が管轄権を行使することを受諾することができる。受諾した国は、第九部の規定に従い遅滞なく例外なく裁判所に協力する。」2024 年 1 月

現在、第12条3項に基づく宣言を行ったのは、コートジヴォアール、ウガンダ、パレスチナ、ウクライナである。

しかしこうした一般的なルールは、侵略犯罪や改正によってICC規程に追加される犯罪については適用されない。その理由は第121条5項にある。すなわち「第5条から第8条までの規定の改正は、当該改正を受諾した締約国については、その批准書又は受諾書の寄託の後1年で効力を生ずる。当該改正を受諾していない締約国については、裁判所は、当該改正に係る犯罪であって、当該締約国の国民によって又は当該締約国の領域内において行われたものについて管轄権を行使してはならない。」つまり改正を受諾していない国については、その国民による犯罪も、その国で行われた犯罪についても、ICCは管轄権を行使することはできないのである。換言すれば、こうした犯罪については、属地主義や積極的属人主義に基づいて管轄権を行使できる国のいずれかではなくて、その両方の合意（受諾）が必要なのである[16]。侵略犯罪に関する管轄権行使については本書第4章でも詳しく説明されている。

3　時間的管轄権 (temporal (*ratione temporis*) jurisdiction)

ICCはICC規程の発効後に行われた犯罪についてのみ管轄権を有する（第11条）。ICC規程は2002年の7月1日に発効したので、ICCが管轄権を行使できる犯罪はこの日時以降に起こったものに限られる。ICC規程が発効した後にICC規程に加入した国については、その国についてICC規程の効力が生じてからの犯罪に限られる（第126条2項）。ただし第12条3項に基づいてICCの管轄権を受諾した国家については、（受諾をする宣言をなした日ではなくて）2002年7月1日以降のいずれかの日以降の管轄権を認めることができると解されている[17]。またすでに述べたように、2010年の検討会議で侵略犯罪に関する改正規定が採択されたが、その際に採択された了解では、裁判所は第15条の3（安保理付託の場合）または第15条の2（締約国付託・検察官による捜査の開始の場合）に基づく決定がなされた後で、かつ30の締約国による改正の批准または受諾から1年を経過した後の、いずれか遅い日より後に行われた侵略犯罪についてのみ管轄権を行使することができると定めた（了解1、3）。これを受けて議論が続けられ、2017年12月の締約国会議で2018年7月17日から侵略犯罪に関するICCの管轄権行使が開始されること（アクティベート）が決められた[18]。

4 人的管轄権 (personal (*ratione personae*) jurisdiction)

ICC規程は被疑者が締約国の国民である場合に管轄権を行使できる(第12条2項)。また第12条3項に基づく宣言を行った国の国民についても管轄権を行使できる。ただし安保理による付託の場合はこうした制限はない。しかし被疑者の年齢が犯罪を実行したとされる時に18歳未満であった場合には、ICCは管轄権を行使しない(第26条)。またICC規程の改正によって追加された犯罪については、その国が改正を受諾しない限りその国民に管轄権を行使することができない(前述の第121条5項)。

なお2010年の検討会議で採択された改正規定のうち、侵略犯罪についてはさらに人に関する制約を定めている(いわゆる「指導者責任」)。すなわち第8条の二における侵略犯罪の定義のなかで「…国の政治的または軍事的行動を実質的に管理しまたは指示する地位にある者による計画、準備、開始又は実行をいう」とし、第25条3項の二で「侵略犯罪に関して、本条の規定は、国の政治的または軍事的行動を実質的に管理または指示する地位にある者に対してのみ適用する」と定めている。

また安保理が一定の人をICCの管轄権の対象から除外するということも行われた。例えばリベリアに関する決議1497号(2003年)においては、多国籍軍または国連の安定化部隊に派遣されている現在のまたは元の要員は、ICCの非締約国の国民の場合、申し立てられる行為不作為のすべてについて、派遣国の排他的な管轄権に属すると宣言している(同様に安保理決議1595号(2005年))。

さらに一定の人をICCの管轄権の対象から外す効果を持つものに、国際法上の免除 (immunity) がある[19]。国際法では、「人」に対する領域国の国家管轄権の行使の制限が一定の場合に認められ、その例として国家元首や外交官には他国の刑事管轄権からの免除が認められる。現職の間はその身分を根拠として(人的免除)、また身分を失った後も公的な任務については免除が認められる(事項的免除)と考えられてきた。また「国」に関しても、外国の裁判所で訴えられても、自ら進んで応じる場合を除いて、外国の裁判権には服する義務がないという主権(国家)免除というルールがあり、かつては国家の行為のすべてに免除を与える考え方(絶対的免除)が主流であったが、現在は主権的行為についてのみ免除を認めるという考え方が主流となっている。「人」

に関する免除についても、近年、重大な国際法上の犯罪については免除を認めるべきではないと主張されるようになっている。他方で、こうした主権国家間の免除ではなくて、国際裁判所についてもルールの生成が進んでいる。まず第二次世界大戦後のニュルンベルグ裁判・東京裁判といわれる国際軍事裁判においては、国家の指導者達を人的管轄権の対象とし、その後、1946年に国連は「ニュルンベルグ裁判所憲章と判決によって認識された国際法の諸原則」を定式化した。そのなかで、罪となる行為を行ったものは国家元首または国家の責任ある官吏であるということによってその責任を免れることはない（第3原則）ことを明らかにしている。その後も国連国際法委員会（ILC）はこの問題に取り組んでおり（例、1996年人類の平和と安全に対する法典案第7条）、また近年では政府高官の外国刑事管轄権からの免除について議論を進めている（「外国の刑事管轄権からの政府職員の免除（Immunity of State Officials from Foreign Criminal Jurisdiction）」、草案第7条）[20]。ICCの制度を作るうえでも、国際裁判所の設立を必要とする事態はしばしば国家の指導的立場にある人々によって犯罪的行為が命じられまたは実行されてきたことから、国際法上の免除を排除することが試みられた。つまりそれまでのILCでの議論を踏まえて、一定の行為が国際法上の犯罪として成立する際に公的地位の抗弁を認めないという意味での（いわば実体的）免除と、その犯罪に関する刑事手続において（国家元首などに認められてきた）免除（手続的免除）の二種類を区別し、交渉の結果、ICC規程では実体的および手続的免除を否定する規定がおかれた（27条1項および2項）[21]。しかし同時に、ICC規程はICCから請求を受けた国に第三国の人又は財産に係る国家のまたは外交上の免除に関する義務に違反する行動を求めるような請求を行うことはできないと定めたことから（第98条）、いまだにICCの手続において国際法上の免除を援用する余地は残っている。また非締約国はそもそもローマ規程に拘束されないので、非締約国に対してICCが管轄権を行使しようとする場合、いかにして、またどの程度に非締約国に免除の援用を制限できるかという問題がある[22]。

5　場所的管轄権（territorial (*ratione loci*) jurisdiction）
(1) ICC規程の場所的適用範囲

　ICCは締約国の領域で行われた犯罪について（被疑者の国籍にかかわりなく）管轄権を行使することができる（第12条2項）。またICCの管轄権を受諾する

宣言を行った国の領域で行われた犯罪についても管轄権を行使することができる (同条 3 項)。さらに安保理による付託では、非締約国の領域で行われた犯罪について管轄権を行使できる (第 13 条 (b))。この場合の「領域」にはその国に登録された船舶や航空機内も含む (第 12 条 (a))。なお、ICC 規程では留保は禁止されているが (第 120 条)、幾つかの国は自国の領域的範囲について宣言を行っている (例、オランダ、デンマーク (のちに撤回)、イギリス)[23]。

(2) 場所的管轄権に関する裁判部の判断

場所的適用範囲に関して、ICC の検察官によって、(捜査が開始される前に) 果たして ICC が管轄権を行使できるかの判断の要請が第 19 条 3 項に基づいて 2 つの事態について行われた。ミャンマー (非締約国) からロヒンギャと呼ばれる少数派がバングラデシュ (締約国) に逃れた事態に関して、2018 年 9 月 6 日に ICC の第一予審裁判部は客観的属地主義に基づいて管轄権を有すると判断した[24]。またパレスチナに関しては 2021 年 2 月 5 日に第一予審裁判部は ICC の管轄権があること (パレスチナが規程の締約国であり、またパレスチナの事態における裁判所の場所的適用範囲がイスラエルの 1967 年以来占領している領域、つまりガザと東エルサレムを含む西岸地区におよぶこと) を確認した[25]。

Ⅲ　トリガー・メカニズム

1　トリガー・メカニズムとは何か

ICC がある事態について管轄権を持つだけでなく、実際に管轄権を行使するための手続きはトリガー・メカニズム (trigger mechanism) と呼ばれる。ローマ会議における検討を経て採択されたのは 3 つのメカニズムであり、第 13 条に規定されている。すなわち「第 13 条　管轄権の行使裁判所は、次の場合において、この規程に基づき、第五条に規定する犯罪について管轄権を行使することができる。(a) 締約国が次条の規定に従い、これらの犯罪の一又は二以上が行われたと考えられる事態を検察官に付託する場合、(b) 国際連合憲章第七章の規定に基づいて行動する安全保障理事会がこれらの犯罪の一又は二以上が行われたと考えられる事態を検察官に付託する場合、(c) 検察官が第十五条の規定に従いこれらの犯罪に関する捜査に着手した場合」。

このように ICC は (a) 国家 (b) 安全保障理事会又は (c) 検察官の自己の発意

による捜査が予審裁判部によって許可された場合に管轄権行使を開始する。この3者にICCの管轄権を起動させる権限を与えているのはすべてのコア・クライムに共通する。しかし、管轄権行使の前提条件を定める第12条の規定のため、第13条(a)および(c)については、犯行地又は被疑者の国籍国がICC規程の締約国であること、侵略犯罪については第15条の2の5項によって、犯行地と被疑者の国籍国の双方が締約国であることが必要である。これに対して安保理による事態の付託についてはこのような制限がなく、非締約国の事態に関しても管轄権を行使できる。このような安保理の権限は国連憲章に明文で規定されているのではない。しかし安保理が国際的な刑事管轄権を創設する権能を持つということは今日では広く受け入れられている[26]。なお、侵略犯罪については、安全保障理事会が侵略行為を認定していない場合に、検察官が捜査を進めるためには、(他のコア・クライムについては予審裁判部であるところ)予審裁判部門の許可が必要である(第15条の2の8項)。

2 締約国付託

これまでICCにはウガンダ(2003年)、コンゴ民主共和国(2004年)、中央アフリカ共和国(2004年, 2014年)、マリ(2012年)から自国領域内に関する事態が付託された。いわゆる自己付託(self-referral)と呼ばれるものである。また2018年には複数の締約国からヴェネズエラの事態が付託され[27]、2022年2月にロシアがウクライナに侵攻後、40を超える締約国によってウクライナの事態が付託された[28]。

ICCが活動を開始した当初は自己付託が続いたので、その是非が大きな問題となった。そもそも締約国の付託を規定する第13条(a)と第14条の文言には付託を行う国家がICC規程の締約国であるという以外の条件はない。したがって犯行地である締約国が付託を行うことがICC規程において禁止されていると言うことはできない。この点を重視してクラウス・クレス(Claus Kress)は自己付託の合法性を主張した。彼によれば第14条には締約国の付託に制約がないため、自発的付託に問題があるとすれば、ICC規程前文に「国際的な犯罪について責任を有する者に対して刑事裁判権を行使することがすべての国の責務」であるとされているところ、付託する国がこの責務を果たしたといえるかという問題であろうが、しかしこの義務も自国の刑事管轄権の行使だけを意味するものではなく、結果として不処罰が防げればよいので

あるから、ICC に付託することでも義務を果たすことができるという[29]。かつて自己付託に対しては、内戦の一方当事者である政府によって内戦の相手方を非難する道具に自己付託が使われる危険性があるとの強い批判があったが、後述する通り、裁判部のこれまでの判例においては、犯罪に管轄権を持つ国が自らの意思で管轄権を行使せず、ICC での裁判を望むことは当該事件の受理許容性を否定するものではないという判断が行われている。また前述の通り、今日では自己付託以外の締約国付託も行われるようになっている。

3 安保理による付託

これまで安保理から 2 つの事態が ICC に付託されている（2004 年スーダン（決議 1593）、2011 年リビア（決議 1970））。

（ア）スーダン　安保理は 2004 年 9 月に憲章第 7 章に基づいてスーダンのダルフール地域で起こっている国際人道法と国際人権法の違反に関する調査委員会を設置した（決議 1564 号）。その報告書を受け、2005 年 3 月 31 日、安保理はダルフールの事態は国際の平和と安全に対する脅威であると認定した上で、憲章第 7 章に基づいて、2002 年 7 月 1 日以降のダルフールの事態を ICC の検察官に付託することを決定し、スーダン政府を含め、関係当事者の協力を義務づけた（決議 1593 号）（アルジェリア、ブラジル、中国、米国が棄権）。その後、検察官は捜査を開始し、現在に至るまでに 7 名の被疑者について手続きが進められている。被疑者の 2024 年 1 月時点での状況は次のとおりである。①アフマド・ムハマド・ハルン（Ahmad Muhammad Harun）は戦争犯罪及び人道に対する犯罪の嫌疑がかけられているが、まだ身柄が確保されていない。②アリ・ムハマド・アリ・アブド・アル・ラーマン（Ali Muhammad Ali Abd-AL-Rahman（Ali Kushayb）については、戦争犯罪および人道に対する犯罪について 2007 年に最初の逮捕状が発行されたが、2020 年 6 月 9 日に ICC に出頭し、犯罪事実の確認後、現在は第一審裁判部で裁判が継続中である。③ハッサン・アフマド・アル・バシール（Omar Hassan Ahmad Al Bashir）はスーダンの大統領であった 2008 年 7 月 14 日に集団殺害犯罪、人道に対する犯罪及び戦争犯罪に関する逮捕状が検察官によって請求された。その後 2009 年 3 月 4 日には人道に対する犯罪および戦争犯罪について、2010 年 7 月 12 日には集団殺害犯罪について逮捕状が発布された。まだ身柄は確保されていない。④バハール・イドリス・アブ・ガルダ（Bahar Idriss Abu Garda）に対して戦争

犯罪について 2009 年 5 月 7 日召喚状（summons to appear）が発布され、同年同月 18 日に本人が出廷した。しかし、2010 年 2 月 8 日第一予審裁判部は彼に対する戦争犯罪に関する犯罪事実は十分な証拠がないとして、確認を拒否した。⑤アブダラ・バンダ・アバカエル・ヌーレン（Abdallah Banda Abakaer Nourain）は（スーダンにおけるアフリカ連合の平和維持部隊に対する 2007 年 9 月 29 日に関連する）戦争犯罪に関して 2014 年 9 月 11 日に第一審裁判部が逮捕状を発行した。なお、⑥この事件に同じく関連していたとされるサレ・モハメド・ジェルボ・ジャムス（Saleh Mohammed Jerbo Jamus）については、彼が 2013 年 10 月 4 日に死亡したため、手続が打ち切られている。⑦アブデル・ラヘーム・ムハマド・フセイン（Abdel Raheem Muhammad Hussein）は人道に対する犯罪および戦争犯罪についてスーダンの防衛大臣であった 2012 年 3 月 1 日に逮捕状が発布されたが、まだ逮捕には至っていない。

　（イ）リビア　　リビアでは長くムアマル・モハメッド・アブ・ミニャー・ガダフィ（Muammar Mohammed Abu Minyar Gaddafi）が政権を維持してきたが、2011 年には反政府勢力と政府側との間に武力衝突が生じ、多くの民間人の犠牲が生じたと広く報道された。2011 年 2 月 26 日に安保理は 2011 年 2 月 15 日以降の事態について ICC に付託することを決定した（決議 1970 号、全会一致）。

　リビアの事態については、これまで 4 名の被疑者について手続きが進められた。まず 2011 年 6 月 27 日に予審裁判部は①ムアマル・ガダフィ、②サイフ・アル・イスラム・ガダフィ（Saif Al-Islam Gaddafi）、③アブドゥラ・アル・セヌシ（Abdullah Al-Senussi）に対して、2011 年 2 月 15 日から少なくとも同年 2 月 28 日までにリビア全土で行われた人道に対する犯罪の容疑で逮捕状を発布した。2011 年 11 月 22 日予審裁判部はムアマル・ガダフィの死亡を確認し、彼に対する手続を終了した。2013 年 5 月 31 日予審裁判部はサイフ・アル・イスラム・ガダフィに関する事件のリビアによる受理許容性に関する異議申立てを棄却し、2014 年 5 月 21 日に上訴裁判部もその判断を支持した。しかし彼の身柄はまだ確保されていない。これに対して、2013 年 10 月 11 日、予審裁判部はアブドゥラ・アル・セヌシに関する事件についてはリビアが捜査を行う意思も能力もあるとして受理許容を否定し、2014 年 7 月 14 日に上訴裁判部によってその判断が支持され、アル・セヌシに関する手続きは終了した。④アル・トゥアミ・モハメッド・カレド（Al-Tuhamy Mohamed Khaled）は少なくとも 2011 年 3 月から同年 8 月 24 日までの間にリビアで行われ人道に対する

犯罪及び戦争犯罪に関して訴追されたが、2022年9月7日予審裁判部は検察官からの彼の死亡の通知を受けて、手続きを終了した[30]。

（ウ）なお、2014年にはシリアの事態につきICCへの付託が模索されたが（UN Doc. S/2014/348）、採択はされなかった[31]。

スーダンもリビアもICCの非締約国であるが、前述の通り、安保理による付託では非締約国の事態を付託できないという制約はない。ただし、ICCにおける刑事手続きに対する協力義務は締約国については当然に及ぶが、非締約国にも及ぶのかどうかが問題となる。また安保理はICC規程においてICCの管轄権の行使を開始させる権限を認められているばかりではなく、すでに始まった手続きを延期する権限も認められていることにも注意しておく必要がある（第16条）[32]。

4　検察官の自己の発意による捜査の開始

締約国や安保理ではなく、独立した検察官に対して、ICCの管轄権行使を発動させる権限を認めるかどうかは起草過程における大きな争点の一つだった[33]。ICC規程第15条では独立した検察官が自分の判断によって（ほかの機関からの指示にしたがうのではなく）、捜査を開始する権限を認め、ただし、独立した検察権への強い反対を反映して、予審裁判部の許可というプロセスを加えている。近年、検察官の自己の発意による捜査の開始の件数は増えている。事項的管轄権の対象が特定の事態に限られていた他の国際的刑事裁判所とは異なり、ICCはICC規程の発効後に起こった事態についてはICC規程が定める諸条件を充たせば管轄権を行使できる。したがって検察官は取り上げる事態に関して大幅な裁量を持っている。

ICC規程第15条は次のように定める。検察官は情報に基づいて（1項）判断する、またその情報の重大性を分析する（2項）。また検察官は捜査を進める「合理的な基礎があると結論する場合」（3項）予審裁判部に捜査の許可の請求を行うとしている。続いて4項では、予審裁判部は「3に規定する請求及び裏付けとなる資料の検討に基づき、捜査を進める合理的な基礎があり、かつ、事件が裁判所の管轄権の範囲内にあるものと認める場合には、捜査の開始を許可する」と定めている。ところで検察官の捜査の開始について定める第53条1項では、(a)管轄権の範囲内にある犯罪が行われたか又は現に行われていると信ずるに足る合理的な基礎があること、(b)事件について受理許容性

がある (またはあり得るか) どうか、(c) 犯罪の重大性および被害者の利益を考慮してもなお捜査が裁判の利益 (interest of justice) に資するものでないと信ずるに足りる実質的な理由があるかどうかを検討するように検察官に求めている。そこで予審裁判部が捜査を許可するにあたって、これまで第53条1項(a)～(c)の3つの要素を検討する実行が行われていたが、2020年の決定で上訴裁判部はこの考え方を否定し、予審裁判部は第15条4項に基づく審査のみ行うべきであると判断した[34]。ただし、予審裁判部による捜査の「許可」(authorization) は、事件の管轄権及び受理許容性について裁判所がその後に行う決定に影響を及ぼすものではない (第15条4項)。

なお検察官の権限や検察官に関する ICC 規程のルールについては、第8章で詳しく検討される。

IV 受理許容性

1 受理許容性の審査に関する ICC 規程の枠組み

ICC がある事件に管轄権を持つだけでなく、実際に管轄権を行使することができるためには受理許容性 (admissibility) が認められなければならない。受理許容性を判断する際には、補完性 (の原則) と犯罪の重大性を考慮する必要がある[35]。それらをどのような順番で検討すべきかという問題について、かつて検察局は重大性を先に考慮したと思われる事例がみられたが、現在では裁判部は (重大性の要素について特に異議が申し立てられる場合を除いて) 補完性から考慮する実行が一般的となっているという[36]。

受理許容性に関する ICC 規程の中心的規定は第17条である。第17条1項(a)～(c) は補完性に関わり、第17条1項(d) は重大性に関わる。次にまた第20条は一事不再理に関して規定し、これを理由として ICC における事件の受理許容性が否定されることを示す。第17条2項は国家が捜査又は訴追を真に行う意図がないかどうかを判断するための要素を、第17条3項は国家が捜査又は訴追を新に行う能力がないかどうかを判断するための要素を規定する。

受理許容性の審査は、前述のトリガー・メカニズムのいずれについても行われうる。また受理許容性の審査は ICC における手続きの複数の段階で審査されうる。すなわち国は ICC における手続きの初期の段階から、つまり

まだ「事件」(case) が特定されておらず、事態 (situation) にとどまる段階でも受理許容性に関する判断を裁判所に求めることができる (受理許容性についての予備的決定) (ただし安保理による付託については予備的決定を国は求めることができない (18条1項))。さらに受理許容性は、前述の通り、検察官が捜査を開始する際に検討すべき事項の一つであるが (第53条1項(b))、検察官が排他的に決定できるのではなく、裁判所は職権によって受理許容性を決定することができるし (第19条1項)、このほか関係者 (国) に受理許容性の決定を求める権限や異議申立ての権限を幅広く認めている。(第19条2項、3項)。こうしたICCの手続きは対象となる犯罪について管轄権を持つ国家の管轄権行使の有無を確認するプロセスであり、補完性の原則からの要請であるが、歴史的に見れば、武力紛争の一方の相手方によって設立された第二次世界大戦後の国際軍事裁判所には存在せず、この特徴は下される判決の正当性を高める効果を持ち、国際刑事管轄権の重要な進歩といえるだろう。なお、どの段階で受理許容性が判断され、また異議申立てを行うことができるかについては巻末のチャートを参照されたい。

2 補完性の原則

受理許容性の審査では補完性が重要な役割を果たす。ところでICCは「補完性の原則 (principle of complementarity)」を基本としている。補完性の原則は、(ア) ICC の裁判所としての性質を規定するものであり[37]、同時に (イ) 具体的な事件に関する受理許容性を判断する基準となることに注意しなければならない。

まず (ア) について、前述の通り、これまでの国際的刑事裁判所が国内裁判所の管轄権を排除し、ないしはそれに優位して管轄権を行使してきたのに対して、ICCでは国内裁判所の管轄権を尊重し、それを補完する存在であると位置づけた。ICC規程の前文は「二十世紀の間に多数の児童、女性、及び男性が人類の良心に深く衝撃を与える想像を絶する残虐な行為の犠牲者となってきたことに留意し、このような重大な犯罪が世界の平和、安全及び福利を脅かすことを認識し、国際社会全体の関心事である最も重大な犯罪が処罰されずに済まされてはならないこと並びにそのような犯罪に対する効果的な訴追が国内的な措置をとり、及び国際協力を強化することによって確保されなければならないことを確認し……国際的な犯罪について責任を有する者に対

して刑事裁判権を行使することがすべての国家の責務であることを想起し、……この規程に基づいて設立する国際刑事裁判所が各国の刑事裁判権を補完するものであることを強調し」ている。これが「補完性の原則」の第一の意味である。

こうした裁判所の性質を反映して、次に（イ）の意味での補完性が機能する。つまり具体的な事件に関して、国内刑事管轄権が行使された、又は行使されているのであれば、それを ICC は尊重し、受理許容性を認めないことになる。しかし国内裁判所が制度として ICC の上位にあり、そこでの刑事手続の存在が ICC の管轄権行使を無効にするのではない。国内刑事管轄権の有効性について ICC が一定の評価を行うのである。判例においても国家による国内刑事管轄権の行使の実質が第17～20条の枠組みで審査される仕組みとなっていると判示されている[38]。

3　補完性の解釈をめぐる問題
(1) 国内裁判の不存在（inaction/inactivity）（第17条1項 (a), (b)）

第17条1項(a), (b)は過去又は現在に管轄権を持つ国の対応を問題とする。

まず「当該事件がそれについての管轄権を持つ国」の範囲はどこか。前述の通り、ICC が管轄権を行使する前提条件として、属地主義や積極的属人主義に基づいて管轄権を行使できる国の同意が問題となる。これに対して、受理許容性の判断では他の国内法の適用準則（例、普遍主義）に基づいて刑事管轄権を行使する国も対象となりうる。ところで第18条1項では、検察官に対して「すべての締約国及び利用可能な情報を考慮して問題となる犯罪について裁判権を通常行使し得る国」に捜査の着手を通知することを求めている。裁判権を通常行使し得る国として想定されているのは、犯行地、容疑者の国籍国や身柄を拘束している国であるといわれるので、第17条における管轄権を持つ国より狭い範囲であると解釈できる。いずれにせよ、実際には第17条では管轄権が行使されているかどうかを問題にするのであり、管轄権の根拠には制限がないといえる[39]。

では過去にも現在にもそもそも捜査や訴追が行われていない（inaction）なら、ただちに受理許容性があるといえるだろうか。換言すれば、何も行われていないことを確認すれば、捜査又は訴追を真に行う意図または能力の欠如に関する検討は不要なのだろうか。この問題については、かつて問題となる事件

について捜査が行われていないことが確認できれば、受理許容性を認めるという判断を予審裁判部が示していた。しかし「捜査や訴追がないこと」でただちに受理許容性を認めることになると、あたかも「捜査や訴追がないこと」が受理許容性に関する独立した要件として扱われる結果となり、ICC規程の明文と矛盾することになる。そこで、その後、第一審裁判部は「捜査や訴追がないこと」は意思の欠如に関する文脈において判断した。しかし、そうすると、自己付託の場合に問題が生じる。自己付託を望む国は自国で捜査や相違をしないことは意思の欠如ではなく、ICCでの処罰を望んだことによる結果だからである[40]。そうだとすると、捜査や訴追がない場合にも意思や能力の欠如が検討されるべきであるが、上訴裁判部はカタンガ事件において「『捜査や訴追がない』場合であっても意思や能力の欠如は検討されるべきである」という考えを退けた。つまり、そのような考え方は、理念的には意思があるが実際には捜査、訴追しないような場合においても、受理許容性が否定される可能性を認めてしまうものになり、第17条1項の文理解釈から、またICC規程の目的論的解釈にも適合しないと判断した[41]。

(2) 現在、又は過去に行われた捜査（第17条1項（a），（b））

問題となる事件に管轄権を持つ国において捜査や訴追が行われた又は行われていれば受理許容性は認められないが、どんな手続や措置でも良いというのではない。これまで上訴裁判部によって明らかにされた解釈はおおよそ次のとおりである。

①「現に捜査が行われている」の意味について、第一に、それが適用される文脈において判断されなければならない[42]。つまり事態に対する予備的な捜査を検察官が行っている場合、その後立証されるべき事件の構成はまだ不明瞭であるが、検察官が正式に捜査を開始してからは、より具体的に何か捜査されているかを比較する必要がある。第二に、立証責任に関して、（受理許容性に異議を申し立てる）国は具体的で前進する捜査の段階が取られているという証拠を示す必要がある[43]。②事件を不受理とするためにはICCの管轄権の対象となっている事件について、人と行為の両方について国内手続が行われていなければならず、いわゆる同一事件（同一人物同一行為）("same case"（same person same conduct））テストが行われる。ただし国内で行われる捜査や訴追は、ICCの検察官によるそれらとまったく同一（identical）である必要はな

い。同一人物や同一行為という言葉は第 20 条 3 項や第 90 条 1 項に見られるが、行為についてはさらに上訴裁判部は明文にはない「実質的に (substantially)」という要素を加えて判断している[44]。

(3) 当該国が被疑者を訴追しないことを決定している場合（第 17 条 1 項 (b)）

自国に管轄権があるのに ICC での裁判を希望して事態（事件）を付託する場合、付託する国は自国の刑事管轄権の行使を行わないと決めるのだから、理論的には「当該国が被疑者を訴追しないことを決定している場合」に該当し、受理許容性が否定される可能性がある。そうだとすれば自己付託による ICC の管轄権行使が認められないことになる。これに対して、上訴裁判部は第 17 条 1 項 (b) の当該国の被疑者を訴追しない「決定」には、ICC への引き渡しのために国が司法手続きを終了することは含まないと判示した[45]。

またこのルールに関連して、刑事訴追に代わる正義の追求が模索された場合や和平の前提としてアムネスティが与えられた場合に、ICC は受理許容性を否定すべきかという問題が議論されてきた[46]。前者の刑事訴追に代わる措置（いわゆる移行期正義）と ICC の管轄権の競合の問題を定めるルール自体は ICC 規程にないので、捜査の開始に関する検察官の裁量のなかで判断されることになる。またアムネスティに関連して、実際にウガンダの大統領は、自ら事態を付託したにも拘わらず、和平のために逮捕状の撤回を要請したこともある。しかし逮捕状は撤回されず、その後被疑者の一人 (Dominick Ongwen) が逮捕された[47]。

(4) 当該国における被疑者に対する手続（第 17 条 2 項）

国が捜査又は訴追を真に行う意図があったかどうかを判断するために、第 17 条 2 項で示されている基準は、被疑者に対して国で行われた手続きの質を問うものである。行われた刑事裁判が被疑者をかくまうためであったか、独立して公平に行われたかなどを国際法の認める適正な手続きの原則を考慮したうえで裁判所は検討しなければならない。ところでこうした問題に関しては国際的な人権裁判所や人権条約体が意見を示してきた。ICC 規程第 21 条における適用法規でも、法の解釈及び適用は国際的に認められる人権に適合したものでなければならないと定めていることから、こうした国際人権法に照らして判断されることになる。しかし国で行われた手続に重大な人権侵

害があることをもって（国内手続きの有効性を否定し）、ICC における受理許容性を認めることができるかについては、上訴裁判部は（例外的な場合はともかく）ICC は人権裁判所ではなく、単に被疑者の適正手続の権利を十分に尊重しなかったという理由だけで受理可能性を認めうるのではないと判断している[48]。

(5) 自国の司法制度の完全又は実質的な崩壊又は欠如（第17条3項）

　特定の事件に管轄権を持つ国が捜査又は訴追の能力がないことを認定する理由に関して、この規定ではまず司法制度の完全な崩壊又は欠如を挙げ、それらの結果として、被疑者や証拠を確保することができないといった具体的な問題に加え、その他の理由から手続きを行うことができないという状況を示している。ここで想定されているような状況はいわゆる破綻国家で起きることであり、また先進国ではなくて、途上国において多くの場合生じ得る状況であって、実際、ICC 規程の起草過程では、こうした規定を置くことで途上国で生じる事件の受理許容性が（先進国で起きる事件と比べて）認められやすくなるという危険性が指摘されていた[49]。しかしこれまでの実行においては、抽象的にある国の司法制度が評価されるということはなく、事件の発生国の状況が具体的に見極められている。

　捜査や訴追を行う「能力」を欠くかどうかを判断することは、「意思」を問題にする場合より客観的な判断が可能である。また証拠や証人の確保といったことだけでなく、「その他の理由から」手続きを行うことができないか否かを検討すると規定することによって、その国の司法制度が崩壊ないし欠如していることを認定するために、様々な状況を裁判所が考慮できるようになっている。いずれにせよ、裁判所が認定するのは具体的な事件に関する司法手続に関しての国の能力の欠如であって、同じ国で生じた事件であっても異なる被疑者に関しての判断は異なりうるし、時間の経過によっても判断は変化しうる[50]。

(6) 二重の危険・一事不再理（第17条1項(c)、第20条）

　第17条1項(c) は多くの国の国内法でも認められている二重処罰の禁止について規定し、また一事不再理に関する第20条3項に言及しており、両者の内容は実質的に重なっている[51]。これまで管轄権を持つ国で裁判が行われ

たとして受理許容性に異議が唱えられた事案において、上訴裁判部は、この規定によって受理許容性が否定されるためには単に何らかの裁判が開始されただけでなく、行われた裁判が最終的に無罪又は有罪にいたった場合であるとの判断を示している[52]。

4 重大性の解釈をめぐる問題（第17条1項(d)）

第17条1項(d)は「当該事件が裁判所による新たな措置を正当化する十分な重大性を有しない場合」に受理許容性が認められないとする。ICCにおける受理許容性の判断の要素として重大性(gravity)が登場したのは、国際法委員会(ILC)における議論からである。つまり設立されるべき国際刑事裁判所は入手可能な資源で対処できるだけの数の事件を処理することが期待された。ICCの事項的管轄権の対象であるコア・クライムはそもそも「国際社会全体の関心事である最も重大な(serious)犯罪」（前文、第5条）であり、（日本語では同じく重大であるが）受理許容性の審査における重大性(gravity)とは裁判所において処理されるべき事件の種類をろ過する機能を持つ[53]。

ところで重大性の判断に関しては、ICCのなかでも予審裁判部と上訴裁判部との間にその基準に関する意見の違いが見られた。ICCが活動を始めた初期に、予審裁判部は、重大性に関して、第一に事件の対象となる行為が組織的又は大規模であること、第二にその行為が国際社会に及ぼしうる社会的憂慮(social alarm)を考慮しなければならない、重大性という敷居を設けているのは、捜査の対象となっている事態において最も上級の指導者の事件のみを対象とすることを確保することを目的としているという考え方を示した[54]。これに対して、上訴裁判部は予審裁判部は第17条1項(d)を誤って解釈している、訴追の対象を上級の指導者に対象を絞るという考え方はICCの予防的抑止的な役割を阻害するものであるとして退けた[55]。その後も「高い地位にない」から重大性を充たさないという考え方は判例のなかで否定され、また問題となる人物の役割などが考慮された。2020年には上訴裁判部が重大性の判断に関する次のような基準を示した。すなわち問題となる事案における重大性の要件の評価には、量的基準（特に被害者の数）と質的基準（結果的に侵害された人権、被害者への影響、被告人の役割と参加の程度、差別的動機に基づいて行われたかどうかを含む、被疑犯罪の性質、規模、実行の方法など）の両方が関連する[56]。また量刑に関する手続規則第145条1項(c)、第145

条2項(b)なども重大性の検討の際のガイドラインとして利用されている[57]。

ただしそうした基準は画一的に適用されるのではなく、重大性の要件を充たすかどうかの判断は、それがICCにおける手続きのいつの段階で行われるかによっても異なり、またどの要素を重視するかは事件の状況ごとに異なる。重大性の評価は、たとえ明確な法的基準に基づいて行われたのであっても、相対的でしばしば主観的となりうると指摘されている[58]。

V　おわりに

ICCは国際社会の最も重大な犯罪を処罰するために設立されたが、設立されるまでの議論においてその理論的根拠に関しては様々な立場があった[59]。ICCの管轄権の行使は固有の権限(国際社会の刑罰権(*ius puniendi*))の行使であり[60]、したがって特に(国家の同意が不要な)安保理による付託や検察官の自己の発意による捜査の開始を重視する立場から、国家の刑罰権行使の代替・合算とみる考え方まである。こうしたICCの管轄権の理論的根拠やその目的に関する理論的な見解の違いがICC規程の解釈にも反映する。ただし、ICCが活動を開始して20年の時が経過し、ICCの関係機関によるICC規程の解釈の集積が生まれていることが重要である。本書の対象である受理許容性についてもそうである。ICCの判決は有罪無罪を決定するものであるから、関連規定に関する解釈が洗練され、ICC自身が裁判所としての安定を確保していくことが期待される[61]。

コラム　受理許容性の判断と国家承認

ICC規程は前文で「国際的な犯罪について責任を有する者に対して刑事裁判権を行使することがすべての国家の責務である」とし、本章で検討したとおり「補完性」を重要な原則としており、国家の刑事管轄権が機能している場合は、ICCは受理許容性を認めないという仕組みになっている。しかし、コア・クライムが行われるような重大な人道上の危機が起こるのは、そもそも正常に機能する政府がないからである場合も多い。また地球上のすべ

ての地域に正式な国家が成立しているわけではなく、国際法上の位置づけに争いがある実体も存在する。つまり現実に一定の統治を行っており、刑事管轄権を行使できる実体があるとしても、それが国際法上の国家といえるかどうかについて争いがある場合もある。そこでそうした国家性に争いのある実体について、特に受理許容性の審査でそれがとった刑事手続に有効性を認めることができるのかという理論的問題が生じる。

　実際に ICC の実行においてこうした問題が提起されたことがあった。すなわち 2016 年 1 月に予審裁判部がジョージアの南オセチアにおいて行われた疑いのある犯罪について検察官の捜査を許可した決定である (Situation in Georgia, Decision on the Prosecutor's request for authorization of an investigation, ICC-01/15-12, 27 January 2016)。検察は、南オセチアとその周辺で行われた戦争犯罪と人道に対する犯罪について、2008 年 7 月 1 日から 2008 年 10 月 10 日までのジョージアにおける事態を捜査する許可を求めた。予審裁判部の決定では、「南オセチアは一般的には独立国とはみなされておらず、国連の加盟国ではないので、ジョージアの一部としてみなされる必要がある」(para. 6)。さらに「検察官はその要請においてジョージアおよびロシア連邦における国内手続の進捗状況を提示し、他のいかなる国も関連する犯罪に関して国内手続を実施していないことを当裁判部に通知している。当裁判部は南オセチアの事実上の (de facto) 当局が実施したいかなる手続きも、南オセチアが承認された国家でないため、ICC 規程第 17 条の要件を充たすことができないという・・・検察官の具申に同意する。」(para. 40) という考えを示した。これに対して個別意見では、国際法上の地位について争いがあるけれども、それが領域を統治していることには争いがない実体もあるので、そうした実体に受理許容性の審査において異議申し立ての権利を与えないというのは形式的に過ぎ、不処罰を拡大させることになりかねない、問題となる犯罪について国内手続きが存在する、したかを判断する際には、承認をされていない実体の法的地位に自動的に影響を与えることなく、ケース・バイ・ケースの評価が必要であると主張された (Separate Opinion of Judge Péter Kovács, paras. 63-66.)。

　ところで国際法上の「国家」とは一般には次の 4 つの要件を充たすものと考えられている。永久的住民、明確な領域、政府、外交能力である (モンテビデオ条約第 1 条)。国家は他の国を「国家」として承認し、外交関係を結ぶ。現在でも、一定数の国に承認されていても他の国々によっては承認されていないという「国家」も存在する。どうしてこのようなことが生じるのだろうか。それは上記の 4 つの要件が充たされているかどうかを判断する際に、

科学的な基準（例えば人口数）があるわけではなく、国家承認は承認を行う国が様々な要素を考慮して判断する、つまり裁量によって行う一方的行為だからである。ほかの国は承認しているとしても、国は自らはまだ承認していない国を（たとえ同じ国際機関に加盟しようと、同じ多数国間条約の締約国となろうと）、国際（公）法の適用上「国家」として認め、法的関係を持つことを強制されない。しかし承認を行わないことは対象の国が「この世に存在しない」とみなすことと同じではないので、事実上問題を処理したり、対象の国（実体）が存在することを前提に一定の法的対応がとられたりする。国際法上の承認の効果は、承認する国とされる国との二国間の権利義務関係を発生させるかどうかに関して特に重要なのであり、そうだとすれば、ICCにおける受理許容性の審査において、刑事裁判権を持つ国家として認定する際に、他国によって承認されているかどうかというのは絶対的な基準にはなりえないだろう。とはいえ、理論（theory）から実践（practice）に目を向ければ、現実に多くの国から承認されていない「国家」の刑事管轄権をICCが有効なものとして認めるということは、また逆に、多くの国からは国家性を強く支持されているような「国家」の刑事管轄権の行使を有効とは認めないことは、たとえICC規程の解釈としては誤りでなくても、一部の国からの強い批判が予想される。裁判所の判断に対する批判というものは、勿論国内裁判所の判断に対しても行われることであるが、しかしICCには自前の捜査機関がなく、ICCにおける刑事裁判の遂行には多くの国家の協力が必要であることを踏まえれば、問題となる事件に何らかの捜査が行われているのかという認定についても、ICCが置かれている立場の難しさが見て取れるのである。

【注】

1 固有名詞としての国際刑事裁判所と区別するために、以下、本章では個人の刑事責任を追及する国際機関を国際的刑事裁判所と呼ぶ。
2 これ以外にも実際には設立されなかったが、条約が締結されて設立が予定されていたものに、ヴェルサイユ条約に基づく特別裁判所、1937年テロ裁判所条約上の裁判所がある。
3 国際的刑事裁判所の歴史的展開について、藤田久一「国際刑事裁判所構想の展開－ICC規程の位置づけ」『国際法外交雑誌』第98巻第5号（1999年）31-62頁。
4 野口元郎「カンボジア特別法廷」『ジュリスト』1321号（2006年）80-83頁。
5 Cassese, Antonio, *International Criminal Law* (2nd edition, Oxford University Press, 2008), p. 322;

Hafetz, Jonathan, *Punishing Atrocities Through a Fair Trial-International Criminal Law from Nuremberg to the Age of Global Terrorism* (Cambridge University Press, 2018), pp. 6-26.

6　ただし裁判所が設立された時点以後の犯罪については管轄権を持たなかったというわけではない。例えばICTYは1993年に設立されたが、その後に起きた事件 (例えば1995年スレブレニツァにおける虐殺) についても管轄権を行使した。

7　小和田恒「国際刑事裁判所設立の意義と問題点」『国際法外交雑誌』第98巻第5号 (1999年) 21-22頁；拙稿「国際刑事裁判所の常設性の意義と課題」『国際人権』第19号 (2008年) 36-41頁。

8　山本草二『国際刑事法』(三省堂、1991年) 138-148頁。

9　なお2010年に開催されたICC規程の検討会議 (Review Conference) において、侵略犯罪の定義とICCが管轄権行使をするための条件に関する改正規定が採択され、第5条2項は削除された。

10　ICC規程の起草過程については拙稿「国際刑事裁判所規程」村瀬信也・鶴岡公二編『変革期の国際法委員会―山田中正大使傘寿記念』(信山社、2011年) 509-528頁。

11　国際法委員会における国際刑事裁判所規程草案作業が再活性化した当初は多数国間条約によって規制される犯罪を事項的管轄権の対象とすることに支持が強かったが、1993年ICTY規程がその事項的管轄権の対象に慣習国際法上の犯罪を含めたことなども影響し、ローマ会議において事項的管轄権の対象から外されることになった。Schabas, W. A., *The International Criminal Court: A Commentary on the Rome Statute* (2nd Edition, Oxford University Press, 2016) pp. 112-117.

12　ただし管轄権行使の前提条件について、属地主義と積極的属人主義に基づいて管轄権を有する国の同意が問題となるということであって、後述する第17条の「…それについての管轄権を有する国」の範囲とは異なる。

13　1943年連合国によるモスクワ宣言 (The Moscow Conference, October 1943, Statement on Atrocities)

14　Crawford, J., "The ILS Adopts a Statute for an International Criminal Court", *American Journal of International Law*, Vol. 89 (1995), pp. 404-416, esp., p. 408.

15　ICC規程の起草時には「被疑者国籍国」の同意を必ず必要とするかどうかが大きな争点であり、必ずしも必要ではないとされたことが自国の兵士を多く海外へ展開している米国のICCに対する異議の原因のひとつであったことはよく知られている。小和田、前掲論文 (注7) 13頁。

16　なお、侵略犯罪に関するICC規程の改正をめぐる問題について、拙稿「ローマ規程の改正の法的特徴について」柳井俊二・村瀬信也編『国際法の実践　小松一郎大使追悼』(信山社、2015年) 287-308頁。

17　ウガンダは2002年6月14日にICC規程を批准したので、同年9月1日にICC規程が発効していたが、自国の事態をICCに付託する際に2002年7月1日からのICCの管轄権を認めるという宣言を行った (2004年2月27日)。ウガンダは締約国であるが、これは第12条3項に基づく宣言と解することもできよう。またコートジヴォアールは

1998 年 11 月 30 日に ICC 規程に署名していたが、批准はしなかった。2003 年の 4 月 18 日に管轄権を受諾する宣言が行われ、2002 年 9 月 19 日の事件についての管轄権を認めている。Schabas, *supra* note 11, p. 87.

18　三上正裕「侵略犯罪に関する国際刑事裁判所 (ICC) の管轄権行使の開始決定：経緯、意義、問題点」『国際法外交雑誌』115 巻 3 号 (2018 年) 66-90 頁。

19　岩沢雄司『国際法 (第 2 版)』(東京大学出版会、2023 年) 183-214 頁。

20　Report of the International Law Commission, Seventy-fifth session, A/79/10, 2024, (Advanced Version), pp. 1-19.

21　拙稿「グローバリゼーションと刑事司法－補完性の原則から見た国際刑事裁判所 (ICC) の意義と限界」『世界法年報』第 24 号 (2005 年) 123-130 頁。

22　なお免除だけでなく ICC 規程上の義務と非締約国との関係には多くの課題がある。岡野正敬「外交における条約の役割の変化」『国際法外交雑誌』第 119 巻第 2 号 (2020 年) 148-157 頁。

23　ICC 規程への締約国の宣言や留保をめぐる問題について、Schabas, W. A., *An Introduction to the International Criminal Court* (6th Edition, Cambridge University Press, 2020), pp. 410-415.

24　Decision on the "Prosecution's Request for a Ruling on Jurisdiction under Article 19 (3) of the Statute", ICC-RoC46(3)-01/18. 竹村仁美「ロヒンギャ問題と国際刑事裁判所」『国際法学会エキスパート・コメント』No. 2020-11, https://jsil.jp/archives/expert/2020-11.

25　Decision on the 'Prosecution request pursuant to article 19 (3) for ruling on the Court's territorial jurisdiction in Palestine', ICC-01/18-143。ただし 3 名の予審裁判部判事によるこの決定には 2 名の裁判官による意見が付されており、管轄権の認定は捜査の開始に対するものであって、今後、この事態に関する裁判手続きの複数の段階で異議申し立てが行われる可能性がある。Majority Opinion, para. 131, Bayefsky, A., Intoroductory Note to "Situation in Palestine" (Int'l Crim. Ct. Pre-Trial Chamber), *International Legal Materials*, Vol. 60 (2021), pp. 1038-1041. 保井健呉「パレスチナの国際刑事裁判所規程締約国としての地位と裁判所の管轄権―パレスチナに関する裁判所の場所的管轄権の第 1 予審裁判部による範囲決定 (2021 年 2 月 5 日)」『国際法研究』第 10 号 (2022 年) 247-254 頁。

26　安保理が初めて国際刑事管轄権 (裁判所) を設置したのは ICTY である。国連憲章に明文の規定がないこのような行動については、国際法上の合法性について争いがあった。ICTY はこの点について第一審も上訴審も結論として安保理が憲章第 7 章に基づいて国内裁判所に優位する国際刑事裁判所を設置することが違法ということはできない、つまり国連憲章における安保理の裁量内にあることを根拠として合法性を認定した。ただし第一審と上訴審の結論に至る道筋は違う。第一審はそもそも裁判所が安保理の行動について司法審査する権限を否定した上での結論であったのに対して、上訴審はその権限 (Kompetenz-Kompetenz) を肯定した上で、判断を行った。ICTY Tadic 事件判決 (第一審 (Dusko Tadic, Case No. IT-94-I-T, August. 10, 1995)、上訴審 (Dusko Tadic, Case No. IT-94-1-AR72, Oct. 2, 1995)。

27　2018 年 9 月 27 日アルゼンチン、カナダ、コロンビア、チリ、パラグアイ、ペルー

は第 14 条に基づいて、ヴェネズエラの領域内で行われた人道に対する犯罪について捜査を開始することを検察官に求める付託を行った。

28 2022 年 3 月 1 日以降、ウクライナ領域内で行われた戦争犯罪、人道に対する犯罪、集団殺害犯罪について捜査を開始することを要請する締約国付託を行ったのは、リトアニア、アルバニア、オーストラリア、オーストリア、ベルギー、ブルガリア、カナダ、コロンビア、コスタリカ、クロアチア、キプロス、チェコ、デンマーク、エストニア、フィンランド、フランス、ジョージア、ドイツ、ギリシャ、ハンガリー、アイスランド、アイルランド、イタリア、ラトビア、リヒテンシュタイン、ルクセンブルグ、マルタ、ニュージーランド、ノルウェー、オランダ、ポーランド、ポルトガル、ルーマニア、スロヴァキア、スロベニア、スペイン、スウェーデン、スイス、英国、日本、北マケドニア、モンテネグロ、チリである。

29 Kress, C., "'Self-Referrals' and 'Waivers of Complementarity'", *Journal of International Criminal Justice*, Vol. 2 (2004), pp. 945-946.

30 関係者の現状については次の文書に基づいて記述した。 International Criminal Court, *THE COURT TODAY*, ICC-PIOS-TCT-01-137/23_ENG, 1 February 2024.

31 この決議案は 65 の国連加盟国が共同提案国となったが、中国とロシアの賛成が得られなかった。

32 実際にかつて安保理は国連平和維持活動（PKO）及び多国籍軍等の国連安保理により承認された活動に参加する ICC 非加盟国からの要員については、12 カ月間 ICC が捜査・訴追を開始しないよう要請する安保理決議 1422 号（2002 年）1487 号（2003 年）を採択した。

33 Schabas, *supra* note 11, pp. 393-397.

34 2020 年の決定で上訴裁判部は予審裁判部は第 15 条 4 項に基づいて検察官の 53 条 1 項 (a) から (c) に規定される要素の分析を審査する必要はないと判断している。Situation in the Islamic Republic of Afghanistan, AC, Judgment on the appeal against the decision on the authorization of an investigation into the situation in the Islamic Republic of Afghanistan, ICC-02/17-138, Mar. 2020, paras. 35-42. Schabas, W. A./El Zeidy, M., Article 17 Issue of admissibility, Ambos K (ed.), *Rome Statute of the International Criminal Court: Article-by-Article Commentary* (4th Edition, Verlag C.H. Beck, 2022), p. 964.

35 Situation in the DRC, PTC I, Decision on the Prosecutor's Application for Warrants of Arrest, Article 58, ICC-01/04-520-Anx2, 10 February 2006, para 29. ただし第 17 条の文言にしたがうと受理許容性の判断に際して厳密には 3 つの問題（補完性、重大性、一事不再理）を考慮しなければならないと解釈でき、裁判部もかつてそのような理解を示したが、一事不再理の検討も当該事件に関する国内裁判所の裁判に関するものであるので、近年の実行では一事不再理は補完性の検討のなかに含められている。Schabas, *supra* note 11, p.451.

36 Schabas/El Zeidy, *supra* note 30, p. 958.

37 ICC の管轄権の性質に関する歴史的背景について、拙稿「移行期の正義 (Transitional

Justice)と国際刑事裁判―国際刑事裁判の機能変化と課題」『国際法外交雑誌』第 111 巻第 2 号（2012 年）29-54 頁。

38 Prosecutor v. William Samoei Ruto, Henry Kiprono Kosgey and Joshua Arap Sang, PTC II, Decision on the Application by the Government of Kenya challenging the Admissibility of the Case Pursuant to Article 19 (2)(b) of the Statute, ICC-01/09-01/11-101, 30 May 2011, para. 44, Schabas, op. cit., p. 957.

39 *Ibid.*, pp. 453-454, p. 478.

40 *Ibid.*, pp. 455-456.

41 *Ibid.*

42 ICC Ruto et al., ICC-01/09-01/11-307, 30 August 2011, para. 39.

43 Schabas, *supra* note 11, p. 459.

44 Schabas/El Zeidy, *supra* note 34, p. 967., Robinson, P., "same case-definiton", *Peter Robinson's Summary of Decisions of the International Criminal Court* (2024), p. 52, < https://peterrobinson.com/digests/> (last visited 10 August, 2024).

45 Katanga, ICC-01/04-01/07-1497, 25 September 2009, para. 83.

46 拙稿、前掲論文（注 37）、29-54 頁。Schabas/El Zeidy, *supra* note 34, pp. 972-977.

47 *Ibid.*, p. 976.

48 *Ibid.*, pp. 994-995, Al-Senussi, ICC-01/11-01/11-565, 24 July 2014, paras. 218-220

49 *Ibid.*, pp.1004-1005.

50 例えばリビアで起きた事件について、カダフィ（Gaddafi）については受理許容性が認められた一方で、アル・セヌシ（Al-Senussi）についてはリビア当局による裁判が可能であるとして、受理許容性を認めなかった。*Ibid.*, pp. 1007-1008.

51 *Ibid.*, p. 978.

52 Gaddafi, ICC-01/11-01/11-695, 9 March 2020, paras. 58-59.

53 *Ibid.*, p. 982.

54 Situation in the Democratic Republic of the Congo, *supra* note 31, para. 47.

55 Situation in the Democratic Republic of the Congo, AC, Judgment on the Prosecutor's appeal against the decision of Pre-Trial Chamber I entitled 'Decision on the Prosecutor's Application for Warrants of Arrest, Article 58, ICC-01/04-169, 13 July. 2006, paras. 68-82.

56 Al Hussan, ICC-01/12-01/18-601-Red, 19 February 2020, para. 92.

57 Schabas, *supra* note 11, p. 465.

58 Schabas/El Zeidy, *supra* note 30, p.991, 松山沙織「国際刑事裁判所における戦争犯罪の組織性・大規模性要件の位置づけ―重大性審査における発現」『国際法研究』第 10 号（2022 年）227-245 頁。

59 拙稿、前掲論文（注 10）514-517、524-525 頁。

60 国際社会の刑罰権（*ius puniendi*）について、拙稿「国際社会の処罰権と主権国家の役割」『法律時報』第 86 巻第 2 号（2014 年）6-10 頁。

61 本文で述べたとおり、受理許容性に関して何段階もの審査が認められることは裁判

所としての正当性を高める仕組みであるといえるが、そのために裁判に時間がかかるという問題が指摘できる。ICC における裁判がなぜこれほど時間がかかるのかには様々な理由があり、本書第 9 章でも詳しく説明されている。また ICC のこれまでの実行に関して、特に手続的な問題とそれに対する提言をまとめたものとして、International Law Association 2023 Paris, "White Paper 04 on Mass Crimes and Impunity", coordinator Raphaëlle Nollez-Goldbach, < https://www.ilaparis2023.org/en/white-paper/mass-crimes-and-impunity/>.

第3章
集団殺害犯罪（ジェノサイド罪）

稲角　光恵

- I 「ジェノサイド」に関する国際法と社会認識とのギャップ
- II 集団殺害犯罪という犯罪類型の誕生
  - 1 ホロコーストから造語「ジェノサイド」の誕生へ
  - 2 ジェノサイド条約の制定
- III 集団殺害犯罪の重大性の評価
  - 1 法的評価―強行規範、対世的義務
  - 2 社会的効果
- IV 集団殺害犯罪が国際的な刑事裁判機関を生んだ
  - 1 ジェノサイド条約第6条
  - 2 国際的な裁判機関の不在（条約制定後から1980年代まで）
  - 3 1990年代における紛争とアド・ホック国際刑事裁判所の設立
  - 4 集団殺害犯罪がICCをもたらした
- V 集団殺害犯罪の定義と社会認識との乖離
  - 1 禁止される行為の存在
  - 2 保護対象の集団の種類
  - 3 全部又は一部
  - 4 特定の意図
  - 5 処罰対象―共犯、扇動、その他
  - 6 人道に対する犯罪、民族浄化政策との相違点
- VI おわりに

I 「ジェノサイド」に関する国際法と社会認識とのギャップ

　ICC の事項的管轄権は、「国際社会全体の関心事である最も重大な犯罪」である四つの犯罪、すなわち、戦争犯罪、人道に対する犯罪、集団殺害犯罪、並びに侵略犯罪に限定されている (ICC 規程第 5 条 1 項)。集団殺害犯罪——いわゆるジェノサイド (genocide)[1]——とは、国民的、人種的、民族的又は宗教的集団を全部又は一部破壊する意図をもって行われる一定の行為である。国際法上の集団殺害犯罪という犯罪類型は、ナチスによって犯されたユダヤ人殲滅政策 (ホロコースト) 等の第二次世界大戦中の非人道的行為の反省から誕生し、1948 年に作成された「集団殺害犯罪の防止及び処罰に関する条約」(以下、ジェノサイド条約) に定められている。この犯罪類型は、一般的にも広く知られ有名であるが、実は社会には大いに誤解もされている。

　社会には、集団殺害犯罪を国際的に処罰する制度が第二次世界大戦以降も当然に存在するとの誤解があった。本章第 3 節で明らかにするように集団殺害犯罪が国際社会全体に対する罪として国際社会の一致した非難を浴びるのが必然化し、かつ国際的な裁判機関で裁くべき中核犯罪として認知されてきた点では法と社会の認識は一致している。しかし、第 4 節で述べるように、実際に国際的な司法の場で処罰する制度が確立したのは 1990 年代以降である。旧ユーゴスラビアにおける民族浄化 (エスニック・クレンジング) 政策などの暴力[2]を審理した旧ユーゴ国際刑事裁判所 (以下、ICTY) や、ルワンダにおける部族間の虐殺を裁いたルワンダ国際刑事裁判所 (以下、ICTR) が設立されたのは 1990 年代であった。1970 年代のカンボジアのクメール・ルージュ時代に行われた大規模人権侵害や弾圧に関してカンボジア特別法廷が集団殺害犯罪の有罪判決を下したのは 2018 年であった[3]。1948 年に国連総会が採択したジェノサイド条約が国際的な刑事裁判機関による同罪の処罰を明文で定めていたにもかかわらず、常設的な国際刑事裁判所 (以下、ICC)[4]を設立させるための基本条約が完成したのは、その半世紀後の 1998 年である。ICC では、バシール大統領に対する逮捕状で集団殺害犯罪が容疑に追加されたが、他の事件も含めて集団殺害犯罪に関する有罪判決は現時点 (2024 年 1 月末) で無い。

　さらに、法と社会とのギャップを生む最大の原因は、虐殺すべてが集団殺害犯罪にあたるという誤解である。「集団殺害犯罪」という日本語公定訳が誤解に拍車をかけているとも言えるが、本章第 5 節で明らかにするように、

国際法上の集団殺害犯罪が保護対象とする集団以外の集団の虐殺は対象外である。社会で大いに非難・糾弾された虐殺が集団殺害犯罪の法的定義に該当しなかったり立証ができないことも多い。そのため検察が起訴段階で容疑から外す傾向がある。本章では、集団殺害犯罪に関する法と実務が社会的認識と乖離していることの認識を怠るならば、国際司法に対する人々の評価も損ないかねない危険性を指摘する。

II 集団殺害犯罪という犯罪類型の誕生

　ジェノサイド条約の制定は、第二次世界大戦の反省から導かれた。本節では、集団殺害犯罪という犯罪類型が誕生し法典化された経緯をたどり、同罪の重大性の認識が国際社会全体に広く浸透し拡充していることを確認する。

1 ホロコーストから造語「ジェノサイド」の誕生へ

　民族集団の破壊といった、今日の集団殺害犯罪に該当するような行為は、諸文明において権力闘争の一環として歴史の中で繰り返されてきたが、集団殺害犯罪という犯罪類型が国際法上誕生し認識されたのは、第二次世界大戦後のことであった。「ジェノサイド」という用語は、ラファエル・レムキン (Raphael Lemkin) により作られた、ギリシャ語の「genos」(人種、部・種族) と、ラテン語の「caedere (cide)」(殺害) を結合させた新造語である[5]。レムキンは、1944年の著書[6]の中でナチスによるホロコーストを新しく分類する犯罪名としてこの用語を創った。「ジェノサイド」の文言は、ニュルンベルグにおいて起訴状の中に記されたこともある[7]。レムキンの定義は、国民的集団を保護対象として想定して集団の文化の破壊を意図する行為も含めて犯罪化するものであり、今日の定義よりも保護集団の範囲が狭いながらも文化的ジェノサイドを含む面では広いものであった[8]。「ジェノサイド」の語の父であるレムキンは、将来、類似の残虐行為が不処罰に終わることのない国際法規則の制定の必要性を説き、1946年の国連総会が行われたレイク・サクセスにて諸国の国連代表に会い、ロビー活動を行った。レムキンの働きかけを契機とし、1946年12月11日に国連総会は集団殺害犯罪を国際法上の犯罪として非難する決議96(I)を採択し、この生まれて間もない犯罪名を世界的に広めたのである。

2　ジェノサイド条約の制定
(1)　総会決議 96 (I)

　ジェノサイド条約起草を決めた 1946 年の国連総会決議 96 (I) は、国際法を改革するものであったとも評価できる。総会決議 96 (I) の意義は、第一に、集団殺害犯罪を戦時中に行われる戦争犯罪と関連づけなかったことにより、ニュルンベルグ国際軍事裁判所条例が規定する「人道に対する犯罪」と同罪が異なることを明確にした点にある。第二次世界大戦直後の当時は、「人道に対する犯罪」はその定義上、武力紛争との関連で犯された行為のみを処罰対象とした[9]。平時に犯される行為は対象外という、当時の人道に対する犯罪の限界を集団殺害犯罪の犯罪類型は克服したのである。第二に、同決議は国連憲章の理念の一つでもある人権及び基本的自由の保障を軸にして人権尊重を提唱する社会の動きを如実に表した。同決議の勧告は、同罪が権利の否定であり、国連の精神と目的に反すること、並びに犯罪者の身分を問わず、同罪の処罰が国際関心事項であることを確認した。第三に、同決議は従来の国際法では適用できる法が存在しない (法の欠缺) という問題を深刻に捉え、国際法の漸進的発達及び法典化に積極的に取り組み始めた時代を象徴している。人権の保護のために同罪の防止及び処罰を国家に義務づける条約を制定することを総会は求めたのである。

(2)　ジェノサイド条約の概要と意義

　総会決議 96 (I) をきっかけとして進められた条約制定作業は、1948 年 12 月 9 日、国連総会が総会決議 260A (III) にて全会一致で条約案を採択することにより実を結んだ。作成されたジェノサイド条約は、最低条件の 20 か国の締約国を得て 1951 年に発効した。

　ジェノサイド条約は、19 の条文により構成されている。同条約は、集団殺害犯罪が国際法上の犯罪であることを宣言し、国家に防止義務と処罰義務があることを明白にした上で (第 1 条)、集団殺害犯罪が犯罪者の身分を問わず処罰され (第 6 条)、犯罪人引渡において政治犯罪とみなされない (第 7 条) ことを定めている。

　同条約は、集団殺害犯罪と思われる行為が行われた場合、国家がとりうる措置を三つ規定している。まず第一は、犯罪に関った個人の刑事責任の追及

(第6条)である。個人が審理され処罰されうる裁判所として、行為が行われた領域国の裁判所に加えて、国際刑事裁判所を明文で挙げている点が特徴的である。第二は、国連機関に対する対処要請(第8条)である。そして第三は、集団殺害犯罪に対する国の責任追及(第9条)である。

第1条が定める国家の義務の範囲については議論がある。国際司法裁判所(以下、ICJ)がジェノサイド条約適用事件の1996年管轄権判決で、ジェノサイドを防止し処罰する義務は対世的義務(obligation erga omnes)であるため防止義務と処罰義務に領域的制限はないと言及した点が[10]どのような効果をもつか―例えば、締約国は自国領域内に限らず領域外においても条約上の義務を負うと解して、集団殺害犯罪の発生を根拠とする人道的干渉又は actio popularis の正当化根拠たりうるか―議論を呼んだ。また、同事件の2007年本案判決[11]では、ジェノサイド条約が国家に対して集団殺害犯罪を行わないことを義務付けているかが争点の一つとされた。これは集団殺害犯罪の責任を追及されたセルビア(旧国名ユーゴスラビア、2003年からモンテネグロが独立する2006年まではセルビア・モンテネグロ)がジェノサイド条約が国家に対して集団殺害犯罪の禁止を定めていないと主張したからである[12]。確かに、ジェノサイド条約の条文には国家が同罪を犯してはならないと明文で記述する条文はない。しかしICJは、ジェノサイド条約第1条は単なる前文的な効力にとどまるものではなく、直接的な防止義務を定め、かつ、条約制定の趣旨から考えても国家自体が集団殺害犯罪を犯してはならないという義務を定めていると判示した[13]。

ジェノサイド条約は、戦時又は平時を問わず、かつ国際的な武力紛争又は非国際的な武力紛争の際に犯されるかを問わず、締約国に防止及び処罰する義務を課す点で、武力紛争法としての側面に加えて、国連により採択された最初の人権条約でもある。同条約は、人及び人間集団の最も基本的な権利である生存する権利を、そしてひいては国際社会の平和を保護法益とする重要な条約である。

特にICCとの関連でジェノサイド条約の意義を量るならば、国連の体制の下でICCの構想が検討されるきっかけとなった条約として影響は大きい。ジェノサイド条約を採択した総会決議は、国際刑事裁判所の設立可能性について国際法委員会に検討を求める決議に追従され、これが国際法委員会における国際刑事裁判所に関する議論の出発点となった。このようにジェノサイ

ド条約が国際刑事裁判所の裁判管轄権に関する規定を実定法化したことは当時も高く評価されていた[14]。

Ⅲ　集団殺害犯罪の重大性の評価

1　法的評価──強行規範、対世的義務

ICJ は 1951 年の「ジェノサイド条約に対する留保に関する勧告的意見」[15] で、ジェノサイド条約は国際法上の犯罪として集団殺害犯罪を非難し処罰することが国連の意図であることを示しており、同条約の基礎である諸原則は、条約義務なくとも諸国を拘束すると ICJ は宣言した[16]。その後も ICJ の諸判例を通じて集団殺害犯罪の禁止が逸脱不可能な絶対的規範であり[17]、国家の対世的義務の一つであることが認められている[18]。今日、集団殺害犯罪の残虐性及び犯罪性を否定する者はなく、同罪の非人道的性格に関する認識は広く国際社会に浸透している。諸国には集団殺害犯罪を犯してはならない義務があることは、ジェノサイド条約又は慣習法か法の一般原則か、その義務の根拠について異なる見解がありつつも[19]、法的にも社会的にも疑われていない。また、国連国際法委員会が起草し 2022 年に国連総会に提出した強行規範に関する諸原則案でも集団殺害犯罪の禁止は強行規範の例と明示されている[20]。集団殺害犯罪の禁止は、強行規範であり、かつ対世的義務であることが疑われない数少ないものである。

ICTR では、集団殺害犯罪は「犯罪の中の犯罪」と評され[21]、ICTY の事項的管轄権の中でも集団殺害犯罪がその非難と不名誉さにおいて群を抜く存在であると ICTY も認めたことがある[22]。その後、ICTR の上訴裁判部では国際犯罪の中に序列は存在しないと否定されたが[23]、次で見るように集団殺害犯罪を最も重大な犯罪とする社会認識は広く存在しているのである。

2　社会的効果

集団殺害犯罪への該当性の認定は、事態の重大性を測る指標と、敵対勢力を貶める手段として用いられている。集団殺害犯罪である又は同罪ではないとのレッテルは社会的に大きな影響力を持ち、その影響力ゆえに濫用や大きな国際軋轢を生む危険がある。なぜなら集団殺害犯罪とのレッテルは、国家の威厳や法遵守国としての名誉を脅かし、犯罪者はたとえ国家元首であって

も処罰される可能性があり国際政治の場から葬り去られかねないからである。中国によるウィグル民族の待遇を欧米諸国の議会などが集団殺害犯罪と認定したことは、中国からの反発を招いた。また、ミャンマーのロヒンギャ族の待遇や、2022 年のウクライナ戦争や、2023 年 11 月以降のイスラエルによるガザ地区住民の待遇は、集団殺害犯罪の糾弾と関連している (コラム、参照)。

　ある行為を集団殺害犯罪と宣言することは、実行者に対する国際社会の一致した非難を確約し、厳格な対処が許容される。メディアを含めて世間一般では、集団殺害犯罪は最も重大な犯罪であり、他の犯罪よりも迅速な対処を要する緊急事態であると考える傾向がある。例えば、以下で紹介する国連ダルフール委員会の報告書が提出された後も、単なる人道に対する犯罪にとどまらず集団殺害犯罪に該当するか否かが国連で長らく議論され、集団殺害犯罪のレッテルに固執する各国の思惑が交錯した。

　2005 年、国連ダルフール委員会[24]は、スーダンにおけるダルフール地域の事態は集団殺害犯罪に該当しないと結論する報告書を国連に提出した[25]。同委員会は、ダルフール地域において重大な人権侵害が犯されたことを認めつつ、中央政府には集団殺害犯罪の意図が欠如しているとして同罪の成立を否定したのである[26]。委員会は、ダルフール地域で犯された人道に対する犯罪や戦争犯罪は集団殺害犯罪より重大性が劣るものではなく、ジェノサイド的な政策が実施されていなかったという結論は、犯罪の重大性の軽減と解されてはならないと注意を促した[27]。しかし、この注意喚起にも関わらず、世間は集団殺害犯罪の不成立を注視し、スーダンの事態はそれほど重大ではなかったのだとの反応を示したのである[28]。特に、ダルフール地域での集団殺害犯罪の存在を確信してジェノサイド条約第 8 条に基づいて国連に対処の要請を行った米国では、同委員会の報告後、人道に対する犯罪の深刻さではなく米国政府見解と国連の見解との違いが報道の注目点であった。報道の反応と同様に、集団殺害犯罪の否定がその後の米国と国連の対応をにぶらせた可能性を示唆する分析もある[29]。

　スーダンのダルフール地域の事態は 2005 年 3 月の安保理決議 1593 によって安保理から ICC へと付託された。安保理による事態付託は当該地域の紛争と犯罪の重大性を国際社会が十分に認識したことを意味するが、ICC でも当該地域の犯罪が集団殺害犯罪に該当しうるか争いが生じた。ICC でのダルフール関連事件はほとんどが人道に対する犯罪と戦争犯罪で訴追され、集団

殺害犯罪の容疑を挙げたのはバシール事件のみである。バシール事件はバシール大統領を被疑者とし、ダルフール事態の主要事件として注目されているが、2009年の段階では検察の要請にも関わらず集団殺害犯罪は逮捕状の被疑事実から排除された[30]。2010年7月12日の予審裁判部の決定に従って発せられた第2逮捕状で初めてバシール大統領の容疑に集団殺害犯罪が包含されたのである[31]。

IV　集団殺害犯罪が国際的な刑事裁判機関を生んだ

ICCの設立は、ICTYとICTRの設立を促した旧ユーゴスラビアやルワンダの集団殺害犯罪に対する国際社会の一致した非難が原動力として働き実現した。その意味で集団殺害犯罪がICTYとICTRとICCを生んだと言える。

1　ジェノサイド条約第6条

ジェノサイド条約第6条は、以下のように定める。

「集団殺害犯罪又は第3条に列挙された他の行為について訴を提起された者は、その行為が行われた領域が属する国の権限のある裁判所により、又は国際刑事裁判所の管轄権を受諾している締約国に関してはその管轄権を有する国際刑事裁判所により審理される。」

これは、国際法では伝統的な概念である属地的管轄権を肯定した上で、国家の受諾がある場合という条件つきで、国際刑事裁判所による管轄権も認められることを明らかにしたものである。条約制定当時存在していなかった「国際刑事裁判所」に言明し、そこでの審理及び処罰を規定している点は、きわめて革新的である。条約起草過程では、国際刑事裁判所設立賛成派と反対派による激しい対立が展開され、国際刑事裁判所の規定は一旦削除された後に復活し、最終的に条文として包含された[32]。ジェノサイド条約制定後の国際刑事裁判所設立作業が頓挫する中、ジェノサイド条約は西側諸国の法概念の優位性を主張する試みであり、西側諸国が主導するユートピア的な世界秩序の構想を表していると皮肉る声もありつつ[33]、長い間、国際刑事裁判所の設立を提唱する学者に国際法上の強い論拠を与え続けたのである。

複数の国際的な刑事法廷が設立された現代では、ジェノサイド条約第6条が定める「国際刑事裁判所」がどの裁判所を指すのかが問題とされる。例えば、同条が国際刑事裁判所の「管轄権を受諾している締約国に」対しては同裁判所での裁判が可能と定めていることから、ICTY及びICTRのように安保理決議に基づくものは同条想定の裁判所ではないとの解釈がありうる。しかし、ICJはジェノサイド条約制定後に創造されたすべての国際的な刑事裁判所が含まれるとの解釈を示した[34]。ICJは同条の管轄権を受諾しているか否かの条件は、その国がICTYの管轄権を受諾する義務があるか否かが基準とされ、安保理決議に基づきセルビアにはICTYの管轄権を受諾する義務があるため、同条に基づきICTに協力する義務が生じると判断した[35]。

2 国際的な裁判機関の不在（条約制定後から1980年代まで）

ジェノサイド条約作成後から1980年代までは、国際的な刑事裁判機関を設立する作業が挫折したため、各国の国内裁判所が唯一の裁判機関であった。しかし、ジェノサイド条約第6条が処罰を委ねた犯罪行為地国は裁判を効果的に行うことはできていなかった。旧ユーゴ及びルワンダの紛争勃発前にも集団殺害犯罪と疑われる行為は数々あれど、ジェノサイド条約第6条に基づく属地的管轄権の行使は赤道ギニアにおける1979年のマシアス裁判と、カンボジアのポル・ポト裁判の二つしかないと言われている[36]。これらとは別にナチス時代の行為をイスラエル国内裁判所が1961年に裁いたアイヒマン事件[37]があるが、イスラエルは犯罪行為地国ではないためジェノサイド条約第6条に基づく裁判ではない。

ジェノサイド条約の存在にもかかわらず、なぜ同条約に基づく集団殺害犯罪の裁判がほとんど行われなかったのであろうか。原因の一つは、集団殺害犯罪の特質の影響により、犯罪行為地国による属地的管轄権の行使に限界があるためと考える。集団殺害犯罪の特質とは、第一に、同罪が一国の政府又は支配勢力といった権力の関与の下で犯される場合が多いこと、第二に、特定の集団のアイデンティティに関する犯罪であること、第三に、往々にして司法制度を含む国家秩序の崩壊状態の中で犯され又はそのような状態をもたらすことである[38]。このような特質がある集団殺害犯罪の対処には政治的介入や集団の反発が生じやすい。バングラデシュが集団殺害犯罪を処罰するための国内裁判所の設置を決定しながら、結局、政治的に解決されたことが想起

される[39]。属地的管轄権の行使には限界が存在し、他方で国際刑事裁判所が存在しなかったために犯罪が処罰されず野放しにされている状況の打開を求めて、属地的管轄権以外の管轄権の行使が促され、中でも普遍的管轄権の概念への期待が学説でも論じられた[40]。

3 1990年代における紛争とアド・ホック国際刑事裁判所の設立

長らく存在しなかった国際的な刑事裁判機関の必要性を国際社会に再認識させたのは、冷戦崩壊後に各地で勃発した地域紛争の中でも特にその被害規模と残虐性が際立った旧ユーゴスラビア領域とルワンダの大惨事である。

(1) 旧ユーゴ国際刑事裁判所（ICTY）

1990年代前半、ユーゴスラビア社会主義連邦共和国の解体に関わる闘争は民族及び宗教間の対立及び過激な人種主義が席巻し文民を巻き込む武力紛争へと発展した。中でも特に注目を集めたのがスレブレニツァで発生した大量虐殺であった[41]。ボスニア・ヘルツェゴビナでは「スルプスカ共和国」建立を主張するセルビア勢力とイスラム系勢力との衝突が激化し、特にイスラム系住民の生命及び安全が極度に脅かされる状況が生じた。ボスニア・ヘルツェゴビナの中でもイスラム系勢力が防守していたスレブレニツァは孤立し、包囲された住民が殺戮の被害にあう危険性が指摘されていた。1995年7月、セルビア系ボスニア人勢力がカラジッチの命令でスレブレニツァを攻撃し制圧したため、逃げ惑う住民2万人以上が国連部隊のキャンプに集合したが[42]、人道的救援物資の絶対的不足の状況に加えて、セルビア系勢力による住民の殺害及び強姦などで事態は悪化した。7月12日及び13日には、イスラム系住民の婦女子はイスラム勢力が支配する領域に移送され、イスラム系男性は隔離収容された後に、一部は他地域の収容所に移送されたが、多くは殺害された[43]。処刑されたイスラム系男性の正確な人数は不明だが、最低でも7,400人が未だ行方不明として扱われている[44]。国連による安全地域の指定や[45]、スレブレニツァに駐屯していたUNPROFORも殺戮を阻止することができなかった。

旧ユーゴ領域に広く大量虐殺が発生している脅威を目撃した国連はICTYを設立したのであるが、ICTYが扱った事件全体の中では集団殺害犯罪の立件は少数にとどまる。ICTYでは、集団殺害犯罪よりも戦争犯罪及び人道に

対する罪の訴追が多く、集団殺害犯罪に関る事件はほんの一部でしかない。集団殺害犯罪が訴因に含まれた事件の中でも Krstić 事件は、ICTY がスレブレニツァ虐殺への間接的関与を集団殺害犯罪の幇助又は教唆と認めた数少ない事例である。Jelisić 事件など、集団殺害犯罪が追及された事件もあるが、集団殺害犯罪の該当性が否定される判決もあった。また、スレブレニツァ関連の事件であっても集団殺害犯罪の容疑が挙げられていない事件も多い[46]。ICTY の検察は、集団殺害犯罪を含む主要な責任の明確化をミロシェビッチ事件で行うことに尽力していたが被告人の死亡により審理終了してしまい、旧ユーゴスラビア領域で行われた集団殺害犯罪の事実解明とその法的評価を遅延させる結果となってしまった。ミロシェビッチ事件に代わる象徴的な事件として 2008 年に逮捕されたカラジッチ及び 2011 年に逮捕されたムラジッチの裁判にて、スレブレニツァを含めたボスニア・ヘルツェゴビナ領域内におけるムスリム系住民の排除という集団殺害犯罪が審理された。カラジッチは 2016 年に[47]、ムラジッチは 2017 年に集団殺害犯罪と他の犯罪について有罪判決を下された[48]。このように旧ユーゴスラビア領域で広く集団殺害犯罪が犯されたと疑われながらも ICTY が判示したのは遅かったのである。

　ICTY において集団殺害犯罪が立証された事件が少数かつ主要な容疑者に対する判決が遅かったことは、ICJ における国家責任の認定にも影響を与えた。なぜなら、国家は集団殺害犯罪が実際に犯された場合にのみ責任を有すると ICJ は 2007 年に判断し[49]、ICTY の事実認定に大きく依拠したからである。この手法は、当時 ICTY が集団殺害犯罪で唯一有罪認定を下したスレブレニツァの虐殺にのみ議論が集中することを導いた。ミロシェビッチ、カラジッチ及びムラジッチといった主要容疑者に関する ICTY の最終判断を欠く状況で ICJ は集団殺害犯罪に関わる国家責任について審理しなければならなかったのである。ICJ の場において、旧ユーゴスラビア領域の集団殺害犯罪について国家責任を追及されたジェノサイド条約適用事件の本案判決[50]を見てみよう。ボスニア・ヘルツェゴビナがセルビア・モンテネグロを訴えた本件において、ICJ は、ジェノサイド条約第 9 条に基づき管轄権があることを確認した上で、スレブレニツァでの集団殺害犯罪の発生は認めつつ、セルビア・モンテネグロ政府による行為とは認定しなかった。ICJ は、集団殺害犯罪の「特定の意図」の構成要件が充足されていないと判断し、問題とされた地域の惨事が戦争犯罪及び人道に対する犯罪に該当する可能性はあるが、ICJ に

それらの犯罪を認定する管轄権はない[51]として、判断を避けた。このようにICJ はセルビア・モンテネグロによる集団殺害犯罪の実行を否定し、他方で同国にはスレブレニツァの集団殺害犯罪について防止義務違反と、集団殺害犯罪で訴追されているムラジッチの ICTY への移送や協力を怠ったことによるジェノサイド条約の義務違反があると認定した。

(2) ルワンダ国際刑事裁判所（ICTR）

旧ユーゴスラビア領域で犯された国際法上の犯罪を処罰する ICTY の設立作業が進められる中、アフリカ大陸における大規模な集団殺害犯罪の事態が国際社会に対応をせまった。1994 年、ルワンダではツチ族とフツ族との間の部族対立が激化し、50 万人以上の犠牲者が出たのである。ルワンダは 1975 年にジェノサイド条約を批准していたが、同条約の批准は虐殺を防止できなかった。安保理は事態を「国際の平和及び安全に対する脅威」と認定し、ICTR の設立を決定したのである（安保理決議 955）。

特に集団殺害犯罪との関連では、ICTR は、同罪について初めて有罪判決を下した国際的な刑事裁判機関である[52]。1998 年 9 月、ICTR は、被告アカイェスに対し集団殺害犯罪について有罪判決を下したが[53]、これはジェノサイド条約成立後に初めて国際的な刑事裁判機関において集団殺害犯罪が処罰された事件としてその歴史的意義がある。アカイェスは、ギタマラ地方のタバ市長として在任中、ツチ族の殺害を奨励する演説を住民の前で行ったことや、市庁舎内又は近辺で行われたツチ族に対する性的暴力を許容し、殺人及び暴行に立ち会い又は命令したことについて罪に問われた。ICTR は、これらの行為について、アカイェスを人道に対する犯罪及び集団殺害犯罪で有罪と認定し、終身刑を科した。他にも ICTR はルワンダ元首相カンバンダなど、集団殺害犯罪について数々の有罪判決を下している。このように ICTR では集団殺害犯罪の事件が多く扱われた。ICTR 設立後、ルワンダ政府も復興作業の中で国内においても集団殺害犯罪などの犯罪行為を処罰する制度を設けて個人の刑事責任の追及を行った。

4 集団殺害犯罪が ICC をもたらした

1998 年、ICC 規程が制定され、2002 年に条約が発効したことに伴い、現在では ICC が活動している。1950 年代に ICC の構想が挫折したのに対し、

1998 年に ICC 規程が制定される成果が得られたのは、50 年代の挫折の一因であった冷戦の終焉といった政治的な状況変化の影響もあるが、それにも増して、前述の旧ユーゴスラビア領域とルワンダにおける事態をきっかけとした国際刑事法の発展にともない、国際法上の犯罪の処罰が国際社会全体の利益であるということの認識が広く一般化したことにあると考えられる。そういった意味では、集団殺害犯罪は ICC 誕生に最も寄与した犯罪と言える。

集団殺害犯罪を ICC の事項的管轄権に含めることについてはもちろん争いはなかった。それどころか、集団殺害犯罪に対する国際社会の非難の一致から、同罪については他の犯罪類型とは異なり、特別に関係国の同意の条件を緩めて ICC の固有の管轄権を構築することが ICC 規程の起草段階で提案されてさえいた[54]。この提案は、ジェノサイド条約第 6 条が既に国際刑事裁判所の管轄権の可能性を認めていることを法的根拠として挙げたが、それに加えて、犯罪の中でも特に集団殺害犯罪にはその重大性に鑑み、国際的な処罰の必要性について国際社会が一致して賛同できるものであったからであろう。しかし、この提案は最終的な ICC 規程には採用されなかった。犯罪別に異なる前提条件を設けることは、制度を複雑化し訴追手続上でも混乱を招く可能性があるため、論理的整合性及び手続の簡略化から否定されても仕方なかったといえる。

V　集団殺害犯罪の定義と社会認識との乖離

ICC 規程第 6 条は、集団殺害犯罪を以下のように定義する。

「第 6 条　集団殺害犯罪
この規程の適用上、「集団殺害犯罪」とは、国民的、民族的、人種的又は宗教的な集団の全部又は一部に対し、その集団自体を破壊する意図をもって行う次のいずれかの行為をいう。
(a) 当該集団の構成員を殺害すること。
(b) 当該集団の構成員の身体又は精神に重大な害を与えること。
(c) 当該集団の全部又は一部に対し、身体的破壊をもたらすことを意図した生活条件を故意に課すること。
(d) 当該集団内部の出生を妨げることを意図する措置をとること。

(e) 当該集団の児童を他の集団に強制的に移すこと。」

この集団殺害犯罪の定義は、ジェノサイド条約から踏襲されているものであり、ICTY規程第4条及びICTR規程第2条も同様の定義を採用した。同一の定義が継続的に採用されていることから、同定義は慣習法上の集団殺害犯罪の観念と一致すると考えられる。

集団殺害犯罪の構成要件は、客観的要件と主観的要件がある。客観的要件は、(a)から(f)に挙げられた行為の実行と、それらの行為が保護対象の集団を対象として行われていることである。主観的要件は、集団を破壊する意図である。集団殺害犯罪は、それら保護対象の集団を破壊する特別な意図をもって行われることが特徴であり、その特別な意図によって同罪は、殺人といった普通犯罪や人道に対する犯罪から区別される。

1 禁止される行為の存在

保護対象の集団を破壊する特別な意図を持って行われる次の行為が集団殺害犯罪に該当すると定められている。
(a) 当該集団の構成員を殺害すること
(b) 当該集団の構成員の身体又は精神に重大な害を与えること
(c) 当該集団の全部又は一部に対し、身体的破壊をもたらすことを意図した生活条件を故意に課すること
(d) 当該集団内部の出生を妨げることを意図する措置をとること
(e) 当該集団の児童を他の集団に強制的に移すこと

(a)の集団構成員の殺害は、最も明白な例であり、集団殺害犯罪の名前の由来である。一般にその犯罪名ゆえ、「集団殺害犯罪＝(イコール)虐殺」と誤解されがちであるが、構成員の殺害に至らない(b)から(e)に列挙されたその他の行為も集団殺害犯罪として処罰されうる。

(b)の身体又は精神の重大な侵害は、拷問などの非人道的な若しくは品位を傷つける取り扱いが含まれる。さらに注目されるのは、ICTRで初めて性的暴力が含まれると判示された点である。ICTRはアカイェス事件で、性的暴力が個人の尊厳に対する侵害、並びに重大な身体的又は精神的損害を与える非人道的行為であり、実行態様により拷問等幾つかの犯罪を構成し、厳格

に処罰されうることを明らかにした[55]。そもそも強姦が人道に対する犯罪を構成しうることを ICTY 及び ICTR の規程が初めて明示的に条文で定めたのであるが、人道に対する犯罪のみならず、集団殺害犯罪にも該当しうる行為であることが判例により明らかにされたのである。近年、性的暴力の重大性とその処罰の必要性を主張する声は強まっており、旧ユーゴスラビア領域における強制妊娠の例を挙げ、性的暴力が集団の破壊に極めて有効な手段として女性が集団殺害犯罪の犠牲とされる危険性が指摘されている[56]。ICTR のアカイェス事件により判示された強姦及び性的暴力の定義や、そのような行為の集団殺害犯罪の該当性が認定されたことは、ICC の犯罪構成要件を明文化する作業にも影響を与え、ICC でも性的行為が集団殺害犯罪に該当しうることが認められているのである[57]。

(c) の「生活条件」とは、例えば食料、医療といった生存に不可欠なものを意図的に奪うことや、組織的に自宅から追放することが含まれる。行為自体を見るならば戦争犯罪や人道に対する犯罪にも該当する行為であるが、後に詳述する集団に対する特別な意図によって集団殺害犯罪を構成しうるのである。

(d) の出生を妨げる措置は、実際に出産を妨害する行為に限られない。逆に、子の出産を強制することも集団殺害犯罪に該当しうる。例えば、父性社会では母親と異なる集団に属する子の誕生を意図した強姦による強制妊娠や、脅威又はトラウマにより被害者の今後の出産を不能たらしめることが、「集団内の出生を妨げることを意図する措置」を構成しうるとも認められている[58]。

(e) の強制的な児童の移動での「強制的」とは、実際の力の行使のみならず、暴力の恐怖や、監禁、拘留、権利濫用といった威嚇や威圧行為を含む[59]。なお、「児童」とは 18 歳未満の者を指している。

列挙されたこれらの行為は、ICC で裁判されうるその他の犯罪の成立要素とも重なりうるが、これら行為が集団殺害犯罪と認定されるのは、行為の対象と意図が特別なものであるためである。以下で集団殺害犯罪を特徴づけている構成要件要素を検討しよう。

2 保護対象の集団の種類

集団殺害犯罪とは、「国民的、民族的、人種的又は宗教的な集団の全部又は一部に対し、その集団自体を破壊する意図をもって行う」行為である。定

義上、集団殺害犯罪からの保護対象とされる集団は、国民的、民族的、人種的又は宗教的集団の4つに限定されている。そのため、集団殺害犯罪の有無を判断する場合に、犠牲となった集団が上記4集団のいずれに該当するかが問題とされる。また、集団殺害犯罪の行為が向けられる集団は、特定されうるものでなければならない。例えば、「非セルビア系」住民といった、消去法による集団の特定は認められず、行為が向けられる集団自体が特定される認識可能な集団を構成していなければならない[60]。

各種の人権条約で明文化されている差別禁止条項や、ノン・ルフールマン原則（難民条約第33条）に比べ、保護対象の集団が限定されている点に注意を促したい。例えば自由権規約第2条1項に明示されている「皮膚の色、性、言語、政治的意見その他の意見、社会的出身、財産、出生又は他の地位など」で特定される集団が含まれていないし、難民条約第33条が明示する「特定の社会的集団の構成員であることまたは政治的意見のために」迫害されたりする集団が、集団殺害犯罪における保護対象に含まれない。このように集団が限定されている点は一般社会に認識されておらず、国際法と社会的認識のギャップを生んでいる。

ジェノサイド条約の起草作業において、政治的又は社会的集団は排除された経緯があるが[61]、それら集団についても考慮すべきとする主張がジェノサイド条約制定後も存在した。この点、政治的及び経済的集団といった個人の任意的決断を通じてその者が参加する自由な集団は含まれないと解されている[62]。集団殺害犯罪から保護される集団は、「恒常的かつ安定した」集団を意味すると解されているからである[63]。

議論が生じたのは、ルワンダの事態においてツチ族とフツ族が上記の4集団のいずれに該当するかであった。アカイェス事件では、フツ族と同じ国籍・人種・言語・文化・宗教を有するツチ族が保護対象の集団を構成するか否かが争点の一つとされたが、ICTRはツチ族を「民族集団」として認定した。注目されるのは、この認定に先立ち、ジェノサイド条約の起草作業を根拠として同条約の趣旨は、定義上の4集団だけでなく、「その安定性及び実績において類似のいかなる集団」も保護することとの解釈をICTRが展開した点である[64]。ICTRは、制度的な差別が長年実施されたルワンダにおけるツチ族を、安定的かつ不変的な別個の集団と判定した。アカイェス事件判決は、政治的集団及び経済的集団といった流動的な集団が対象外であることを確認した点

で従来の解釈に沿いつつ、定義上の4集団以外の集団が認められる余地を示した点で、集団殺害犯罪の適用範囲を拡大する主張に論拠を与えている。判例に見られる保護対象集団の拡大解釈は、集団殺害犯罪に関する法規則の目的に合致し、条約及び慣習法から大きく乖離するものではなく、諸国による反対もないとして、当該解釈が国際慣習法の一部として生成したとの評価もある[65]。しかし、ICTRの他の事件においては、このアカイェス事件のようなアプローチを適用することなくルワンダにおける行為が集団殺害犯罪であるとの認識を広めている[66]。

　実際に対象集団の拡大解釈を事実調査にあたる委員会が採用した例もある。国連ダルフール委員会は、ダルフールにおける殺戮が集団殺害犯罪を構成するか否かを検討した際、ダルフールにおいては部族が対象とされており、加害者と被害者は言語と宗教を同じくし、部族間結婚の結果、肉体的外見において差異はなく、民族的な違いがあるとは言えず、主要な違いは、生活スタイルが定住性であるか放浪的であるかにあると指摘している[67]。しかし、前述の判例による拡大解釈を援用して保護対象の集団に該当するか検討するならば、部族の違いについて主観的な認識は近年高まる傾向にあり、中央政権又は反徒のいずれを支持する部族かで区別が認識され、特に反徒を支持する部族はアフリカ系として、他方、中央政権を支持する部族はアラブ系として認識され始めていた点を委員会は注目した。政治的意見の対立が、土地や水利をめぐる対立とともに相乗的に集団の極化と対立を深める結果となったのであるが、集団構成員の主観において区別は存在したと委員会は認めた。したがって、攻撃と殺戮の被害者である部族は、集団殺害犯罪からの保護集団を構成すると委員会は結論したのである[68]。このような拡大解釈については、特定の集団が集団殺害犯罪からの保護集団に該当するか否かは、身体的特徴のように集団構成員が一見して区別できるものではなく、例えば民族も社会的なアイデンティティから構成されるものであるから、集団のアイデンティティを考慮することにおいて、客観的基準から主観的基準へと移行しているのだと分析する見解もある[69]。この点、スーダンのダルフール関連事件の中で唯一集団殺害犯罪を被疑事実として逮捕状に挙げているバシール被疑者に関する裁判審理が実現するならばICCがどのような判断を下すのか注目される。

　このように集団殺害犯罪の対象集団は、厳密に見るならば定義に列挙され

た4集団に該当するか疑わしい場合であっても、認められる余地が残されているのである。

3　全部又は一部

「集団の全部又は一部」とは、犯罪対象の規模を示す文言ではあるが、それは行為において被害者数の最少人数が定められているわけではないことに注意しなければならない。「全部又は一部」との記述から、特定の集団を地球上のあらゆる地から抹消させる意図でなくとも、地理的に限定された地域内にいる集団構成員を対象としている場合であっても集団殺害犯罪を成立させるには十分である[70]。

集団殺害犯罪の成立が認められる程度の「一部」とは、どれほどの規模を指すのか議論がある。スレブレニツァの事態では主に男性が殺害されたが、これが集団の全体又は一部として十分であるかが問題とされた。弁護人は、殺害対象が兵役年齢の男子であったことから、集団の重要な一部ではないと主張したからである。この点、集団の一部が対象とされている場合には、大人数が対象とされているか又は対象とされた集団の一部が特定の集団の「相当な部分（substantial part）」でなければならないと解されている[71]。では相当な部分とは、どの程度を指すのであろうか。ICTYやICTR及びICCにおいても関係文書で定義はされていない[72]。したがって相当な部分が集団のどのような部分を指すのかは、個別の判例で判断されている。ICTYは、それは集団の重大な部分（important part）である必要はないとした[73]。ICTYでは、具体的人数を定める代わりに、犯罪実行者の活動及び支配地域の広さ、すなわち実行者が犯罪を犯しうる機会の大きさを考慮に入れて相当程度を量った事件もあるが[74]、ICTY自身もこのアプローチは集団殺害犯罪の定義をゆがめる危険があると指摘している[75]。このようにその判断方法は確定していないが、相当な部分であることが要件とされる点はICJも認めている[76]。

4　特定の意図

集団殺害犯罪とは、「国民的、民族的、人種的又は宗教的な集団の全部又は一部に対し、その集団自体を破壊する意図をもって行う」行為である。この特定の意図（dolus specialis）[77]が構成要件に含まれている点で、集団殺害犯罪は普通犯罪や戦争犯罪などとは異なる。ICTYは、「集団殺害犯罪は人類の知

る最悪の犯罪の一つであり、その重大性は、特定の意図の厳格な条件に反映されている。意図が明白に立証されない限り、集団殺害犯罪で有罪とはされない」と述べた[78]。特定の意図の要件が重要である点は認められつつ、その認定において、意図の認識を基礎とするのか（knowledge-based approach）又は目的を基礎とするのか（purpose-based approach）学説上争いがある。

(1) 意図の推断

主観的要素は、客観的要素とは異なり、自白がない状況においては推断するしかないのであるが、この点、ICTR は、行為の規模、性質、計画性、組織性、及び特定の集団以外を犯罪対象から排除している事実等の客観的事実から意図が推断されうることを認めた[79]。ICTY も特定の意図は、明白な直接証拠が欠如している場合には、「一般的な背景や、同じ集団に対して向けられた組織的なその他の犯罪の実行、虐殺の規模、特定集団の構成員であることを理由とした被害者の組織的選別、破壊的かつ差別的行為の反復」といった事実や状況から推論されうることを認めている[80]。

国連ダルフール委員会は、集団殺害犯罪の特別な意図を推論させる事実は多くあるが、逆に意図の欠如をより示す証拠があることを考慮して、ダルフールの事態は集団殺害犯罪に該当しないと結論した。意図の欠如の証拠として、同委員会は、攻撃を受けた村でも全員が殺害されたわけではなく、若い男性が対象であったことを挙げている[81]。一般的には、いくつかの部族の構成員を攻撃し殺害し強制的に追放する政策は、集団の全部又は一部を破壊する意図を示していないのであり、それは、村への攻撃を計画し組織した者が、主に対反徒戦闘行為の目的で被害者を被害者の自宅から追い出す意図を追求していたと思われる[82]と述べた。同じように ICJ でも集団の構成員全員が被害を受けたわけではないとの事実が特定の意図の欠如を示す証拠の一つとして考慮されていたのである。このような認定方法は集団殺害犯罪の社会的認識と法的見解の乖離をもたらす一因でもある。

(2) 困難な立証

この主観的構成要件は、他の犯罪との区別という意味に加えて、集団殺害犯罪の立証を困難にしている一因である点でも集団殺害犯罪の特徴といえる。事実、主観的な事実である意図の証明及び認定は自白がない場合には立

証困難であることが、長年、集団殺害犯罪の訴追及び処罰の障害として指摘されていた。また、後述するように、共犯や幇助犯や犯罪共同体などの正犯とは異なる被疑者に特定の意図が犯罪成立要件であるか否か及びその判断基準や立証基準についても議論がある。そのため、検察官は、集団殺害犯罪を構成すると疑われる行為についても、前述の社会的効果を認識しつつも立証に失敗する危険性を考え、主観的意図の立証を必要としない人道に対する犯罪での訴追を選択する可能性が高いのである。本章のコラムで紹介するようにICJではジェノサイド条約に基づいてミャンマーとロシアとイスラエルとドイツの国家責任に関する事件が係争中であるが、他方でICCではミャンマー関連事件は集団殺害犯罪の容疑ではなく人道に反する犯罪を主眼として捜査されている。同様に、ウクライナの事態について集団付託を受けたICCは、ロシアのプーチン大統領を含む2名を被疑者として戦争犯罪の容疑で逮捕状を発付しているが、被疑事実の戦争犯罪がウクライナの子供達の強制移動であることは、ICC規程第6条(e)の「集団の児童を他の集団に強制的に移すこと」として集団殺害犯罪にも該当する可能性があるにも関わらず、集団殺害犯罪を被疑犯罪とは表明しなかったのである。このように、万が一にも失敗できない事件において、検察局は、集団殺害犯罪ではなく戦争犯罪や人道に対する罪の容疑で事件処理を進める傾向がある。

　立証困難である集団殺害犯罪で訴追して失敗の危険をおかすよりも、特別な意図の立証を必要としない他の犯罪名で起訴することは、有罪宣告と処罰の確実性を高める点で、検察官がとりうる司法戦略である。しかし他方で、集団殺害犯罪の訴追回避は、前述したように集団殺害犯罪の罪悪性についての社会的理解から被害者や世間の期待を損ないかねない虞もある。また、その社会的影響のみならず、法的な影響も考えなければならない。集団殺害犯罪の罪名欠如は、競合する管轄権を有する他の裁判所にも影響を与えうるからである。この点、ICJはジェノサイド条約適用事件においてICTYの起訴状について、集団殺害犯罪が容疑の一つであるという事実は同罪の容疑が後に取消される可能性があるため重要ではないが、同罪の容疑を起訴状に含まない又は排除した検察官の決定は重要だと評価した[83]。このような証拠価値の判断の下でICJはスレブレニツァ以外の地での集団殺害犯罪の存在を認めず、同地域の件にのみセルビア・モンテネグロの防止義務違反の責任を認定したのである。しかし、ICJは集団殺害犯罪の立証の困難さと検察官による

戦略的な回避を考慮に入れておらず、この誤った証拠価値基準を用いたことにより判断が限定されてしまったと考えられる。

5　処罰対象——共犯、扇動、その他

　ICTY 規程及び ICTR 規程では、集団殺害犯罪の定義とその処罰対象範囲は一つの条文で定められている。これに対して ICC 規程は、集団殺害犯罪の定義を第 6 条に定め、処罰対象者については、他の犯罪にも共通して適用される第 25 条で定めている。ICC 規程第 25 条は、(a) 共犯、(b) 命令・教唆・誘導、(c) 幇助・教唆・その他の方法での援助、(d) 寄与、(f) 未遂に加えて、「(e) 集団殺害犯罪については、集団殺害を実行するよう他者を直接かつ公然と扇動する場合」も処罰対象とする。

　ICC の事項的管轄権の他の犯罪と比較するならば、集団殺害犯罪の場合には扇動も処罰対象とされる点で特徴的である。また、集団殺害犯罪に注目して他の国際文書と比較すると、ジェノサイド条約第 3 条 (b)、並びに ICTY 規程第 4 条 3 項 (b) 及び ICTR 規程第 2 条 3 項 (b) に定められていた「集団殺害犯罪の共謀」が ICC 規程では処罰対象から外されている点で異なる。これは、ジェノサイド条約から ICTY 及び ICTR に継続して踏襲されてきた集団殺害犯罪の処罰範囲を変更するものであり、この処罰範囲が慣習法化していたとして慣習国際法と ICC 規程との矛盾だとの非難もある[84]。共謀は、集団殺害犯罪の計画でも犯罪が成立し、必ずしも犯罪の実行に至らずとも処罰しうるものであるが、ICC で明文で処罰対象として定められなかったことは、今後、共謀が基礎にある事態において ICC による処罰に障害をもたらさないか危惧されており、この点を ICC 規程 25 条 3 項が列挙する他の項目又は犯罪共同体 (joint criminal enterprise) の概念によって克服することが期待されている[85]。

　特に集団殺害犯罪については、前述の「特定の意図」の要件がこれら処罰対象とされる者に課されるかが問題とされる。この点、共犯の場合、主犯と特別な意図を共有する必要はないと ICTR は判示した。ICTR はアカイェス事件において、共犯が成立するには、共犯者が特定の意図を持つことではなく、共犯者が主犯の意図を認識していたことが条件であるとした[86]。しかしこの解釈に異論を唱える説は、共犯についても特定の意図が必要と解するべきとして ICTR を批判している[87]。この説は、集団殺害犯罪の場合、主犯の

実行者は集団殺害犯罪を犯す特定の意図を持たずに上官の命令に従って行動しており、共犯たる上官が特定の意図をもって命令している場合があることを考えるならば、共犯で有罪とされるためには共犯本人が特定の意図をもっていなければならないと解するべきと反論している。また、「犯罪共同体」として集団殺害犯罪に関る者それぞれにどの程度の意図が犯罪成立の要件とされるか議論があるところである[88]。

6 人道に対する犯罪、民族浄化政策との相違点

　法と社会のギャップは、集団殺害犯罪と混同されがちである人道に対する犯罪と民族浄化政策との相違点を社会が認識していないことからも生じている。集団殺害犯罪と人道に対する罪は、3点において共通点がある。①人間の尊厳の最も基本的な側面の攻撃に該当し、人道観念に衝撃を与える重大な犯罪であること、②単一の事件ではなく、その大規模又は多数の人間の尊厳の侵害によって、通常、大きな流れの一部として犯されること、③必ずしも国家要員にのみ実行可能であるわけではないが、通常、当局の共犯又は最低でも寛容の下で行われることが多い点が共通点として挙げられている[89]。

　二つの犯罪の違いは、集団殺害犯罪は前述のように特定の意図がなければ成立しないが、意図がなく行われた場合にも人道に対する犯罪が成立しうる点にある[90]。迫害と集団殺害犯罪は、特定の集団の構成員に対してその集団への帰属を理由として、差別的な意図で行われる行為という共通点があるが、集団殺害犯罪はその集団の一部又は全部を破壊する意図をもって行われる点で異なるのである。最も非人道的な形態にエスカレートした迫害が集団殺害罪であるとも言われている[91]。

　次に、集団殺害犯罪と民族浄化政策との関係について述べる。民族浄化政策は、人の強制的な追放が主軸の行為である。「民族浄化」はボスニア・ヘルツェゴビナの事態を指す用語として頻繁に用いられている。国連における議論でも民族浄化が集団殺害犯罪であると述べられていた[92]。政治及び社会の場において民族浄化が集団殺害犯罪であると一般的に考えられているのである。これに対して法的見解は厳格に集団殺害犯罪の定義を考慮し、両者を区別している。ICJ は民族浄化という表現の法的意味を分析し、民族浄化とは、実務において、「特定の領域から特定の集団の人間を排除するために武力又は脅迫を用いて単一民族の領域にすること」を意味して用いている[93]。単一

民族の領域をもたらす民族浄化政策は、ジェノサイドではないとICJは言明する[94]。武力が用いられたとしても、それは必ずしも集団の破壊と同等ではない。民族浄化と称される行為が集団の破壊を意図して、集団の破壊をもたらすことが計算された生活状況を意図的に課すものであったならば集団殺害犯罪が成立するように、同罪の成立が完全に否定されるものではないが、全ての場合に成立するものでもないのである。ICTYも、「民族浄化と通常知られる政策とジェノサイド政策とは明らかな類似性がある」[95]と認めつつ、集団の「物理的破壊と集団の単なる解消とは明確な区別がなされなければならない。集団又は集団の一部の追放は、それ自体としては集団殺害犯罪に満たない」[96]としている。

このように一般的に民族浄化政策は社会的には集団殺害犯罪の顕著な例として捉えられながら、法的には集団殺害犯罪に該当しない可能性があることは、社会的認識と法の厳格な適用との差異を理解しない者にとっては、そのような政策の非人道的性格を低く評価するものと捉えられてしまう。現に、ダルフール地方の惨劇が政府による集団殺害犯罪に該当しないと結論づけた国連の報告書は、同地方の紛争は集団殺害犯罪ほどひどくはなかったのだとの報道を招いたのである。

VI　おわりに

集団殺害犯罪はICCを含む国際刑事法に大きな影響を与えた犯罪である。第一に、集団殺害犯罪の犯罪類型の形成と確立は現代国際法を象徴する法の発展であった。同罪を国際社会全体に対する罪として　致して非難する国際社会の認識は、平和と人権を国際社会全体の利益として重視する国際社会の意識変化を現している。国際法における集団殺害犯罪の犯罪類型化は、第二次世界大戦後であり、長い歴史を持つものではない。古くからある残虐行為でありながら、そのような行為を新たに「集団殺害犯罪」の名の下で類型化し犯罪化したことは、国際人権法及国際人道法が分野として確立し始めた二〇世紀を象徴する法典化である。現代では、集団殺害犯罪は「犯罪の中の犯罪」として国際社会の一致した非難が確約され、あらゆる手段を用いた対処の緊急性が強く主張される犯罪でもある。国際法廷が処罰対象として挙げる犯罪の中でも集団殺害犯罪が最も重大な犯罪であるとする考えもあり、裁

判所の諸規程に犯罪間の優劣が定められていないことからこのような解釈は否定されつつも、一般には国際政治の場などで集団殺害犯罪とのレッテルが事態の重大性を量る指標とされているのも事実である。

　第二に、同罪を初めて類型化し国際的に禁止した多数国間条約で国際刑事裁判所の設立を前提とした議論が行われたこと、並びに ICC の設立に至る経緯においても旧ユーゴスラビアやルワンダでの同罪に対する国際社会の非難が大きな原動力であったことからも、ICC の事項的管轄権の犯罪中でも集団殺害犯罪は象徴的な存在であると言える。

　他方で、実際に集団殺害犯罪で訴追し処罰することは犯罪構成要件の立証において他の犯罪よりも困難という問題が克服できていない。犯罪立証が困難である故にナチス犯罪への非難の象徴としてしか意味がないとの批判に長らくさらされてきた。立証の難しさから同罪での訴追を回避する政策を検察官がとる可能性を考慮せず、ICTY の検察官の消極性を犯罪不在の証拠と ICJ がみなしたことは問題である。同様に ICC でも実際の訴追につながらないという皮肉な意味で象徴に終わる可能性も否定できないのであり、ICC の消極的姿勢が誤った法的及び社会的認識を招く虞れもある。特に、法廷で「民族浄化政策」と集団殺害犯罪とを区別する議論など、社会的な認識との乖離がある。ICC が社会から信頼を得ていく上では、この乖離を認識しながら丁寧な法適用と説明を欠かさず活動していくことが必要であろう。

コラム　国際裁判は集団殺害犯罪を止められるか？
——ICJ と ICC におけるロヒンギャ問題・ウクライナ戦争・ガザ問題の取扱い——

　近年、ジェノサイド条約の締約国が他の締約国を国際司法裁判所（ICJ）に訴える事件が増えている。2019 年 11 月、ロヒンギャ民族の取扱いを問題視したガンビアはミャンマーを ICJ に提訴した。ウクライナ戦争に関してウクライナがロシアを 2022 年 2 月に提訴した。また、イスラエルがガザ地区への攻撃を大規模に行っていることに関して、南アフリカがイスラエルを 2023 年 12 月に、さらにニカラグアがイスラエルを支援しているドイツ

を 2024 年 1 月に提訴した。

　この 4 件の事件に共通する特徴は、第 1 に、ジェノサイド条約第 9 条に基づく提訴である点である。ジェノサイド条約第 9 条は、締約国間で生じる条約上の紛争について ICJ に一方的に提訴することを可能としている。

　第 2 の共通点は、原告国と被告国との国際紛争という枠組みに収まらない、国際社会全体の関心による提訴の後押しである。ロヒンギャ族やガザ地区住民を集団殺害犯罪から保護するために、被害者国籍国でもない、遠く離れたアフリカ諸国やニカラグアが原告国となり提訴したことは、締約国対世的義務 (erga omnes partes) を追及する国際社会の代表的役割をこれら諸国が果たしているといえる。ICJ はガンビア対ミャンマー事件の管轄権判決 (2022 年 7 月) で、ジェノサイド条約のすべての締約国は集団殺害犯罪の防止と抑止と処罰を確保する共通利益を有しており (第 107 パラグラフ)、ジェノサイド条約上の共通利益はいかなる締約国も区別なく締約国対世的義務の違反について他の締約国の責任を訴えうることを意味し (第 108 パラグラフ)、責任追及の権限は被害者の国籍国に限定されない (第 109 パラグラフ) と述べた。また、ウクライナ対ロシアの事件には 33 か国が訴訟参加を申請したのであり (ICJ は 32 か国の訴訟参加を承認)、ウクライナを支持する形で表明された多数の国による訴訟参加は関心の高さを示している。2023 年 11 月以降、ガンビア対ミャンマー事件や南アフリカ対イスラエル事件に訴訟参加を表明する国も出てきた。

　第 3 の共通特徴は、仮保全措置命令への期待の高さである。ICJ への提訴時にいずれも現在進行形で事態悪化の危険がある状況であったため、4 事件とも原告国は ICJ が強力な仮保全措置命令を出すことを大いに期待し要請した。ICJ が本案判決を出すまでには時間がかかり、かつ国連の政治的機関などが事態への十分な対処ができていない状況にあった一方で、ICJ の仮保全措置命令は迅速かつ法的拘束力があるからである。ICJ は、ミャンマーに対して 2020 年 1 月に、ロシアに対して 2022 年 3 月に、イスラエルに対して 2024 年 1 月と 3 月と 5 月に、それぞれ仮保全措置命令を出し、事態を悪化させないことを命じた。ICJ はロシアに即時の軍事行動停止を指示したが、イスラエルには度重なる原告からの要請後の 5 月に初めて即時の軍事活動停止を命じた。

　最後に第 3 の共通特徴は、国際刑事裁判所 (ICC) も事態を捜査中である点である。しかし、ICC はいずれの事態についても集団殺害犯罪を起訴容疑とする意向は示していない。ICC はロヒンギャ問題を人道に反する犯罪の容疑で、ウクライナ戦争関連ではプーチン大統領等に対する逮捕状では

戦争犯罪（子供の違法な移送等）の容疑を表明しており、ガザ地区にはICC首席検察官が現地捜査に入ったが、まだ具体的な容疑名は表明されていない。ICJとICCいずれにおいても今後どのような決定がなされるのか注視されている。

【注】

1 ICC規程の「genocide」は日本語公定訳で「集団殺害犯罪」と訳されている。本章では、犯罪名としては日本語公定訳にならい「集団殺害犯罪」の用語を用い、条約を指す場合には「ジェノサイド条約」と略す。

2 ただし、民族浄化は、法的には必ずしも集団殺害犯罪に該当するとは解されていない。民族浄化の集団殺害犯罪該当性についての社会的認識と法的見解とが異なる問題については後述する。また、1994年のルワンダにおける事態も、被害者集団が集団殺害犯罪が保護対象とする集団に該当するか否かで議論があったことについては後述する。

3 *See*, Extraordinary Chambers in the Courts of Cambodia (EEEC), the Prosecutor v. Nuon Chea and Khieu Samphan, Case 002/02, Judgment of the Trial Chamber, 16 November 2018.

4 本章では、1998年に作成された文書に基づきハーグに設立された国際刑事裁判機関を「ICC」と略すが、これはジェノサイド条約第6条が定める「国際刑事裁判所」と同一ではない。同条約第6条の「国際刑事裁判所」はICC以外の国際的な刑事裁判機関も含むことは、後述する。

5 Raphael Lemkin, *Axis Rule in Occupied Europe: Laws of Occupation, Analysis of Government, Proposals for Redress* (Carnegie Endowment for World Peace, 1944), p. 79.

6 *Ibid*.

7 *See*, IMT, Indictment, Trial of the Major War Criminals before the International Military Tribunal, Official Documents, Vol. 1, pp. 43-44. ジェノサイド条約適用事件本案判決において国際司法裁判所（ICJ）もこの起訴状を引用している。*See*, ICJ, Application of the Convention on the Prevention and Punishment of the Crime of Genocide (Bosnia Herzegovina v. Servia and Montenegro), Judgment, 26 February 2007（以下、ジェノサイド条約適用事件2007年本案判決）, para. 193. レムキンの「ジェノサイド」とニュルンベルグ裁判については、*See*, John Q. Barrett "Raphael Lemkin and 'Genocide' at Nuremberg, 1945-1946", in Christoph Safferling and Eckart Conze eds., *The Genocide Convention Sixty Years after its Adoption* (T.M.C. Asser Press, 2010), pp. 35-54.

8 *See*, William A. Schabas, *Genocide in International Law* (Cambridge University Press, 2000), p. 25.

9 人道に対する罪の犯罪類型が時代により変化したことについては、本書の坂本論文、参照。

第 3 章　集団殺害犯罪 (ジェノサイド罪)　89

10　ICJ, Application of the Convention on the Prevention and Punishment of the Crime of Genocide (Bosnia Herzegovina v. Servia and Montenegro), *Order, ICJ Reports 1996* (II), (以下、ジェノサイド条約適用事件 1996 年管轄権判決)、para. 31.
11　ジェノサイド条約適用事件本案判決, *supra* note 7.
12　*See, ibid.*, para. 156.
13　*See, ibid.*, para. 166.
14　拙稿「ジェノサイド条約第 6 条の刑事裁判管轄権 (2) ―同条約起草過程の議論を中心にして―」『名古屋大学法政論集』第 170 号 (1997 年 9 月) 註 176 参照。
15　ICJ, Reservations to the Convention on the Prevention and Punishment of the Crime of Genocide, Advisory Opinion, *ICJ Reports* 1951.
16　*See, ibid.*, p. 23.
17　*See, ibid.*
18　ICJ, Barcelona Traction, Light and Power Co. Ltd (, Belgium v. Spain), *ICJ Reports* 1970 (III), paras. 33-34.
19　ジェノサイド条約適用事件 2007 年本案判決では、ジェノサイド条約第 1 条が国家に対して集団殺害犯罪を禁止する効果をもっているとの解釈が示された。See, ジェノサイド条約適用事件本案判決, para.166. これに対して、シ判事やコロマ判事のように、ジェノサイド条約は個人が集団殺害犯罪を犯すことを対象として禁止しているものであり、条約により国家に課せられた義務は、防止と処罰であり、国家自身に同罪を禁止する定めはないと批判する意見もあった。*See for example,* Joint Declaration of Judges Shi and Koroma. 他方で、当該義務の根拠は国際司法裁判所規程第 38 条 1 項 (c) が定める「法の一般原則」であるとの主張は、*See,* Payam Akhavan, "The Crime of Genocide in the ICTR Jurisprudence" *Journal of International Criminal Justice*, Vol.3 (September, 2005), pp. 990-991.
20　*See,* the international Law Commission, "Draft conclusions on identification and legal consequences of peremptory norms of general international law (jus cogens)", (adopted by the ILC at its 73rd session in 2022, and submitted to the General Assembly as a part of the Commission's report covering the work of that session (A/77/10, para. 43), Conclusion 23.
21　*See,* ICTR, Prosecutor v. Kambanda, ICTR 97-23-S, Judgment of Trial Chamber I, 4 September 1998, para. 16.
22　*See,* ICTY, Prosecutor v. Krstić, IT-98-33-A, Appeal Chamber, 19 April 2004, para. 36.
23　*See,* ICTR, Prosecutor v. Kayishema and Ruzindana, ICTR-95-1-A, Judgment of Appeal Chamber, 1 June 2001, para. 367.
24　国連ダルフール委員会は、ジェノサイド条約第 8 条に基づく米国からの要請に基づいて行動する安保理によって、2004 年の決議 1564 にて設立された調査委員会である。同委員会は、ダルフールにおける国際人道法及び人権法の違反について調査し報告することが任務であり、集団殺害犯罪が犯されたか否かを判断し、犯罪責任者の処罰を念頭において犯罪実行者を特定することが任せられていた。*See,* S.C. Res. 1564, UN Doc. S/RES/1564 (Sept. 18, 2004). 同委員会の委員長は国際刑事法学者としても著名な

Antonio Cassese であった。

25 *See*, Report of the International Commission of Inquiry on Violations of International Law and Humanitarian Law and Human Rights Law in Darfur, UN Doc. S/2005/60, 31 January, 2005.

26 *See, ibid.*, para. 518.

27 *See, ibid.*, and para. 522.

28 ダルフール委員会報告書を報道する記事のタイトルでは集団殺害犯罪ではないという点が強調されていた。各国の各誌新聞記事の見出しについては、*See*, David Luban "Calling Genocide by Its Rightful Name: Lemkin's Word, Darfur, and the UN Report", *Chicago Journal of International Law*, Vol.7 (Summer 2006), pp. 303-304.

29 米国の対応については、*See, ibid.*, pp. 305-306. 米国が集団殺害犯罪が認定されることに固執したためにダルフール問題への国連の対応を遅らせてしまったとの指摘については、*See*, William A. Schabas "Genocide, Crimes Against Humanity, and Darfur: The Commission of Inquiry's Finding on Genocide", *Cardozo Law Review*, Vol. 27 (February, 2006), p. 1707.

30 *See*, ICC, the Prosecutor v. Omar Hassan Ahmad Al Bashir, Warrant of Arrest for Omar Hassan Ahmad Al Bashir, Pre-Trial Chamber I, ICC-02/05-01/09, 4 March 2009.

31 2010年に第2逮捕状が発付された。 Second Warrant of Arrest for Omar Hassan Ahmad Al Bashir, ICC Pre-Trial Chamber I, 12 July 2010.

32 拙稿「ジェノサイド条約第6条の刑事裁判管轄権(1)(2) —同条約起草過程の議論を中心にして—」『名古屋大学法政論集』第168号、170号(1997年3月、9月)参照。

33 Barry M. Schiller, "Life in a Symbolic Universe: Comments on the Genocide Convention and International Law", *Southwestern University Law Review*, Vol. 9 (1) (1977), pp. 72-73.

34 ジェノサイド条約適用事件2007本案判決、para. 445.

35 *Ibid.*, para. 446.

36 藤田久一『国際人道法〔新版〕』(有信堂高文社、1993年)283頁。カンボジアでは、ポル・ポト政権下で行われた大量殺戮について1979年にイエン・サリを欠席裁判でジェノサイド罪につき有罪としたが、その後に恩赦を与えている。同時代の犯罪について法廷の場での処罰が求められたが、現実化したのは特別裁判部の設置に向けた国連とカンボジア政府との合意が締結された後のことである。スティーブ・ヘダー、ブライアン・ティットモア著、四本健二訳『カンボジア大虐殺は裁けるか:クメール・ルージュ国際法廷への道』(現代人文社、2005年)参照。

37 エルサレム地方裁判所判決(1961年12月12日)、イスラエル最高裁判所判決(1962年5月9日)。被告人のアドルフ・アイヒマン(Adolf Eichmann)は、第二次世界大戦中にナチス将校としてユダヤ人の大量虐殺に関わったため、イスラエルは「ナチス及びナチスの協力者(処罰)法」と題する1950年に制定された国内刑法に基づきアイヒマンを起訴した。アイヒマンは、エルサレム地方裁判所により1961年に有罪判決が下されたが上告し、翌年の1962年に同国の最高裁判所が上告を却下したため確定された有罪判決に基づき死刑に処されたのである。Attorney-General of the Government of Israel v.

Adolf Eichmann, Judgment of the District Court of Jerusalem, Israel, 12 December 1961, and the Judgment of the Supreme Court, 29 May 1962. アイヒマン裁判の概略については、金東勲「アイヒマン裁判」田畑茂二郎・太寿堂鼎編『ケースブック国際法』(有信堂高文社、1980 年) 354-356 頁、参照。

38 これらの集団殺害犯罪の性質については、拙稿「ジェノサイド罪に対する普遍的管轄権について(1)」『金沢法学』第 42 巻 2 号 (2000 年 3 月) 105-110 頁、参照。

39 同上論文、101 頁、参照。

40 普遍的管轄権の発展については、拙稿「ジェノサイド罪に対する普遍的管轄権について(1)(2)(3 完)」『金沢法学』第 42 巻 2 号 (2000 年 3 月)、43 巻 2 号 (2000 年 12 月)、3 号 (2001 年 3 月) 参照。

41 スレブレニッツァのジェノサイド研究として、長有紀枝『スレブレニツァ—あるジェノサイドをめぐる考察』(東信堂、2009 年) 参照。

42 *See*, ICTY, the Prosecutor v. Krstić, IT-98-33-T, Judgment of the Trial Chamber, 2 August 2001, para. 37.

43 *See, ibid.*, paras. 53-87.

44 *See, ibid.,* para. 81.

45 安全地域及び非武装地帯と指定されたスレブレニツァの陥落については、*See,* "The Fall of Srebrenica", UN Doc. A/54/549. また、拙稿「文民の保護」村瀬信也・真山全編『武力紛争の国際法』(東信堂、2004 年) 549-552 頁、参照。

46 Erdemović 事件、Jokić 事件、Miletić and Gvero 事件、Perišić 事件、Stanišić and Simatović 事件が挙げられる。*See,* ジェノサイド条約適用事件本案判決、para. 375.

47 ICTY, the Prosecutor v. Radovan Karadzic, Judgment of the Trial Chamber, IT-95-5/18-T, 24 March 2016.

48 ICTY, the Prosecutor v. Ratko Mladic, Judgment of the Trial Chamber I, IT-09-92-T, 22 November 2017.

49 ジェノサイド条約適用事件本案判決。

50 ジェノサイド条約適用事件本案判決。

51 *See, ibid.*, para. 147.

52 ICTR, the Prosecutor v. Akayesu, ICTR 96-4-T, Judgment of the Trial Chamber I, 2 September 1998. アカイェス事件については、拙稿「アカイェス事件」薬師寺公夫・坂元茂樹・浅田正彦・酒井啓亘編集代表『判例国際法 [第 3 版]』(東信堂、2019 年) 参照。また、前田朗『戦争犯罪論』(青木書店、2000 年) 405-407 頁、参照。

53 *Ibid.*

54 拙稿「国際刑事裁判所による管轄権行使と国家の同意について」『金沢法学』第 42 巻 1 号 (1999 年 12 月) 20-23、35、37-38、44 頁、参照。

55 ICTR, the Prosecutor v. Akayesu, *supra* note 52, para. 597.

56 *See*, Soh Sie Eng Jessie "Forced Pregnancy: Codification in the Rome Statute and Its Prospect as Implicit Genocide", *New Zealand Journal of Public and International Law*, Vol. 4 (November 2006).

57 Elements of Crimes, ICC Doc. ICC-ASP/1/3, Art. 6 (b), para. 1, note 3.

58 ICTR, Prosecutor v. Akayesu, *supra* note 52, para. 507.

59 *See*, Elements of Crimes, ICC Doc. ICC-ASP/1/3.

60 *See*, ジェノサイド条約適用事件2007年本案判決、paras. 193-196. *See also*, ICTY, the Prosecutor v. Stakić, IT-97- 24-A, Judgment, 22 March 2006, paras. 20-28. *See also*, ICTY, the Prosecutor v. Popović *et al.*, IT-05-88-T, Trial Chamber, 10 June 2010, para. 809.

61 政治的集団の排除はソ連により強く要求されたが、宗教的集団も同じく信奉により構成される集団であるため、政治的集団を排除する理由とはならないとの反論もあった。

62 ICTR, the Prosecutor v. Akayesu, *supra* note 52, para. 511.

63 *Ibid.*, para. 515.

64 *Ibid.*, para. 511, 702.

65 *See, supra* note 25, p. 136.

66 *See*, ICTR, the Prosecutor v. Kayishema and Ruzindana, ICTR-95-1-T, Judgment, 21 May 1999, para. 94. See also, ICTR, the Prosecutor v. Rutaganda, ICTR-96-3-T, Judgment, 6 December 1999.

67 *See, supra* note 25, paras. 510-511.

68 *See, ibid.*, p. 139, para. 512. ただし、同委員会は結論において集団殺害犯罪の特別の意図の欠如を理由として集団殺害犯罪の成立を否定した。

69 *See, ibid.*, p. 135. See also, G. Verdirame, "The Genocide Definition in the Jurisprudence of the ad hoc Tribunals", *International and Comparative Law Quarterly*, Vol. 49 (2000), p. 592.

70 ジェノサイド条約適用事件2007年本案判決、para. 199.

71 ICTY, the Prosecutor v. Jelesić, IT-95-10-T, Judgment, 14 December 1999, para. 82. *Also*, ICTR, the Prosecutor v. Bagilishema, ICTR-95-01A-T, Judgment of the Trial Chamber I, 7 June 2001, para. 64, and *also*, ICTR, the Prosecutor v. Semanza, ICTR-97-20-T, Judgment of the Trial Chamber III, 15 May 2003, para. 316.

72 ジェノサイド条約を施行する国内法で定義を設けている国もある。米国国内法では、相当な部分とは以下のように定義されている。「a part of a group of such numerical significance that the destruction or loss of that part would cause the destruction of the group as a viable entity within the nation of which such group is a part」. *See*, Genocide Convention Implementation Act 1987, para. 1093 (8).

73 *See*, ICTY, the Prosecutor v. Jelisić, Trial Chamber, 14 December 1999, paras. 81-82.

74 *See*, ICTY, the Prosecutor v. Krstić, IT-98-33-A, Judgment, 19 April 2004, para. 13.

75 *See*, ICTY, the Prosecutor v. Stakić, IT-97-24-T, Judgment, 31 July 2003, para. 523.

76 *See*, ジェノサイド条約適用事件2007年本案判決、para. 201.

77 集団殺害犯罪の特定の意図と国内刑法上の意図の概念との違いについては、河島さえ子「『ジェノサイドの意思』の精神に関する一考察―旧ユーゴスラビア国際刑事法廷の判例を中心に―」『専修コース研究年報〈2004年度版〉』(東京大学大学院法学政治学研究科) (2005年3月) 参照。

78 ICTY, the Prosecutor v. Krstić, Judgment of the Appeal Chamber, 19 April 2004, para. 134.

ICTYの上訴裁判部はこの姿勢の下、本件において裁判部が下したジェノサイド罪の有罪判決を翻し、ジェノサイドの共犯で有罪とした。

79　ICTR, the Prosecutor v. Akayesu, *supra* note 52, para. 523.
80　ICTY, the Prosecutor v. Jelisic, IT-95-10-A, Judgment, 5 July 2001, para. 47. ICTY, the Prosecutor v. Jelisic, IT-95-10, Judgment, 14 December 1999, para. 73.
81　*Supra* note 25, para. 513.
82　*Ibid.*, para. 518.
83　ジェノサイド条約適用事件2007年本案判決、para. 217.
84　Mohamed C. Othman, *Accountability for International Humanitarian Law Violations: The Case of Rwanda and East Timor* (Springer 2005), p. 223.
85　*Ibid.,* p. 224.
86　ICTR, the Prosecutor v. Akayesu, *supra* note 52, para. 539.
87　*See,* William A. Schabas, *supra* note 7, p. 221.
88　犯罪共同体によって犯された集団殺害犯罪の処罰については、木原正樹「国際刑事裁判所と国際犯罪処罰―『ジェノサイド罪』をめぐって」大久保史郎編『グローバリゼーションと人間の安全保障』(日本評論社、2007年) 所収、332-336頁、参照。河島、前掲論文 (注77) 186-188頁、参照。木原正樹『国際犯罪の指導者処罰―国際刑事裁判所の理論と実践を中心に―』(法律文化社、2021年) 91-93頁、参照。
89　Antonio Cassese "Genocide", in Antonio Cassese, Paola Gaeta and John R.W.D. Jones eds, *The Rome Statute of the International Criminal Court: A Commentary*, Vol.I (Oxford University Press, 2002), p. 339.
90　Report of the International Law Commission on the Work of Its Forty-Eighth Session, 6 May-26 July 1996, UN Doc. A/51/10, p. 87.
91　ICTY, the Prosecutor v. Kupreškić *et al.*, IT-95-16-T, Judgment, 14 January 2000, para. 636.
92　*See for example*, General Assembly Resolution 47/121.
93　S/35374 (1993), para.55, Interim Report by the Commission of Experts. *See,* ジェノサイド条約適用事件2007年本案判決、para. 190.
94　*Ibid.*
95　ICTY, the Prosecutor v. Krstić, IT-98-33-T, Judgment of the Trial Chamber, 2 August 2001, para. 562.
96　ICTY, the Prosecutor v. Stakić Case, IT-97-24-T, Judgment of the Trial Chamber, 31 July 2003, para. 519.

第 4 章
人道に対する犯罪

坂本　一也

Ⅰ　はじめに
Ⅱ　人道に対する犯罪の成立と展開
　1　人道に対する犯罪の成立
　2　人道に対する犯罪の展開
　3　ICC 規程から削除された要件
Ⅲ　人道に対する犯罪に関する文脈的要件
　1　攻撃の対象である「文民たる住民」
　2　「広範又は組織的な」攻撃
　3　「攻撃」概念と政策要素
　4　主観的要素としての攻撃についての「認識」
　5　人道に対する犯罪とはどのような犯罪か
Ⅳ　おわりに

I　はじめに

　人道に対する犯罪は、個々の犯罪行為を対象としたもの(例えば、1973年アパルトヘイト防止条約、2006年強制失踪条約など)を除けば、国際刑事裁判所(ICC)規程が包括的に定義をした初めての国際条約となる。ICC規程以前にも、第二次世界大戦直後の国際軍事裁判所(IMT)憲章、冷戦後に安保理が設置した旧ユーゴ国際刑事裁判所(ICTY)規程とルワンダ国際刑事裁判所(ICTR)規程などで、この犯罪が規定されたが、その定義には大きな相違があった。そのため、ローマ会議では、人道に対する犯罪を構成する個々の犯罪行為とともに、ICCの対象犯罪になるための敷居要件、特に、個々の犯罪行為を国際犯罪に変質させる構成要件としての文脈的要件(contextual element)[1]について議論が重ねられた。その結果、IMT憲章、ICTY、ICTR規程にあった他の犯罪への付随性や戦争(武力紛争)との関連性、差別的理由の存在といった要件は削除され、ICC規程第7条第1項で「文民たる住民に対する攻撃であって広範又は組織的なものの一部として、そのような攻撃であると認識しつつ行う」ものと定められた。

　人道に対する犯罪がいかなる犯罪かを理解するに当たって重要なのは、国内の通常犯罪や人権侵害行為に過ぎない個々の犯罪行為を国際犯罪へと変質させる文脈的要件である。そこで、本章では、人道に対する犯罪の形成過程における定義の変遷を追いつつ、ICC規程に規定された文脈的要件について検討することにしたい。

II　人道に対する犯罪の成立と展開

　まず、人道に対する犯罪の成立からICC規程に至るまでの展開を概観し、この犯罪の構成要件の変遷についてみることにする。

1　人道に対する犯罪の成立

　人道に対する犯罪と密接に関わる「人道の法」という概念は、例えば、1899年(1907年改正)の「陸戦ノ法規慣例ニ関スル条約」の前文に規定されるように、武力紛争において交戦国が従うべき国際人道法上の義務とされるものである。この人道の法の違反を犯罪とした初めての文書は、オスマン帝国が行ったア

ルメニア人住民の虐殺に対する 1915 年の連合国（仏・英・露）共同宣言であった[2]。その後、この考えは、第一次世界大戦後の 1919 年パリ平和会議で設置された「戦争開始者責任および刑罰執行委員会」の報告書に引き継がれた[3]。この報告書では、戦争の法規慣例の違反の 1 つとしてアルメニア人住民の虐殺等に関わる「人道の基本法」の違反に言及していた[4]。その上で戦争犯罪および「人道の法に対する犯罪」を行った実行者は刑事責任を負うとし、国際法廷の設置を勧告していた[5]。このように、戦争犯罪とは異なる人道の法に対する犯罪という新たな犯罪類型を認めていた。ただし、この報告書に対しては、米国代表から「人道の法」という概念の曖昧さやそれに基づく処罰の是非について留保が付されており、最終的に締結されたヴェルサイユ条約などではこの犯罪に対する処罰規定は設けられなかった[6]。

人道に対する犯罪が法的拘束力ある文書で初めて規定されたのは、第二次世界大戦直後の IMT 憲章であった[7]。憲章第 6 条 (c) は対象犯罪として、平和に対する罪、通例の戦争犯罪とともに、人道に対する犯罪を次のように規定した。

「戦前または戦時中に文民たる住民に対して行われた殺人、絶滅させる行為、奴隷化すること、追放及びその他の非人道的な行為、もしくは政治的、人種的または宗教的理由に基づく迫害であって、犯罪の行われた国の国内法に違反すると否とにかかわらず、本裁判所の管轄に属するいずれかの犯罪の遂行として、またはこれに関連して行われたもの。」

この定義は、1939 年の開戦以前からナチス・ドイツにより行われたホロコーストに代表される自国民への大規模かつ重大な迫害の訴追を目的としたものである。枢軸国政府による連合国国民に対する殺人や虐待が戦争犯罪で訴追できるように、枢軸国政府による連合国国民以外の者に対する同様の行為を訴追すべきとの要請を受けたものである[8]。この条文によれば、人道に対する犯罪は戦前の平時に行われた場合にも成立するが、IMT 憲章に規定される他の犯罪——平時の場合、侵略戦争の計画・準備に関わる平和に対する罪——に付随して行われたこと、つまり、戦争（武力紛争）との何らかの関連性が必要とされた[9]。こうした関連性が必要とされた理由として、国内問題不干渉原則への懸念があったことが挙げられる[10]。この条文では、人道に対す

る犯罪に該当する犯罪行為として、文民たる住民に対する殺人などの非人道的行為と差別的理由に基づく迫害という2つの犯罪類型が規定された。前者はその大部分が国内の通常犯罪であり、後者はそれに伴い通常犯罪が行われなければ、人権侵害として国内の民事責任を生じるものに過ぎない[11]。この当時、大規模な虐殺行為があっても、国内問題である自国民の取扱いに他国は干渉できないとされており、国際裁判での訴追を正当化するためには、国際的な関心事である侵略戦争や戦争犯罪との関連性が求められたのである[12]。なお、IMT憲章が、迫害を犯罪行為として規定したことは、この犯罪の後の展開に繋がるものである。また、この規定は、極東国際軍事裁判所憲章第5条(ハ)にほぼそのまま引用された。

コラム アルメニア人虐殺

　19世紀末から20世紀初頭にかけてオスマン帝国内でキリスト教徒であるアルメニア人住民に対する虐殺が行われたが、特に大きな問題となったのは、第一次世界大戦中の1915-16年に、当時の「統一と進歩委員会(CUP)」政権が主導して行った大量虐殺と迫害である。このときには、シリア砂漠の強制収容所への移住(死の行進)による100万人以上の殺害、女性に対する性暴力や子どもの強制イスラム化などが行われた。この虐殺等の責任者の処罰は、1919年のパリ平和会議でも取り上げられ、1920年にオスマン帝国との間で署名されたセーヴル条約において規定された。具体的には、同条約第230条でアルメニア人の虐殺を「戦争の法規慣例および人道の原則の違反」とし、その責任者の国際法廷での訴追と連合国への引渡しが定められた。最終的に、セーヴル条約は批准されず、1923年にローザンヌ条約が締結された。この条約では責任追及に関する条項は規定されず、アルメニア人住民の虐殺に関与した者の国際法廷での訴追は実現しなかった。ただ、これとは別に、オスマン帝国は休戦協定後の1919-20年にかけて、虐殺等の責任者を国内法廷で訴追することを決定し、特別軍事法廷を設けた。この軍事法廷で裁判(イスタンブール裁判)は行われたものの、訴追された者の多くが国外逃亡しており、また、当時の政治状況と相まって、その責任追及は実効性を欠くものとなった。

2 人道に対する犯罪の展開

　第二次世界大戦後、人道に対する犯罪については、主に、国連の国際法委員会（ILC）で議論され、いくつかの国際条約や国際文書として法典化されていった[13]。その1つに、ILC が 1947 年から開始した「人類の平和と安全に対する犯罪（offences）法典」の作成作業がある。1954 年に採択された法典草案第 2 条 (11) では、侵略犯罪、集団殺害犯罪とともに、人道に対する犯罪が定められ、「国家機関による、もしくは当該機関に扇動されまたは黙認された私人による社会的、政治的、人種的、宗教的または文化的理由に基づく、文民たる住民に対する殺人、絶滅させる行為、奴隷化すること、追放または迫害といった非人道的行為」と定義された[14]。この定義では、IMT 憲章に規定されていた他の犯罪への付随性や武力紛争との関連性は削除された。ただし、草案の審議過程で、削除されたこうした関連性に代わり、この犯罪を国際犯罪とする要件が論争となり、最終的に、国家機関またはそれと関係する私人による行為であり、かつ、その行為が一定の差別的理由に基づいて行われたことが追加された[15]。この犯罪が武力紛争から離れ、国内の人権問題を対象とすることが明確にされたものといえる。

　その後、1980 年代後半まで、ILC における人道に対する犯罪に関わる作業は進まなかった。ただ、この間に、ナチスの犯罪者に限られていたが、イスラエルのアイヒマン事件などいくつか注目すべき国内裁判が行われ、また、国連総会で関連条約が採択されるなど、一定の進展はみられた。例えば、1968 年に採択された戦争犯罪および人道に対する犯罪の時効不適用条約第 1 条 (b) では、人道に対する犯罪が戦時、平時に関わらず行われるものと規定され、アパルトヘイト防止条約第 1 条では、平時に行われるアパルトヘイトが人道に対する犯罪とされた。このように、人道に対する犯罪が武力紛争との関連なく成立するとの認識が確立していった。

　ILC は、改めて「人類の平和と安全に対する犯罪（crimes）法典」の作成作業を再開し、1991 年に採択した暫定草案では、第 20 条にアパルトヘイト犯罪、第 21 条に「組織的または大規模な人権の違反」の表題で、人道に対する犯罪に準じる犯罪を定めた。そこでは「人権に関する違反を行いまたは行うことを命じた個人による、殺人、拷問、奴隷化すること、組織的方法または大規模な迫害、追放または強制移送」が犯罪とされた[16]。この条文に対しては、人道に対する犯罪が重大な人権侵害を含むとしても、異なる法体系として発

展してきた人権の違反それ自体を国際犯罪と規定することへの懸念が示され[17]、また、条文自体も「組織的方法または大規模な」という要件が迫害のみにかかっており、この内容では私的な動機による殺人も国際犯罪になるなどの批判[18]が数多くなされた。

　このILCの作業と並行して、1990年代に勃発した民族紛争で行われた残虐行為の実行者を訴追するために、安保理決議に基づいてICTY、ICTRが相次いで設置された。これらの規程ではともに国際慣習法としての人道に対する犯罪を適用するとして、それぞれ定義をおいた。ICTY規程第5条では、「その性質が国際的なものか否かを問わず、武力紛争において行われ、かつ文民たる住民に対して向けられた」犯罪行為とされ、ICTR規程第3条では、「国民的、政治的、民族的、人種的または宗教的理由に基づく文民たる住民に対する攻撃であって広範または組織的なものの一部として行われた」犯罪行為とされた。個々の犯罪行為としては、ともに殺人、絶滅させる行為、奴隷化、追放、拘禁、拷問、強姦、政治・人種・宗教的理由による迫害、その他の非人道的な行為を挙げていた。つまり、ICTYでは武力紛争との関連性、ICTRでは差別的理由の存在がそれぞれ国際慣習法上の構成要件とされていた。しかし、これまでの経緯からすれば、これらをICTY、ICTRの設置に関する安保理決議が「平和に対する脅威」と認定した事態を示すものであり、それぞれの国際法廷の管轄権上の敷居要件と捉えるのが合理的であろう[19]。このように人道に対する犯罪の構成要件については、それぞれの規程で異なる定義がなされるなど混乱がみられたものの、ICTY、ICTRの諸判決で次第に統一化、明確化が図られていった。

　その後、常設の国際刑事裁判所設置に向けた議論が進む中、ILCは1996年に「人類の平和と安全に対する犯罪法典草案」を採択した。その第18条において、人道に対する犯罪を「組織的方法または大規模に行われ、かつ政府またはあらゆる組織もしくは集団によって扇動されまたは指示され」たものとし、個々の犯罪行為として、殺人、絶滅させる行為、拷問、奴隷化、政治・人種・宗教・民族的理由による迫害、人権侵害を含む人種・民族・宗教的理由による制度化された差別、追放または強制移送、拘禁、強制失踪、強姦等の性的虐待、その他の非人道的な行為を列挙した[20]。このように、人道に対する犯罪は他の犯罪に付随しない独立した犯罪であり、武力紛争との関連性も求められず、それに代わり、1991年暫定草案で言及された「組織的方

法または大規模に」行われたことに加えて、政府や組織等による扇動や指示の存在が要件とされた。なお、この条文の注釈によれば、前者の「組織的方法」は無秩序に行われた行為を排除するために「事前の計画または政策に従って行われたこと」を、「大規模に」は「被害者の多数性」を指すとされた。また、後者の要件は、この犯罪が単独の個人によるものではなく、政府や何らかの組織が関与して行われたものであることを意味するとされた[21]。このほか、「文民たる住民」への言及もなく[22]、アパルトヘイト犯罪に該当する行為や強制失踪などの犯罪行為が初めて網羅的に規定された。

こうした、ICTY、ICTR の諸判決での議論、ILC が採択した 1996 年草案を踏まえて、1998 年のローマ会議で制定された ICC 規程の第 7 条は、人道に対する犯罪を次のように規定した。

「1　この規定の適用上、『人道に対する犯罪』とは、文民たる住民に対する攻撃であって広範又は組織的なものの一部として、そのような攻撃であると認識しつつ行う次のいずれかの行為をいう。

(a) 殺人、(b) 絶滅させる行為、(c) 奴隷化すること、(d) 住民の追放又は強制移送、(e) 国際法の基本的な規則に違反する拘禁その他の身体的な自由の著しいはく奪、(f) 拷問、(g) 強姦、性的な奴隷、強制売春、強いられた妊娠状態の継続、強制断種その他あらゆる形態の性的暴力であってこれらと同等の重大性を有するもの、(h) 政治的、人種的、国民的、民族的、文化的又は宗教的な理由、3 に定義する性にかかる理由その他国際法の下で許容されないことが普遍的に認められている理由に基づく特定の集団又は共同体に対する迫害であって、この 1 に掲げる行為又は裁判所の管轄権の範囲内にある犯罪を行うもの、(i) 人の強制失踪、(j) アパルトヘイト犯罪、(k) その他の国際の性質を有する非人道的な行為であって、身体又は心身の健康に対して故意に重い苦痛を与え、又は重大な傷害を加えるもの

2　(a)『文民たる住民に対する攻撃』とは、そのような攻撃を行うとの国若しくは組織の政策に従い又は当該政策を推進するため、文民たる住民に対して 1 に掲げる行為を多重的に行うことを含む一連の行為をいう。(以下略)」

この条文では、人道に対する犯罪の構成要件として「文民たる住民に対する広範又は組織的な攻撃の一部として」行われた行為であり、「そのような攻撃であると認識」していたことが規定された。また、攻撃とは、「国若しくは組織の政策に従い又は当該政策を推進するため」という政策要素を持った「一連の行為」であるとされた。これまでの規定と比べて ICC 規程に特徴的なのは、実行者の認識という主観的要素が加えられたこと、個々の犯罪行為が政策要素を伴う「文民たる住民に対する攻撃」という文脈で行われたものとしたことである。また、個々の犯罪行為として、ILC の 1996 年法典草案で規定された犯罪行為を基礎に、既に条約で犯罪化されていたアパルトヘイト犯罪、ジェンダー犯罪[23]やジェンダーを理由とする迫害などが議論の末に加えられた。なお、それぞれの犯罪行為について、2 項以下の定義条項でより詳細な規定がなされた。

ICC 規程第 7 条は人道に対する犯罪を包括的に定義したが、同条の冒頭に「この規定の適用上」とあり、また、同第 10 条がこの規程を「現行の法又は発展する国際法の規則を制限し、又はその適用を妨げるものと解してはならない」としている。つまり、この定義は必ずしも国際慣習法上の定義を法典化したものではなく[24]、また、その他の定義を排除するものでもないということである。そのため、規程採択後に設置されたいくつかの国際法廷や混合法廷（例えば、2000 年シエラ・レオーネ特別裁判所規程や 2004 年カンボジア特別法廷（ECCC）設置法[25]など）では、共通性は見られるものの、それぞれが対象とする事態に応じて、ICC 規程とは異なる定義が規定された。また、ICC 規程は当事国に対して、対象犯罪の国内犯罪化や訴追・処罰義務を課しておらず、各国は補完性の原則[26]に基づいて裁判権を行使するために、この犯罪の定義を含めた国内法の整備を行っている[27]。こうした国内法でも、ICC 規程の条文と同一の規定をする国は限定的であり、多くの国は定義規定を持たないか、規定したとしても構成要件を変更するなど修正を加えている[28]。このように、現状では人道に対する犯罪に統一的な定義が存在するとはいえない[29]。

ところが、近年、人道に対する犯罪の定義について、ICC 規程を 1 つの到達点とする見解が示されている。例えば、ILC は 2014 年から「人道に対する犯罪に関する条約」の起草作業を開始し、2019 年に、前文、付則と 15 か条の本文からなる「人道に対する犯罪の防止および処罰に関する条文草案」を採択した[30]。人道に対する犯罪を定義する同草案第 2 条は、120 か国以上の

ICC規程当事国からの支持があることを理由に、ICC規程第7条をほぼそのまま踏襲する[31]。また、この条文草案の採択を受けて、国連総会第6委員会では2020年に暫定議題として「人道に対する犯罪」の項目が含められ、審議が開始された。この審議の中でも多くの国家代表団が国際法の分断を避けるため、ICC規程と一貫性を持った定義を採用すべきとしている[32]。もちろん、今後の審議で定義が変更されるかもしれないが、現時点で、ICC規程の定義を踏襲すべきとする共通理解が形成されつつあるといえる。

コラム　アイヒマン（Eichmann）事件

　国際刑事裁判所の設立以前、人道に対する犯罪は国内裁判所で訴追・処罰されてきた。1980年代には第二次世界大戦中にホロコーストに関与したナチ犯罪に対する責任追及が本格化し、フランス（Barbie事件、Touvier事件）、カナダ（Finta事件）などの諸国で裁判が行われた。これに先立ちイスラエルではアイヒマンに対する裁判が行われた。親衛隊中佐・ゲシュタポ課長であったアイヒマンは、「ユダヤ人問題の最終解決」の政策決定に関与し、その実行責任者として1941年以降の絶滅収容所への強制移送を監督したとされる。1960年5月、逃亡先のアルゼンチンからイスラエル情報機関に拉致され、イスラエルに連行された。1961年4月、エルサレム地方裁判所で「ナチおよびナチ協力者（処罰）法」（1950年）に基づき、ユダヤ人に対する犯罪、人道に対する犯罪、戦争犯罪など15の訴因で起訴された。人道に対する犯罪としては、ユダヤ人の強制移住・最終解決への関与・迫害・財産の略奪（訴因5-7）、ポーランド人の国外追放、ロマの人々の虐殺など（訴因9-12）が被疑事実とされた。アイヒマンは被疑事実を争わず、事後法による処罰、犯行地・被疑者国籍国以外での処罰、国家行為・上官命令の抗弁、連行の違法性など、裁判所の管轄権に異議を申し立てた。裁判所は異議を却下し、有罪判決を下した。1962年5月に最高裁判所に上告したが、棄却され、その2日後に死刑が執行された。これらの裁判では、人道に対する犯罪（集団殺害犯罪・戦争犯罪も含む）の国際犯罪としての性格から、国際慣習法により個人は刑事責任を負い、また、普遍主義に基づきどの国でも処罰できるとした。ただし、当時、こうした国際法規則が存在していたかについては、さらなる検討が必要である。

3 ICC 規程から削除された要件

　2度の世界大戦、冷戦後の武力紛争などで行われた残虐行為への反応として形成、展開されてきた人道に対する犯罪は、一貫した原則に基づいて法典化されたものではなく、その構成要件には変遷がみられる。特に、これまで要件とされた武力紛争との関連性や差別的理由の存在は、議論はあったものの、最終的に ICC 規程から削除された。これらの要件がなくなったことは、いかなる意味を持つのだろうか。

　武力紛争との関連性は、人道に対する犯罪が国際人道法に関わる「人道の法」に起源を持つものであり、IMT 憲章でも構成要件と認識されていた。ローマ会議においても、多数の国がこの関連性は不要であるとしたのに対し、これに強固に反対する国もあり、激しい論戦が繰り広げられた[33]。ただし、時効不適用条約、アパルトヘイト防止条約などその後の国際法の展開は、人道に対する犯罪について武力紛争との関連性を求めない方向に進んできた[34]。また、ICTY 設置に係る国連事務総長報告においても、武力紛争と関係なく、この犯罪は禁止されるとされており[35]、また、ICTY の諸判決においても国際慣習法上の構成要件とはされず、「武力紛争との関連性は管轄権上の（敷居）要件である」[36]と判示された。このように、武力紛争の存在は人道に対する犯罪の成立に必要な文脈、状況ではなく、その関連性はこの犯罪の構成要件ではないと考えるべきであろう。

　武力紛争との関連性がなくなったとすると、個々の犯罪行為はいかなる文脈で行われれば、人道に対する犯罪へと変質するのであろうか。ILC の 1954 年草案では差別的理由の存在と国家機関の関与、1991 年暫定草案では組織的または大規模な人権の違反の存在、1996 年草案では組織的方法または大規模に行われ、かつ政府または組織の関与の存在へとその内容は変化してきた。この変化の傾向は、ICC 規程にも引き継がれ、詳細は後述するが、国または何らかの権限を持つ組織の関与と当該犯罪行為が大規模に行われているという文脈の存在が必要とされた。既存の戦争犯罪では処罰できなかった自国民に対する残虐行為の実行者を訴追するために、この犯罪が誕生した歴史からすれば、国などによる大規模な人権侵害の存在が犯罪の成立に必要な文脈とされたことはある種当然の帰結である。このように、武力紛争との関連性を失うことで、人道に対する犯罪は戦争犯罪から完全に分離しただけでなく、戦時、平時を問わず適用される人権法と強く結びつくこととなった[37]。

差別的理由の存在については、ILCの1954年草案およびICTR規程を除き、人道に対する犯罪全体の構成要件として規定されたことはなかった。この点、この犯罪が差別的理由に基づいた特別な意図を持って行われる集団殺害犯罪と明確に区別されるところである。しかし、ICTY設置に係る国連事務総長報告[38]やローマ会議での仏代表らの提案[39]のように、差別的理由の存在を要件とすべきとする主張は繰り返されてきた。

　ところで、差別的理由の存在を規定する場合、2つの異なる解釈がありうる。1つは実行者の主観的状態に関わる「差別的な動機」、もう1つは広範または組織的な攻撃において対象を区別するための「差別的な意図」という意味である[40]。これを実行者の差別的な動機と解せば、同じ状況の下で殺人などが行われた場合、当該個人の動機により犯罪が成立するかどうかが決まることになり、不合理な結果を生じることになる。他方で、これを攻撃における差別的な意図と解せば、この犯罪は特定の集団に向けられるものと捉えられることになる。この場合、そうした意図の存在しない無差別な攻撃では、同様の結果が生じても、人道に対する犯罪は成立しないことになる。また、差別的意図を持って行われる迫害との区別を曖昧にし、これまで蓄積された実行との齟齬が生じることになる[41]。さらに、被害者に共通する属性について、検察官に挙証責任を求めることになれば、集団殺害犯罪の場合と同様の負担を強いることにもなりうる[42]。いずれにせよ、差別的理由の存在を人道に対する犯罪全体の構成要件とすることには問題があり、この犯罪が特定の集団に向けられる必要はないと考えるのが妥当であろう。

III　人道に対する犯罪に関する文脈的要件

　ICC規程第7条において、「文民たる住民に対する攻撃であって広範又は組織的なものの一部として」行われたという文脈的要件と「そのような攻撃であると認識」していたという主観的要素が人道に対する犯罪の構成要件とされ、これらは「犯罪構成要件文書」（EOC）でも明記されることになった[43]。また、攻撃には政策要素を持った「一連の行為」をいうとの定義も加えられている。そこで、以下では、この文脈的要件に関わる内容を、①攻撃対象である「文民たる住民」、②「広範又は組織的な」攻撃、③「攻撃」概念と政策要素、④主観的要素としての攻撃の「認識」の4つに分けて検討し、国際犯罪とし

ての人道に対する犯罪の特徴について考える。

1　攻撃の対象である「文民たる住民」

　人道に対する犯罪は、IMT憲章に規定されて以降、原則として個人ではなく、「文民たる住民」に対する犯罪とされてきた。これまでの実行では、文民たる住民が主たる対象であればよく[44]、その中に文民とされない者が存在していても、その攻撃が大多数の文民に向けられたものであれば、文民という性格は失われないとされる[45]。では、攻撃対象である「文民たる住民」とは、いかなる者を指すのか。

　まず、「住民」という用語は、多数の被害者が存在することを意味し、国内の通常犯罪に過ぎない単独の行為や限定的な範囲で無作為に選択された個人に対する犯罪行為を排除するものとされてきた[46]。個人に対する犯罪行為との差異化から、ICCの判決などでは攻撃が国籍など区別可能な特徴を持つ一定の集団に向けられなければならないとの判断も示されている[47]。この判断によれば、住民とは特定の集団であることを意味し、人道に対する犯罪は集団的性質を持つ犯罪ということになる[48]。しかし、このように解釈することは、この犯罪に差別的理由を含む特別の意図を追加することと同じ問題を生じさせることになる。そこで、住民とは被害者の多数性を意味するに過ぎないと捉えるのが妥当であろう。つまり、住民に対する攻撃とは一定数以上の被害者が発生した状況を指すと解すべきである[49]。

　次に、「文民」という用語は、この犯罪が国際人道法に起源を持つことを示すものである。そこで、国際人道法における文民の定義を確認すると、例えば、ジュネーヴ諸条約第一追加議定書第50条第1項では、正規の軍隊構成員や戦闘員などに属さない者を意味するとされる。この定義に従えば、武力紛争時においては、軍隊構成員や戦闘員である者は文民たる住民に該当せず、これらの者に対する犯罪行為はいかなる場合にも人道に対する犯罪を構成しないということになる。しかし、人道に対する犯罪が武力紛争との関連性を持たず、武力紛争時のみならず平時においても成立することからすれば、国際人道法におけるこの定義をそのまま採用することには問題がある[50]。そこで、国際人道法において文民が保護される意義[51]を考慮すると、重視すべきは、その者の形式的な地位ではなく、攻撃が行われた時点で当該被害者のおかれている特定の状況、つまり、国際人道法によって保護が与えられない

という状況にある者か否かであることが分かる[52]。この見解に従えば、武力紛争時における文民とは、軍隊構成員や戦闘員以外の者だけでなく、軍隊および抵抗勢力の構成員であっても、疾病、傷病、抑留またはその他の理由によって戦闘外におかれた者を含めて敵対行為に従事しない者を指すことになる。文民のこうした捉え方は、ジュネーヴ諸条約共通第3条が規定する概念にも合致する。

さらに、平時にも行われる人道に対する犯罪にこの文民概念を当てはめるには、この犯罪が国またはその他の組織による被害から個人を保護する人権法との結びつきを持つことも考慮して、解釈する必要がある。したがって、ここでいう文民とは攻撃が向けられた時に保護が与えられない状況にある者、すなわち非人道的行為が行われた際に国またはその他の組織が有する権限を行使していないすべての者を意味すると解すべきであろう[53]。また、文民に該当する者は犯罪行為の実行者と異なる国籍を持つ必要はなく、国籍を有さない者や同一の国籍を持つ者であっても、すべて者が保護されるということになる[54]。それゆえ、軍隊の構成員や警察官など組織的な権限を有する者は形式的に文民に該当しないと考えられるが、攻撃の対象となり、その際、そうした権限を行使していなければ、人道に対する犯罪における文民に含まれるものと考えられる[55]。このように人道に対する犯罪が武力紛争との関連性をなくしたことから、戦闘員か否かを区別するという意味での文民概念は、その存在意義を失っており、単に、武力紛争時に戦闘員に対する攻撃を人道に対する犯罪の対象から除外するという意味しか持たないことになる[56]。そのため、この用語自体は不要であり、削除すべきとの見解もある[57]。

2 「広範又は組織的な」攻撃

人道に対する犯罪を特徴づける重要な文脈的要件の1つが「広範又は組織的な」攻撃の一部として犯罪行為が行われたことである。この要件はILCの1991年暫定草案で類似した表現が使用されて以降[58]、その後のILCの各草案およびICTR規程で同様の文言が規定されてきた。また、ICC規程発効後の2006年に採択された強制失踪条約第5条においても、強制失踪が人道に対する犯罪を構成する文脈的要件として規定されている。ICTY規程にこの文言は規定されていなかったが、ICTYの判決の中で、「文民たる住民に対する攻撃」に広範または組織的な攻撃が含意されるとされており[59]、この要件は

人道に対する犯罪に不可欠なものであるとの一般的理解がある。

　この「広範又は組織的な」という要件は単独または偶発的に行われた犯罪行為を人道に対する犯罪の対象から排除する目的で規定されたとされる[60]。「広範」と「組織的」とはそれぞれ異なる概念であり、ICC 規程においては、これらのうちのいずれか一方を満たす攻撃であれば、人道に対する犯罪が成立すると規定する。しかし、ローマ会議において、いずれか一方ではこの犯罪の適用範囲が過度に広がるという懸念が示され、これら双方を累積的に満たす「広範及び組織的な」攻撃のみが人道に対する犯罪となるという主張が提起された。最終的に、後述する「攻撃」の定義に政策要素と行為の多重性というこれらそれぞれの概念に類似する要素を含むとする解釈規定（第7条第2項(a)）を設けることで、この選択的な規定が採用された[61]。

　それぞれの概念を確認すると、まず、「広範」という概念は量的基準を表すものであり、「攻撃の大規模な性質と多数の被害者」を意味し、量的なもの（被害者の多数性）と地理的なもの（大規模性）の双方から判断される[62]。ただし、ICTY、ICTR の諸判決において、広範な攻撃には多数の住民が被害者となることが必要であるとされてきたように[63]、一般的には被害者の数が重視されてきた[64]。次に、「組織的」という概念は質的基準を示すものであり、「暴力行為の組織化された性質とそれらが偶発的に発生しえないこと」[65]を意味し、例えば、共通の政策に基づき体系化された犯罪行為が規則的に行われているか[66]、といった事情から判断される。このように、事前の計画または政策に基づいて行われていることは重要な判断基準になると考えられる[67]。

　したがって、「広範又は組織的な」攻撃とは、「大規模かつ多数の被害者を生じる」、あるいは、「事前の計画または政策に従い、その結果、犯罪行為に一定の傾向が見出される」攻撃であるということができる。しかし、この定義では、前述の「住民」概念に含意された多数の被害者の存在や後述の政策要素との区別が困難であるため、これらの概念をより厳格に解釈し、広範とは「相当な数の被害者を含む大規模な」場合、組織的とは「高度に体系化され、編成され、綿密に計画された」場合を指すとする見解もある[68]。ただし、この見解によるとしても、被害者の数や組織化の程度について具体的な判断基準が明確になるわけではない。なお、これまでの実行では、攻撃の結果としての被害者の数、個々の犯罪行為の性質、政府高官または権限ある当局の関与などの証拠が複合的に評価され、これら双方の基準をともに満たすかが判

断されてきた[69]。このように、これら双方の基準は密接に関係しており、実際のところ、区別して判断する意義は乏しいのかもしれない。

3 「攻撃」概念と政策要素

ICC 規程第 7 条第 2 項 (a) は「攻撃」を一連の行為と政策要素からなる概念であると定義づけたが、これらはそれぞれいかなる意味を持つものであろうか。

人道に対する犯罪における「攻撃」とは、国際人道法に規定される一般的な攻撃概念[70]とは異なり、軍事的内容を持つものに限定されない[71]。ただし、ローマ会議において攻撃を軍事的または暴力的手段に限定すべきと主張する国もあったことから、EOC で「行為が軍事的攻撃を構成する必要はない」[72]ことが明記された。また、例えばアパルトヘイト制度や迫害など、住民に対して一定の生活条件を課すような非暴力行為も攻撃に含まれることから[73]、そもそも攻撃という用語自体の使用に異議を唱える見解もある[74]。

ICC 規程において、攻撃は人道に対する犯罪を構成する「行為を多重的に行うことを含む一連の行為」であるとされた。このことから、異なる犯罪行為ではなく、同一行為が反復されてもよく[75]、また、「含む」とあるように、単発の行為であっても、それが複数の犯罪行為に関われば、「一連の行為」に該当し、攻撃を構成することになる[76]。したがって、攻撃には複数の実行者が関与することも、さらには 1 人の実行者が複数の行為を行う必要もない。一連の行為による攻撃の結果、複数の被害者が発生しうると考えられるが、この規模が「広範」の基準を満たすことまでは必要ではない[77]。なお、個々の犯罪行為は攻撃と関連し、その「一部として」行われなければならないが、犯罪行為が攻撃それ自身を構成する必要はなく、攻撃の一部を構成するか、攻撃の文脈で行われればよいと考えられる。

政策要素は ICC 規程において初めて規定されたものであり、ILC の 1996 年草案に類似する規定はあったが、ICTY、ICTR 規程や他の国際法廷や混合法廷の各規程では明記されていない。また、「広範又は組織的な」という要件を規定するための譲歩として、政策要素が挿入されることになった経緯からすれば、これを人道に対する犯罪の構成要件とみなすべきかについては議論の余地がある。ICTY、ICTR それぞれの初期の判決では、人道に対する犯罪の構成要件として政策の存在に言及するものはあったが[78]、ICTY の Kunarac事件上訴審判決[79]が、攻撃の立証に政策や計画の存在は不要であるとの判断を示して以降、構成要件とはしないとする実行が集積されている。ただし、この判決については、判断の法的根拠が不十分であるとの批判も強く[80]、政策要素が構成要件か否かについては、いまだ明確になっていない。

　この問題はひとまず措くことにして、政策要素が「広範又は組織的な」攻撃という文脈的要件との関係でいかなる意味を持つのかを考えることにする。一般に何らかの組織的な行為には、その基礎となる計画や政策とそれを行うための組織体が必要であることから、組織的な攻撃には政策要素が必然的に包摂されることになる[81]。ただし、これらを同等とするなら、組織的な攻撃を人道に対する犯罪の不可欠の要件とすることになり、ICC規程それ自体と矛盾することになる[82]。そのため、政策要素は「組織的」よりも閾値の低い基準と解するのが妥当であろう。したがって、政策要素が問題となるのは、組織的な攻撃の場合ではなく、多数の被害者が発生している「広範」な攻撃が行われている場合ということになる。このとき、政策要素によって、例えば、単独犯による大量殺人など、その背後に政策が存在しない、個人の単発または偶発的な犯罪行為が排除されることになる[83]。

　組織的な攻撃が事前の政策や計画の積極的な実行によって確認されるとするなら、組織的ではない広範な攻撃が行われている場合の政策とはいかなるものであろうか。これまでのICTY、ICTRの諸判決[84]でも確認されてきたように、政策は国や組織により正式に採択される必要はなく、関連する事実や状況から推測できる不作為や黙認でもよいとされてきた[85]。このことからすれば、広範な攻撃の場合の政策とは、国や組織が意図的に是正措置をとらない不作為や黙認によるものと考えるのが妥当であろう[86]。

　ところで、政策を行う主体として国や組織が挙げられるが、ICTY、ICTRの諸判決でも示されてきたように[87]、これまでの実行を反映したものといえる[88]。ただし、国以外のどのような組織が含まれるのかについては、争いがある。この問題が争点となったケニア共和国の事態に関するICC予審裁判部の決定では、文民たる住民に対する基本的な人間の価値の侵害や人道に対する犯罪を命じる能力を持つ組織であればよいと緩やかに捉える多数意見[89]と階層性を有する「国家類似 (State-like)」の主体でなければならないと厳格に捉える少数意見[90]が対立した。この見解の対立は、人道に対する犯罪に対して、国際犯罪を規制するICCの機能（多数意見）と国による刑事裁判権の行使

(少数意見)のいずれをより重視するかという認識の相違が表れたものと考えられる[91]。その後の ICC の判決では多数意見と同様に緩やかな概念をとる傾向がみられるが[92]、未だ決着がついたとはいえない。

4　主観的要素としての攻撃についての「認識」

人道に対する犯罪の成立には、攻撃についての「認識」という文脈的要件に対する実行者の主観的要素(認識要素)が必要とされる。これにより、実行者は自らの犯罪行為に加えて、文民たる住民に対する広範または組織的な攻撃が存在していることと自らの行為がその攻撃の一部を構成することの 2 つの認識が求められる[93]。この認識要素は、ICTY、ICTR 規程には明記されていなかったが、それぞれの判決において特別な構成要件であるとの判断が示されてきた[94]。この要素は、人道に対する犯罪の文脈的要件を満たす攻撃が存在する際に、それとは無関係に実行された単独または偶発的な犯罪行為を実行者の主観的要素から排除することを目的とする[95]。ただし、この認識要素を一般的な主観的要素について規定する ICC 規程第 30 条第 3 項を再確認したに過ぎないとして、特別な構成要件とすることに反対する意見もあり[96]、その位置づけは明確ではない。

認識要素をどう位置づけるかに関わらず、犯罪の成立には、実行者が攻撃についてどこまで認識している必要があるのかが問題となる。EOC の作成段階において、実行者が広範または組織的に行われている攻撃の具体的な性格までも認識している必要があるか、関連する事実および状況から推定される政策の存在を認識しているのみでよいかが議論された[97]。その結果、同文書において、「実行者が攻撃のすべての性格または国もしくは組織の計画または政策の正確な詳細を認識していることを証明する必要があるものとして解釈されてはならない」こと、広範または組織的な攻撃が開始された段階で、「実行者がそうした攻撃を助長しようとしていれば」、そうした「意図」が存在したとみなされると規定された[98]。ただし、認識要素について、十分な実行はなく、精緻化は今後の展開をまたざるを得ない。

5　人道に対する犯罪とはどのような犯罪か

これまで確認してきた文脈的要件から示唆される人道に対する犯罪の特徴はいかなるものであろうか。第 1 に、この犯罪が武力紛争との関連性を失っ

たことにより、人権法との結びつきを強め、国内で発生した深刻な人権侵害を含む非人道的行為を犯罪行為とする。また、この犯罪の被害者である「文民たる住民」は、国際人道法の概念とは異なり、非人道的行為が向けられた時に保護が与えられないすべての者を指す。第2に、この犯罪は、大規模に行われ、多数の被害者を生じる「広範」な攻撃、あるいは、国や組織による事前の計画または政策に従って実施された「組織的」な攻撃が存在する場合に成立する。なお、広範な攻撃の場合には、不作為や黙認といった国や組織の何らかの関与が、また、組織的な攻撃の場合には、犯罪行為が一連の行為として複数の被害者に向けられていることが求められる。

　このように、人道に対する犯罪は、究極的には、その属性に関わらず、すべての人が持つ人権、特に生命、健康、自由とその根底にある人間の尊厳、およびそれらが普遍的に認められるべきとする「人類共通の利益」[99]という法益の保護を目的とするものといえよう[100]。特に重要なのは、こうした犯罪行為が国や一定の権限を持つ組織の積極的な支援や黙認により、ある程度の規模で行われ、多数の被害者を発生させているという事実である。広範な攻撃が存在している事態は、国や組織が犯罪行為を捜査し、訴追する意思や能力を持たないことを示しており、その実行者が不処罰になる可能性を示す。さらに、国や組織が組織的な攻撃が行う場合、その傾向はより顕著に表れ、さらなる犯罪行為をもたらすことになる。こうした攻撃は、本来、人権や人間の尊厳を保護すべき主体による犯罪であり、国や組織の存在理由それ自体を毀損する国家犯罪、「癌化した政治犯罪」[101]と捉えることができる。それゆえ、人道に対する犯罪が個々の被害者に対する攻撃というだけでなく、人類全体あるいは国際社会全体に対する攻撃とみなされ、人類全体あるいは国際社会がその処罰に利害を持つことになるのである[102]。また、この犯罪の禁止を、それによりいかなる法的帰結が導かれるのかは未確定ではあるものの、強行規範とする見解が示されるのである[103]。

> **コラム**　ジェンダー概念とジェンダー犯罪
>
> 　性犯罪とジェンダー犯罪は並置されることが多いが、本質的には異なる犯罪である。ただ、双方の犯罪は区別されることなく用いられてきた。例えば、ICC 規程第 7 条第 3 項でも「ジェンダー (gender/sexe)」(公定訳では「性」)について、「この規程の適用上、『性』とは、社会の文脈における両性、すなわち、男性及び女性をいう」と定義されている。この定義自体は、伝統的な 2 つの性別 (sex/sexe) 概念に拘る諸国からの強固な反対を受けた妥協の産物であり、当初から、ジェンダーと性別概念が意図的に結合されていると批判されてきた。本来、ジェンダーとは「社会的に構築された女性と男性に割り当てられた役割、属性」を指すと一般的に理解されており、性別概念とは異なるものである。そのため、ジェンダー犯罪とはジェンダー的役割に起因する犯罪のことであり、必ずしも性犯罪として現れるものではない。近年になって、ICC で双方の犯罪の相違に留意した判決が出された。それが、規程にない犯罪である強制結婚について有罪判決が下されたオングェン (Ongwen) 事件である。判決では、これまで性的奴隷 (ICC 規程第 7 条第 1 項 (g)) の 1 つと評価されてきた強制結婚を「その他の非人道的行為」(同項 (k)) に該当する犯罪であり、結婚による社会的不名誉、共同体からの追放、心的外傷といったジェンダー的被害をもたらすものとした。

IV　おわりに

　人道に対する犯罪の文脈的要件を含む構成要件の歴史的な変遷は、いかなる状況の下で行われた残虐行為であれば、国際社会全体の関心事項とみなし、国際刑事裁判などによる介入を正当化してきたかを示すものである。その内容にいまだ曖昧な部分もあるが、ICC 規程を 1 つの到達点とすれば、国や組織の政策の下で大規模な被害者が発生している中で重大な非人道的行為が行われていることが、現在における介入の正当化理由ということになる。

　ICC による人道に対する犯罪を行った個人の刑事責任の追及は、こうした

国際社会全体の関心事項である最も重大な犯罪を抑止する1つの有効な手段であることは間違いない。ただし、ICC が国の刑事裁判権の行使を前提としており、また、最も重大な犯罪のみを対象とすることから、すべての被疑者を訴追することはできない。人道に対する犯罪の効果的な抑止には、ICC 規程前文にも規定されるように、国が刑事裁判権を積極的に行使し、国家間の協力関係を強化する必要があるが、ICC 規程自体は締約国に対象犯罪の防止義務を課しておらず、ICC との間の「垂直的」関係を規定するのみである。そのため、人道に対する犯罪について、国に国内犯罪化と捜査、訴追、犯罪人引渡などの国家間の「水平的」な国際協力を義務づける国際条約が必要となる[104]。そのため、前述したように2014年から ILC で人道に対する犯罪に関する条約の起草作業が開始され、2019年に「人道に対する犯罪の防止および処罰に関する条文草案」が採択された。この草案の審議は、国連総会第6委員会に場を移し、2023年より条約化に向けて本格的な議論が開始されている[105]。また、ベルギー、オランダ、スロベニアが立ち上げたプロジェクト（MLA イニシアティブ）主導で、この条約草案と重複する内容を持つ「集団殺害犯罪、人道に対する犯罪、戦争犯罪およびその他の国際犯罪の捜査および訴追における国際協力に関するリュブリャナ・ハーグ条約（MLA 条約）」[106]が2023年に採択されている。

　最後に、ILC が採択した人道に対する犯罪に関する条文草案の規定内容を概観することで本章のむすびにかえたい。条文草案は、ICC 規程をほぼ踏襲した人道に対する犯罪の定義（第2条）を規定し、国に対して以下の義務を課し、犯罪の抑止に関する包括的な法的枠組みを規定する。その内容として、第1に、一般的義務として、人道に対する犯罪への国の不関与義務（第3条）、防止義務（第4条）、第2に、人道に対する犯罪の国内犯罪化に加えて、上官責任、公的資格の無関係、時効不適用、法人に対する責任等の法制化（第6条）、属地主義、積極的および消極的属人主義、補充的な普遍主義に基づく刑事裁判権の設定（第7条）、捜査（第8条）、予備調査等（第9条）といった、自国領域内での効果的な立法その他の適切な防止措置を講じる義務、第3に、引渡すか訴追するかの原則（第10条）を含めた、犯罪人引渡し（第13条）、法律上の相互援助（14条）の国際協力義務を定める。このほか、人道に対する犯罪を行う国へのノン・ルフールマン原則（第5条）、被告人、被害者や証人に対する保護規定（第11、12条）などを設ける。ただし、この条約草案については、

例えば、国際犯罪の不処罰を生んできた事項的免除や国内法上のアムネスティの位置づけ[107]など、検討すべきいくつかの課題が残されている[108]。また、MLA条約など他の条約との相互関係をいかに調整するのかも不明確であり、この点も懸念される。

人道に対する犯罪についての展開が今後どのように進むのかは、この犯罪を抑止し、その実行者を訴追すべきとする国際社会の意思に関わるところが大きい。何よりも大切なのは、そうした国際社会の意思を作り出す我々自身が、世界各地で発生している大規模な人権侵害や残虐行為に対してどう向き合うべきか考え続けることである。

【注】

1 個々の犯罪行為とは区別された当該犯罪行為が行われる文脈、状況に関する要件を指す。この用語については、Gerhard Werle & Florian Jeßberger, *Principles of International Criminal Law* (4th edn, Oxford University Press, 2020), p. 42, n. 244 参照。また、国際犯罪に変質させることから国際要素 (international element) とも呼ばれる。Kai Ambos, *Treatise on International Criminal Law* (2nd edn, Oxford University Press, 2022), p. 55.

2 Egon Schwelb, "Crimes against Humanity," *British Yearbook of International Law*, Vol. 23 (1946), p. 178, p. 181.

3 "Commission of the Responsibility of the Authors of the War and on Enforcement Penalties, Report Presented to the Preliminary Peace Conference, 29 March 1919," reprinted in *American Journal of International Law*, Vol. 14, No. 1-2 (1920), pp. 95-154.

4 *Ibid.*, pp. 114-115. See Schwelb, *supra* note 2, p. 181.

5 *Ibid.*, pp. 117, 123-124.

6 以上の経緯については、例えば、藤田久一『戦争犯罪とは何か』(岩波書店、1995年) 32-38頁；東澤靖「人道に対する犯罪の防止と処罰 (1) ―国際条約化に向けた課題―」『明治学院大学法学研究』第104号 (2018年) 105頁、108-114頁 (以下、東澤「前掲論文 (1)」)；Cherif M. Bassiouni, *Crimes Against Humanity: Historical Evolution and Contemporary Application* (Cambridge University Press, 2011), pp. 62-69 参照。

7 IMT憲章の起草過程については、清水正義『「人道に対する罪」の誕生―ニュルンベルク法廷の成立をめぐって』(丸善プラネット、2011年) 参照。

8 岡田泉「『人道に対する罪』処罰の今日的展開―国内立法および国内裁判に着目して―」『世界法年報』15号 (1996年) 49頁、51頁；William. J. Fenrick, "Should Crimes Against Humanity Replace War Crimes?," *Columbia Journal of Transnational Law*, Vol. 37 (1999), p. 767, pp. 772-773.

9 Schwelb, *supra* note 2, p. 204. このことは、IMTが行った一般的考察においても確認することができる。"International Military Tribunal (Nuremberg), Judgement and Sentences,"

reprinted in *American Journal of International Law*, Vol. 41 No. 1 (1947), p. 173, p. 249.

10　奥原敏雄「現代国際法における人道に対する罪」『国士舘大学政経論叢』第 15 号 (1971 年) 51 頁、57-58 頁; Bassiouni, *supra* note 6, p. 33. その他の理由として、人道に対する犯罪が罪刑法定主義に反する事後法による処罰との懸念があったとされる。Antonio Cassese et al., *Cassese's International Criminal Law* (3rd edn, Oxford University Press, 2013), pp. 87-88.

11　Bassiouni, *supra* note 6, p. 397.

12　Beth V. Schaack, "The Definition of Crimes Against Humanity: Resolving the Incoherence," *Columbia Journal of Transnational Law*, Vol. 37 (1999), p. 788, pp. 846-848; 東澤、前掲論文 (1) (注 6) 116-119 頁参照。

13　こうした法典化として、集団殺害犯罪を規定した 1948 年ジェノサイド条約が挙げられる。Clark, *supra* note 18, p. 14-15. 集団殺害犯罪については、本書第 3 章 (稲角教授執筆) を参照。

14　Report of the International Law Commission on its Sixth Session, *Yearbook of the International Law Commission*, 1954, Vol. II, p. 150.

15　Schaack, *supra* note 11, pp. 821-822.

16　Report of the International Law Commission on its forty-third session, *Yearbook of the International Law Commission*, 1991, Vol. II (2), p. 103.

17　Yoram Dinstein, "Crimes Against Humanity After Tadić," *Leiden Journal of International Law*, Vol. 13 No. 2 (2000), p. 373, p. 377.

18　Mohanmed E. Badar, "From the Nuremberg Charter to the Roma Statute: Defining the Elements of Crimes Against Humanity," *San Diego International Law Journal*, Vol. 5 (2004), p. 73, p. 86.

19　Werle & Jeßberger, *supra* note 1, pp. 378-379; Göran Sluiter, ""Chapeau Elements" of Crimes Against Humanity in the Jurisprudence of the UN Ad Hoc Tribunals" in Leila N. Sadat ed., *Forging a Convention for Crimes Against Humanity* (Cambridge University Press, 2011), p. 111.

20　Report of the International Law Commission on its forty-eighth session, *Yearbook of the International Law Commission*, 1996, Vol. II (2), p. 47.

21　*ibid*.

22　Badar によれば、「文民たる住民」への言及がなされなかったのは、ILC が国際人道法に規定される文民以外の者も人道に対する犯罪の対象にしようとしたためであるとする。Badar, *supra* note 18, p. 87.

23　人道に対する犯罪におけるジェンダー犯罪については、ステファニー・クープ『国際刑事法におけるジェンダー暴力』(日本評論社、2012 年) 49-102 頁参照。

24　ICC 規程と国際慣習法との関係については、例えば、Cassese, *supra* note 10, pp. 105-108. なお、ICC 規程の人道に対する犯罪の定義が国際慣習法として結晶化しているかについて見解の対立がある。結晶化したとする見解として、例えば、Leila N. Sadat, "Crimes Against Humanity in the Modern Age," *American Journal of International Law*, Vol. 107, No. 2 (2013), p. 334, pp. 372–74. 反対する見解として、例えば、Margaret M. deGuzman, "Crimes Against

Humanity" in Bartram S. Brown ed., *Research Handbook on International Criminal Law* (Edward Elgar, 2011), p. 68.

25　Statute of the Special Court for Sierra Leone, 16 January 2002, Art. 2 (「文民たる住民に対する攻撃であって広範または組織的なものの一部として」行われた (強制失踪とアパルトヘイト犯罪を除く) 犯罪行為); Law on the Establishment of the Extraordinary Chambers, with inclusion of amendments as promulgated on 27 October 2004 (NS/RKM/1004/006), Art. 5 (「国民的、政治的、民族的、人種的または宗教的理由に基づく、文民たる住民に対する攻撃であって広範または組織的なものの一部として」行われた (強制失踪とアパルトヘイト犯罪を除く) 犯罪行為).

26　補完性の原則に関しては、岡田泉「国際刑事裁判所の管轄権」『国際法外交雑誌』第98巻第5号 (1999年) 63頁、68-78頁；洪恵子「国際刑事法の発展と国内法」『ジュリスト』第1232号 (2002年) 36頁、39-41頁参照。

27　各国の国内立法の状況に関しては、Bassiouni, *supra* note 6, pp. 660-697; Amnesty International, *Universal Jurisdiction: A Preliminary Survey of Legislation Around the World* (2011); International Committee of the Red Cross, *International Humanitarian Law National Implementation Database* (updated periodically), at http://www.icrc.org/ihl-nat.nsf を参照。因みに、日本はICC規程への加入 (2007年7月17日) にあたって現在のところ対象犯罪を国内で処罰するための新たな立法は不要であると判断し、人道に対する犯罪を規定していない。日本政府の見解に関しては、中内康夫「国際社会における法の支配の確立に向けて―国際刑事裁判所ローマ規程・国際刑事裁判所協力法案の国会論議―」『立法と調査』第270号 (2007年) 3頁、4-10頁参照。なお、ICC規程採択以前の国内法に関しては、岡田、前掲論文 (注8) 53-58頁；安藤泰子『国際刑事裁判所の理念』(成文堂、2002年) 83-97頁参照。

28　*See*, International Law Commission, First report on crimes against humanity (Sean D. Murphy, Special Rapporteur), U.N. Doc. A/CN.4/680, 17 February 2015, pp. 31-32, paras. 58-60. この報告書が依拠した2013年のジョージタウン大学法科大学院の調査報告では、ICC規程当事国のうち人道に対する犯罪について何らかの規定するのは66% (121か国中80国)、より詳細な調査では、この犯罪を明確に規定する国は41% (83か国中34国) であり、ICC規程第7条をそのまま採用する国は12% (10国) のみであったとする。

29　定義の不統一から生じる課題を検討するものとして、広見正行「国際法委員会『人道に対する犯罪の防止および処罰に関する条文草案』の歴史的意義と将来的課題」『国際法外交雑誌』第119巻第3号 (2020年) 71頁、77-86頁。

30　Report of the International Law Commission on its seventy-first session, U.N. Doc. A/74/10, 2019, pp. 10-140. なお、ILCで採択された人道に対する犯罪の条文草案 (および暫定条文草案) の内容の検討については、Claus Kreß & Sévane Garibian, "Laying the Foundations for a Convention on Crimes Against Humanity," *Journal of international criminal justice,* Vol. 16 No. 4 (2018), pp. 909-957; 東澤靖「人道に対する犯罪の防止と処罰 (2・完) ―国際条約化に向けた課題―」『明治学院大学法学研究』第105号 (2018年) 1-83頁、同「人道に対する犯

罪に関する防止及び処罰に関する条文草案―国際法委員会の第 2 読会を終えて―」『同上』第 108 号 (2020 年) 85-132 頁 (以下、「前掲論文 (条文草案)」) を参照。

31 "Commentary of Preamble," U.N. Doc. A/74/10, p. 25, para. (8); "Commentary of Article 2 Definition of crimes against humanity," *ibid.*, p. 30, para. (8). 条約とすることに伴う字句の修正に加えて、変更点は「性」の定義の削除と迫害の構成要件としての他の犯罪との関連性の変更のみであった。この点については、東澤、前掲論文 (条文草案) (注 30) 92-95 頁参照。

32 Oral Report of the Co-Facilitators, Sixth Committee 77th session (resumed), Crimes against humanity [78], 14 April 2023, p. 6, at https://www.un.org/en/ga/sixth/77/pdfs/english/cah_oral_report.pdf.

33 Herman v. Hebel & Darryl Robinson, "Crimes within the Jurisdiction of the Court" in Roy S. Lee ed., *The International Criminal Court, The Making of the Rome Statute* (Kluwer Law International, 1999), pp. 92-93; Margaret M. deGuzman, "The Road from Rome: The Developing Law of Crimes against Humanity," *Human Rights Quarterly*, Vol. 22 No. 2 (2000), p. 335, pp. 355-360.

34 ただし、国際慣習法上、武力紛争との関連性がいつから不要とされたのかについては問題が残る。例えば、カンボジアで 1975 年から 1979 年までに行われた犯罪を対象とする ECCC では、前述のように、武力紛争との関連性は規定されていない。この当時から既に不要となっていたかを被告人が争うことも可能である。See deGuzman, *supra* note 24, p. 69.

35 Report of the Secretary-General Pursuant to Paragraph 2 of Security Council Resolution 808 (1993), U.N. Doc. S/25704, para. 47.

36 Prosecutor v. Tadić, Judgment, Case No. IT-94-1-A, 15 July 1999 (Tadić, Appeal Judgement), paras. 249, 251; Prosecutor v. Kunarac *et al.*, Judgment, Case No. IT-96-23 & IT-96-23/1-A, 12 June 2002 (Kunarac, Appeal Judgement), para. 83.

37 deGuzman, *supra* note 24, p. 78.

38 U.N. Doc. S/25704, 3 May 1993, para. 48.

39 Hebel & Robinson, *supra* note 33, pp. 93-94. なお、この提案を行なった仏は、1994 年刑法第 212-1 条 1 項において人道に対する犯罪の一般的定義を「政治的、思想的、人種的または宗教的動機に基づき行われ、かつ、文民たる住民の集団に対して謀議された計画を実施するため組織的になされた追放、奴隷的虐待、または、大規模かつ一貫した略式処刑、失踪を伴う誘拐、拷問もしくは非人道的行為の実行」と規定していた。岡田、前掲論文 (注 8) 57 頁参照。

40 deGuzman, *supra* note 33, pp. 364-365.

41 Schaack, *supra* note 11, p. 839; deGuzman, *supra* note 33, pp. 367-368. 反対に、人道に対する犯罪を迫害のサブカテゴリーとしてしまうことになる。

42 Theodor Meron, "International Criminalization of Internal Atrocities," *American Journal of International Law*, Vol. 89 No. 3 (1995), p. 554, p. 557; Sluiter *supra* note 19, p. 133.

43 Elements of Crime, ICC-ASP/1/3, part II.B (2002), pp. 116ff. 例えば、第 7 条 1 項 (a) 殺

人としての人道に対する犯罪の構成要件は次のように規定される。
1. 実行者は 1 人以上の人を殺害した。
2. 実行行為 (conduct) は文民たる住民に対する攻撃であって広範または組織的なものの一部として行われた。
3. 実行者は、実行行為が文民たる住民に対する攻撃であって広範または組織的なものの一部であることを認識し、または実行行為がそうしたものの一部であることを意図していた。

44 Kunarac, Appeal Judgement, para. 91; Prosecutor v. Katanga, Judgment pursuant to Article 74 of the Statute, Case No. ICC-01/04-01/07, 7 March 2014 (Katanga, Trial Judgment), para. 1104; Prosecutor v. Bemba Gombo, Judgment pursuant to Article 74 of the Statute, Case No. ICC-01/05-01/08, 21 March 2016 (Bemba, Trial Judgment), para. 154.

45 Tadić, Trial Judgement, para. 643; Katanga, Trial Judgment, para. 1104; Bemba, Trial Judgment, para. 154. See Werle & Jeßberger, *supra* note 1, p. 380.

46 *See*, Tadić, Trial Judgement, para. 644; Kunarac. Appeal Judgement, para. 90.

47 Prosecutor v. Bemba Gombo, Decision Pursuant to Article 61 (7) (a) and (b) of the Rome Statute on the Charges of Prosecutor Against Jean-Pierre Bemba Gombo, Case No. ICC-01/05–01/08, 15 June 2009 (Bemba, Decision on the Confirmation), para.76; Situation in the Republic of Kenya, Decision Pursuant to Article 15 of the Rome Statute on the Authorization of an Investigation into the Situation in the Republic of Kenya, Case No. ICC-01/09, 31 March 2010 (Kenya Investigation Decision), para. 15; Katanga, Trial Judgment, para. 1105; Bemba, Trial Judgment, para. 152.

48 Werle & Jeßberger, *supra* note 1, p. 380.

49 Kai Ambos & Steffen Wirth, "The Current Law of Crimes against Humanity An analysis of UNTAET Regulation 15/2000," *Criminal Law Forum*, Vol. 13 (2002), p. 1, pp. 21-22; Ambos, *supra* note 1, pp. 65-66.

50 Cassese, *supra* note 10, pp. 106-107.

51 国際人道法における文民の保護については、稲角光恵「文民の保護」村瀬信也・真山全編『武力紛争の国際法』(東信堂、2004 年) 532-536 頁参照。

52 Ambos & Wirth, *supra* note 49, pp. 23-25; Ambos, *supra* note 1, p. 68.

53 Ambos & Wirth, *supra* note 49, p. 25; Ambos, *supra* note 1, p. 69; Werle & Jeßberger, *supra* note 1, pp. 381-382.

54 Darryl Robinson, "Defining "Crimes against Humanity" at the Rome Conference," *American Journal of International Law*, Vol. 93 No. 1 (1999), p. 43, p. 51.

55 Prosecutor v. Kayishema & Ruzindana, Judgement, Case No. ICTR-95-1-T, 21 May 1999 (Kayishema, Trial Judgement), paras. 127-128. *See*, deGuzman, *supra* note 24, p. 74.

56 Cassese, *supra* note 10, p. 104. なお、この除外により、人道に対する犯罪の適用範囲が限定され、敵対する戦闘員に対して行われる攻撃が戦争犯罪とのみと評価されると批判する (*ibid.*, p. 106)。

57　Kai Ambos, "Crimes Against Humanity and the International Criminal Court" in Sadat ed., *supra* note 19, p. 288; Ambos, *supra* note 1, p. 69.
58　IMT が行った一般的考察においても、人道に対する犯罪について、「(住民の迫害、抑圧および殺害の)恐怖政策は大規模に実行され、また多くの場合は組織化されていた」との言及がある。*See*, IMT, Judgement and Sentences, *supra* note 9, p. 249.
59　*See*, Tadić, Trial Judgement, para. 648; Prosecutor v. Blaškić, Judgement, Case No. IT-95-14-T, 3 March 2000 (Blaškić, Trial Judgement), para. 202.
60　Kayishema, Trial Judgement, paras. 123-124; Kunarac, Appeal Judgement, para. 96; Prosecutor v. Katanga & Chui, Confirmation of the Charges, Case No. ICC-01/04–01/07, 30 September 2008 (Katanga, Decision on the Confirmation), para. 394. See Ambos, *supra* note 58, p. 284.
61　Robinson, *supra* note 54, pp. 47-51; Hebel & Robinson, *supra* note 33, pp. 94-95.
62　Katanga, Trial Judgment, para. 1123; Bemba, Trial Judgment, para. 163. See Ambos & Wirth, *supra* note 49, p. 21.
63　See Tadić, Trial Judgement, para. 648; Kunarac, Appeal Judgement, para. 94; Prosecutor v. Akayesu, Judgement, Case No. ICTR-94-4-T, 2 September 1998 (Akayesu, Trial Judgement), para. 580.
64　deGuzman *supra* note 24, p. 71.
65　Katanga, Trial Judgment, para. 1123; Kenya Investigation Decision, para. 96; Kunarac, Appeal Judgement, para. 94. See Werle & Jeßberger, *supra* note 1, p. 387; Ambos, *supra* note 1, pp. 61-63.
66　Kayishema, Trial Judgement, para. 123; *Yearbook of the International Law Commission*, 1996, Vol. II (2), p. 47.
67　Ambos & Wirth, *supra* note 49, pp. 19-20; Ambos, *supra* note 1, p. 62.
68　*See*, Robinson, *supra* note 54, p.47; Badar, *supra* note 18, p. 111.
69　Blaškić, Trial Judgement, para. 207; Kunarac, Appeal Judgement, para. 94; Katanga, Decision on the Confirmation, para. 412; Bemba, Decision on the Confirmation, para. 82.
70　例えば、ジュネーヴ諸条約第一追加議定書第 49 条第 1 項は、「『攻撃』とは、攻勢としてであるか防御としてであるかを問わず、敵に対する暴力行為をいう」と定める。
71　Katanga, Trial Judgment, para. 1101; Bemba, Trial Judgment, para. 149. *See*, Werle & Jeßberger, *supra* note 1, p. 384; Ambos, *supra* note 1, p. 58.
72　Elements of Crime, *supra* note 44, Introduction to Article 7 para.3, p. 116.
73　Werle & Jeßberger, *supra* note 1, p. 384; Ambos, *supra* note 1, pp. 58-59.
74　東澤、前掲論文 (1)(注 6) 147 頁。
75　Kayishema, Trial Judgement, para. 122. See Werle & Jeßberger, *supra* note 1, p. 384.
76　Ambos & Wirth, *supra* note 49, p. 17; Badar, *supra* note 18, p. 106. これらの文献では、単独の行為で多重的な犯罪行為 (殺人) を行った例として、2001 年 9 月 11 日の世界貿易センタービルへのテロ攻撃が挙げられる。
77　*See*, Robinson, *supra* note 54, p. 48; Werle & Jeßberger, *supra* note 1, p. 384.
78　例えば、ICTY の Tadić 事件第一審判決では、「これらの行為を行うために、ある種

の政府、組織または集団の政策が存在していなければならない」(Tadić, Trial Judgement, para. 644) とし、また、ICTR の Kayishema 事件第一審判決では、「事前の計画または政策の存在が証明されなければならない」(Kayishema, Trial Judgement, para. 124) としていた。

79　Kunarac, Appeal Judgement, para. 98. この判断に依拠して、政策要素が管轄権上の制限に過ぎないとするものとして、deGuzman, *supra* note 33, p. 374; 東澤、前掲論文 (1) (注 6) 149-152 頁。

80　*See*, Charles C. Jalloh, "What Makes A Crime Against Humanity A Crime Against Humanity," *American University of International Law Review*, Vol. 28 No. 2 (2013), p. 382, pp. 397-402.

81　Ambos, *supra* note 1, p. 71.

82　Katanga, Trial Judgment, para. 1111. *See*, Sadat, *supra* note 24, p. 359.

83　Robert Cryer *et al.*, *An Introduction to International Law and Procedure* (4th edn, Cambridge University Press, 2019), pp. 236-237; Werle & Jeßberger, *supra* note1, p. 392; Ambos, *supra* note 1, pp. 71-72.

84　例えば、Tadić, Trial Judgement, para. 653; Blaškić, Trial Judgement, para. 202; Akayesu, Trial Judgement, para. 580. 特に、Kupreškić 事件第一審判決では、「国、政府、組織によって少なくとも黙認されたことが人道に対する犯罪に不可欠であったことが国内および国際判例で強調されてきた」とする。Prosecutor v. Kupreškić *et al.*, Judgement, Case No. IT-95-16-T, 14 January 2000 (Kupreškić, Trial Judgement), para. 552.

85　Katanga, Trial Judgment, paras. 1108-1110; Prosecutor v. Gbagbo, Decision on the confirmation of charges against Laurent Gbagbo, Case No. ICC-02/11-01/11, 12 June 2014, para. 115. *See*, Katanga, Decision on the Confirmation, para.396; Bemba Decision on the Confirmation, para. 81; Kenya Investigation Decision, para. 87.

86　Ambos, *supra* note 1, pp. 74-75.

87　例えば、「一定の領域に事実上の権限またはその領域内を自由に移動しうる軍隊」(Tadić, Trial Judgement, para. 654) や「一定の領域に事実上の権威を有する組織」(Kupreškić, Trial Judgement, para. 552) など組織の政策への言及がある。

88　*See*, Cassese, *supra* note 10, p. 100; Badar, *supra* note 18, p. 114; Ambos, *supra* note 1, pp. 56-57.

89　Kenya Investigation Decision, paras. 90-93.

90　Kenya Investigation Decision, Dissenting Opinion of Judge Hans-Peter Kaul, paras. 10, 51.

91　Sadat, *supra* note 24, p. 369. *See*, Werle & Jeßberger, *supra* note 1, pp. 390-391; Ambos, *supra* note 1, pp. 77-79.

92　Katanga, Trial Judgment, para. 1119. *See*, Bemba, Trial Judgment, para. 158.

93　Katanga, Trial Judgment, para. 1125; Bemba, Trial Judgment, para. 167. *See*, Badar, *supra* note 18, p. 117; Cryer, *supra* note 83, pp. 241-242; Werle & Jeßberger, *supra* note 1, p. 393; Ambos, *supra* note 1, p. 80.

94　Tadić, Appeal Judgement, para. 248; Kayishema, Trial Judgment, para. 133.

95　Ambos, *supra* note 58, p. 288; Ambos, *supra* note 1, p. 81.

96　Werle & Jeßberger, *supra* note 1, p. 393; 東澤、前掲論文 (1) (注 6) 154 頁。

97 Darryl Robinson, "The Context of Crimes against Humanity," in Roy S. Lee ed., *The International Criminal Court, Elements of Crimes and Rule of Procedure and Evidence* (Transnational Publishers, 2001), pp. 72-73.

98 Elements of Crime, *supra* note 44, Introduction to Article 7 para.2, p. 116.

99 Susan R. Lamb, "The Legal Good of 'Humanity' Protected by Crimes Against Humanity," in Morten Bergsmo, Emiliano J. Buis and SONG Tianying eds., *Philosophical Foundations of International Criminal Law: Legally-Protected Interests* (Torkel Opsahl Academic EPublisher, 2022), p. 115.

100 Ambos, *supra* note 1, pp. 49, 57.

101 David Luban, "A Theory of Crimes Against Humanity," *Yale Journal of International Law*, Vol. 29 (2004), p. 86, p. 117.

102 U.N. Doc. A/CN.4/680, p. 12, para. 27.

103 Kupreškić, Trial Judgment, para. 520. *See*, Bassiouni, *supra* note 6, pp. 263-269; "Commentary of Preamble," U.N. Doc. A/74/10, pp. 24-6, para. (5).

104 東澤、前掲論文(条文草案)(注30) 86頁; "Commentary of General Comment," U.N. Doc. A/74/10, p. 23, paras. (1), (4).

105 Resolution adopted by the General Assembly on 30 December 2022, U.N. Doc. A/RES/77/249, 9 January 2023.

106 "Ljubljana-The Hague Convention on International Cooperation in the Investigation and Prosecution of The Crime of Genocide, Crimes against Humanity, War Crimes and Other International Crimes" at https://www.gov.si/assets/ministrstva/MZEZ/projekti/MLA-pobuda/The-Ljubljana-The-Hague-MLA-Convention.pdf.

107 この問題については、坂巻静佳「『人道に対する犯罪』条文草案における政府職員の外国の刑事管轄権からの免除とアムネスティ」『国際法外交雑誌』第119巻第4号 (2020年) 26-52頁。

108 その他の課題については、東澤、前掲論文 (2・完) (注30) 参照。

第5章

戦争犯罪
――犯罪構成要件文書を中心に――

真山　全

Ⅰ　はじめに
  1　戦争犯罪の分類
  2　戦争犯罪の性格付け
  3　戦争犯罪に関する特別
Ⅱ　犯罪構成要件文書の性格と構造
  1　起草の経緯
  2　法的性格及び三対象犯罪共通の総論的規定
Ⅲ　戦争犯罪構成要件の総論的規定
  1　組織性及び大規模性要件の扱い並びに海戦法規保全条項
  2　武力紛争状況認識要件及び武力紛争関連要件
Ⅳ　個別戦争犯罪の構成要件
  1　ジュネーヴ諸条約の重大な違反行為
  2　国際的武力紛争の法規慣例の著しい違反―第1バスケット「人道人権規定」
  3　国際的武力紛争の法規慣例の著しい違反―第2バスケット「ハーグ陸戦規則」
  4　国際的武力紛争の法規慣例の著しい違反―第3バスケット「敵対行為」
  5　国際的武力紛争の法規慣例の著しい違反―第4バスケット「兵器」
  6　ジュネーヴ諸条約共通第3条及び非国際的武力紛争の法規慣例の著しい違反
Ⅴ　おわりに

I　はじめに

1　戦争犯罪の分類

　1998年にローマ外交会議で採択され、2002年に発効した国際刑事裁判所(ICC)規程[1]は、前文において「国際社会全体の関心事である最も重大な犯罪」の不処罰免罪阻止を謳い、第5条1項で集団殺害犯罪、人道に対する犯罪、戦争犯罪及び侵略犯罪の四つを処罰対象とする旨定める[2]。このうち侵略犯罪は、同条2項によりノミナル・インクルージョンにとどまるとされたが、カンパラにおいて2010年に開催されたICC規程検討会議で関連規定が設けられるに至った(検討会議決議6)[3]。

　四対象犯罪のうち戦争犯罪は、第8条1項の組織性と大規模性の要件に続き、2項で国際的と非国際的の武力紛争の場合に分けて規定されている。前者は、さらに同項(a)の「ジュネーヴ諸条約に対する重大な違反行為(grave breaches)」及び(b)の「確立された国際法の枠組みにおいて国際的な武力紛争の際に適用される法規及び慣例に対するその他の著しい違反(serious violations)」に二分される。後者の非国際的武力紛争における戦争犯罪は、同項(c)の「ジュネーヴ諸条約のそれぞれの第3条に共通して規定する著しい違反」及び(e)の「確立された国際法の枠組みにおいて国際的性質を有しない武力紛争の際に適用される法規及び慣例に対するその他の著しい違反」に分けられている[4]。

　戦争犯罪については、カンパラ検討会議で第8条2項(e)に兵器使用に関する戦争犯罪が追加された(検討会議決議5)[5]。また、2017年の締約国会議においてやはり兵器使用についての戦争犯罪が第8条2項(b)及び(e)に(締約国会議決議4)[6]、2019年の締約国会議で戦闘(害敵)方法に関する戦争犯罪が同項(e)に加えられた(同決議5)[7]。

2　戦争犯罪の性格付け

　ICCが処罰対象とするような戦争犯罪の性格や位置付けを巡る主要論点としては、次の三つがある[8]。まず第一は、条約上又は慣習法上、これまで戦争犯罪とされてきた行為と規程対象犯罪である戦争犯罪の関係をいかに捉えるかである。規程起草過程では、これは、従来の戦争犯罪のいずれを規程対象犯罪とするかの選別問題の他に、組織性や大規模性の要件をICCでの処

罰の目的で付加するか否かという敷居問題や、既存条約上又は慣習法上の定義ないし構成要件をそのまま規程でも受け入れるかあるいは修正するかという構成要件修正問題というかたちをとってあらわれた。

　選別問題に関しては、普遍的管轄権に基づく処罰義務が条約上課せられている戦争犯罪に加え、諸国により処罰可能とされる行為も含めることとされたが、戦争犯罪たる性格が広く承認されている行為に限定すべきとする見解が大勢を占めた。組織性と大規模性の要件については、規程第8条1項で、ICC は、「戦争犯罪、特に (in particular)、計画若しくは政策の一部として又は大規模に行われたそのような犯罪の一部として行われるもの」に管轄権を有するとされた。しかし、「特に」なる文言の使用から、単発又は散発の行為も管轄権から排除されないともいえる[9]。構成要件に関しては、既存条約又は慣習法のいう戦争犯罪の構成要件をそのままとしたものの他に、対象行為の範囲を限定したもの及び逆に拡大したものが生じ[10]、このことからも規程対象犯罪たる戦争犯罪の性格付けが困難となった。

　第二の論点は、非国際的武力紛争における戦争犯罪の扱いである。非国際的武力紛争は、合法的戦闘員間の暴力行為の応酬ではないこともあり、そこでの行為を戦争犯罪として処罰することをどう説明したらよいかという問題が存在していた[11]。規程も第8条3項からして、非国際的武力紛争に合法的戦闘員があることを前提にしていない。しかし、旧ユーゴスラビア国際刑事裁判所 (ICTY) 判例等の影響を受け[12]、非国際的武力紛争に適用される武力紛争法の違反の一部を規程でも戦争犯罪として処罰対象とすることになった。もっとも、国際的と非国際的の武力紛争の区別を廃し、戦争犯罪も一元的に定めるというラディカルな方式を採用するところまでは至らず、二元的構成は依然維持されている。

　主要問題の第三は、武力紛争法の履行確保手段と ICC による履行確保の関係である。武力紛争法は、武力紛争当事国等による戦争犯罪処罰その他に加え戦時復仇により履行確保をはかってきた[13]。戦時復仇としてなされる行為を相手方武力紛争当事国の先行違法行為との関連で捉えて違法性が阻却されると規程が認識しているか否かははっきりしない。戦時復仇に直接言及する規程条文はなく、仮に ICC が戦時復仇による違法性の阻却の主張を検討するようなことがあるなら、第8条2項の (b) や (e) にある「確立された国際法の枠組み」なる文言にその余地を見出せるか、あるいは、「刑事責任の阻

却事由」に関する第31条の3項が同条に列挙されない事由であっても第21条「適用される法 (Applicable law)」から導かれるものであればICCはこれを考慮できるとし、その第21条には「確立された武力紛争に関する国際法の原則」があることから、ここに依拠できるかを判断することになろう。戦時復仇の扱いは、武力紛争当事国間の利益調整を主眼としてきた武力紛争法とICCという新たな枠組みの関係を考える上での中心的な論点となるべきものであったが、規程起草過程では本格的な議論はなされないままに終わった。

3 戦争犯罪に関する特則

　規程には戦争犯罪にのみ適用されるか又は戦争犯罪を特に念頭に置いた規定がある。こうした特則の内で最初に挙げなければならないのは、第124条「経過規定」である。同条により、戦争犯罪について管轄権からの暫定的opting-outを批准又は加入の時に宣言することが国に認められた。規程対象犯罪中、何故戦争犯罪にだけこれが許容されるかを説得的に述べることは困難であるが、単発又は散発の戦争犯罪も処罰対象となるという懸念を持つ国があることから、規程締約国となってもしばらくの間、戦争犯罪をICCがどのように扱うかを見極める様子見期間を認める必要があるという理由が挙げられることもある[14]。第124条は、第123条1項規定の規程発効後7年目に開かれる検討会議で再検討されることになっていた。2010年のカンパラ検討会議では、同条削除提案は退けられ、そのまま残された。しかし、2015年の締約国会議で改めて議論され、同条は削除されるに至る (同会議決議2)[15]。

　戦争犯罪は、処罰の人的範囲についても他の対象犯罪と完全に同じではない。第28条「指揮官その他の上官の責任」(a)は、その適用を戦争犯罪に限定してはいないが、軍指揮官の注意義務を他の組織の上官のそれよりも高く設定している。責任阻却事由の特例を構成する「上官の命令及び法律の規定 (prescription of law)」に関する第33条は、上官命令抗弁が限定的ながら認められる場合を戦争犯罪のみとした。さらに、違法性と責任の阻却事由ついての原則規定である第31条にも1項(c)として「戦争犯罪の場合には自己その他の者の生存に不可欠な財産若しくは軍事上の任務の遂行に不可欠な財産を急迫したかつ違法な武力の行使から防御」するため、「危険の程度と均衡のとれた態様で合理的に行動」する場合には、責任が阻却されるとの規定がある。また、第21条のいう武力紛争法の原則から導かれる阻却事由を考慮できる

旨の規定が第31条3項にあることは既に触れた。

規程対象犯罪は、第5条からしていずれも同様の重大性を有するはずである。一方、こうした特則は、処罰対象となる戦争犯罪の範囲を縮減する効果を持つから、かかる特則が設けられたことの意味は小さくない。特則挿入は、第12条「管轄権を行使する前提条件」から来る規程非締約国国民に対する管轄権行使可能性及び政治的動機による訴追の懸念を背景に[16]、軍の行動の自由を確保しようとする諸国が軍事行動の特殊性を強調したからであるが[17]、その背景には、戦争犯罪の性格や位置付けにつき見解の一致がなかったという事情もあると考えられる。

戦争犯罪の位置付けに係わる諸問題は、規程採択後のICC準備委員会（Preparatory Commission for the International Criminal Court）における規程付属文書起草時にも引き続き議論された。規程採択後にその中核的部分の再解釈の可能性を内包する附属文書が作成されたのは、武力紛争法関連条約としても異例のことである。戦争犯罪分析のためには、これら付属文書、特に規程第9条に基づく「犯罪の構成要件に関する文書（Elements of Crimes）」（犯罪構成要件文書（EOC））を見ておかねばならない。複数の解釈の余地のある規程条文について特定的な解釈をEOCが示したのか、また、規程が沈黙している問題に関し同文書が何等かの方向性を示したのかが注目される[18]。

II 犯罪構成要件文書の性格と構造

1 起草の経緯

EOC起草の実質的な出発点となったのは、ローマ全権外交会議前のICC設立準備委員会（Preparatory Committee on the Establishment of an International Criminal Court）における作業が最終段階を迎えていた1998年4月に提示された米提案であった[19]。米は、刑罰規定としての適用を想定しない既存条約規定を転用した条文が規程草案に多数含まれることから、裁判官の評価の余地が大きくなることを懸念した。このため、特に戦争犯罪について詳細に構成要件を定める必要があると考えたのである。確かに、人道に対する犯罪に関しては、後に規程第7条2項となる条文で定義ないし構成要件をいくらか細かく記すことになっていたが、戦争犯罪はそうではなかった[20]。米は、この際、対象犯罪全部について別文書により構成要件を一層詳細に示し、第22条にある

「法なくして犯罪なし」の原則を確実なものにすべきであると主張した[21]。これまでの国際的な刑事裁判所の規程にあった対象犯罪規定の明確性は、既存の武力紛争法関係条約と同程度で、なかには処罰対象たる行為が裁判所規程に網羅的には記されていないものすらあった。例えば、ICTY 規程第 3 条は、ハーグ陸戦規則やジュネーヴ諸条約から抽出した戦争犯罪を掲げるが、「これらに限定されるものではない」と定めている。この結果、対象犯罪の範囲とその構成要件に関しては、ICTY 裁判官による解釈に依存することになったが[22]、それでも罪刑法定主義に反するとの強い批判は生じなかったのである。とはいえ、慣習法による処罰が好ましくないことは明らかで、ICC 規程も第 22 条でこれを否定している。

他方、対象犯罪の構成要件を詳細に詰める文書の作成には多くの諸国、とりわけヨーロッパの諸国は反対であった。これら諸国は、規程や関連条約等から犯罪構成要件の明確性は確保されるのであって、EOC により裁判官の評価の範囲が過度に狭められると危惧していたのである[23]。また、赤十字国際委員会（ICRC）も、かかる文書作成によって条約や慣習法で固まった犯罪構成要件を不用意に変更することになりかねないと表明した[24]。

ICC 設立準備委員会がローマ全権外交会議に提出した規程草案には EOC に関する条文は含まれていなかったが、同外交会議では、EOC を規程に付加するという判断がなされ、EOC 根拠条文である第 9 条が挿入された。同条 1 項は、「裁判所は、前三条の規定の解釈及び適用に当たり、犯罪の構成要件に関する文書を参考とする（Elements of Crimes shall assist the Court in the interpretation and application of articles 6, 7 and 8)」と定め、同条 3 項において EOC とその改正は、「この規程に適合したものとする」と規定された。なお、本条には、カンパラ検討会議決議 6 附属書 I によって侵略犯罪についての条文番号「第 8 条の 2」（第 8 条 bis）が追記されている。

EOC 付加の判断は、ポリティ（Politi）によれば、米を ICC 設立プロセスに引き続き関与させるための配慮からであったとされる[25]。しかし、規程採択遅延を避けるため、同文書起草は、規程採択後になされることとなった[26]。

ローマ全権外交会議は、1998 年 7 月の規程採択時の決議により ICC 準備委員会を設置し、EOC 最終案を 2000 年 6 月末日までに作成するよう同委員会に要請した[27]。同委員会は、1999 年 2 月から 2000 年の期限までに五会合及び会期間非公式会合を開催し、集団殺害犯罪、人道に対する犯罪及び戦争

犯罪についての EOC 案をまとめた[28]。同文書案は、規程発効後の 2002 年 9 月開催の規程締約国会合第 1 会期で採択され[29]、こうして国際的な刑事裁判の分野では前例のないほど詳細に構成要件を記した文書が生まれたのである。後に締約国会議が規程改正決議で対象犯罪として追加した侵略犯罪や戦争犯罪の構成要件は、それぞれの決議の付属書で定められ EOC に追加された。

2　法的性格及び三対象犯罪共通の総論的規定

　EOC 作成提案国米は、同文書を法的拘束力あるものとすべきと主張していたが[30]、規程第 9 条 1 項は、この文書が第 6 条から第 8 条の解釈の参考となると定めるに過ぎない。これは、その法的拘束性が第 51 条において明確に承認されている手続証拠規則と対照的である。他方、第 21 条 1 項は、「裁判所は、次のものを適用する」として「第一に、この規程、犯罪の構成要件に関する文書及び手続及び証拠に関する規則」を挙げており、ここでは、EOC の拘束性が示唆されているかに見え、第 9 条と矛盾するようにも思える。しかし、いずれにせよ、第 9 条 3 項は、規程が EOC の上位にあることを明記しているから、両者が整合しないときには、EOC の当該箇所は適用できなくなる[31]。さらに、第 21 条 3 項の「この条に規定する法の適用及び解釈は、国際的に認められる人権に適合したものでなければなら」ないとの規定から、EOC のそれに反する解釈や適用もできない[32]。このようなヒエラルキーの下で同文書は、裁判官による評価の参考として用いられることになる。

　EOC にいかなる事項を記載するか、つまり、規程の文脈で何を構成要件とみなすのかについては、様々な議論が行われた。客観的な要素 (material element) をどこまで細かく記すかの他に、規程の第 7 条 1 項や第 8 条 1 項にある組織性及び大規模性の要件、並びに第 3 部「刑法の一般原則」の諸規定、特に第 25 条「個人の刑事責任」、第 28 条「指揮官その他の上官の責任」、第 30 条「主観的な要素 (Mental element)」、第 31 条「刑事責任の阻却事由」及び第 32 条「事実の錯誤又は法律の錯誤」に定める事項を EOC で詳述すべきかが問われた[33]。

　こうした論点の内、規程第 3 部に関連するものの多くは、EOC 冒頭に置かれた三対象犯罪共通の「総論的序文 (General introduction)」で処理されている。総論的序文 1 項は、「第 21 条及び第 3 部に定められた一般原則」を含む規程諸条文は、EOC の解釈にも適用されるとした上で、デフォルト・ルー

ルと称される同2項において、「別段の定めがある場合を除くほか」、「故意 (intent)」と「認識 (knowledge)」の主観的要素が処罰のために必要である旨を第30条を引き写すかたちで確認している。なお、規程第30条とEOC総論的序文2項にいう「別段の定め」には、規程にある特別の定めに加え、第21条1項により適用可能となるEOC及び他の国際法規則におけるそれを含むと解される[34]。総論的序文の3項は、故意と認識の存在は、「関連の事実及び状況 (relevant facts and circumstances) から導かれる」とし、さらに、同4項では、「非人道的」といった一定の価値判断を伴う要素については、自己の行為がそのような性格の行為であるという「行為者 (perpetrator)」の認識は必要ないとされている。主観的な要素は、このように総論的序文でまとめられたため、個別犯罪の構成要件の箇所では、特別の場合を除き、主観的な要素は示されていない。なお同8項は、規程第25条及び第28条により刑事責任を追及される者にもEOCが準用されると定める。

　同じく規程第3部にある違法性又は責任の阻却事由については、戦争犯罪を念頭に置いて米がEOCへの挿入を主張していた[35]。既に触れたように、規程に戦時復仇のような武力紛争法上の違法性阻却事由を読み込むことができるとしたら、第8条2項(b)と(e)にある「確立された国際法の枠組み」なる文言にか[36]、あるいは、第31条3項の介在により第21条1項(b)のいう「確立された武力紛争に関する国際法の原則」の部分を利用する他はない。EOCに違法性阻却事由が記されることになれば、第21条1項が定める適用法序列に従い、「確立された武力紛争に関する国際法の原則」よりもEOCが上位に来るから、第21条1項(b)に依拠するよりも戦時復仇の援用がやりやすくなる。阻却事由に関しては、結局、EOC総論的序文5項で「刑事責任を阻却する事由の存否は、個々の犯罪で列挙された犯罪構成要件では原則として明記しない」とされた。これにより、阻却事由については、実質的には専ら規程を参照しなければならないことになる。戦争犯罪に特別の違法性阻却事由が規程明記の事由以外に存在するか否かについては、EOCによっても明らかにならなかったのである。

　また、対象犯罪に関する規程条文には、国際法に反してなされた行為である旨記されているものがあり[37]、これをEOCで説明するかの問題もあった。違法性又は責任の阻却事由とも関係するこの論点に関しては、EOC総論的序論6項で一括して「規程又は国際法の他の部分、特に国際人道法にある『不

法性(unlawfulness)』要件は、犯罪構成要件では原則として繰り返さない」としている。

このように主観的な要素や阻却事由については、規程本体に言及するかたちにとどまるとはいえ、EOC総論的序文で触れられている。他方、第32条のいう事実又は法の錯誤は、総論的序文では言及されなかった。第6条から第8条及び第21条によって適用可能となる国際法規則で詳細に犯罪が定められている場合があるだけに、第32条の解釈及び適用のいかんによっては容易に錯誤を主張できるとの懸念がICC準備委員会で示され、錯誤に関しEOCで規定を置くかが検討されたのである[38]。しかし、規程と両立するかたちで説明的な規定を設けることはやはり容易ではなく、総論的序文での説明は断念された。かわって、事実又は法の認識が特に議論の対象となった犯罪のEOC脚注において、第30条と第32条の関係に留意すべき旨が個別且つ抽象的に記されている[39]。

この他、EOC総論的序文には、7項で構成要件の記載方法に関する説明が置かれている。それによれば、各犯罪につき、原則として「行為(conduct)」、「結果(consequences)」及び行為のなされる「状況(circumstances)」を列挙し、さらに、必要な場合には、「特別の主観的な要素(particular mental element)」を掲げることとされている。

III　戦争犯罪構成要件の総論的規定

1　組織性及び大規模性要件の扱い並びに海戦法規保全条項

EOCは、総論的序文の後に集団殺害犯罪、人道に対する犯罪及び戦争犯罪に関する構成要件を記すが、このそれぞれには「序文(Introduction)」が付いている。各序文は、そのカテゴリーの犯罪に共通の事柄を規定する他、ICC準備委員会で決着しなかった問題を記した部分もある。つまり、構成要件に掲げるに至らなかったが、EOCからの完全な排除のコンセンサスも得られなかった事項が対象犯罪別の序文で妥協的にいくらか記されている。EOCは、個別構成要件の部分と犯罪別序文をパッケージとして捉えてはじめて合意をえられた文書なのである。なお、この序文からも落とされた論点は、EOC脚注に回された[40]。

EOC戦争犯罪構成要件序文は、国家が黙認する行為につき特記した人道

に対する犯罪構成要件序文に比べ簡略で、実質的には、海戦法規の扱い並びに事実及び法の認識に関する事項しか記載がない。第8条1項のいう組織性と大規模性の意味は、規程対象犯罪たる戦争犯罪の性格付けからして重要であり、この解釈を示すべきかは、EOC起草過程での一つの争点であった。しかし、「広範な」行為のみに限定する旨の米提案は採用されずに終わり[41]、組織性と大規模性の要件は敷衍されていない[42]。また、第8条では国際的と非国際的の武力紛争という二元的構成がとられ、さらに後者を二種に分けたことに伴い、各種武力紛争の区別基準が問題になるが、それについては、構成要件に当らないと考えられ、EOCでは触れられていない[43]。

　戦争犯罪構成要件序文の海戦法規に関する部分は、日本提案に基づき[44]、「規程第8条2項における戦争犯罪の構成要件は、確立された武力紛争に関する国際法（適当な場合には、海上における武力紛争に適用される武力紛争に関する国際法を含む）の枠組み内で解釈される」と定める。規程第8条2項(b)と(e)のシャポーには、「確立された国際法の枠組みにおいて」の文言があり、第21条でもICCは、「適当な場合」には「確立された武力紛争に関する国際法の原則」を含む国際法規則を適用できるとされている。従って、少なくとも第8条2項(b)及び(e)列挙行為との関係では、戦争犯罪構成要件序文での海戦法規への言及は余計である。もっとも、リダンダントであるだけならば無害なリマインダーにすぎないから、ICC準備委員会では海戦法規言及につき特段の反対はなかった。

　日本がかかる提案をなしたのは、民用物の破壊が許容される範囲が陸海戦法規で異なるのであれば、陸海戦それぞれで戦争犯罪とされる範囲も相違することを確認する必要があると考えたからである。また、合法的欺瞞行為の範囲が陸海戦法規で一致しないことも想起された[45]。海戦法規に関する言及が戦争犯罪構成要件序文でなされたことによって、海戦法規に別段の定めがあれば、それはICCでも保全されることが確認された[46]。しかしながら、規程及びEOCの双方とも陸海戦法規がいずれの部分で一致しないかに全く触れていないのであって、従って、日本が考えるような海戦の規則がそのまま保全されたとは直ちにはいえない。

　戦争犯罪構成要件序文にある「確立された武力紛争に関する国際法の枠組み」は、海戦法規保全目的で挿入されたが、その規定振りからして全戦争犯罪の構成要件の解釈に等しく用いられることになる[47]。しかし、規程第8条

2項においては、戦争犯罪の文脈でこれと同じ意味合いを持つ「確立された国際法の枠組み」なる文言は、同項 (b) と (e) にしかなく、同項 (a) 及び (c) にはない。(b) 及び (e) にのみこの文言があるのは、これら列挙の戦争犯罪にはジュネーヴ諸条約追加議定書条文に依拠するものがあったからである。つまり、同議定書の慣習法性に疑問を持つ諸国は、同議定書の条文を規程に用いることに躊躇し、このため、慣習法上既に戦争犯罪とされる範囲で対象犯罪とすることを強調する意図でかかる文言を (b) 及び (e) にだけ設けていた。戦争犯罪構成要件序文により (a) と (c) の解釈も「確立された武力紛争に関する国際法の枠組み」でなされるに至ったから、規程本体にはなかった解釈基準が (a) 及び (c) について設定されたことになると考えられる[48]。

2　武力紛争状況認識要件及び武力紛争関連要件

　戦争犯罪構成要件序文でより重要なのは、状況 (circumstance) と関連性 (context) の要件、すなわち、武力紛争の存在及びその種別についての行為者の認識並びに行為の武力紛争との関連性の部分である。この序文は、武力紛争の存在やそれが国際的又は非国際的のどちらであるかに関する行為者による「法的評価 (legal evaluation)」までは要求しないとしている。しかし、「武力紛争の存在を示す事実状況 (factual circumstances that established the existence of an armed conflict)」の認識は必要であると述べ、主観的要素を認めつつも第30条とは異なる規定振りになっている。この武力紛争状況認識要件が設けられたのは、武力紛争か否かで適用規則が大きく変わることから、武力紛争の存在に関する行為者の認識を全く無視することは適当ではないとされたからである[49]。

　この序文でもう一つ注目されるのは、行為が武力紛争「との関連においてかつそれに伴ってなされた (took place in the context of and was associated with)」ものでなければならないの部分が普通犯罪との区別基準としても機能することである。EOC起草過程では、武力紛争中になされた行為が全て武力紛争法で規律される訳ではなく[50]、行為を戦争犯罪として処罰するためには、行為と武力紛争の関連性が必要であるとされた。このため、武力紛争状況認識要件に加え、この武力紛争関連要件が設定されたのである。戦争犯罪の内から規程対象犯罪たるようなそれをいかなる基準で抽出するかについては、これが国際社会全体の関心事であることを踏まえ、主に敷居問題や構成要件修正問題が議論の中心となってきたが、戦争犯罪と普通犯罪の区別問題も存在して

いた。武力紛争関連要件により、この区別のための要素が示された。

IV 個別戦争犯罪の構成要件

1 ジュネーヴ諸条約の重大な違反行為

規程第3部に係わる問題は、EOC の総論的序文及び戦争犯罪構成要件序文によって一応の処理がなされた。本稿冒頭で触れた戦争犯罪の性格付けについての主要問題中、構成要件修正問題は、個々の戦争犯罪構成要件の箇所で扱われている。

ジュネーヴ諸条約の重大な違反行為規定をほぼ逐語的に引用した規程第8条2項(a)列挙8行為は、EOC で 11 に細分化され、それぞれについて行為、結果、行為対象者、行為対象者が保護対象であることの認識、並びに共通要件である武力紛争関連要件及び武力紛争状況認識要件が挙がっている。第8条2項(a)(i)「殺人 (Wilful killing)」を例にとれば、EOC で「殺人による戦争犯罪 (War crime of wilful killing)」の表題を与えられた上、構成要件は、

「1. 行為者は、一又はそれ以上の者を殺害した。2. そのような一又はそれ以上の者は、一又はそれ以上の 1949 年のジュネーヴ諸条約により保護されていた。3. 行為者は、そのような保護される地位を示す事実状況を意識していた (was aware of the factual circumstances that established that protected status)。4. 行為は、国際的武力紛争との関連においてかつそれに伴ってなされた。5. 行為者は、武力紛争の存在を示す事実状況を意識していた。」

となっている。

ジュネーヴ諸条約の重大な違反行為が規程対象犯罪となることには規程起草過程で反対がなく、第8条2項(a)が国際的武力紛争に適用されると明示されていないことから、重大な違反行為は国際的武力紛争にのみ存在するのかといった議論がなされた程度であった[51]。この点については、上記殺人構成要件中にもあるように、国際的武力紛争における行為であることが EOC で明らかにされている。EOC 第8条2項(a)についてむしろ問題となったのは、ジュネーヴ諸条約人的保護対象の範囲及びそのような保護対象に対する行為

であるという認識が行為者に必要であるかであった。

　ジュネーヴ諸条約の人的保護対象は、主に武力紛争当事国権力内にある当該国国民でない者である。しかし、ICTY は、同諸条約を柔軟に解して人的保護対象を拡大した[52]。EOC にこの傾向を反映させるべきとの見解もあったが、EOC では人的保護対象範囲の説明はなされておらず、ICTY 判例のように対象を広げるかは、裁判官の判断に委ねられる[53]。

　行為対象者がジュネーヴ諸条約人的保護対象に含まれるかに関する行為者の認識については、既述の通り、保護対象であることを示す事実状況の認識が EOC で要求されるにとどまる。これは、行為対象者がいずれのジュネーヴ条約で保護されている者であるかとの認識を行為者が持つことまで求めているのではない[54]。EOC 脚注 33 も「行為者は、犠牲者が紛争の敵対する当事者に属していることを知っている」だけでよいと記しており、自己の権力下に陥った敵方の者であるとの認識を有すれば足りると解される。この認識も規程第 30 条のいうレベルより低いとされる[55]。

　第 8 条 2 項 (a) 列挙行為について EOC は、かなり踏み込んだ規定を設けているところがある。EOC の機能との関係で興味深いのは、第 8 条 2 項 (a) (ii)「拷問又は非人道的な待遇 (生物学的な実験を含む)」の拷問構成要件である。EOC の同項 (a) (ii) -1「拷問による戦争犯罪」は、「行為者が一又はそれ以上の者に著しい身体的又は精神的な苦痛を与え」、且つ「行為者は、情報又は自白を得ること、処罰すること、脅迫し又は強要することその他これらに類することを目的として何等かの差別に基づく理由によって苦痛を与え」ることとしている。これは、拷問等禁止条約第 1 条を修文したもので、規程第 7 条 2 項 (e) の人道に対する犯罪である拷問の要件とも異なっている。すなわち、拷問等禁止条約にある公的資格で行動する者による行為の要件は排除され、規程第 7 条 2 項 (e) の行為対象者拘束要件もない。公的資格要件については、非国際的武力紛争を戦う反徒には公的資格がありえず、この要件を維持すると反徒のこの種の行為を拷問として構成できなくなるとの懸念があった[56]。さらに、戦争犯罪たる拷問の中核的構成要件を国際的と非国際的の武力紛争に共通とする方針がとられたため、国際的武力紛争の場合についても公的資格要件を外すことになったのである。拘束要件除外は、拘束がジュネーヴ諸条約の保護享受の前提条件では元々なかったことによる[57]。国際的武力紛争での戦争犯罪である拷問の EOC 構成要件は、細部解釈基準や人道に対する犯

罪との区別基準を示し[58]、EOC に期待される機能を果たしうるものとなった。EOC 第 8 条 2 項(a)全体を通して見ても、裁判官の評価の余地を過度に制約することなく、有効な解釈指針を示すことに成功したと評してよかろう[59]。

但し、規程第 8 条 2 項(a)には次のような問題が存在し、それは EOC でもほとんど手当されなかった。すなわち、ジュネーヴ諸条約の重大な違反行為であって第 1 追加議定書により処罰範囲の外延が拡大された部分は[60]、規程第 8 条 2 項(a)がジュネーヴ諸条約にのみ言及していることでその適用外となる一方、同項(b)にある重大な違反行為規定由来のサブパラグラフは、第 1 追加議定書で新たに創設されたものに限定されているから、同項(b)の適用もないということになる[61]。この拡大部分について EOC 第 8 条 2 項(a)では、僅かに(vi)「公平な裁判の拒否による戦争犯罪」構成要件で扱われているにすぎない。そこにおいては、行為者が「特に」関連ジュネーヴ条約で定められた司法的保障を拒否する場合とされ、「特に」としたことでジュネーヴ諸条約の他に第 1 追加議定書規定の司法的保障の拒否も読み込めるよう配慮している[62]。なお、外延拡大部分は、規程第 21 条で包括的に手当することが多分可能であるが、EOC 起草過程で第 21 条との関連性が意識されていたかは疑わしい。もし第 21 条で処理可能と考えられていたのであれば、このように EOC 第 8 条 2 項(a)(vi)でわざわざ拡大部分を個別的に処理する必要はない。逆に第 21 条による処理が不適当とされたのであれば、EOC 第 8 条 2 項(a)列挙全行為に拡大部分処理のための文言を入れなければならなかったはずである。

2　国際的武力紛争の法規慣例の著しい違反　　第 1 バスケット「人道人権規定」

規程第 8 条 2 項起草時には、既存条約規定のどの行為を規程対象犯罪とするかの選別問題及び選別された行為の構成要件修正問題があった。同項(a)列挙のジュネーヴ諸条約に対する重大な違反行為については、同諸条約の普遍性からこの双方の問題は規程起草過程で容易に処理され、細部解釈問題その他が EOC に持ち越されて議論されたに過ぎない。しかし、国際的武力紛争の法規慣例の著しい違反に関する規程第 8 条 2 項(b)では、ハーグ陸戦規則、ジュネーヴ諸条約又は第 1 追加議定書のいずれより抽出するかからして問題となった。さらに、この選別問題が片付いた後も構成要件修正問題が争われ、これらの条約の一に由来する構成要件を他の条約の観点から変更しようとす

る動きや、既存条約に依拠する条文の解釈を絞り込もうとする試みが規程起草最終段階まで見られた。こうした対立は EOC でも続き、同項(b)構成要件起草は困難な作業となった。

規程第 8 条 2 項(b)(i)から(xxvi)は、その性格や由来から EOC 起草に当って「人道人権規定」((viii)、(x)、(xiii)～(xvi)、(xxi)、(xxii)、(xxvi))、「ハーグ陸戦規則」((vi)、(vii)、(xi)、(xii))、「敵対行為」((i)～(v)、(ix)、(xxiii)～(xxv))及び「兵器」((xvii)～(xx))と称される四バスケットに分類の上審議された。なお、規程第 8 条 2 項(b)のサブパラグラフ数はローマ外交会議採択当初は 26 であったが、EOC で分割されたものがあり、その EOC サブパラグラフ数は、2002 年の採択時に 35 に達っした。

第 1 バスケットでは、占領地における行為及び性的暴力が焦点となった。前者に関する第 8 条 2 項(b)(viii)は、ジュネーヴ第 4 条約第 49 条を基礎とし、占領国による自国文民の占領地移送又は占領地住民の追放若しくは移送を戦争犯罪とする。占領地文民の追放と移送は、既に同条約第 147 条で重大な違反行為とされており、規程第 8 条 2 項(a)(vii)とも重なるが、占領国文民占領地移送は、第 1 追加議定書第 85 条 4 項(a)により重大な違反行為とされるに至ったものである。このように第 8 条 2 項(b)(viii)は、両条約の重大な違反行為規定を統合し、さらにエジプト提案により、占領国文民占領地移送について「直接若しくは間接」の移送なる文言が規程条文に追加された[63]。アラブ諸国は、間接移送も第 1 追加議定書に対する重大な違反行為に含まれていたとしたが、いかなる行為が間接移送に該当するかが規程起草時に問題とされた。特に、占領国による占領地居住環境整備に誘引された占領国文民の移住も間接移送に当るかで対立があり[64]、エジプト修正でかかる移住も移送と解される可能性が増大したことがイスラエル及び米の規程採択時の反対投票理由の一となった[65]。

EOC の(viii)構成要件は、共通要件を除けば、

「1. 行為者は、(a)占領地に自国の住民の一部を直接若しくは間接に移送したか、又は(b)占領地の住民の全部若しくは一部を当該占領地の内において若しくはその外に追放し若しくは移送した。」

である。EOC 起草時にも間接移送の捉え方が争われたが、EOC の(b)(viii)

構成要件1(a)は、規程条文と同じ表現で、その意味を特段明確化していない。また、EOCでは、「『移送』の用語は、国際人道法の関連規定に従って解釈される必要がある」という脚注44が付けられている。本脚注により、間接移送の範囲が縮小されたとの見方もある[66]。しかし、本脚注は、特定的な解釈の提示をEOCが断念したといっているに等しく、(b)(viii)については、既存条約条文に由来する規程条文の意味を明確化できなかったというべきあろう[67]。

相手方武力紛争当事国財産破壊に関する第8条2項(b)(xiii)は、占領地等にある財産の取扱いに関するもので、やはり、ハーグ陸戦規則第23条(ト)から来たこの規程条文をEOCで現代的表現に変更しなければならないとの見解があった。このため、EOC「敵対する紛争当事国の財産を破壊し又は押収することによる戦争犯罪」構成要件作成も容易ではなかった。特に、規程でハーグ陸戦規則の通り「戦争の必要から絶対的に」必要とされる場合は戦争犯罪とはされない旨定められている箇所が問題となったが、結局、EOCでは、「軍事上の必要から正当化」される場合には戦争犯罪に該当しないとされた。EOCの表現のみからすれば、そこでいう戦争犯罪の範囲は、規程よりも小さい[68]。他方、同じくハーグ陸戦規則第28条の文言のまま略奪を戦争犯罪とした規程第8条2項(b)(xvi)のEOC「略奪(pillaging)による戦争犯罪」では、同陸戦規則の意味から逸脱することなく構成要件の精緻化を見た。

第1バスケットにおける議論のもう一つの焦点となった第8条2項(b)(xxii)は、「強姦(rape)、性的な奴隷(sexual slavery)、強制売春(enforced prostitution)、前条2(f)に定義する強いられた妊娠状態の継続(forced pregnancy)、強制断種(enforced sterilization)その他あらゆる形態の性的暴力(sexual violence)であって、ジュネーヴ諸条約に対する重大な違反行為を構成するものを行うこと」を戦争犯罪とする。規程は、性的暴力を独立の戦争犯罪としてそれが非難されるべきことを強調し、さらにそこに各種性的暴力をほぼ網羅的に列挙した。性的暴力は、従来の武力紛争法関係条約では明確には独立の戦争犯罪とはされず、直接の参考となる定義規定がほとんどない。また、規程自身も行為名称を掲げるだけである。このため、他の戦争犯罪とは異なり、新旧関連条約の文言上の差異に起因する争いはEOCにおいては生じなかった。しかし、まさに同じ理由から、EOCでは、ICTY等の判例や他の国際法分野の条約を参照しつつ構成要件を記述することを余儀なくされ、これらから示唆される要素を

加工して戦争犯罪たる性的暴力の構成要件として一般化する作業を行わなければならなかった。EOC 起草過程こそが規程のこの部分に関する実質的な起草過程であった。

EOC 第 8 条 2 項 (b) (xxii) は、行為ごとに分割した定めを置く。(xxii) -1「強姦による戦争犯罪」は、ICTY 判例等を参考に gender-neutral な言葉で客観的要素を記し[69]、その詳細さは前例を見ない[70]。(xxii) -2「性的な奴隷状態とすることによる戦争犯罪」については、参照すべき判例に乏しく、その奴隷概念は、規程第 7 条 1 項 (c)「奴隷化すること (Enslavement)」の定義規定である同条 2 項 (c) の転用である。強制売春は、強姦その他とともにジュネーヴ第 4 条約第 27 条や第 1 追加議定書第 75 条等で触れられているがそこには定義はない。(xxii) -3 となった EOC「強制売春による戦争犯罪」では、他の性的暴力から区別するため、構成要件 2 で行為者等が利益を得ることなる条件がある。強制妊娠継続は、規程第 8 条 2 項 (xxii) で同第 7 条 2 項 (f) に定義されるものとされている。EOC 第 8 条 2 項 (b) (xxii) -4 の戦争犯罪たる強制妊娠継続の構成要件も第 7 条の人道に対する犯罪である強制妊娠継続のそれと戦争犯罪共通要件を除き同一で、妊娠を継続せしめる意図の要素が明記されている[71]。

EOC の (b) (xxii) -5「強制断種による戦争犯罪」についても、人道に対する犯罪の一である強制断種と戦争犯罪共通要件以外は同じである。EOC 第 8 条 2 項 (b) (xxii) -6「性的暴力による戦争犯罪」は、上記以外の性的暴力を包含するが[72]、行為の強制が要件となる。なお、規程本文では、「ジュネーヴ諸条約に対する重大な違反行為を構成する」との要件が「その他あらゆる形態の性的暴力」にだけかかっている[73]。これにより同諸条約に対する重大な違反行為の構成要件を同時に満たすことが要求されるのか、又は行為の重大性が重大な違反行為に匹敵すればよいのかは規程からははっきりしなかった。EOC の (xxii) -6 構成要件 2 は、「行為は、ジュネーヴ諸条約に対する重大な違反行為と同等の重大性を有していた」とし、後者の意味であることを明らかにした。

EOC 第 8 条 2 項 (b) には第 1 バスケットに属する他の行為として、(x) -1「切断 (mutilation) による戦争犯罪」、(x) -2「医学的又は科学的な実験による戦争犯罪」及び (xxi)「個人の尊厳の侵害 (outrages) による戦争犯罪」といった人の生命、身体又は尊厳に対する戦争犯罪、並びに (xiv)「敵対する紛争当事者の国民の権利又は訴権 (rights or actions) を剥奪することによる戦争犯罪」、(xv)「軍事行

動への参加を強制することによる戦争犯罪」及び(xxvi)「児童を使用し、強制的に徴集し又は志願に基づいて編入すること (using, conscripting or enlisting) による戦争犯罪」のような権利の否定や特定行為の強制による戦争犯罪がある[74]。これらにおいても構成要件修正問題が様々に議論されたが、構成要件明確化に貢献したものを挙げるならば、例えば、(xxi) の EOC 脚注 49 では、その尊厳が侵害されたとの認識を行為対象者が持つ必要はないとされた。また、(xiv) の EOC 構成要件 1 は、権利剥奪の単なる表明にとどまらず、実際に剥奪をなしうる者による行為でなければならない旨規定している。類似の要件は、第 2 バスケットの助命拒否についての (b)(xii) EOC 構成要件にもある。

3　国際的武力紛争の法規慣例の著しい違反──第 2 バスケット「ハーグ陸戦規則」

　規程第 8 条 2 項(b)第 2 バスケットは、ハーグ陸戦規則に由来する。(b)(xi) の背信的殺傷は、同規則第 23 条(ロ)文言を転用しているが、その EOC「背信的に殺害し又は負傷させることによる戦争犯罪」は、第 1 追加議定書第 37 条 1 項を利用して構成要件を組み立てている。共通要件以外の構成要件は、

　　「1.　行為者は、一又はそれ以上の者が武力紛争の際に適用される国際法の諸規則に基づく保護を受ける権利を有するか又は保護を与える義務があるとのそれらの者の信頼又は信用を誘った。2.　行為者は、そのような信頼又は信用を裏切ることを意図した。3.　行為者は、そのような者を殺傷した。4.　行為者は、そのような者を殺傷するに当り、そのような信頼又は信用を利用した。5.　そのような者は、敵対する当事者に属していた。」

である。ハーグ陸戦規則と第 1 追加議定書の関連規定の強い連続性から、構成要件を同議定書の文言で説明することは問題視されず、EOC は、新しい条約の表現を用いて構成要件明示に成功した[75]。(b)(xii) の助命拒否もハーグ陸戦規則第 23 条(ニ)の引用であるが、第 1 追加議定書第 40 条と実質的に同内容であり、EOC「助命を拒否することによる戦争犯罪」でも議定書文言により構成要件を定めている。なお、助命拒否は、「実効的な指揮統制をなす地位にある者」によりなされるとの要件が EOC にある。この部分は既存のどの条約にも見られなかったものである。

第1追加議定書による発展が見られる箇所については、他のバスケット同様、EOC起草時にハーグ陸戦規則由来の規程条文に同議定書の要素を導入する動きがあった。(b) (vi) は、規程においてはハーグ陸戦規則第23条(ハ)に合わせて投降戦闘員殺傷となっているが、EOCには同議定書第41条の文言が導入され[76]、「戦闘能力のない者 (person hors de combat)」[77]の殺傷となった。従って、投降戦闘員に加え、少なくとも傷病により無能力となった戦闘員も戦闘外にある者として本サブパラグラフの行為対象者となる。これは、規程の想定適用範囲のEOCによる拡大を意味しよう。

　規程第8条2項 (b) (vii) は、「ジュネーヴ諸条約に定める特殊標章のほか、休戦旗又は敵国若しくは国際連合の旗若しくは軍隊の記章及び制服を不適正に使用」し、「死亡又は重傷の結果をもたらす」ことを戦争犯罪と定めている。この規程条文自体からしてハーグ陸戦規則第23条 (ヘ) 及び第1追加議定書第37条等のハイブリッドである。また、同議定書第85条3項から損害発生要件が持ち込まれている。EOC本サブパラグラフでは、まさにハイブリッドであることから来る問題が顕著にあらわれた。列挙行為中に第8条2項(b) (xi) と適用範囲が重なる背信行為とそれに該当しない奇計がともに含まれているという問題の他に、不適正使用の認識程度をシンボルの相違にかかわらず同一とすることが妥当かについても疑問が呈され、本サブパラグラフは、EOCで四分割された。(b) (vii)-1 の休戦旗、(b) (vii)-2 の相手方武力紛争当事者シンボル及び (b) (vii)-4 となったジュネーヴ諸条約特殊標章では、不適正使用の「禁止」を「知っていたか又は知りうべきであった」とされている。他方、(b) (vii)-3 の国連標章に関しては、単に「知っていた」とある。これらは、規程では同一サブパラグラフに統合されていたのであるから、スイス提案のいうように、いずれもシンボルの意味合いを示す事実状況の認識で足りるというべきであったと思われる。しかし、EOCではシンボル種別により認識程度に差異を設けている[78]。従って、錯誤の援用可能性にも違いが生まれる。規程においてハーグ陸戦規則と第1追加議定書の条文を統合したが、EOCではそれについて統一的な解釈を示すことができず、結局、これらを元通りに分解したのがEOC第8条2項 (b) (vii) である。

4　国際的武力紛争の法規慣例の著しい違反——第3バスケット「敵対行為」

　第3バスケットは、文民及び民用物その他の保護対象に対する攻撃による

戦争犯罪から成る。その構成要件は、例えばEOC第8条2項(b)(i)「文民を攻撃することによる戦争犯罪」を見ると、共通要件の他に、

「1．行為者が攻撃を行った。2．攻撃の対象は、敵対行為に直接参加していない文民たる住民それ自体又は個々の文民であった。3．行為者は、敵対行為に直接参加していない文民たる住民それ自体又は個々の文民を攻撃の対象とすることを意図していた。」

が挙がっている。

第3バスケットには、この(b)(i)のように第1追加議定書第85条3項の重大な違反行為規定に依拠したサブパラグラフがある。同議定書第85条3項シャポーは、人的損害発生要件を設定するが、規程第8条2項(b)の同議定書第85条3項由来サブパラグラフではこれは明記されておらず、規程解釈上、かかる要件は読み込めないとする見解が大勢であった[79]。EOC起草過程では、日米から人的損害発生要件明記が提案されたものの退けられ[80]、ICCの処罰範囲は、第1追加議定書第85条3項よりこの点では広いことがEOCで再確認されたといえる。なお、同議定書にいう重大な違反行為ではない民用物攻撃が規程第8条2項(b)(ii)にあるが、EOCは、これについても損害発生を求めていない。また、同じく重大な違反行為ではない同議定書第54条規定の戦闘方法として文民を飢餓状態に置くことの禁止を受けた規程第8条2項(b)(xxv)のEOCでも損害発生要件はない[81]。

EOC第8条2項(a)では、ジュネーヴ諸条約保護対象であるとの事実状況の認識が要求された。これに合わせるならば、同項(b)においても同様の認識の要件が必要になる。しかし、行為対象がそれぞれ文民、民用物又は無防守地域である(b)の(i)、(ii)と(v)にはこれらが保護対象であるという事実状況の認識要件はない。EOC起草時に、行為対象が文民等の場合でも同様の緩和された事実状況認識要件を置くべきであるとの提案がICRCと協同していたスイスから示されていた[82]。スイス提案は、EOC第8条2項(a)と同じく、保護対象であることに関する明確な認識の要件を緩和し、行為者による錯誤援用の余地を小さくすることを企図していたと思われる。最終的には、このスイス提案は採り入れられなかった[83]。但し、(b)(iii)の国連憲章の下での「人道的援助又は平和維持活動に従事する要員又は物を攻撃することによる戦争

犯罪」EOC 構成要件には「そのような保護される地位を示す事実状況」認識要件がある。これは、行為対象がジュネーヴ諸条約保護対象である場合と同じ考慮を特別にしたからである[84]。

　第3バスケットの構成要件修正問題は、特に規程第8条2項(b)(iv)「過度な巻き添えによる死亡、傷害又は損傷による戦争犯罪」を巡って争われた。このサブパラグラフも第1追加議定書に基礎を持つが、規程条文では同議定書と相違し、「予期される具体的かつ直接的な軍事的利益全体(overall military advantage)」に比べ付随的損害が「明らかに(clearly)」過度であることとされた[85]。この表現振りの変更に伴い処罰範囲が同議定書より小さくなったと解すべきかにつきEOC起草過程で論争となった。これに関しては、軍事的利益は、「行為者が当該の時に(at the relevant time)予期できる」もので、「当該攻撃の対象に時間的又は地理的に係わるか又は係わらない(may or may not be temporally or geographically related to the object of the attack)」こと及び「戦争の正当化や *jus ad bellum* に係わる他の規則」と関係しないことをEOC脚注36で述べるという妥協的な解決がはかられた。本脚注により、武力紛争全体の勝利という軍事的利益を付随的損害の比較対象とすることは否定されたであろう[86]。しかし、個別の戦術的行動を他の行動から切り離し、その枠内で軍事的利益と付随的損害を比較するところまでは限定できないと思われる。EOC第8条2項(b)(iv)のこの部分は、(b)(viii)における占領国文民間接移送の扱いと並んで、既存条約条文の解釈についての議論を蒸し返した挙句、構成要件明確化に貢献しなかった典型例である。

　(b)(iv)の主観的な要素に関しては、付随的損害が過度であるとの認識を明記するかを巡っても論争があり、米等がそのような認識要件を提示し、スイスその他がこれに反対した[87]。スイスは、「明らかに」過度という文言によって、行為者の認識が特に問題となるようなボーダーラインケースは既に排除されており、あとは規程第30条の原則に従えばよいのであって、EOCのレベルで新たに認識の要素を導入すべきではないとした。しかし、結局、構成要件3で、付随的損害が明らかに過度となろうことの了知が求められるに至り、その脚注37が確認しているように、EOC総論的序文4項の例外がここに設定されたことになる[88]。

　この他、EOC第3バスケットにおいては、ハーグ陸戦規則由来規程条文を第1追加議定書の観点から再構成する動きが無防守地域(undefended places)

攻撃に関する(v)で見られたが[89]、同議定書のいう無防備地区や非武装地帯の要素は加えられていない。これと対照的に、第1追加議定書から持ち込まれた規程条文を同議定書の一般的な理解をこえて展開させたとも解せるのがEOCの(xxiii)「被保護者を盾として用いることによる戦争犯罪」構成要件である。同議定書第51条7項の人間の盾戦術禁止規定の解釈では、保護対象の特定地点への移動によって当該地点を攻撃から免除せしめる側面が強調され、部隊が保護対象近傍に展開してこれを盾とするような状況はあまり意識されていなかった。この後者の状況が同議定書第51条7項の射程外であったとは直ちにはいえないが、ICRCの同議定書コメンタリーも部隊の保護対象近傍展開に言及していない[90]。これは、規程第8条2項(b)(xxiii)でも同様である。しかし、EOC第8条2項(b)(xxiii)では、後者の状況を読み込めるよう工夫された[91]。これにより、部隊防護のためにする文民居住区内展開が規程上の戦争犯罪となる。

5 国際的武力紛争の法規慣例の著しい違反——第4バスケット「兵器」

　兵器の使用による戦争犯罪については、対象兵器選別が規程起草時の中心的問題であった。とりわけ、核兵器使用を対象犯罪とするかにつき激しい議論があったが、結局、核兵器使用それ自体は、規程では戦争犯罪とされていない。この議論の影響もあり、他の大量破壊兵器についても、1925年のガス議定書にいうような化学兵器を除き、その使用は規程対象犯罪ではなくなった[92]。また、1980年の特定通常兵器使用禁止制限条約附属議定書等の適用対象となっている兵器の使用も1998年採択の規程には取り込まれていない。しかし、締約国会議は2017年に、1972年の生物毒素兵器禁止条約の禁止対象物の使用、及び特定通常兵器使用禁止制限条約の附属議定書Ⅰ及びⅣの禁止する兵器使用を戦争犯罪として規程に追加した。

　特定の兵器の使用が戦争犯罪から除外されることは、当該兵器が差別化されず、規程上は、他の全ての合法的兵器の使用と同じく、無差別攻撃かといったその使用方法のみが問題とされるにすぎなくなることを意味する[93]。このような選別に関連する問題が規程起草過程の議論の中心であり、構成要件修正問題は、さほど争われなかった。EOCの第4バスケット起草作業における構成要件を巡る対立も他のバスケットほど顕著でない。

　兵器使用による戦争犯罪として規程で最初に挙げられているのは、毒の使

用に関する第8条2項(b)(xvii)で、これは、ハーグ陸戦規則第23条(イ)に由来する。同陸戦規則の規定は、広範に受容されており、構成要件を現代的表現に変更する必要性は認められず、このEOC「毒物又は毒を施した兵器の使用による戦争犯罪」では若干の説明的文言が追加されているに過ぎない。すなわち、共通要件以外の構成要件は、

「1. 行為者は、物(substance)、又はその使用の結果、物を放出する兵器を使用した。2. そのような物は、その毒性によって、通常の成り行きにおいて、死亡又は健康に著しい被害をもたらすものであった。」

である。
　(b)(xviii)の「窒息性ガス、毒性ガス又はこれらに類するガス及びこれらと類似のすべての液体、物質(materials)又は考案物(devices)」[94]は、ガス議定書の文言通りであり、この規程条文には1993年の化学兵器禁止条約の要素は見られない。EOC「禁止されるガス、液体、物質又は考案物の使用による戦争犯罪」では、「考案物」の語を削除するか、ガス議定書以降の武力紛争法の発展を考慮するかが検討された。「考案物」の文言は、例えばエアゾールを包含するため維持されることになった[95]。後者を巡っては、化学兵器禁止条約と生物毒素兵器禁止条約の禁止対象への明示的言及が1998年の規程採択時には削除されたため、EOCにこれらを潜り込ませようとする試みが一部諸国によりなされた。結局、(xviii)構成要件2は、「ガス、物(substance)又は考案物は、その窒息性の性格又は毒性によって、通常の成り行きにおいて、死亡又は健康に著しい被害をもたらすものであった」となった。考案物の語を残した上、物なる用語を加えたこと及び構成要件2の表現振りを併せ考えれば、ガス議定書規定の化学兵器以外をEOCの適用範囲にとらえることも不可能ではないかもしれない[96]。ところで、EOC脚注48は、構成要件2が「化学兵器の開発、生産、貯蔵及び使用に関する」国際法を害するように解釈されてはならない旨記している。本脚注は、化学兵器禁止条約の要素が規程から排除されたことを踏まえ、化学兵器使用による戦争犯罪の処罰の展開に対する規程の影響を最小化することを狙っている。なお、構成要件2からして、暴動鎮圧剤等の非致死性ガス使用の除外がはっきりしたことにも留意すべきである。

生物毒素兵器使用による戦争犯罪は、2017年の締約国会議決議4で(xxvii)として規程第8条2項(b)に追加された[97]。そこでは、生物毒素兵器の開発、生産や貯蔵を禁じながらもその明文使用禁止条項を持たない1972年の生物毒素兵器禁止条約第1条の文言の一部をそのまま転用し、「微生物剤その他の生物剤又は毒素(原料又は製法のいかんを問わない)を用いる兵器を使用すること」とされている。この新サブパラグラフ(b)(xxvii)のEOCでは、共通要件の武力紛争関連要件及び武力紛争状況認識要件の他には、この種の生物毒素兵器を使用したことのみが挙がっている。(b)(xvi)及び(xviii)のEOCとは異なり、「通常の成り行きにおいて、死亡又は健康に著しい被害をもたらすものであった」といった部分は(xxvii)のEOCにはない。

ダムダム弾的効果を有する弾丸の使用は、1899年のハーグ宣言に依拠する規程第8条2項(b)(xix)で戦争犯罪とされる。そのEOC「禁止される弾丸の使用による戦争犯罪」では、次のような興味深い構成要件がある。構成要件2は、弾丸が「人体内において容易に展開し、又は扁平となることで、その使用が武力紛争に関する国際法に違反する」ものであるとし、武力紛争法違反要件を設定しているのである。国際的武力紛争中であってもいわゆる法執行活動においてダムダム弾的弾種使用が想定され、これを処罰対象から除外するために武力紛争法違反要件を加重したとされる[98]。確かに、暴動鎮圧剤使用が戦争犯罪とはされていないので、規程列挙兵器で法執行活動に使用される可能性があるのは、ダムダム弾的効果を有する弾丸だけとなる。このことからすれば、EOCの(xix)で法執行活動に配慮したことは肯ける。しかし、国際的武力紛争の期間中に法執行活動がありうるとしても[99]、それは、武力紛争関連要件を満たさず、従って、戦争犯罪にもならないと説明する方がむしろ妥当であろう。なお、第4バスケットで特別の主観的な要素がEOCに存在するのも(xix)のみで、その構成要件3は、行為者が弾丸の性格を「意識していた(was aware of)」と記す。

特定通常兵器使用禁止制限条約附属書による使用禁止兵器であって、2017年の締約国会議の決議4でその使用が規程第8条2項(b)の戦争犯罪とされたのは、同条約の附属書Iのいう「検出不可能な破片を利用する兵器」及び議定書IVの「失明をもたらすレーザー兵器」である[100]。前者は(b)(xxviii)で「人体内に入った場合にエックス線で検出することができないような破片によって傷害を与えることを第一義的な効果とする兵器を使用すること」と規定さ

れ、後者は(b)(xxix)として「その唯一の戦闘のための機能又は戦闘のための機能の一として、視力の強化されていない眼（裸眼又は視力矯正装置をつけたものをいう。）に永久に失明をもたらすように特に設計されたレーザー兵器を使用すること」と定められ、これはそれぞれ議定書Iと同IV第1条1文に同じである。これらのEOCも共通要件の他には第8条2項(b)に組み込まれたこれら新サブパラグラフを繰り返しているにすぎない。但し、(xxix)のEOC2項は、議定書IV第3条と同じく「正当な軍事的使用の付随的又は副次的な効果としてもたらされる失明」の場合を除外している。

6　ジュネーヴ諸条約共通第3条及び非国際的武力紛争の法規慣例の著しい違反

規程第8条2項(c)の(i)から(iv)は、ジュネーヴ諸条約共通第3条(1)(a)から(d)に同じである。非国際的武力紛争における行為を戦争犯罪として規程対象犯罪化する合意が成った後は、この共通第3条の著しい違反を対象犯罪とすることに異論は生じなかった。EOCの議論も第8条2項(a)の場合と同じく、共通第3条の普遍的性格から細部解釈問題が中心であった。

7つに再分割されたEOC第8条2項(c)サブパラグラフは、非国際的武力紛争で生じた行為であることから来る所要の修正を同項(a)及び(b)の対応サブパラグラフ構成要件に加えたものである[101]。但し、(c)(iv)「適正手続によらない刑の言い渡し又は執行による戦争犯罪」構成要件は、人権関係条約及び第2追加議定書第6条2項から新たに作成された。なお、(c)の行為対象者については、「戦闘能力のない者又は敵対行為に直接に参加しない文民、衛生要員若しくは宗教要員」に変更されている。これは、共通第3条及び規程第8条2項(c)シャポーのどちらとも異なり、共通第3条保護対象で行為対象者から除外される者が生じる可能性がある[102]。

共通第3条は、武力紛争中の人の保護についての最低基準といわれ、国際的武力紛争に適用される武力紛争法と実質的に重なるところが多い。従って、国際的と非国際的の武力紛争で戦争犯罪がどのように相違するかに関する規程の認識を知るためには、第8条2項(c)はあまり役立たない。むしろ、規程第8条2項(e)でこの相違が示される。規程の同項(e)は、第2追加議定書を参照しつつ同項(b)から非国際的武力紛争でも同様に処罰すべき行為を抽出するという方式で作られた。(b)からの抽出によらなかったのは、(e)(viii)「紛争に関連する理由で文民たる住民の移動(displacement)を命ずること」のみ

で、本サブパラグラフは、第2追加議定書第17条1項に由来する。このようなローマ外交会議での選別の結果、民用物に対する攻撃、無防守地域攻撃や特定の兵器使用による戦争犯罪といった戦闘方法及び手段に関する禁止規範から来る戦争犯罪の多くが(e)に導入されなかった。これは、非国際的武力紛争にも戦争犯罪を観念できるとした規程起草者も、選別問題処理に当っては、合法的戦闘員が存在しない状況でのハーグ法の全面的適用は依然困難であると判断していたことを示す。

規程レベルでの条文選別問題処理後のEOC第8条2項(e)起草作業においては、武力紛争関連要件をEOCの同項(c)のそれに合わせるなど非国際的武力紛争の事態に適合させるための文言修正の他は、(b)対応サブパラグラフ構成要件を維持する方針が採られた[103]。(b)に対応するもののない(e)(viii)のEOC「文民の移動による戦争犯罪」に関しては、EOCの(b)(xii)や(xiii)と同様の考慮から、「絶対的な軍事上の理由のために必要」とされない文民移動を単に「軍事上の必要から正当化」されない文民移動とし、移動を実際に行いうる地位にある者による移動命令のあることを要件としている。

第8条2項(e)については、カンパラ検討会議で注目すべき改正が行われた。すなわち、国際的武力紛争に関する同項(b)の(xvii)、(xviii)及び(xix)としてその使用が戦争犯罪とされた「毒物又は毒を施した兵器」、「窒息性ガス、毒性ガス又はこれらに類するガス及びこれらと類似のすべての液体、物質又は考案物」及び「人体内において容易に展開し、又は扁平となる弾丸(例えば、外包が硬い弾丸であって、その外包が弾芯を全面的には被覆しておらず、又はその外包に切込みが施されたもの)」をベルギー提案に基づいて非国際的武力紛争における戦争犯罪とも認識し、第8条2項(e)にそれぞれ(xiii)、(xiv)及び(xv)として追加したのである。同検討会議は、この追加サブパラグラフを決議5附属書Ⅰとして採択し、同時にこれらのEOCも附属書Ⅱとして設けた。EOCの内容は2項(b)(xvii)、(xviii)及び(xix)のEOCに実質的に変わらない[104]。

非国際的武力紛争は、政府からみれば、政府軍と警察による国内法執行であって反徒を犯罪者として制圧するものである。国際法は反乱を起こすことを禁止しない一方、政府による国内法に基づく反徒制圧と処罰を妨げない。まさにこのために前述の通りハーグ法適用がなじまなかったのであるが、この改正でハーグ法の一部が導入された。しかも、決議5前文第7節で非国際的武力紛争中の法執行以外の状況で適用されるとされている[105]。このことは、

非国際的武力紛争の政府軍の行為で法執行ではないものがあることを認めたことになる。

兵器使用による戦争犯罪の追加は、2017年にもなされた。先に見たように、同年の締約国会議では、決議4により生物毒素兵器使用による戦争犯罪、検出不可能な破片を利用する兵器、及び盲目化レーザー兵器の使用による戦争犯罪がそれぞれ第8条2項(b)(xxvii)、(xxviii)及び(xxix)として加えられたが、この三種の戦争犯罪は同じ決議によってそれぞれ同項(e)(xvi)、(xvii)及び(xviii)として非国際的武力紛争での戦争犯罪ともされたのである。決議4前文はカンパラ検討会議決議5前文に同じく法執行状況を適用から除外している。これらのサブパラグラフは(b)と(e)で同文で、EOCに関しても適用事態が国際的武力紛争か非国際的武力紛争かの違いを除けば同文である[106]。

2019年の締約国会議決議5においては、EOC起草時に「敵対行為バスケット」の一として検討された第8条2項(b)(xxv)の「戦闘の方法として、文民からその生存に不可欠のものをはく奪すること(ジュネーヴ諸条約に規定する救済品の分配を故意に妨げることを含む。)で生じる飢餓の状態を故意に利用」することによる戦争犯罪が(xix)として(e)にも追加された。但し、(e)の適用事態からしてジュネーヴ条約への言及は外されている。EOCも適用事態に関する箇所を除き(b)(xxv)と変わらない[107]。

なお、第8条2項(e)追加対象犯罪は、第5条から第8条の改正について適用される第121条5項に従って発効する。第121条5項は、当該改正を受諾していない「締約国」については、その国民によって又はその領域内において行われた場合については管轄権をICCは行使できないとしている。他方、非締約国の場合については、第12条の原則がそのまま適用され第12条の範囲で非締約国国民への管轄権行使が追加対象犯罪についても可能であるはずである。しかし、決議5前文第2節によって、改正を受諾しない締約国の国民が管轄権を免れる範囲で非締約国国民もそれを免れることになった。第12条の原則からの逸脱は、侵略犯罪については第15条の2(第15条bis)で条文改正としてなされたが、第8条2項(e)追加対象犯罪に関しては検討会議決議のみが根拠である。

カンパラ規程検討会議が第8条2項(e)の改正に際しとったこの方法は、2017年の締約国会議決議で同項(b)に戦争犯罪を追加した際に踏襲された。非国際的武力紛争に適用される(e)では犯罪行為地国と被疑者国籍国が同じ

場合が多いから、第12条からの逸脱は目立たず、実際上の問題も少なかろう。しかし、国際的武力紛争に関する(b)では、犯罪行為地国と被疑者国籍国は普通では別であることからして、非締約国国民への管轄権行使が新規追加戦争犯罪について否定されると、同項による処罰範囲は相当に縮減する。非締約国国民に対する管轄権行使を許容する第12条は規程の一大特徴であったが、そこからの逸脱が規程採択から10余年を経て生じたのである[108]。

V　おわりに

　国際的な刑事裁判分野では国内の刑事裁判ほどの判例の蓄積がないことに鑑みれば、一定の明確性をもって構成要件が予め文書で示されるべきであるということは確かにできよう。しかし、EOCの必要性には、かなりの諸国から強い懐疑論が表明された。それは、EOCが裁判官の判断を過度に制約する可能性があること、及びEOC起草作業が一種の敗者復活戦となり、規程条文の実質的変更が招来される危険があったことによる。こうした危険を避けるために、規程条文変更となる主張を排除し、且つ裁判官の評価の「参考」となるに必要な限度での構成要件明確化をはかるという慎重な配慮が求められた。

　戦争犯罪の性格付けに関する主要問題の内、組織性と大規模性の要件付加を巡る敷居問題及び戦時復仇に代表される武力紛争法の他の履行確保手段との関係については、規程条文解釈をEOCで特定するに至らず、これらは、ICC裁判官の判断に委ねられることになる。構成要件修正問題は、ジュネーヴ諸条約の重大な違反行為規定に依拠する第8条2項(a)についていえば、ほとんど議論とならず、そのEOC構成要件は、EOC作成反対派も肯定的評価を与えうるものとなった。他方、EOCの同項(b)にはそのような評価を与えることは難しい。(b)の構成要件修正論争は、大雑把には、ハーグ陸戦規則・ジュネーヴ諸条約派と第1追加議定書派の対立を用いて説明することができる。この二グループの条約規定間に強い連続性ないし同一性が認められる部分は、規程条文はEOCにおいて第1追加議定書の文言で説明され、これが現代的解釈をあらわすとされた。しかし、占領国文民移送のように連続性の有無とその範囲につき見解が一致しない箇所では、規程で処理済みのはずの選別問題が再浮上するか、あるいは基礎となった条約規定の解釈論争が生じ

た。その結果、EOC の当該部分は、その本来期待される機能を果たしうるものではなくなった。また、第1追加議定書の論争的な条文に依拠する過度の付随的損害発生による戦争犯罪も同様である。これらについて同床異夢的解釈が存在していたことを想起すれば、その構成要件をEOCで明確化する企図そのものに無理があったといわざるをえない。EOC 第8条2項(c)及び(e)では、その主要論点である選別問題はローマ外交会議における規程本体の作業段階で処理され、EOC 作成段階ではその範囲を変更する試みはなかった。

構成要件修正問題との関係では、EOC が規程第30条及び EOC 総論的序文2項のデフォールト・ルールを利用して主観的要素を定めたことが興味を引く。既述の通り、主観的要素に関する原則規定の第30条は、「別段の定め」がある場合にはそこからの離脱を認め、別段の定めには、EOC 及び他の国際法規則にある特別の定めを含むとされる。規程そのものが規程採択後のEOC による主観的要素修正を予想していたともいえ、第30条、第21条及び EOC 総論的序文2項は、併せて巧みな修正メカニズムを形成していると評せよう。EOC 起草過程で主観的要素につき本格的な議論がなされたことは、規則明確化のため貴重であったことは間違いない。もっとも、EOC 戦争犯罪サブパラグラフのいくつかで第30条と相違する認識レベルが記され、主観的要素は、第30条の原則に従った統一的なものとはならなくなった。

EOC 提示の構成要件全てに対し肯定的評価を与えることは困難であるが、EOC は、その起草者の意図を超えた意味合いを持つようになるかもしれない。つまり、EOC の他の部分同様、EOC 第8条は、ライクマインデット諸国のみならず、規程締約国にはなっていない諸国も ICC 準備委員会の起草作業に参加し、その意味で普遍的なフォーラムにより起草されたことも踏まえれば、戦争犯罪に関する規則の現代的解釈として、規程第9条のいう役割を離れて用いられるようになろうことである。例えば、ICC 以外の特設国際的刑事裁判所が設置されるのであれば、その規程に EOC は影響を与えるであろう。さらに国内法への影響も生じる。ICC 規程対象犯罪を国内法でも犯罪化するとの判断をした国は、国内法上の構成要件設定に当って EOC を「参考」にせざるをえない。規程対象犯罪が国際社会全体の関心事であることから、国内法による処罰可能性も確保しておくべきと認識する国もあろうし、補完性原則からくる自国民に対する ICC の管轄権行使の回避という実際的な動機から国内法上の手当の必要性を感じる諸国もあろう。どちらの場合で

あっても、国内法の管轄権を ICC のそれより小さくないものとするのであれば、規程だけではなく「安全のため」EOC のいう構成要件を含めて比較対象としなければならないことになる[109]。

> **コラム** 核兵器使用と戦争犯罪
>
> 　核兵器は使用すれば常に武力紛争法に反する禁止された戦闘（害敵）手段（兵器）かについて長く見解が対立し、1998 年のローマ外交会議でも核兵器使用それ自体は ICC 規程第 8 条 2 項 (b) の戦争犯罪とされなかった。
> 　しかし、核兵器使用の規程対象犯罪化の主張は根強く、核兵器使用による戦争犯罪の除外に抗する次の二つの反応を生じた。第一は、核兵器を念頭に、特定の戦闘手段使用による戦争犯罪を追加する特別の枠組みである (xx) が同項 (b) に設けられたことである。第二は、大国による核兵器使用がそれ自体では対象犯罪にならない一方、途上国も装備できる生物・化学兵器の使用は対象犯罪とされてしまうとの不満から、ローマ外交会議採択規程では、生物・化学兵器使用による戦争犯罪としては 1925 年ガス議定書のいう化学兵器使用が挙げられるに留まり、生物兵器は外されたことである。
> 　第 8 条 2 項 (b) (xx) を置いたのは、特別の改正規定を設けたというその特殊性を強調してそれによる改正を第 121 条 5 項ではなく 4 項で発効させることを狙ったからである。(xx) で追加の核兵器使用対象犯罪化規定が 4 項で発効すると、一定数の締約国が改正を受諾すれば、改正未受諾の核兵器保有国に対しても、それが締約国なら改正の効果が及ぶのである。しかし、第 5 条 2 項からして同様に特殊な改正と主張された侵略犯罪追加に関し 2010 年カンパラ検討会議は 4 項改正発効説を退けたため、(xx) による追加もやはり 5 項による他ないと考えられた（注 93 参照）。
> 　核兵器使用による戦争犯罪除外の巻き添えで規定されなかった生物兵器使用による戦争犯罪も 2017 年改正で第 8 条 2 項 (b) に追加された。この際には核兵器使用による戦争犯罪との抱き合わせ追加は試みられなかった。この改正は、(xx) の意義を一層薄めるものともなる。特定の兵器使用による戦争犯罪付加なら (xx) によるはずながら、追加を決めた締約国会合決議は第 121 条 5 項改正というだけで (xx) に言及しなかった。

第8条2項(b)改正発効が(xx)も含めて第121条5項によると、同項の文言から、被疑者が締約国国民でもその国が改正未受諾ならICCは管轄権を行使できなくなる。また、これまでの第8条改正締約国会合決議の全てが前文でいうように、第12条2項にもかかわらず、被疑者が非締約国国民の場合にも新規追加犯罪についての管轄権行使は否定されることになった（本章Ⅳ節6末尾参照）。結局、核兵器使用による戦争犯罪の追加が成っても、核兵器保有国としては、それが締約国でも改正を受諾しないか、又は非締約国のままでいれば自国民訴追を懸念する必要はない。

　しかし、核兵器使用が例えば過度の付随的損害を生じ、第8条2項(b)(iv)のいうような要件を満たせばその故に戦争犯罪として管轄権行使対象になる。特定の戦闘手段、つまり、特定の兵器の使用による戦争犯罪とされずとも、戦闘方法に関する戦争犯罪にはなる。

　核兵器保有国英仏は規程締約国である以上、ローマ外交会議採択時からある戦闘方法に関する戦争犯罪規定に基づくICCの管轄権行使から逃れられない。そうであるからこそ両国は、それらがジュネーヴ諸条約第一追加議定書締約国になる際に行った同議定書が核兵器使用に適用がないとする宣言と実質的に同じか又はそれを想起させる宣言を規程批准時にもなした。しかし、戦闘方法に関する戦争犯罪規定が使用兵器種別と無関係に適用されることは、議定書と異なり、規程では完全に明白である。規程非締約国である核兵器保有国米露中等については、それらの国民がローマでの採択時の規程に定められていた戦争犯罪を行えば、第12条2項からして、犯罪行為地国が締約国であれば管轄権行使対象になる。これら戦闘方法に関する第8条2項(b)の諸規定を使っての核兵器使用処罰は可能である。

　その際に最後まで残る問題は、核兵器使用が戦時復仇としてなされるなら、それは違法性阻却事由になるかである（本章Ⅰ節2参照）。戦時復仇の抗弁を否定した先例に従い（注13参照）、核復仇も否定するなら、それは、武力紛争法の最も古典的な履行確保手段で、核抑止の法的基盤でもあるものをICCという新しい履行確保手段が否定し、国際刑事司法制度がそれを代替するといったに等しくなる。

【注】

1 Rome Statute of the International Criminal Court, A/CONF.183/9, 17 July 1998, reproduced in United Nations, United Nations Diplomatic Conference of Plenipotentiaries on the Establishment of an International Criminal Court, Rome, 15 June-17 July 1998, Official Records, Vol.I (A/CONF.183/13 (Vol.I), 2002, pp. 3-63 (The text is corrected by procès-verbaux of 10 Nov. 1998 et al.).

2 これらは従来、集団殺害（ジェノサイド）罪、人道に対する罪及び侵略の罪と訳出するのが普通であった。本章では、これらの訳語を含め、規程（平成19年条約第6号）日本語訳は、平成19年第166回国会提出公定訳を用いた。『官報』(2007年7月20日)号外159号、10頁。規程附属文書公定訳はないと思われる。

3 Resolution RC/Res.6 and its Annexes I-III, 11 June 2010.

4 第8条2項の (d) 及び (f) は、それぞれ (c) 及び (e) が武力紛争に至らない事態には適用がないことを規定している。(f) は、さらに、(e) が適用される武力紛争の烈度をジュネーヴ諸条約第2追加議定書第1条1項に依拠して提示する。しかし、規程は、国際的と非国際的の武力紛争のいずれの定義も持たず、従って、いわゆるテロ活動が武力紛争を構成するか、構成するとしてもどちらの武力紛争となるかも示唆していない。

5 Resolution RC/Res.5 and its Annexes I and II, 10 June 2010.

6 Resolution ICC-ASP/16/Res.4 and its Annexes I-VI, 14 Dec. 2017.

7 Resolution ICC-ASP/18/Res.5 and its Annexes I and II, 6 Dec. 2019.

8 戦争犯罪の主要論点については、さしあたり以下を参照せよ。真山全「国際刑事裁判所規程と戦争犯罪」『国際法外交雑誌』第98巻5号 (1999年) 99-131頁。

9 H. von Hebel, "Elements of War Crimes, Introduction," in R.S. Lee, ed., *The International Criminal Court, Elements of Crimes and Rules of Procedure and Evidence* (Transnational Pub., 2001), p.110; *contra*, D.J. Scheffer, "The United States and the International Criminal Court," *American Journal of International Law*, Vol. 93, No. 1(1999), p. 16; *see*, The Prosecutor v. Jean-Pierre Bemba Gombo, Pre-Trial Chamber II, Decision on Pursuant to Art. 61 (7) (a) and (b) of the Rome Statute on the Charges of the Prosecutor against Jean-Pierre Bemba Gombo, ICC-01/05-01/08, 15 June 2009, para. 211; Victor Tsilonis, *The Jurisdiction of the International Criminal Court* (Springer, 2019), p. 143. ここでは、規程処罰対象となるには組織性と大規模性が必要か否かが問題になっているのであって、戦争犯罪自体が元々組織性と大規模性を要件としているのではない。

10 真山、前掲論文（注8）111-113頁。

11 ICRC, "Some Preliminary Remarks by the International Committee of the Red Cross on the Setting-up of an International Criminal Tribunal for the Prosecution of Persons Responsible for Serious Violations of International Humanitarian Law Committed on the Territory of the Former Yugoslavia," DDM/JUR/422, 25 March 1993, para. 4, reproduced in V. Morris and M. P. Scharf, *An Insider's Guide to the International Criminal Tribunal for the Former Yugoslavia*, Vol. 2 (Transnational Pub., 1995), p. 392.

12 *E.g.,* The Prosecutor v. Tadić, Appeal Chamber, Decision on the Defence Motion, IT-94-1-AR72, 2 Oct. 1995, paras. 119-127.

13 ICTYによる戦時復仇の否定的評価については、以下を見よ。The Prosecutor v. Kupreskić and Others, Trial Chamber, Judgment, IT-95-16-T, 14 Jan. 2000, paras. 527-534; S. D. Murphy, "Progress and Jurisprudence of the International Criminal Tribunal for the Former Yugoslavia," *American Journal of International Law,* Vol. 93, No. 1 (1999), p. 89.

14 A. Pellet, "Entry into Force and Amendment of the Statute," in A. Cassese et al. eds., *The Rome Statute of the International Criminal Court: A Commentary,* Vol. 1, OUP (2002), pp. 168-169.

15 Resolution ICC-ASP/14/Res.2, 26 Nov. 2015.

16 古谷修一「稼働を始めた国際刑事裁判所の課題―外からの抵抗と内なる挑戦」『法律時報』第79巻4号（2007年）18-24頁。

17 W. K. Lietzau, "Checks and Balances and Elements of Proof: Structural Pillars for the International Criminal Court," *Cornell International Law Journal,* Vol. 32, No. 3 (1999), p. 484.

18 2008年の本書初版刊行時にはEOCを扱う邦語文献は稀であったため、EOCを詳細に分析しておく必要があると考え、本書では、当時既にかなり議論されていた規程の戦争犯罪規定ではなく戦争犯罪EOCを中心に論じた。本書第2版及び第3版もこの方針を維持している。

19 Proposal submitted by the U.S., "Elements of Offences for the International Criminal Court," A/AC.249/1998/DP.11, 2 April 1998; M. Politi, "Elements of Crimes," in Cassese et al. eds., *supra* note 14, pp. 445-446.

20 Report of the Preparatory Committee on the Establishment of an International Criminal Court, Draft Statute and Draft Final Act, A/CONF.183/2/Add.1, 14 April 1998, p. 32.

21 Lietzau, *supra* note 17, pp. 478-484.

22 例えば、Furundzija事件でICTY規程第2条(b)のいう戦争犯罪たる拷問の構成要件をICTY第1審裁判部が現行法を詳細に検討して導いた。The Prosecutor v. Furundzija, Trial Chamber, Judgment, IT-95-17/1-T, 10 Dec. 1998, para. 162; Murphy, *supra* note 13, pp.87-88.

23 H. von Hebel and D. Robinson, "Crimes within the Jurisdiction of the Court," in R. S. Lee, ed., *The International Criminal Court, the Making of the Rome Statute, Issues, Negotiations, Results* (Kluwer Law International, 1999), p. 87.

24 A/CONF.183/INF/10 (information conveyed by New Zealand), 13 July 1998.

25 Politi, *supra* note 19, p. 447.

26 Discussion Paper by the Bureau on Part 2 of the Statute, A/CONF.183/C.1/L.53, 6 July 1998.

27 Final Act of the United Nations Diplomatic Conference of Plenipotentiaries on the Establishment of an International Criminal Court, A/CONF.183/10, 17 July 1998, Annex I, Resolution F, para. 1. 同決議は、ICC準備委員会に対し他に手続証拠規則やICC国連関係協定等の草案作成も求めた。*Ibid.,* paras. 5, 6.

28 Report of the Preparatory Commission for the International Criminal Court, Finalized Draft Text of the Elements of Crimes, PCNICC/2000/INF/3/Add.2, 6 July 2000.

29 Assembly of States Parties to the Rome Statute of the International Criminal Court, First Session, New York, 3-10 Sept. 2002, Official Records, ICC-ASP/1/3, 2002, p. 5. 締約国会合採択 EOC 英語正文は、右文書 108-155 頁にある。

30 Proposals submitted by the U.S., "Annex on Definitional Elements for Part Two Crimes," A/CONF.183/C.1/L.10, 19 June 1998, and A/CONF.183/C.1/L.69 (concerning the Bureau Proposal on art.XX), 14 July 1998.

31 E. Gadirov and R. Clark, "Article 9, Elements of Crimes," in O. Triffterer and K. Ambos, eds., *Rome Statute of the International Criminal Court: A Commentary* (C. H. Beck, 2016), p. 643; M. M. deGuzman, "Article 21, Applicable law," *ibid.*, p. 936; *see also*, The Prosecutor v. Al Bashir, Decision on the Prosecutor's Application for a Warrant of Arrest against Omar Al Bashir, Pre-Trial Chamber I, ICC-02/05-01/09, 4 March 2009, para. 128.

32 M. H. Arsanjani, "The Rome Statute of the International Criminal Court," *American Journal of International Law*, Vol. 93, No. 1 (1999), p. 29.

33 Politi, *supra* note 19, p. 449.

34 M. Kelt and H. von Hebel, "General Principles of Criminal Law and the Elements of Crimes," in Lee ed., *supra* note 9, pp. 29-30. デフォルト・ルール (default rule) とは、特段の定めのない限り、第 30 条のいう故意と認識の要素が必要であることをいう。同ルールは、第 30 条に規定され、EOC 総論的序文 2 項で確認されている。客観的要素に関しては、第 8 条 2 項 (b) シャポー等にある「枠組み」の文言がデフォルト・ルール類似の機能を果たすことは考えられるが、このルールそのものは、規程上、客観的要素には認められておらず、従って、客観的要素は、規程条文の枠内での記述が EOC で要求される。

35 Proposal submitted by the U.S., "Draft Elements of Crimes," PCNICC/1999/DP.4/Add.2, 4 Feb. 1999, p. 13; *see also*, Discussion Papers proposed by the Coordinator, PCNICC/1999/WGEC/RT.2, 25 Feb. 1999, p. 1, and RT.4, 9 Aug. 1999, p. 1.

36 そもそも第 8 条 2 項 (b) シャポーの「確立された国際法の枠組み」からして戦時復仇が許容されているとするなら、戦時復仇は違法性阻却事由であるという説明をわざわざしなくとも、当初から構成要件に該当しないということになる。

37 第 8 条 2 項 (a) (vii) に「不法な」追放、移送又は拘禁とあるのはこの例である。

38 A. Cassese, "The Statute of the International Criminal Court: Some Preliminary Reflections," *European Journal of International Law*, Vol. 10, No. 1 (1999), pp. 155-156; PCNICC/1999/WGEC/INF/2/Add.4 (Annex), 15 Dec. 1999, pp. 9ff.

39 例えば、EOC 第 8 条 2 項 (a) (i) 構成要件 3 脚注 32 を見よ。

40 Politi は、反対の規定がない以上、脚注は EOC 本文と不可分の一体と解すべき旨述べる。Politi, *supra* note 19, p. 451.

41 PCNICC/1999/DP.4/Add.2, *supra* note 35, p. 13.

42 こうした要件を contextual element ということがある。規程と同じく、EOC にも武力紛争の定義はなく、裁判官の法解釈にそれは依存する。*E.g.*, The Prosecutor v. Lubanga Dyilo, Decision on the Confirmation of Charges, Pre-Trial Chamber I, ICC-01/04-01/06, 29 Jan.

2007, para. 220.

43　第8条2項(e)適用事態については以下を見よ。The Prosecutor v. Lubanga Dyilo, Judgment pursuant to Art.74 of the Rome Statute, ICC-01/04-01/06, 14 March 2012, paras. 536-537.

44　Proposal submitted by Japan, PCNICC/1999/WGEC/DP.12, 22 July 1999; K. Dörman, E. La Haye and H. von Hebel, "The Context of War Crimes," in Lee ed., *supra* note 9, p. 116; K. Dörman, *Elements of War Crimes under the Rome Statute of the International Criminal Court, Sources and Commentary* (CUP, 2003), p. 16.

45　C. Garraway, "Article 8 (2) (b) (vii)," in Lee ed., *supra* note 9, p. 156.

46　Dörman, *supra* note 44, p. 16.

47　*Contra.*, Politi, *supra* note 19, p. 459.

48　第21条1項(b)からして第8条2項(a)と(c)についても武力紛争法を含む「国際法の原則及び規則」の枠内での解釈が求められてはいるが、EOCは、既述の通り、第21条1項のいうように「国際法の原則及び規則」よりも上位にある。従って、EOC戦争犯罪構成要件序文で「武力紛争に関する国際法の枠組み」に言及されたことで、この「枠組み」からする解釈がより強く求められることになる。

49　Dörman, *supra* note 44, pp. 21, 121-122.

50　戦争犯罪の組織性と大規模性の要件は度外視するとして、例えば、甲国に進攻し、その領域を占領した乙国軍将兵が占領地居住甲国籍文民である親族を非番の際に訪問し、そこで武力紛争前から親族間に紛議のあった相続問題を議論中に激昂して当該親族を殴打したとしても、この暴力行為は武力紛争法の規律対象とならず、戦争犯罪にもならないといった事例が考えられる。Tadić 事件判決等では、行為と武力紛争との間に「充分な連関 (sufficient nexus)」が必要である旨示されている。The Prosecutor v. Tadić, Appeals Chamber, IT-94-1-A, Judgment, 15 July 1999, para. 572; The Prosecutor v. Aleksovski, Trial Chamber, Judgment, IT-95-14/1-T, 25 June 1999, para. 45; *see also*, The Prosecutor v. Katanga and Ngudjolo Chui, Pre-Trial Chamber, ICC-01/04-01/07, 30 Sept. 2008, para. 382.

51　*Cf.*, The Prosecutor v. Delalić and Others, Trial Chamber, Judgment, IT-96-21-T, 16 Nov. 1998, para.201; Dörman, *supra* note 44, p. 18.

52　The Prosecutor v. Tadić, *supra* note 50, paras. 164-166.

53　Dörman, *supra* note 44, pp. 28-29.

54　かかる認識まで求めるならば、「法の不知はこれを罰す」の原則を定める規程第32条2項を骨抜きにするであろう。Lietzau, *supra* note 17, pp. 480-481.

55　Dörman, *supra* note 44, p. 29.

56　The Prosecutor v. Delalić, *supra* note 51, para. 473.

57　EOC第8条2項(a)(ii)-1の脚注35を見よ。

58　しかし、非国際的武力紛争の事態では戦争犯罪と人道に対する犯罪の重複度合は大で、この種の紛争では、どちらに属する拷問かが争われるであろう。

59　K. Dörman, "General Assessment for Grave Breaches," in Lee ed., *supra* note 9, pp. 139-140.

60　この部分は、第 1 追加議定書では、第 85 条 1 項及び 2 項で手当されている。
61　真山、前掲論文（注 8）、107-108 頁。但し、EOC 第 8 条 2 項 (b) (xxiv)「ジュネーヴ諸条約の特殊標章を使用している物又は人を攻撃することによる戦争犯罪」では、同諸条約保護対象のための新識別手段が第 1 追加議定書で定められたことに鑑み、文言上の手当がなされている。
62　K. Dörman, "Article 8 (2) (a) (vi)," *ibid.*, pp. 135-136.
63　H. von Hebel, "Article 8 (2) (b) (viii)," *ibid.*, p. 159.
64　米とアラブ諸国の提案は、それぞれ PCNICC/1999/DP.4/Add.2 (*supra* note 35) 及び PCNICC/1999/WGEC/DP.25 (10 Aug. 1999) を見よ。
65　Hebel, *supra* note 63, p. 159.
66　1998 年 7 月の規程採択時に反対投票を行ったイスラエルが 2000 年末に規程に署名したのは、同年 6 月完成の EOC 案にこの脚注が設けられたからであるとの指摘がある。米も本脚注の存在及び EOC 第 8 条 2 項 (b) (iv) で付随的損害評価基準が緩和されたとの理解から署名できたという。R. Wedgewood, "The Irresolution of Rome," *Law and Contemporary Problems*, Vol. 64, No. 1 (2001), p. 198.
67　共通要件である武力紛争関連要件が間接移送を戦争犯罪から排除する効果を持つとの見解もある。*Ibid.*
68　しかし、EOC は規程との整合を求められるから、EOC のこの部分も規程の使用するハーグ陸戦規則の文言の意味に解さなければならなくなるはずである。そうであるならば、同陸戦規則の表現を EOC で用いれば足りたのであり、何故に文言を変更したのかの疑問が生じる。武力紛争法の用語は、実行を基に一定の精密さをもって定義されているため、EOC により意味の変更が生じるのは好ましくない。
　なお、この (xiii) は占領地の財産破壊等を戦争犯罪とし、(ii) のいう民用物攻撃を除いていると解される。しかし、ICC は (xiii) について Katanga 事件でより広い解釈を示したと指摘される。A. Zimmermann and R. Geiß, "Article 8(2) (b) (xiii)," in Trifferer et al eds., Commentary, *supra* note 31, pp. 438-439.
69　The Prosecutor v. Akayesu, Trial Chamber, Judgment, ICTR-96-4-T, 2 Sept. 1998, paras. 597, 687-678; The Prosecutor v. Furundzija, *supra* note 22, paras. 174-185; The Prosecutor v. Delalić and Others, *supra* note 51, paras. 476 et seq.; ICC は男性への性犯罪も審理することになる。The Prosecutor v. Ntaganda, Decision pursuant to Art.61 (7) (a) and (b) of the Rome Statute on the Charges of the Prosecutor against Bosco Ntaganda, Pre-Trial Chamber II, ICC-01/04-02/06-309, 9 June 2014, para. 52.
70　La Haye, "Article 8 (2) (b) (xxii)," in Lee ed., *supra* note 9, p. 190.
71　(xxii) -4 では、enforced ではなく、forced の語が使われている。これに関する議論は主に規程第 7 条 1 項 (g) 及び同条 2 項 (f) との関連で行われた。ヴァチカンと UAE は、強制的に妊娠させることを対象犯罪とすべきとし、妊娠状態継続強制の側面の希薄化を求めて forcible impregnation の文言の使用を主張した。他方、ボスニア等は、後者の要素を明確にした enforced pregnancy の語の使用を求め、結局、呼称は、forced

pregnancy となった。C. Steains, "Gender Issues," in Lee ed., *supra* note 23, pp. 365-369. この語の公定訳「強いられた妊娠状態の継続」は、起草の事情を踏まえたものである。

72　他の性的暴力としては、forced nudity 等が想定される。「性的」暴力であるか否かで争われることがある。The Prosecutor v. Muthaura et al, Decision on the Confirmation of Charges pursuant to Art. 61 (7) (a) and (b) of the Rome Statute, Pre-Trial Chamber II, ICC-01/09-02/11-382, 23 Jan. 2012, paras. 265-266.

73　規程第 8 条 2 項 (b) (xxii) 公定訳は、読点の位置から「ジュネーヴ諸条約に対する重大な違反行為を構成するもの」の部分が本サブパラグラフ列挙全行為を修飾しているようにも読める。しかし、この部分が「その他あらゆる形態の性的暴力」のみにかかることは規程正文から明らかである。

74　規程第 8 条 2 項 (b) (xxvi) では「自国の軍隊 (national armed forces)」への児童の徴集や編入を戦争犯罪としているが、同項 (e) (vii) で戦争犯罪となっているのは「軍隊若しくは武装集団」へのその徴集と編入である。この文言上の相違にもかかわらず、Lubanga Dyilo 事件で ICC は、国際的武力紛争にも言及し、「自国の軍隊」は政府軍に限定されないと拡張的な見解を示した。The Prosecutor v. Lubanga Dyilo, *supra* note 42, paras. 272, 281ff. 石井由梨佳「国際刑事裁判所と戦争犯罪—ルバンガ事件判決の評価を中心に—」『国際法研究』第 2 号 (2014 年) 131 頁。

75　但し、規程第 8 条 2 項 (b) (xi) は、ハーグ陸戦規則の引用で、これが殺傷のみを対象としていることから、第 1 追加議定書の背信行為定義中にある人の捕獲は EOC から除かれている。

76　C. Garraway, "Article 8 (2) (b) (vi)," in Lee ed., *supra* note 9, p. 157.

77　これは、「戦闘外にある者」と訳出するのが通例であり、ジュネーヴ諸条約共通第 3 条と第 1 追加議定書第 41 条の公定訳もそうなっている。しかし、規程本文では第 8 条 2 項 (c) シャポーにあるこの語の公定訳は、「戦闘能力のない者」である。

78　*Ibid.*; M. Cottier and J. Grignon, "Article 8 (2) (vii)," in Triffterer et al, eds, *supra* note 31, p. 396.

79　Dörman, *supra* note 44, p. 130; *contra.*, Hebel et al, *supra* note 23, p. 109. *See also*, The Prosecutor v. Katanga and Chui, *supra* note 50, para. 270. 損害発生を要件とするなら、第 8 条 2 項 (b) (vii) のようにそれを明記したはずである。未遂処罰については、第 25 条 3 項 (f) を見よ。

80　PCNICC/1999/DP.4/Add.2, *supra* note 35; PCNICC/1999/WGEC/DP.12, *supra* note 44; Proposal submitted by Switzerland, PCNICC/1999/DP.20, 30 July 1999. 但し、別バスケットに属する EOC 第 8 条 2 項 (b) (vii) 等には損害発生要件がある。

81　なお、海戦法規保全条項があるとはいえ、第 8 条 2 項 (b) (xxv) に該当する飢餓封鎖は、戦争犯罪とされよう。

82　D. Frank, "Article 8 (2) (b) (i)," in Lee ed., *supra* note 9, p. 142.

83　EOC 第 8 条 2 項 (b) (i) の主観的要素に関しては、他に、構成要件 3 の文民等を攻撃の対象とすることを「意図していた」の部分が目を引く。これは、付随的損害に関する (b) (iv) と区別するために置かれた。EOC の (b) (ix)「被保護物を攻撃することによ

る戦争犯罪」や (b) (xxiv)「ジュネーヴ諸条約の特殊標章を使用している物又は者を攻撃することによる戦争犯罪」の構成要件にも区別目的から同様の要素がある。

84　この (b) (iii) や (e) (iii) がいう人道援助や平和維持活動の範囲について問題になることがある。*E.g.,* The Prosecutor v. Abu Garda, Pre-Trial Decision, ICC-02/05-02/09-PT, 8 Feb. 2010, paras. 69 *et seq.*

85　同議定書とのもう一つの相違は、規程が環境損害を全て均衡性原則から処理していることである。村瀬信也「武力紛争における環境保護」同他編『武力紛争の国際法』(東信堂、2004 年) 639 頁。

86　D. Pfirter, "Article 8 (2) (b) (iv)," in Lee ed., *supra* note 9, p. 148.

87　PCNICC/1999/DP.4/Add.2, *supra* note 35; PCNICC/1999/WGEC/DP.12, *supra* note 44; PCNICC/1999/DP.20, *supra* note 80.

88　Pfirter, *supra* note 86, p. 150.

89　規程第 8 条 2 項 (b) (v) 公定訳は、undefended を「防衛されておらず」と訳している。しかし、いうまでもなく、undefended は単に防衛されていないの意で理解されていたのではない。

90　ICRC, *Commentary on the Additional Protocols of 8 June 1977 to the Geneva Conventions of 12 August 1949* (Martinus Nijhoff Pub., 1987), p. 627.

91　Dörman, *supra* note 44, p. 346.

92　Hebel et al, *supra* note 23, pp. 114-116.

93　他の対象犯罪の構成要件を満たす場合を除き、規程列挙以外の兵器の使用それ自体を規程上の戦争犯罪とすることは、規程改正による追加を待たねばならない。第 8 条 2 項 (b) (xx) は、国際的武力紛争においてその使用が戦争犯罪となる兵器を規程改正手続に従って新たに (b) に追加できる旨定める。これは、核兵器のようにローマ外交会議でその使用が戦争犯罪になるか見解の一致が得られなかった兵器があったことから設けられた規定である。しかし、(xx) による追加がなされた場合に、第 121 条の 4 項又は 5 項のいずれで発効するかは (xx) 自体にも定めがない。第 8 条改正であるから当然に第 121 条 5 項が適用されるという見解の他に、(xx) は第 121 条 5 項想定の全く新規の対象犯罪追加ではなく、第 8 条 2 項 (b) (xx) で既に設けられた枠の中身を埋めるにすぎないから第 121 条 4 項が適用されるとの考えも根強かった。第 121 条 4 項を使うなら、例えば核兵器使用を戦争犯罪として (xx) を通じて対象犯罪化できれば、締約国の八分の七の受諾で全締約国について発効する。そうなれば、核兵器国たる締約国が改正を受諾しなくともそのような国による核兵器使用を管轄権行使対象とすることができると期待された。

　第 121 条の 4 項か 5 項のいずれで発効するかは、第 8 条 2 項 (b) (xx) と同様に第 5 条 2 項で既に枠組みが存在した侵略犯罪の関連規定発効をめぐってカンパラ検討会議で激しく争われた。その結果、侵略犯罪関連規定は、第 121 条 5 項で発効することになった。このため、同種の規定であるともいえる (xx) に関しても第 121 条 5 項が適用されることになろう。

(xx) による追加が第 121 条 5 項適用対象となれば、改正を受諾しない締約国の国民によるかその領域内での行為には管轄権が行使できないが、それは第 12 条に影響しないから、非締約国については第 12 条に従い管轄権行使が可能な場合が残るはずである。しかし、第 8 条 2 項 (e) 追加戦争犯罪については、カンパラ検討会議決議前文によって非締約国との関係で管轄権行使ができなくなってしまった。このため、第 8 条 2 項 (b) (xx) 追加戦争犯罪もその採択時の決議等で第 12 条からの逸脱について同様の措置がとられると想像された。真山全「国際刑事裁判所規程検討会議採択の侵略犯罪関連規定—同意要件普遍化による安保理事会からの独立性確保と選別性極大化—」『国際法外交雑誌』第 109 巻 4 号 (2011 年) 23 頁、同「侵略犯罪に関する国際刑事裁判所規程カンパラ改正の戦争犯罪処罰に与える影響」柳井俊二・村瀬信也編『国際法の実践—小松一郎大使追悼』(信山社、2015 年) 278-281 頁。

　　第 8 条 2 項 (b) への戦争犯罪追加は、2017 年の締約国会議決議 4 による (xxvii)、(xxviii) 及び (xxix) が最初である。これらはいずれも特定の兵器の使用による戦争犯罪である。従って、(xx) に基づき規程に追加されるはずながら、決議 4 には (xx) への言及はない。

　　この戦争犯罪追加は第 8 条の改正であり、第 121 条 5 項で発効することが明記されている (前文 2 節)。このため、改正未受諾締約国の国民によるかその領域内での行為には管轄権が行使できない。さらに、カンパラ規程検討会議決議前文と同様、この決議は非締約国との関係での管轄権の行使もできないことを「確認」した (前文 2 節)。

94　devices は、ガス議定書公定訳では「考案」と訳出される。
95　C. Garraway, "Article 8 (2) (b) (xviii)," in Lee ed., *supra* note 9, p. 180.
96　Garraway は、この読み方を示唆する。*Ibid.*
97　Resolution ICC-ASP/16/Res.4 and its Annexes I and IV, *supra* note 6.
98　C. Garraway, "Article 8 (2) (b) (xix)," in Lee ed., *supra* note 9, p. 181.
99　国際的武力紛争中に法執行活動がなされる場合であって、法執行活動が武力紛争となるという意味ではない。国際的武力紛争期間中の法執行活動として Garraway は、人質事件でのいわゆるテロリストに対するダムダム弾使用を想定する。*Ibid.* しかし、最も問題となるのは、相手方武力紛争当事国戦闘員が敵対行為従事中に人質をとる場合であろう。この際、人質をとるという武力紛争法違反を行う戦闘員に対し、人質への被害発生回避のため、貫徹力の相対的に高い通常のライフル弾ではなくダムダム弾を使用することにつき何等かの合法化事由を見いだせるのかが問われる。なお、すべてが法執行と考えられてきた非国際的武力紛争について第 8 条 2 項 (e) (xv) でダムダム弾使用が戦争犯罪とされたことから、正反対の側面の問題が生じることになった。
100　Resolution ICC-ASP/16/Res.4 and its Annexes II, III, V and VI, *supra* note 6.
101　EOC 第 8 条 2 項 (c) の (i) -1 から (i) -4、(ii) 及び (iii) の構成要件は、それぞれ、同項の (a) (i)、(b) (x) -1、(a) (ii) -2、(a) (ii) -1、(b) (xxi) 及び (a) (viii) のそれと中核的部分は同じである。(c) (iv) は、(a) (vi) を参考にしているが、他の関連条約の要素を含む。
102　ICC 準備委員会非公式協議では、第 1 追加議定書第 41 条等でいう者を排除しないとされたという。Dörman, *supra* note 44, p. 389.

103 E. La Haye, "Other Serious Violations in Internal Armed Conflict," in Lee ed., *supra* note 9, p. 214. EOC の (e) (i) から (vii) 及び (ix) から (xii) は、EOC の (b) サブパラグラフ (i)、(xxiv)、(iii)、(ix)、(xvi)、(xxii)、(xxvi)、(xi)、(xii)、(x) 及び (xiii) にそれぞれ対応している。(e) の起草方式からして、(e) サブパラグラフやその EOC が概ね (b) のそれらと同じである場合が多く、(e)(v) のように (b)(xvi) と適用事態に関する EOC の部分を除き全く同文であるものもある。従って、(e) に関する ICC の判断は、後に (b) について ICC が検討する場合にも援用されようし、この逆もあろう。但し、国際的と非国際的の武力紛争の性格の根本的な相違から、同じ用語でも異なる意味を持つことがあり、(b) と (e) で細部の構成要件が異なる場合もある。

104 Resolution RC/Res.5 and its Annexes I and II, *supra* note 5. 但し、新サブパラグラフ (e) (xv) の EOC の 3 項にはこうした弾が無用に苦痛を増大させることの認識が要件になっているが、(e) (xiii) の EOC にはそのような主観的な要件はない。この相違は、(b) の同種のサブパラグラフ EOC にも見られる。

105 法執行状況でのこの適用除外は、EOC を構成しない決議の前文でのみ述べられ、EOC では触れられていないことは重要である。EOC では共通要件として武力紛争関連要件がその 4 項として維持されているから、前文のいう法執行除外の濫用に対する阻止機能をこれが果たすかもしれない。*See*, R. Geiß, "Article 8 (2) (e) (xv)", in Triffterer et al eds., *supra* note 31, p. 573.

106 Resolution ICC-ASP/16/Res.4 and its Annexes I-VI, *supra* note 6.

107 Resolution ICC-ASP/18/Res.5 and its Annexes I and II, *supra* note 7.

108 前掲注 (93) 参照。

109 D. Robinson and H. von Hebel, "Reflections on the Elements of Crimes," in Lee ed., *supra* note 9, p. 230.

第6章
侵略犯罪

新井　京

I　はじめに
II　侵略行為および侵略犯罪の定義
　1　侵略を定義することの困難さ
　2　改正規定8条の2
　3　侵略犯罪となりうる侵略行為：どのようにして限定すべきか？
　4　「侵略行為」の例示
　5　個人の行為の定義
III　管轄権行使条件：安保理の関与
　1　安保理の権限をめぐる対立
　2　妥協点の模索
　3　改正規定における安保理の役割
IV　カンパラ改正の発効条件・適用範囲に関する問題
　1　改正の根拠規定：121条4項か5項か
　2　カンパラ会議が積み残した問題
V　おわりに

I　はじめに

　武力行使の禁止は国際法の最も基本的な規則とされ、その著しい違反である侵略行為は、「国家の国際犯罪」であると指摘されたこともある[1]。ところが、侵略行為に関わった個人の刑事責任追及に積極的ではない国家も多く、国際社会はそのような侵略行為に関する個人責任の追及を、ニュルンベルク・東京国際軍事裁判以来実現できていない[2]。

　国際刑事裁判所（ICC）においても、ICC 規程 5 条 1 項が、「国際社会全体の関心事である最も重大な犯罪」の一つとして「侵略犯罪」を挙げた（d 号）ものの、同時に、規程の改正規定にしたがって「侵略犯罪を定義し、及び裁判所がこの犯罪について管轄権を行使する条件を定める規定」を採択するまでは、侵略犯罪について裁判所が管轄権を行使しないことを規定した（改正前の 2 項）。他の 3 つの中核犯罪に比べて特異なこの扱いは、侵略犯罪に関する諸国の躊躇と、理論的な困難さを示していたと言えるだろう。

　規程を採択した 1998 年ローマ会議で決着がつかなかった侵略犯罪の定義と管轄権行使条件に関わる議論は、規程採択後、国際刑事裁判所準備委員会および締約国会議の特別作業部会（SWGCA）に引き継がれた。ICC 規程発効後 7 年が経過した 2010 年に開催可能となった ICC 規程「検討会議」（カンパラ会議）は、それまでの検討結果を踏まえて、侵略犯罪を ICC 対象犯罪として定義し、管轄権を行使する条件を定めた規程改正案を採択した[3]。

　ただしそこでもぎりぎりの妥協が行われたことの代償として、実際の管轄権行使は先延ばしにされた。すなわち、通常の改正規定には基づかないが、侵略犯罪関連改正規定の 30 番目の受諾国による受諾の 1 年後、かつ 2017 年 1 月 1 日以降に行われる締約国による規程改正の採択に必要な多数（コンセンサスまたは締約国の 3 分の 2 以上の多数）による決定が確保され、これらのうち遅い日から管轄権が行使されることになった。30 か国による受諾は 2016 年 6 月 26 日に達成され、翌年 2017 年 6 月 26 日以降いつでも管轄権行使を開始できる状況になった。もう一つの条件である締約国による決定を行う前に、カンパラ会議で積み残された課題を検討し、対立を解決するために引き続き協議が続いた。2017 年 12 月の第 16 回締約国会議においても決裂寸前の協議が続けられ、最終日の深夜を過ぎたところで、やっとのことで 2018 年 7 月 17 日に管轄権行使を開始する（アクティベート）ことを決定する決議がコンセ

ンサスで採択された[4]。

アクティベート以来、ICC において侵略犯罪に関する手続きは開始されておらず、判例や ICC 検察官の実行などは蓄積してないが、本章では、起草過程での議論を素材として、侵略犯罪の定義、管轄権行使の条件と管轄権の範囲を検討する。

II　侵略行為および侵略犯罪の定義

1　侵略を定義することの困難さ

侵略犯罪に関する ICC 規程の条文成立が遅れ、さらに第二次世界大戦後の ICC の創設そのものが大幅に遅れた主たる原因は、侵略を定義することの本質的な困難さに一因があった。すなわち、具体的事例が侵略に該当するとの評価は容易に行いうるものの、侵略を一般的に定義することには困難が伴った。国際法委員会(ILC)「人類の平和と安全に対する犯罪法典」の初代特別報告者スピロプーロスは、次のように述べた。

> 「どの程度の暴力があれば法的に侵略があったと見るか、事前に一律には決定できず、個々の例において全ての状況を勘案して評価するよりほかない。……ある国が先に行動したという事実そのものも、行動が侵略的意図によるのでない限り、侵略を意味しない」[5]。

また、イギリスのオースティン・チェンバレン(外相)は、侵略を定義する試みに反対して、侵略の定義は「無実の国にとっては罠となり、有罪の国にとっては道標となる」と指摘している[6]。刑事訴追・責任追及の観点から「侵略者の(言い抜けの)道標」とならないためには、侵略は可能な限り包括的な形で「抽象的」に定義されることが望ましい。この立場からは、たとえば「侵略とは国連憲章2条4項に違反する武力行使を言う」というような緩やかな定義が指向される[7]。他方で、いくつかの大国は、自国の行為が含まれる可能性のある「広すぎる定義」を恐れた[8]。

そのような利己的目的以外にも侵略の定義を限定すべき理由があった。すなわち、侵略犯罪を実効的に処罰するためには、ICC における訴追を「最も深刻な形態」の侵略に限定するべきだという考え方である。この立場からは、

外形的に武力不行使原則違反であることに加えて、当該武力行使の目的や帰結に基づく条件、または武力行使の規模や重大性などの敷居を設定する提案がなされた。

　侵略行為の定義においては、国連安保理の「侵略認定に関わる裁量」との関係も大きな対立点であった。安保理の権限を重視する立場から見ると、侵略行為を定義することそのものが安保理の裁量的決定権限を不当に制限することになり、定義の試みそのものが受け入れられなかった。他方で、侵略の定義決議4条（同決議で定義した行為以外を安保理が侵略と認定できると認める）のような形で、安保理の侵略認定権限を最大限尊重するならば、侵略犯罪とは「安保理が侵略行為と認定した具体的行為」の遂行であることになり、犯罪構成要件のすべてを安保理が決定する規定となる。しかし、そのような定義は、特定性も明確性も欠き、刑事責任の根拠条文としては不適当である。

　このように相反する要請は数十年にわたり議論を困難にしたが、2010年のカンパラ会議は、8条の2として侵略行為および侵略犯罪の定義を採択することに成功した。理論的な対立は存在したものの、カンパラ会議の時点では、すでに議論の焦点が十分に絞られていた。さらに、同会議において規程非締約国に対する様々なセーフガードが導入されたことにより、訴追対象となることを恐れる規程非締約国たる安保理常任理事国の懸念を抑えることができた。このような背景により、数十年にわたる議論の対立を越えて、定義が採択されたのである。

2　改正規定8条の2

　カンパラ会議において採択された8条の2は次のようなものである。

　　「1　この規程の適用上、「侵略犯罪」とは、その性質、重大性および規模により国際連合憲章の明白な違反を構成する侵略行為の、国の政治的又は軍事的行動を実効的に支配又は指揮する立場にある者による計画、準備、開始又は実行をいう。

　　2　前項の適用上、「侵略行為」とは、国による他国の主権、領土保全若しくは政治的独立に対する、又は国際連合憲章と両立しないその他の方法による武力の行使をいう。次に掲げるいずれの行為も、宣戦布告の有無にかかわりなく、1974年12月14日の国際連合総会決議3314（XXIX）

にしたがって侵略行為とされる。
　(a) 国の軍隊による他国の領域に対する侵入若しくは攻撃、一時的なものであってもかかる侵入若しくは攻撃の結果もたらされる軍事占領、又は武力の行使による他国の領域の全部若しくは一部の併合
　(b) 国の軍隊による他国の領域に対する砲爆撃、又は一国による他国の領域に対する兵器の使用
　(c) 国の軍隊による他国の港又は沿岸の封鎖
　(d) 国の軍隊による他国の陸軍、海軍若しくは空軍又は船隊若しくは航空隊に対する攻撃
　(e) 受入国との合意にもとづきその国の領域内にある軍隊の当該合意において定められている条件に反する使用、又は当該合意の終了後のかかる領域内における当該軍隊の駐留の継続
　(f) 他国の使用に供した領域を、当該他国が第三国に対する侵略行為を行うために使用することを許容する国家の行為
　(g) 上記の諸行為に相当する重大性を有する武力行為を他国に対して実行する武装した集団、団体、不正規兵又は傭兵の国家による若しくは国家のための派遣、又はかかる行為に対する国家の実質的関与」

　本項における犯罪の定義は次の4つの要素に分解することができる。第1に、2項前段が示す侵略行為の定義である。「1項の目的で」との制限は付くが、2項は侵略行為を「国による他国の主権、領土保全若しくは政治的独立に対する、又は国際連合憲章と両立しないその他の方法による武力の行使」と定義している。侵略の定義決議1条と共通の文言であるが、原型は国連憲章2条4項であり、そこで禁止される「違法な武力行使」全てを含みうる広範な定義であると言える。
　第2の要素は、侵略の定義決議3条から転用された「リスト」である（2項後段）。「決議3314にしたがって」リストアップすることを明記しているが、後述のように、その意味が問題となる。
　第3の要素は、侵略犯罪となりうる侵略行為のさらなる限定である（1項）。すなわち、2項で広く定義された「侵略行為」を、「その性質、重大性および規模により」、個人責任を生じさせる「国連憲章の明白な違反」である国家行為へとさらに限定する。

第4の要素として、以上のような侵略行為の定義を踏まえて、「侵略犯罪」が、かかる「侵略行為」の計画・準備・開始・実行で、国の政治的・軍事的行動を実効的に支配・指揮する者によって行われるもの、と定義されている。

3　侵略犯罪となりうる侵略行為：どのようにして限定すべきか？
(1) 敷居条項の可否

　上述のように、カンパラ改正規定8条の2においては、国連憲章2条4項の違反をすべて含みうるような「国家の侵略行為」の一般的な定義と、「侵略犯罪として個人の責任を生じさせうる国家行為」とが、概念上区別されている。この区別は、侵略の定義決議5条2項の「侵略戦争は、国際の平和に対する罪である。侵略は、国際責任を生じさせる」との規定にも反映されている。同項は、「国家の侵略」は国家の国際責任を生じさせるが、その「侵略」の一形態である「侵略戦争」のみが個人の刑事責任を生じさせるという理解を示しているからである。また、「人類の平和と安全に対する犯罪法典」1996年草案(16条)の注釈も、「国家の行為が…個人の責任を生じさせるのは、当該国家行為が憲章2条4項…の十分に深刻な違反である場合に限られる」と述べられていた[9]。

　このように侵略犯罪を生じさせる国家行為を、侵略行為の中からさらに限定しようとする態度(敷居の設定)はドイツにより主導された。ドイツは、一貫して、侵略犯罪を最も深刻なケースに限定するべきだと考えた。1998年のローマ会議が開催される以前のドイツ案では、侵略行為を「国による他国の領域保全または政治的独立に対する武力攻撃であり、かかる武力攻撃が、国際連合憲章に明白に違反して実行され、かつ当該他国の全域もしくは一部領域を軍事占領の下におき、もしくは編入する目的で行われ、またはそのような結果をもたらす場合」と定義していた[10]。ローマ会議後のドイツの説明によると[11]、かかる最も深刻な侵略行為の共通要素は、以下のようなものだと説明されている。

　　「①性質：『一定の規模(magnitude)と拡がり(dimension)、重大性(gravity)と烈しさ(intensity)の攻撃』であること。
　　②結果：『最も重大な結果、たとえば、広範な生命の損失、大規模な破壊、住民の征服と搾取のような結果をもたらす攻撃』であること。

③目的：『通常、国際社会全体にとって受け入れられない目的、例えば、領土編入、大規模破壊、殲滅、住民の追放・強制移住、被害国の略奪（天然資源の略奪を含む）のために行われる攻撃』であること。」

さらに、このような特徴の「攻撃」は、いずれも国連憲章に明白に違反すると見なされた。

このドイツ提案は、「他国の領域保全または政治的独立に対する」武力行使という侵略行為の外形上の定義を、過去の事例（具体的にはナチス・ドイツによるそれと、イラクのクウェート侵攻）に見られる「性質」「結果」「目的」などの共通要素により制限しようとする試みである。

しかし、この「敷居」のあり方については、議論が分かれた。まず武力行使の「目的」と「結果」への言及は、様々な批判にさらされ実現しなかった。そもそも、ドイツが挙げた結果や目的はいずれも侵略の過程で生じる「戦争犯罪」に該当しており、侵略犯罪と戦争犯罪が混同されかねないという議論があった。また「目的」と「結果」により限定を行うとすれば、そのような制限は網羅的に定義されなければならないが、実際上それは不可能であることも批判された[12]。

他方実際に採用された「国連憲章の明白な違反」という表現についても、基準としての不明確性に加えて、犯罪の重大性はすでにICC規程全体が前提としており不要ではないか[13]、さらに、いかなる侵略も「重大」であるという建前を損なう可能性もある[14]との原理的批判にもさらされた[15]。

それでも最終的に、8条の2、1項が「その性質、重大性および規模により国際連合憲章の明白な違反を構成する侵略行為」という表現でドイツ提案に始まる「敷居」を維持したのは、同条2項において侵略「行為」の幅広い定義を受け入れるにあたって、侵略「犯罪」については「敷居条項」により限定することが望まれたからであると指摘される[16]。

(2) 敷居条項の機能：国連憲章の「明白な違反」の意味

カンパラ改正規定8条の2、1項において導入された「敷居条項」は、国連憲章の「明白な違反」との表現をとるが、そもそも国連憲章の明白な違反とは、どのような違反か。

この表現が最初に提案された際、その理由は次のように説明された。

「侵略が国連憲章違反でなければならないのは、憲章51条の自衛権や憲章第7章を適用して行使される武力を除外する必要があるからだ。甚だしい違反、または明白な違反でなければならないという要件は、規模や重大性に関する敷居をもうけるため（例えば国境の小競り合いを除外するため）であり、さらに、おそらく（？（ママ））、（行動の合法性について）ある程度の不明確さがある場合に備えた敷居を設けるためである。」[17]

このように、「明白な違反」という語は、小規模な憲章違反の事例と法的評価の分かれる「グレーゾーン」の事例を除外するために導入された。違反の程度に着目した「甚だしい」違反という語も提案されたが、それに代わって性格に関連する「明白な」違反の語が用いられるのは、グレーゾーンの事例を排除するためだと考えられる。

国連憲章の「明白な違反」であるか否かの判断要素として、8条の2、1項は違反の「性質、重大性及び規模」に言及している。カンパラ会議で改正規定と同時に採択された侵略犯罪の「構成要件文書」は、序文の3項において、「明白な」という語が「客観的」要件であることを明確にしている[18]。またカンパラ会議で同時に採択された「了解（understandings）」文書の6、7項は、「侵略は武力行使の最も深刻で『危険』な形態」でなければならず[19]、「行為の性質、重大性及び規模という各要素は…、単独では明白性の基準を充足しえない」こと、その判断の際には「個々の事件におけるすべての状況の考慮」を要することを確認している。いずれも、この「敷居」を導入しようとした上記のような「狙い」を補強する法的要件である。

憲章違反の明白性との関連で、特定の武力行使に関する実行者の主観的評価も問題となる。当該指導者が、憲章に違反しないと認識して実行した武力行使は憲章の「明白な」違反となりうるか、という問題である。「構成要件文書」の序文3、4項は、「『明白な』という語は客観的要件」であり、「犯罪実行者が国連憲章違反の明白性について法的評価を行っていたことを証明する必要は無い」と述べる。さらに、構成要件文書本文の4項および6項は、犯罪の主観的要素として「国連憲章との不一致」または「明白な違反」であることを証明するにたる「事実状況（factual circumstances）」を認識していることを求めるにとどまる。すなわち、客観的にみて憲章に明白に違反するのであれば、犯

罪実行者がそれを認識していなくてもよいのである。

　ただし、以上のような各文書による補足によっても、どの程度の武力行使が「明白な」憲章違反となるのか予測可能性は高くない。8条の2、2項の「国家による侵略行為」と、1項にいう国連憲章の「明白な違反」を構成する侵略行為とを区別する「敷居条項」の機能にも不明な点がつきまとう。ただし、このように「敷居条項」が曖昧なものとなったのは、そもそも「武力行使にかかる国際法」自体が多くのグレーゾーンを抱えている事実によるものと考えられる。そのような曖昧さを考えれば、法的評価の定まらないグレーゾーンの武力行使を侵略犯罪の範疇から除外するという以上に明確な敷居を設けることができなかったと評価すべきだろう[20]。

4　「侵略行為」の例示

　8条の2は、2項後段において侵略の定義決議3条のリストを援用した。しかし、同時に、リストに列挙された行為が「決議3314（侵略の定義決議）にしたがって侵略行為とされる」との文言を追加している。このような条件を伴った侵略の定義決議3条の援用は、侵略犯罪の定義においてどのような意味を持ちうるか。

　1974年の「侵略の定義決議」は、侵略犯罪の定義に関する議論において常に意識されていた。確かに、ドイツのように、同決議の政治的性格および安保理の裁量を認めていることによる刑事法の定義としての不適切さゆえに、この決議を「直接」援用することを問題視する立場もあった。しかし、この決議は多くの国に起草技術上の便宜の観点から支持されていたため、侵略の定義決議の採用した「定義」および侵略行為の具体的「リスト」を援用することが「議論の基盤」となった。ただ、具体的な援用方法については議論が分かれた。決議全体を援用することはドイツの挙げたような理由で不適切と考えられたが、同決議のうち犯罪の定義として不都合な部分を除いた一部を利用することも、「自決権」や「安保理の裁量」に言及した同決議の一体性を損なうとして反対を受けた[21]。

　そこで妥協的に、8条の2、2項は、侵略の定義決議の1条と3条を「部分的」に転用しつつ、列挙された行為が「同決議にしたがって」侵略行為とされるという文言を付加して、侵略の定義決議そのものにも言及するという方式をとった。このようにして、侵略の定義決議が採択時に確保した繊細な均衡

を崩すことなく、侵略行為の定義や例示のために有用なフォーミュラとなったと評価することもできる[22]。

また、1974年に採択された侵略の定義決議3条のリストが、現代における侵略行為の例示として適切か、また侵略犯罪の構成要素として適切であるのか疑問が呈される。前者に関しては、「非国家主体による攻撃」や「サイバー攻撃」のような現代的脅威が反映されていないことという批判がありうる[23]。後者との関連では、リストに列挙された各行為には、侵略としての深刻度に差があることも指摘される[24]。例えば、(c)号の「他国の港又は沿岸の封鎖」や(e)号の「合意に定められた条件に反する」他国領域の使用または駐留継続は、他の号の場合と同様の深刻さで「国連憲章の明白な違反」の要件を充足するのか疑義を呈しうる。これは、憲章の「明白な違反」という制限を含まない侵略の定義決議からリストのみを便宜的に借用したことにより生じた齟齬である。

いずれにしても、このリストは「例示列挙」であり[25]、犯罪の定義に不可欠な要素は、2項前段と1項である。侵略の定義決議3条のリストは「すでに存在した」という理由で採用されたものであって[26]、8条の2の適用において決定的な意味は果たさないと考えられる。

5　個人の行為の定義

改正規定8条の2、1項は、国家による侵略行為に関連して侵略犯罪を構成しうる「個人の行為」の要素を、「国の政治的または軍事的行動を実効的に支配または指揮する立場にある者による計画、準備、開始または実行」と規定している。

(1)「指導者犯罪」としての性格

侵略犯罪の責任を負うべき対象に関して起草過程において一貫して認められていたのは、侵略犯罪の「指導者の犯罪 (leadership crime)」としての特徴である。指導者の犯罪であるという特徴を踏まえつつ、ニュルンベルク・東京裁判で認められたように「政府の一員である者に加えて、軍事、外交、政党および産業界の高位にあるものも含むよう」訴追対象を広く理解すべきだというジレンマが存在した[27]。ニュルンベルク・東京裁判における「平和に対する罪」の訴追では、「政策形成または影響 (shape or influence)」基準として、侵

略戦争のためだという「認識」、「政策の形成またはそれへの影響」の存否、「政策の助長」などが犯罪の人的範囲を規定したと理解されている。ただし、実際にニュルンベルク・東京裁判において、産業・経済界の指導者は政策形成への影響力を認められず無罪となっており、軍需産業・経済政策担当の政治指導者も有罪となったのは侵略戦争の準備、またはその共同謀議への具体的な参加が問われたものに限られ、実際の判決においては犯罪実行者の人的範囲がそれほど広範だったわけではない[28]。

1991年および1996年のILCによる「人類の平和と安全に対する罪草案」は、「指導者または組織者として」[29]侵略行為を計画・実行・命令した者という定義を置いた。ILCのコメンタリーによると、上記のような発想で、産業界にまで及ぶような広義の定義を想定していたようである。しかし同年のICC準備会合の場では、「指導者または組織者として」のフォーミュラによる広範な定義は曖昧すぎると批判され[30]、より限定的な定義として、「国の政治的または軍事的行動を実効的に支配する立場にある者、もしくはそのような指揮を行う能力がある者」という定義が提案された[31]。この「指導者の犯罪」としての性質を具体化する表現は、ローマ会議後の議論において微調整を施され、カンパラ改正規定8条の2、1項の規定となった。

(2) 具体的行為の定義

侵略行為は集団的行為である。例えば殺人や拷問などの個別行為に分解できる戦争犯罪や人道に対する犯罪と異なり、いかなる犯罪実行者も他人または他の機関を通じて犯罪を実行することになる。そのような犯罪の性格を前提にして、問題となる中核的な個人の犯罪「行為」を定義する必要があった。

国家の侵略行為において、「実行者」個人は具体的に何を行えば刑事責任を負うことになるのか。国際軍事裁判所(ロンドン)憲章は「平和に対する罪」に関わる「行為」を、「(侵略戦争等の)計画、準備、開始、もしくは遂行(waging)、または以上の行為のいずれかを達成するための共通の計画もしくは共同謀議への関与」[32]と定義していた(6条(a))。最終的なICC規程8条の2、1項は、ロンドン憲章のこの文言のうち「遂行(waging)」を「実行(execution)」に変更し、「共通の計画もしくは共同謀議」に関する言及を排除している。「遂行(waging)」という用語は、1950年にILCが「ニュルンベルク原則」を採択した際から「侵略戦争に従軍したすべての軍に属する者が罪を問われる」という

懸念を引き起こしていた[33]。そのためにより高いレベルでの実行を暗示する「実行 (execution)」が用いられと思われる。

　コアになる侵略犯罪の実行行為を「計画、準備、開始、または遂行 (もしくは実行)」というロンドン憲章以来の文言により定義することについては、ローマ会議以前の準備委員会草案の時点から大きな異論はなかった。議論が分かれたのは、侵略犯罪への「参加の形態」をすべて侵略犯罪に関する改正規定が定義し、25条3項のような規程の他の規定の適用を排除すべき (「一元的アプローチ (monistic approach)」) か、改正規定は侵略犯罪を定義するだけにとどめ、侵略犯罪にかかる個人の刑事責任の形態などは他の規定に委ねるべき (「多元的アプローチ (differentiated approach)」) か、という点である。確かに「国の政治的または軍事的行動を実効的に支配または指揮する立場にある」指導者の犯罪である特性を重視するならば、25条3項(b)以降にいう命令、教唆、幇助、その他の犯罪への貢献といった共犯の扱い、28条の上官責任および33条の上官命令抗弁のあり方は、他の3犯罪と異なったものとなりうる。

　2002年頃に議論の叩き台となった草案は、「一元的アプローチ」を指向していた。すなわち、「故意にまたは認識して侵略行為の計画、準備、開始、または実行を命令し、またはそれに積極的に参加する (participates actively)」との定義とともに、「25条3項、28条および33条は侵略犯罪には適用されない」と明確に述べていた[34]。この草案は、「参加する」という語を、ありうる刑事責任の形態を包括するものと理解していた。

　しかし、犯罪の定義に「刑事責任の形態」を統合するアプローチの複雑さ、それにより侵略犯罪が極めて狭い定義となる懸念、さらに25条3項の文言に「指導者犯罪」である特徴を反映させることも可能だという理解により、2005年頃からは「多元的アプローチ」が好まれることになった[35]。このアプローチを前提に、侵略犯罪の定義と25条3項(a)から(d)号との整合性、および指導者犯罪である点を明記するために25条3項に追加される文言との意味の重複を回避することが検討され、最終的にカンパラ会議において採択された表現が採用されることになった[36]。すなわち、ロンドン憲章の「コア」な4行為 (計画、準備、開始または実行) 以外の「命令する order」、「指導する lead」、「指揮する direct」、「組織する organize」、「関与する engage」といった指導性を表す表現は、すべて犯罪の定義そのものから削除された。その結果、カンパラ改正規定は、「侵略行為の……計画、準備、開始又は実行」を

侵略犯罪とし(8条の2、1項)、個人責任の形態をめぐっては、25条に「侵略犯罪について、本条の規定は、国の政治的又は軍事的行動を実効的に支配又は指揮する立場にある者にのみ適用される」という特則を置くことになった(3項の2)。

III　管轄権行使条件：安保理の関与

　侵略の定義に関する議論の歴史においても、またICCにおける侵略犯罪の定義起草過程においても、侵略の認定や侵略犯罪の訴追において国連安保理が果たす役割が最も議論の分かれる問題だった。

　ICCでの侵略犯罪訴追プロセスにおいて、安保理の関与としてありうるものをその介入の度合いが強いものから列挙すると以下の通りである。

A　安保理が侵略行為・犯罪の定義や手続きのトリガーを排他的に支配する(1994年のILC草案の立場。安保理が侵略を認定しICCに付託する場合にのみICCは管轄権を行使する。)
B　安保理による侵略認定を必須とする(ICCでの手続き開始のトリガーは安保理付託以外にもあるが、安保理が侵略を認定する場合にのみ訴追が可能となる。)
C　訴追において安保理による侵略認定が確認される(安保理はトリガーを独占せず、また安保理の侵略認定は必須ではなく、安保理による侵略決定の有無はICCの手続きに影響を及ぼさない。)
D　安保理はICCへの付託(13条(b))および手続き停止要請(16条)のみを認められる

　カンパラ会議までの議論を単純化すると、当初は、侵略犯罪訴追手続に関して、ICCの独立性を損ないかねないAのような安保理優位の制度が議論されていたが、議論が進むにつれてBまたはCに選択肢は収斂した。
　カンパラ会議で採択された改正条文は、安保理付託による場合(15条の3)と、それ以外のトリガーの場合(15条の2)について場合分けをし、後者のケースについて、安保理の関与について次の通り定めた。

「6　検察官は、侵略犯罪について捜査を進める合理的な基礎があると結論する場合には、まず安全保障理事会が関係国によって行われた侵略行為の決定を行ったか否かを確認しなければならない。検察官は、裁判所に係属する事態について、関連する情報及び文書を含めて、国際連合事務総長に通報しなければならない。

7　安全保障理事会がかかる決定を行ったときには、検察官は侵略犯罪について捜査を進めることができる。

8　検察官による通報の日から6ヶ月以内にかかる決定が行われないときは、予審裁判部門が15条の手続にしたがって侵略犯罪について捜査の開始を許可したこと、および安全保障理事会が16条にしたがって別段の決定をしないことを条件として、検察官は侵略犯罪について捜査を進めることができる。」

このように、検察官は安保理による侵略認定を確認し、一定期間内に認定が行われない場合にも、ICC「予審裁判部門」による許可があれば捜査を進めることが可能となっている。ICCによる決定が必須ではないという意味で、改正規定は上記のCのフォーミュラを採用している。さらに、実質的にみれば、安保理がICCにおける侵略犯罪訴追に影響を及ぼしうるのはDのような手段以外にないとも評価できる。このような大幅な譲歩があり得たのは、後述のような非締約国へのセーフガードを別途確保できた背景があったからである。いずれにしても、カンパラ会議が採択した15条の2は、侵略犯罪にかかる手続きへの安保理の介入を相当程度制限した。

1　安保理の権限をめぐる対立

1992年に再開されたILCにおけるICC規程に関する初期の議論では、侵略犯罪訴追において、「国家による侵略行為」の存在は安保理が決定するものであり、ICCの役割はそのような所与の侵略行為に関して「被告人が個人として責任を負うか」の決定に限られるとの立場が有力だった。ILCによる1994年の規程草案はその考え方を採用した[37]。この提案に対して、安保理の関与が裁判所の独立性を損なうとの強い懸念が示されたが[38]、ローマ会議の終幕までに議論はまとまらず、その後の協議において検討が続けられた。その時点で示された唯一の法的ガイダンスは、規程5条2項における「(侵略犯

罪のための改正)規定は、国際連合憲章の関連する規定に適合したものとする」
という文言であった。

　ローマ規程発効後、侵略犯罪に関する議論は安保理の平和維持に関する
「主要な責任」をめぐる空中戦的議論からより現実的な討議へと潮目が変わ
り、「定義」と「管轄権行使条件」が議論のテーマとして分離され、安保理の
権限をめぐる対立が緩和された[39]。そして、「法の適正手続」の観点から安保
理の関与のあり方を考えると、被告人個人が参加できない安保理での侵略行
為決定が所与のものとして ICC を拘束することは問題であることが諸国に
了解されるようになり、対立は交渉可能なものになった[40]。

2　妥協点の模索

　このように、安保理による決定が「拘束的決定」とはなり得ないことを前
提にすると、議論の焦点は、安保理による「事前の決定」が手続き上の前提
として「不可欠」であるかどうか、および安保理以外の機関にも侵略の決定
を行う権限が認められるかという問題に集中することになった。

　2005 年から 2008 年の作業部会での会合では、上記のような対立の緩和に
より、安保理による侵略の決定が存在するかどうかを「まず」確認するとい
う手続きについて、一般的な合意が成立した[41]。残された問題は、安保理が
決定を行わない場合に、手続を進められるかという点であり、2 つの選択肢(管
轄権フィルター)があった。第 1 は、「排他的管轄権フィルター」である。安保
理の決定が得られない場合には、手続の継続を認めないという選択肢である。
第 2 は、「非排他的管轄権フィルター」である。これは、何らかの「条件」を
満たす場合に手続の継続を認める考え方である。なお、ここで想定された別
の条件として、国連総会や国際司法裁判所(ICJ)による決定に委ねる案も存
在した。しかし現実的選択肢は、ICC 自体による決定であり、検察官の職権
による捜査開始を許可する 15 条の手続きに倣って、「予審裁判部」による許
可を条件とするものだった。

　カンパラ会議では、会期の終盤までどちらのフィルターを採用すべきか
について決着が付かなかった。しかし、改正規定発効までの猶予期間の設
定、非締約国に対する追加のセーフガードの付与、改正「発効要件」の追加
などにより、安保理常任理事国たる ICC 規程非締約国との妥協が容易になっ
たことにより、「非排他的管轄権フィルター」を採用することも可能になっ

た[42]。ただし「非排他的管轄権フィルター」も、政治的妥協のために慎重なものに変更された。当初案では、15条の場合と同じ3名の判事からなる予審裁判部 (Chamber) の許可を条件としていたが、最終案では6名以上の判事からなる予審裁判「部門」(Division)[43]の許可が必要になったのである[44]。

3　改正規定における安保理の役割

このようにしてカンパラ改正規定15条の2が採択された。数十年にわたる安保理の「特権」とICCの独立性の関係に関する議論に一定の「回答」が得られたことは進歩と言える。それでは、現実に、本規定の下での侵略犯罪の訴追と安保理との関係はどのようなものか。

まず注目されるのは、15条の2は、ICCの手続に関する安保理の権限について、ICC規程上の既存の権限に何らの追加も行っていない。安保理は、「侵略決定の有無」を「確認」される以外は、他の対象犯罪の場合と同様に、規程13条に基づく「事態」の付託権限と、同16条に基づく手続停止要請の権限を有するにすぎない[45]。15条の2において、安保理による侵略行為等の決定は、ICCにおける手続の過程で「確認」されるにとどまり、その決定がICCを拘束するわけではない。また決定が存在しなくても、手続きを進める可能性が残されている。ただし、このプロセスにはいくつかの論点がある。

(1) 15条の2において求められる安保理による「侵略」決定

第一に、15条の2、6項の下で「確認される」安保理による「侵略行為の決定」とはどのような決定を意味するのか。文言を対比するならば、規程13条や16条は、安保理付託や手続き停止要請が「国際連合憲章第7章の規定に基づいて」行われることを明記しているのに対して、15条の2、6項では「侵略行為の決定」を「憲章第7章」の下での決定に限定していない。従来、安保理の権限を重視する立場は、国連憲章第7章の下で安保理が有している侵略認定権限の排他性を強調した。この点を踏まえるならば、15条の2、6項が憲章第7章に言及していないことは意図的なものだと解される。よって、15条の2では安保理による「第7章」決議による「侵略行為」認定は要求されておらず、他の表現や根拠による認定——例えば「侵略的行為 aggressive act」のような文言による曖昧な形での非難や、決議「本文」ではなく「前文」において言及される場合など——も確認されるべき「決定」たりうることになる[46]。た

だし、そのような規程15条の2の解釈が定着すれば、安保理が「侵略」に関連する言葉遣いに慎重になると予想され、改正規定発効後の実行においてそれほど大きな違いはないとも考えられる[47]。

(2) 安保理が侵略行為を認定しない場合

15条の2、8項は、「そのような認定が行われない場合」にも、「予審裁判部門」が許可し、かつ安保理が規定16条の手続停止要請を行わない限り、手続を進めることが可能であると規定している。

同項は、安保理により「そのような認定が行われない場合」と述べており、「侵略行為を認定する」場合以外の全ての状況を想定していると思われる。すなわち、安保理が何らの決定も行わない場合に加えて、安保理が侵略を「否定」する決定を行う場合、または「侵略の存在」を認定する決議を否決する場合も、8項に基づく手続を進めることが可能となっている。

以上の結果として、安保理は、規程16条の手続による停止要請以外に侵略犯罪に関する手続きを止められないことになる。規程16条は、停止要請が憲章第七章の決議によるべきことを明記している。昨今の安保理常任理事国間の厳しい対立状況を踏まえると、検察官により開始されようとしている侵略犯罪の捜査訴追を16条により停止させることも困難であると予想される。

(3)「国連憲章の関連する規定に適合」する規定か？

このような、改正案15条の2、6～8項は、ICC規程5条2項が求めた「国連憲章の関連規定に適合したもの」と言う条件を満たしたと言えるか。改正規定採択時の反応として、例えば、安保理常任理事国で規程締約国でもあるフランスは、コンセンサスをブロックしなかったものの、15条の2、8項が国連憲章に反すると述べた[48]。また同じくイギリスも、同項を憲章違反とは断定していないが、その規定の合憲性に関する議論がありうるとの立場を示した[49]。

ただし、カンパラ会議までの協議の前提として、安保理による侵略決定が拘束的決定では有り得ないこと、その結果「決定の有無を確認する」ことが形式的手順に過ぎないことが認められたのだとすると、改正規定15条の2、8項が国連憲章に反するとの論拠は必ずしも明確ではないように思われ

る。ICJ の判例に則って考えると、国連憲章 24 条に基づく安保理の国際の平和および安全の維持に関する「主要な責任」は、排他的責任ではない[50]。また、ICC が侵略犯罪の認定に必要な範囲で国家による侵略行為の存在を認定することが、安保理の専権事項である「強制行動」の発動を妨げるとまでは言えないため、憲章違反であるとは言えないことになる。

以上のように、安保理の関与が限定的な意味を持つにとどまるのであれば、カンパラ改正規定が安保理による決定の有無を「まず…確認」することを求めた意義はどのようなものだろうか。安保理付託に関する 15 条の 3 においては、安保理の決定を確認する手続は予定されていない。安保理付託の場合には、憲章第七章により、安保理が ICC による訴追を少なくとも許容しているとみなしうるからである[51]。それに対して、締約国付託・検察官の職権による捜査開始を想定する 15 条の 2 では、明らかではない安保理の意向を確認する必要がある。この相違を踏まえるならば、15 条の 2、6 項の「確認」手続きは、安保理側に ICC との調和的行動をとる機会を与え、また同時に ICC 側にも安保理と調和的行動をとるための「基盤」を提供するための手続であると評価できるように思われる。

IV　カンパラ改正の発効条件・適用範囲に関する問題

以上のような侵略の定義と安保理の役割に関する議論は、第二次世界大戦直後から数十年にわたり続いてきた。カンパラ会議はそれに対して一定の回答を示すことができた。しかし、ローマ規程採択時に侵略犯罪に関連する規定の成立を先送りにしたことにより生じ、その後の諸国家間に深刻な対立を招き、その対立が最終的には侵略犯罪にかかる改正の成立そのものを危ぶませることになった問題があった。侵略犯罪に関連する規程改正を ICC 規程のどの条文に根拠付けるか、またそれに関連して、改正未受諾国に対して侵略犯罪にかかる ICC の管轄権が及びうるかという問題である。

論争の起源は、規程 5 条 2 項の「第 121 条及び第 123 条の規定に従い、侵略犯罪を定義し、及び裁判所がこの犯罪について管轄権を行使する条件を定める規定が採択された後に」侵略犯罪について ICC が管轄権を行使するという曖昧な表現にあった。侵略犯罪導入の「先送り」に関するこの規定は、ローマ会議の最終局面で性急に採択された。そのため、121 条の 4 項と 5 項のい

ずれの項により改正が行われるべきか、また「改正規定の採択」のみならず「改正規定の受諾」についても規定するべきかどうかについて、十分な議論がなされていなかったのである[52]。

1 改正の根拠規定：121 条 4 項か 5 項か

　侵略犯罪の導入には、少なくとも 5 条 2 項の削除、犯罪の定義に関わる条文の 8 条の後への追加、また管轄権行使条件に関する条文の 15 条の後への追加が必要であった。しかしそうであれば、121 条の各項のうち、改正に関する一般規定である 4 項が適用され、改正案について締約国の 8 分の 7 の批准が得られればすべての締約国について改正が発効するのか、または「第 5 条から第 8 条に関する改正の場合」に関する 121 条 5 項が適用され、改正案を批准しない締約国について管轄権が及ばないのかが自明ではない。しかし、上記のような改正対象の「分散」を受けて、規程改正条文の各部分が 121 条 4 項と 5 項に基づいて異なる条件で発効するのは非現実的であろう。

　改正根拠規定に関する議論は、他の論点についての議論にある程度の目処がついた 2008 年 6 月以降に本格化した。理論的には、3 つの考え方があった。先に挙げた 121 条 4 項に基づくという立場、121 条 5 項に基づくという立場、さらに 121 条には依らず 5 条 2 項の下で「採択」することにより改正できるという立場である。

　最後の「採択」説は、規程 5 条 2 項が侵略にかかる改正の「採択」のみを管轄権行使の条件としていることから、121 条や 123 条の改正手続規定の適用を回避して、検討会議における改正案の「採択」により、締約国による改正案の受諾なしに ICC の管轄権行使が可能になるという立場である。この考え方は、5 条 2 項が 121 条に言及した意味を失わせ、5 条 2 項が起草された際の不備を奇貨とする便宜主義的な主張であり、最終的に大きな支持は得られなかった[53]。

　121 条 4 項説は、本件改正が一見したところ「5 条から 8 条まで」の改正とはみなしえないものを含むことを形式的な根拠として、改正案すべてを改正の一般規定である 4 項により、「締約国の 8 分の 7 による批准書又は受諾書の寄託の後 1 年ですべての締約国について効力を生」じさせようとする見解である。この説によれば、改正案を受諾しない締約国にも侵略犯罪に関する管轄権が及ぶことになる。これにより、改正発効後は、侵略犯罪に対して

も他の3犯罪と同様に全締約国に均一に裁判所の権限が及ぶ。4項説に立つ者は、ICCの事項的管轄が締約国によって異なる「アラカルト方式」を避けねばならないことを強調した。また、侵略犯罪の導入はすでに5条1項において決定されており、侵略犯罪の定義に関する条文を設けても新しい犯罪の追加にはあたらないことから、対象犯罪の追加に関わる「5条から8条までの改正」とは前提が異なるとも主張された[54]。しかし他方で、4項説によれば、締約国の8分の7という非常に多数の国の批准・受諾が必要となるため、ICCによる侵略犯罪に関する管轄権行使の開始が著しく遅れることが懸念された。

　それに対して、121条5項説は、本件改正が形式的には「5条(2項)」の改正を伴うこと、また同項の目的論的解釈として侵略犯罪の定義を追加することは実質的に「5条から8条までの改正」により新しい犯罪を追加することに等しいことを根拠としている。121条5項の規定の趣旨目的から見ると、新しい罪をICCの対象犯罪に追加したり犯罪の範囲を変更したりする場合に、締約国は当然に拒否権を持つというのである。また、本項に基づけば、ICCにおいて侵略犯罪の訴追が可能となる時期は早まる。つまり、他に追加的発効要件が課せられないならば、最初の改正批准書寄託後1年で当該国家については管轄権が行使され得た(現実には追加の時間的要件が課された)。しかし、この立場によればICCの事項的管轄の範囲が締約国により異なるというパッチワーク的な状況を生み出してしまう。

　この論争の難点は、ローマ会議において5条2項があまりに性急に起草され、121条とのすり合わせが行われなかったため、4項説、5項説のいずれに立っても完全には整合性のある説明をすることができないところにある。よって、厳密に言うならば、侵略犯罪に関する規程改正の前に、改正規定である121条自体を改正すべきだという考え方もある。ただし、121条自体の改正は121条4項にしたがうことになり、場合によっては半永久的に8分の7の締約国による受諾が得られない可能性もあり、「改正規定の改正案」は支持されなかった[55]。

　カンパラ会議における議論は、結局のところ、精緻な条文解釈よりも「政策的考慮」に大きな影響を受けることになった。すなわち、侵略犯罪に関する管轄権の有無が締約国間にパッチワーク的に広がる状況を容認しても早期の侵略犯罪現実化が望ましいのか、均一な事項的管轄権を維持する(すなわ

ち改正を受諾しない国にも管轄権を及ぼす)ことを優先するために侵略犯罪の導入が大幅に遅れることを許容するかという判断であった。

2 カンパラ会議が積み残した問題

　カンパラ会議が採択した検討会議決議6(RC/Res.6)は、最終的に次のような文言によって改正規定を決議した。

　　「規程5条2項に基づいて、本決議付則1に示した規程の改正を採択することを決定する。ただしこの改正案は、121条5項に従って批准もしくは受諾され、ならびに発効するものとする。また、いかなる締約国も、批准もしくは受諾の前に15条の2に規定された宣言を行うことができることを想起する。」

　これにより改正規定の根拠条文は121条5項であることが明確になり、その他のアプローチは排除されたかに見える。しかし、実際に採択された15条の2と15条の3は、根拠は不明ながらも121条5項の発効要件に「追加して」次のような独自の実質的な発効要件(形式的には「管轄権行使開始」要件)を追加した。

　　「2　裁判所は、30の締約国による本改正の批准または受諾が行われ1年を経過した後に行われた侵略犯罪についてのみ管轄権を行使することができる。
　　3　裁判所は、本規程の改正採択に必要とされるのと同じ締約国の多数によって、2017年1月1日以後に行われる決定にしたがうことを条件として、本条にしたがって、侵略犯罪に対する管轄権を行使することができる。」

　さらに、締約国付託と検察官の職権による捜査開始に関する15条の2では、次のように締約国のオプトアウト制度と非締約国に対するセーフガードを設けた。

　　「4　裁判所は、第12条にしたがって、締約国によって行われた侵略

行為から生じる侵略犯罪に対して管轄権を行使することができる。ただし、当該締約国が書記に宣言を寄託することによって、かかる管轄権を受諾しないことを事前に宣言している場合は、このかぎりではない。かかる宣言の撤回は、いつでも行うことができ、3 年以内に当該締約国により検討されなければならない。

5 　裁判所は、本規程の締約国ではない国については、当該国国民によって行われ、又は当該国領域において行われた侵略犯罪に対して管轄権を行使してはならない。」

改正が 121 条 5 項にしたがって行われるならば、改正規定 15 条の 2 の下で ICC の侵略犯罪に関する管轄権が行使されうる範囲の確定においては、次のように規定する 121 条 5 項第 2 文との関係を考慮しなければならない。

「当該改正を受諾していない締約国については、裁判所は、当該改正に係る犯罪であって、当該締約国の国民によって又は当該締約国の領域内において行われたものについて管轄権を行使してはならない。」

15 条の 2 が 121 条 5 項の発効要件とは異なる「管轄権行使開始(アクティベーション)」要件を設定しているため、上記の 121 条 5 項第 2 文が字義通り当てはまるのかどうか疑問とされた。また、15 条の 2、4 項が、改正規定により侵略犯罪に関する ICC の管轄権行使が開始されても、改正を受諾していない締約国が「かかる管轄権を受諾しない」宣言することを認めている(すなわち、宣言しない限り未受諾締約国も管轄権行使の対象となることが前提となる)ことと、121 条 5 項第 2 文との関係も問題となる。

(1) 121 条 5 項第 2 文の二つの解釈

15 条の 2、5 項において「規程非締約国」国民による、またはその領域における侵略犯罪について ICC が管轄権を行使し得ないことが明確になったものの、改正規定を受諾しない「締約国」についても同様の「同意原則」によるセーフガードが適用されるのか。この点に関して、121 条 5 項第 2 文の「積極解釈(positive understanding)」と「消極解釈(negative understanding)」の二通りの解釈の対立があった。両解釈の対立はカンパラ会議後も解消されず、2017 年

12月のアクティベーションのための締約国会議においても最終盤まで決定の可否が危ぶまれる原因となった。

「積極解釈」とは、侵略「犠牲国」が改正を受諾していれば、「侵略国」が未受諾の締約国であっても管轄権が行使されうるという立場である。それに対して「消極解釈」は、「侵略国」自体が改正を受諾していない限り、侵略犯罪についてICCは管轄権を行使できないという立場である。これは一見すると、侵略行為・侵略犯罪が「侵略国」と「被害国」のいずれの領域で「実行」されているのかという観念的な問題のように見える。しかし、現実の議論は、改正における「締約国の同意」の意味をどのように理解するかという観点からなされ、121条4項と5項の対立の繰り返しの側面もある。

「積極解釈」によれば、すでに侵略犯罪は5条1項に列挙されており、規程締約国である限り侵略犯罪についてすでにICCの管轄権を「受諾」しているということを前提にして、必ずしも改正案の受諾の有無を重視しないのである。その意味で、規程5条が列挙していない犯罪の追加、または6、7、8条における他の3犯罪の定義を拡張し新たな犯罪をICCの事項的管轄内に取り込む場合とは状況が異なると捉える。積極解釈の大きなメリットは、何よりも侵略犯罪に関する訴追の可能性が広がることである。また、他の3犯罪に関する「犯罪発生領域国」[56]の概念との平仄もあうように思われる。

また、積極解釈派は、15条の2、4項但書が予定する侵略犯罪に関する管轄権行使からの「オプト・アウト」宣言の制度は、「宣言しなければ、改正を受諾していなくても管轄権行使の対象となる」ということが前提となっている点を強調する。すなわち、改正規定を受諾しない締約国はオプト・アウト宣言を行うことによりICCによる管轄権行使対象となることを免れうるのであるから、セーフガードとしては十分だと考えるのである。

しかし、積極解釈には、121条5項第2文の「通常の意味」から外れているのではないかという批判がある。それに対して「消極解釈」は、121条5項の「通常の意味」に適合的である。消極解釈派によると、同項の通常の意味によれば、対象犯罪の改正は「完全な同意に基づくもの (fully consent-based)」でなければならない。この完全な「同意」原則に基づく主張は、121条全体の文脈に合致している。すなわち、121条4項による改正の場合に同条6項により改正に同意できない締約国が脱退を認められているのに対して、5項による改正が脱退の権利を予定していないのは、5項による改正では未受諾国に完全な拒否

権があり、未受諾国の法的地位は改正発効によっても変化しないことが前提だからである。

しかし積極解釈の立場から見ると、消極解釈が強調する完全な「同意」原則は、上述のように規程5条1項において侵略犯罪がすでにICCの対象犯罪として列挙されている事実、および、同2項が、改正案の「採択」にのみ言及し「批准」「受諾」には言及してないことにより相対化される[57]。また、カンパラ改正規定15条の2は、すでに121条5項の特別法として機能しており、121条5項に忠実に依拠する必然性にも揺らぎがあった。

ただし実際には、積極解釈に基づき121条5項第2文の「犯罪発生領域国」に侵略被害国が含まれるとしても、未受諾国の「国民による」侵略犯罪については管轄権を行使できない。侵略を計画実行などした指導者の国籍国は、多くの場合は侵略国自体であるため、侵略国側が改正を受諾していることが、侵略犯罪についてICCが管轄を行使する条件となるのは「事実上」明らかではあった。

このような、121条5項第2文の「積極解釈」と「消極解釈」の対立が生じ、改正根拠条文と発効要件についての議論はカンパラ会議までには収束しなかった。例えば、カンパラ会議直前の2010年3月に行われた締約国会議作業部会におけるロールコールによると、この点について、代表らの見解はほぼ半々に分かれていたという[58]。このような溝は、侵略の定義や侵略犯罪訴追における安保理の関与に関して歴史的な合意に達したカンパラ会議においても埋まらなかった。

(2)「アクティベート決議」：最後の妥協

カンパラ会議においても積み残しとなった改正未受諾締約国の地位に関する対立は、いよいよ改正受諾国が30か国を越え、改正規定が明示した2017年1月1日も過ぎた段階で開始された締約国間の「調整プロセス」でも解決されなかった[59]。議論は、侵略犯罪に関するICCの管轄権をアクティベートする決定を行うことが予定された第16回締約国会議(会期は2017年12月4日から14日まで)に持ち越された。

締約国会議においても[60]、積極解釈と消極解釈の両派の対立は顕著であったため、溝を埋めるための妥協案がいくつか提案された。いずれの案も積極解釈派から出ており、消極解釈派は、改正未受諾の締約国に対して侵略犯罪

に関する ICC の管轄権が及ばないことをアクティベート決議において明記する以外の解を認めない姿勢をとった。

提案の第1は「シンプル・アクティベーション」と呼ばれるスイス案だった[61]。この考え方は、121条5項の解釈上の対立を解決することはアクティベート後の裁判所の判断に任せ、締約国会議は単純に「アクティベートのみ」を決議すればよいとの提案である。消極解釈派の国々にとって、すべてを裁判所の判断に任せることは、あまりにリスクが高い解決策であり、認められないものだった。

第2の提案は「ソフト・オプト・アウト」方式の提案である。これは、消極解釈派が現実に侵略犯罪に関する ICC の管轄権行使対象とならないようにするため、また、それらの国の懸念を解消しうる15条の2、4項のオプト・アウト宣言を公然と行うことへの「躊躇」にも配慮して[62]、より「穏当な方法」でオプト・アウト宣言と同様の効果を確保する試みである。「穏当な方法」とは、裁判所書記への単なる「消極解釈」支持の通告によって、または締約国会議議長による「消極解釈」国リストへの掲載と当該リストの書記への送付によって、オプト・アウト宣言を代替する方法が提示された[63]。しかし消極解釈派にとって、何らかの「オプト・アウト」により管轄権から外れる方式は、「そうでなければ」（デフォルトでは）改正未受諾国にも管轄権が及ぶという「誤解」を前提にしており、受け入れられないものだった。

消極解釈派の中でも、イギリスとフランスは特に強硬だった。両国にとっては、提案されたいかなる妥協案も、カンパラで採択された改正の更なる複雑化であり法的明確性を欠くものと受けとめられた。カンパラ会議で対立点を残したまま合意したことの轍を踏まないために、消極解釈を明示したアクティベート以外は受け入れられないものだった。

会期最終日12月14日の深夜になっても、英仏の態度は変化しなかったため、コンセンサスではなく、これまでに例のない投票による決議も検討されはじめた。しかしこの時点で、英仏の要望を反映する形でのアクティベート決議に関する、副議長提案が示された。同案はアクティベートする決定（1項）に続いて、次の2つの確認事項を伴っていた。

「2. ローマ規程にしたがって、カンパラ検討会議において採択された侵略犯罪に関する規程改正は、当該改正を受諾した締約国についてそ

の批准書または受諾書の寄託の後一年で効力を生ずること、ならびに締約国による付託および検察官の職権による捜査開始の場合には、裁判所は当該改正を批准または受諾していない締約国の国民により、またはその領域内で行われた侵略犯罪に関して管轄権を行使してはならないことを確認する。」

「3. 裁判所の裁判官の司法的独立に関連して、規程40条1項および119条1項を再確認する。」

2項の後段は、明確に英仏を含む消極解釈派の求めに応じる「改正未受諾国を管轄権から除外する」決定であった。積極解釈派の諸国は、結果の読めない前代未聞の投票を避け、なおかつ自らの解釈を犠牲にしてでも英仏の言い分を受け入れて今会期でのアクティベートを確保する「苦渋の選択」をしたとされる[64]。消極解釈派は、問題のある管轄権行使が始まるよりは、決定の先送りの方が好ましいという態度だったとされ、積極解釈派は、今会期を逃すと、いつアクティベート決定ができるか全く不明確になってしまう(モメンタムを失う)ことを懸念したと言われている。

他方、この決議の3項は、裁判官の独立を規定した規程40条1項と「裁判所の司法上の任務に関する紛争については、裁判所の決定によって解決する」と規定する119条1項に言及している。争点をアクティベート後のICC自身に解決させようという「シンプル・アクティベーション」案を想起させる文言は、英仏の要求に対する「無条件降伏」を避けるために挿入された[65]。これら引用された条文の規定そのものは、否定することが難しい当然の原則を述べたものである。フランスは3項の削除を一度は求めたが、最終的には、英仏両国とも、この3項を含む副議長提案へのコンセンサス採択に応じることとなった。

以上のような経緯をたどって、2017年12月15日未明に、第16回ICC規程締約国会議は決議5を副議長提案の2、3項を含む形でコンセンサス採択して、侵略犯罪に関するICCの管轄権をローマ規程の採択から20年にあたる2018年7月17日をもってアクティベートすることを決定した(1項)[66]。

V　おわりに

　侵略犯罪は、原因となる行為に関する国家的利益の考慮、犯罪の文脈依存的な性質、訴追が及ぼす平和と安全の維持に対する影響などの特殊事情により、他の中核犯罪とは性格を異にする犯罪だと考えられてきた。その強い政治性ゆえに、侵略犯罪の訴追は、ニュルンベルグ・東京裁判のような「勝者の裁き」として、あるいはその他のある種の政治的与件を前提としたショーケース裁判として行われざるをえない。そのような犯罪の基本的特性は、ICC が発足し、カンパラ改正がアクティベートされても変わらない。したがって、将来 ICC が侵略犯罪について管轄権を行使する際に、被疑者・被告人にとっても、侵略犯罪被害者にとっても、また侵略国や被害国にとっても「公正」かつ「有意義な」裁判を確保するためには、さらなる困難が生じることも予想される。

　侵略犯罪に関する規定は、ICC 規程を採択したローマ会議、2010 年のカンパラ会議、2017 年の第 16 回締約国会議と三度の文字通りの瀬戸際で、「ギリギリの」選択と妥協を迫られつつ生き延びた。これら会議の個々の局面における参加者の真摯な議論を観察するならば、「これしか有り得なかった」内容の合意を重ねてきたと言える。しかし結果として、現在（2024 年夏）われわれが手にしているのは、欧州とラテンアメリカを中心とした一部の国家にのみ適用可能な侵略犯罪訴追の制度である。これは、議論の過程において、侵略を一般的な用語で定義し、他の中核犯罪と同様の法的厳格さ（政治的考慮の排除）を要求し、安保理の影響を最小化するなど手続きの司法的性格・裁判所の独立を優先したこと、さらに（侵略犯罪について特に）「同意」原則を重視するアプローチが「選択」されたことの結果である。可能性としては、以上の全ての点において「他の選択肢」があった。他方で、議論の出発点においては、侵略犯罪を ICC の管轄内の犯罪にすること、国家による侵略行為に責任のある個人を処罰しなければならないこと自体には、相当広い賛同があった。これらの事情を踏まえると、カンパラで採用されたフォーミュラが最適解であったのか、今日にいたっても評価できない。

　侵略犯罪に関する改正条文が定式化され、さらに ICC の管轄権がアクティベートされたことにポジティブな側面があるとすれば、それは、侵略犯罪がかつてのような政治的恣意に支配された状況を脱し、一般的に定義された中

核犯罪たる「国際法上の犯罪」であることが確認されたことであろう。この「確認」は、現状ではICCの管轄権が及ばないとしても、規程非締約国・改正規定未受諾締約国を含む国際社会全体の法的信念を示すものと言えるだろう。ロシア・ウクライナ戦争開始後、ロシアの侵略犯罪を裁く特別法廷に関する議論が当然のように立ち現れたのは、そうした法的発展の効果であろう。

　日本は、かつてその指導者が「平和に対する罪」で訴追された経験をもつ数少ない国の1つである。そのため、改正規定の諾否に関する判断が、諸国から注視されるところである[67]。アクティベート決議は、日本が強く主張した121条5項の消極解釈を確認しており、その意味で日本が改正規定を受諾するにあたっての法的障害は（表向きには）存在しない[68]。また、日本の態度が試されるのは、必ずしも改正規定の諾否の判断に限られるわけではない。侵略犯罪の実現、定着、実効的訴追に向けたあらゆる局面において、「生産的な」貢献を期待されるだろう。カンパラ会議においても第16回締約国会議においても、法的な精緻化を図り、対立する陣営との妥協の余地を模索することに尽力した日本政府代表団の貢献は特筆すべきものであった。しかし、日本が歴史から与えられた使命を果たす更なる機会は、アクティベーション以降も引き続き存在するのである。

コラム　プーチン大統領の「侵略犯罪」は裁けるか？

　ICCの侵略犯罪規定はアクティベートされたものの、その存在意義は非常に限定的である。このことは、2022年2月24日に開始されたロシアによるウクライナ侵攻で再認識された。このあからさまな隣国への軍事侵攻を実行したロシアの指導者を、なぜ侵略犯罪で訴追出来ないのか。国連総会が、「国連憲章2条4項に違反したロシア連邦によるウクライナに対する侵略を最も強い表現で遺憾とする」決議を同年3月2日に圧倒的多数で採択したことにより、不満は益々募ることになった。

　このような不満を反映して、ロシア指導者の侵略犯罪を処罰する方策がいくつか模索されてきた。まず、ICC自身が非締約国ロシア指導者の侵略犯罪を訴追できるようにするためカンパラ改正を再改正するという一部論

者の非現実的主張がある。しかしそれを別にすれば、提案されているのはいずれも、ICCでの訴追が不可能であることを前提に、ICCの外で訴追する途である。すなわち、ゼレンスキー・ウクライナ大統領自身も要請した「特別法廷」での訴追である。

　このような特別法廷を設置する場合、その設立根拠が問題になる。まずICTYのような安保理の憲章第7章決議に基づくアドホック法廷としての設置は、ロシアの拒否権行使により実現不可能だろう。そこで、それに代わって国連総会決議による設立、ウクライナと欧州評議会やEUなど地域的国際機構との合意に基づく設立、関係諸国の合意による設立、国際的要素を取り込んだウクライナ国内裁判所（ハイブリッド法廷）としての設立などが提案された。しかし、国連総会決議による設置は、必要な多数の賛成を獲得することができるかどうか不確実である。また、ハイブリッド法廷（国内裁判所）では、現職の外国大統領や外務大臣に認められる人的免除が障害となりうる。関係国間の合意による設立も、ロシアを当事国としない国家間合意なのであれば、身柄拘束などの強制手段がとれず、人的免除の問題も生じる。よって、これらの選択肢の中で最も実現可能性が高いのは、地域的国際機構とウクライナとの合意により設置される特別法廷であろう。実際にアフリカ連合・セネガル間の協定により「特別アフリカ裁判部」がチャドの元大統領を訴追するために設置された実例もある。しかし、このような形で特別法廷が実現しても、それが、人的免除の制約を受けない「ある種の国際的刑事裁判所」（ICJ・逮捕状事件判決）に該当するかどうか疑義が提起されるだろう。

【注】

1　Fifth Report on State Responsibility, by Mr. Roberto Ago, Special Rapporteur, *Yearbook of the International Law Commission* (hereinafter cited as YBILC), 1976, Vol. II(1), p. 54, para. 155.

2　G. Gaja, "The Long Journey towards Repressing Aggression," in Antonio Cassese et al. eds., *The Rome Statute of the International Criminal Court: A Commentary*, Vol. 1(Oxford UP., 2002), p.427.

3　RC/Res.6, "The Crime of Aggression," 11 June 2010, in S. Barriga, and C. Kreß eds., *The Travaux Préparatoires of the Crime of Aggression* (Cambridge UP, 2011) [hereinafter cited as Travaux] [#1], pp. 101-107. この文書集に掲載されている文書については、以下、同書の文書番号を [#XXX] のように示す。

4　ICC-ASP/16/Res.5, Activation of the Jurisdiction of the Court over the Crime of Aggression, 14 December 2017 < https://asp.icc-cpi.int/resolutions/sessions/2017-16th-session>.

5　YBILC, 1951, Vol.II, pp. 67-69.

6　Sir Austen Chamberlain to the House of Commons, *HC Deb* 24 November 1927, Vol. 210, c

2105.
7　例えば、2000 年ギリシャ・ポルトガル提案 (Proposal Submitted by Greece and Portugal, 28 November, PCNICC/2000/WGCA/DP.5 [#73])。
8　ニュルンベルク憲章の準備過程ではソ連やフランスが侵略戦争の定義そのものに反対した (Kirsten Sellars, *'Crimes against Peace' and International Law* (Cambridge UP, 2013), pp. 98-103)。カンパラ会議においてもアメリカが「人道的干渉」を除外することを画策した (Intervention by Harold Hongju Koh, Legal Adviser, U.S. Department of State, Kampala, Uganda, 4 June 2010 <https://2009-2017.state.gov/s/l/releases/remarks/142665.htm>)。
9　YBILC, 1996, Vol. II(2), p. 43, commentary, para. 5.
10　Proposal by Germany, 11 December 1997, A/AC.249/1997/WG.1/DP.20 [#35].
11　Proposal submitted by Germany: the Crime of Aggression: A Further Informal Discussion Paper, 13 November 2000, PCNICC/2000/WGCA/DP.4 [#72], paras. 10-11.
12　Informal Intersessional Meeting of the Special Working Group on the Crime of Aggression (2006) [2006 Princeton Report] [#98], para. 26; Report of the Special Working Group on the Crime of Aggression (2007) [Report of SWGCA 2007] [#104], paras. 16-18.
13　Report of SWGCA 2007 [#104], paras. 16-18.
14　Report of the Special Working Group on the Crime of Aggression (2008) [Report of SWGCA 2008] [#115], paras. 23-29)。
15　パウルスは、「国連憲章の明白な違反」に限定する敷居条項は、結果として、侵略行為認定の敷居を引き上げ、侵略犯罪に関する改正規定が「死文化」する可能性があるという。また、「敷居」を越えない武力行使に対する批判が弱まり、武力行使禁止規範を希釈化するとも指摘する。*See*, Andreas Paulus, "Second Thoughts on the Crime of Aggression," *European Journal of International Law*, Vol. 20, No. 4 (2009), p. 1124.
16　Kai Ambos, "The Crime of Aggression After Kampala," *German Yearbook of International Law*, Vol. 53 (2010), pp. 484-485; Beth Van Schaack, "Negotiating at the Interface of Power and Law: The Crime of Aggression," *Columbia Journal of Transnational Law*, Vol. 49 (2011), p. 560.
17　Discussion Paper 3: Definition of Aggression in the Context of the Statute of the ICC, ASP Official Record, ICC-ASP/4/32, Annex II, D, 388 [#95] para. 3.
18　RC/Res.6 [#1], Annex II, Amendments to the Elements of Crimes, Article 8 *bis*, Introduction, para. 3.
19　総会決議 3314 前文の 5 項にある文言の繰り返しである。
20　Ambos, *supra* note 16, pp. 483-484.
21　Report of the Special Working Group on the Crime of Aggression (2007) [#113], para. 21. 同決議の各規定が「その解釈及び適用上、相互に関連するものであり、各規定は、他の規定との関連において解釈しなければならない」ことは、決議自身が強調している (8 条)。
22　Stefan Barriga, "Against the Odds: The Results of the Special Working Group on the Crime of Aggression" in Stefan Barriga et al. eds., *The Princeton Process on the Crime of Aggression* (Liechtenstein Institute on Self-Determination, Princeton University, 2009), p. 10.

23　Carrie McDougall, *The Crime of Aggression under the Rome Statute of the International Criminal Court* (Cambridge UP, 2013), pp. 109-110.

24　Ambos, supra note 16, pp. 487-488.

25　このリストが例示列挙か限定列挙かという点は問題となりうる。侵略の定義決議は明らかに「例示的リスト（オープンリスト）」である。カンパラ改正規定8条の2、2項後段も、「次に掲げるいずれの行為も、…侵略行為とされる」としていることから、言及された行為が前段にいう「侵略行為」に該当するということを「例示」しているのは明らかであろう（McDougall, *supra* note 23, pp. 103-104）。

26　Ambos, *supra* note 16, p. 487.

27　R.S. Clark, "Individual Conduct," in C. Kreß and S. Barriga eds., *The Crime of Aggression: A Commentary*, Vol.1 (Cambridge UP, 2017), pp. 583-584; 山下渉「国際刑事裁判所規程「侵略犯罪」の人的処罰範囲：戦後軍事裁判との比較において (1) (2完)」『国際公共政策研究』20巻1号（2015年）67-80頁／20巻2号（2015年）17-30頁。

28　山下、前掲論文 (1) (2完)（注27）。

29　ILC, Draft Code of Crimes against the Peace and Security of Mankind, with Commentary, YBILC (1991), Vol. II, p. 79 [#26], Articles 15, 1996 ILC Draft Code of Crimes with Commentary, YBILC (1996) Vol. II, p. 15 [#28], Article 16.

30　Proceedings of the Preparatory Committee during March-April and August 1996 [#30], para. 71.

31　Compilation of Proposals in General Assembly, *Report of the Preparatory Committee on the Establishment of an International Criminal Court* [#31].

32　翻訳は『国際条約集』（有斐閣）による。

33　ILC, *Principles of International Law Recognized in the Charter of the Nürnberg Tribunal and in the Judgement of the Tribunal*, YBILC (1950), Vol. II, p. 374 [#18], para. 117.

34　Discussion Paper Proposed by the Coordinator, 11 July 2002 [#83].

35　Informal Intersessional Meeting of the Special Working Group on the Crime of Aggression (2005) [#91], paras. 19-32; Discussion Paper 1: The Crime of Aggression and Article 25, Paragraph 3, of the Statute [#93].

36　Informal Intersessional Meeting of the Special Working Group on the Crime of Aggression (2007) [#109], paras. 5-12.

37　*See*, YBILC, 1993, Vol. II(2), pp. 109-111. Draft Statute for the International Criminal Court with Commentaries, YBILC, 1994, Vol. II(2) [#27], pp. 38-39.

38　例えば、ILC草案に対するヴェネズエラのコメント（A/AC.244/1, p. 23, para. 9）。Report of the Ad Hoc Committee on the Establishment of an International Criminal Court, A/50/22, 1995 [#29]; Report of the Preparatory Committee on the Establishment of an International Criminal Court, A/51/22, 1996 [#30], para. 139. *See also*, Christopher Keith Hall, "The Third and Fourth Sessions of the UN Preparatory Committee on the Establishment of an International Criminal Court," *American Journal of International Law*, Vol. 92, No. 1 (1998), p. 131.

39 Ambosによると、2002年の準備委員会（規程発効前、すなわち締約会議における議論開始前）の集大成である議長ペーパー（Discussion paper proposed by the Coordinator, PCNICC/2002/WGCA/RT.1/Rev.2, 11 July 2002 [#83]）で「定義」と「管轄権行使条件」が議論の道筋として分離されたことが決定的であったという（Ambos, *supra* note 16, p. 499）。

40 2005 Princeton Report, ICC-ASP/4/SWGCA/INF.1, ICC-ASP/4/32, Annex.II.A [#91], paras. 60-62. Stefan Barriga, "Negotiating the Amendments on the crime of aggression," in Travaux, p. 30.

41 Report of SWGCA 2008, Annex II [#115], para. 39.

42 Ambos, *supra* note 16, p. 499.

43 規程15条の2、8項は「予審裁判部門」に許可権限を与えているが、現行のICCの組織構成上、これが可能であるのか問題となりうる。規程39条2項(b)(iii)は予審裁判部門に言及しているが、「予審裁判部の任務は、…予審裁判部門の三人の裁判官又は予審裁判部門の一人の裁判官が遂行する」と規定しており、「裁判部門」は裁判所の機構上の単位ではあっても、裁判機関（判断主体）ではないからである。*See*, Hans-Peter Kaul, "Kampala June 2010 – A First Review of the ICC Review Conference", *Göttingen Journal of International Law*, Vol. 2 (2010), p. 665.

44 当初の案（予審裁判「部」の許可のみでよいという規定）は通常の検察官による職権捜査の開始を許可するのと同じ条件であったので、この変更には手続上の差別化として少なからぬ意義があったと言える。

45 Van Schaack, *supra* note 16, pp. 573-577.

46 ICC側に管轄権決定権があるのだとすれば、手続上必要なのは検察官が「安全保障理事会がかかる決定を行った」と解釈でき、ICCの権限ある裁判部がそのように認めることができるような何らかの安保理によるリアクションがあれば十分だとも主張される（McDougall, *supra* note 23, p. 269）。

47 *Ibid.*, pp. 269-270

48 Statement by France (with the United States of America), Explanation of position after the adoption of RC/Res.6 [#156].

49 Statement by the United Kingdom, Explanation of position after the adoption of RC/Res.6 [#156].

50 *Certain Expenses of the United Nations (Article 17, paragraph 2, of the Charter), Advisory Opinion of 20 July 1962, I.C.J. Reports 1962*, p. 151, at 163.

51 McDougall, *supra* note 23, pp. 277-278. ただし規程13条(b)によれば、安保理は「(5条に規定する)犯罪の一又は二以上が行われたと考えられる事態」を検察官に付託しうるのみであり、その罪を特定したり、特定の「事件」を付託したりすることは許されていない。ゆえに、論理的には、安保理による付託が「侵略犯罪訴追手続の承認」に直結しているわけではない（*Ibid.*, p. 278）。

52 Travaux, pp. 36-37.

53 ただし、検討会議決議6が、前文において5条2項を想起し、本文1項でも「5条2項に従って……規程の改正を採択することを決定する」と述べているところに、「採択」

説の残滓をみることもできる。

54　Travaux, p. 38.
55　日本政府がこの立場を強調していた。その理論的正しさに賛意を示す国はあったようであるが（岡野正敬「国際刑事裁判所ローマ規程検討会議の結果について」『国際法外交雑誌』109 巻 2 号（2010 年）81 頁）、賛同は得られなかった（McDougall, *supra* note 23, p. 242)。
56　例えば、ICC におけるミャンマーの事態に関する人道に対する犯罪としての「追放」の犯罪実行地の解釈を参照。ICC, *Decision Pursuant to Article 15 of the Rome Statute on the Authorisation of an Investigation into the Situation in the People's Republic of Bangladesh/Republic of the Union of Myanmar*, ICC-01/19, 14 November 2019.
57　McDougall, *supra* note 23, p. 239.
58　Travaux, pp. 45-46.
59　この調整プロセスの詳細については、三上正裕「侵略犯罪に関する国際刑事裁判所（ICC）の管轄権行使の開始決定：経緯、意義、問題点」『国際法外交雑誌』115 巻 3 号（2018 年）66-90 頁を参照。
60　第 16 回締約国会議における議論は、三上、前掲論文（注 59）、Claus Kreß, "On the Activation of ICC Jurisdiction over the Crime of Aggression," *Journal of International Criminal Justice*, Vol. 16, No. 1(2018), pp. 1–17.
61　Elements of an activation decision, presented by Switzerland, Report on the facilitation on the activation of the jurisdiction of the International Criminal Court over the crime of aggression. 27 November 2017, ICC-ASP/16/24, Annex III.
62　2024 年 6 月末の時点で、侵略犯罪に関する規程改正を受諾した国は 45 か国、それに対して 15 条の 2、4 項のオプト・アウト宣言を行っているのは、いずれも改正を受諾していないケニアとグアテマラの 2 か国にとどまる＜https://www.icc-cpi.int/resource-library＞。
63　Kreß, *supra* note 60, p. 10.
64　*Ibid.*, p. 11.
65　*Ibid.*, p. 12.
66　ICC-ASP/16/Res.5, *supra* note 4.
67　同じ経験をもつもう 1 つの国ドイツは、2013 年 6 月に改正規定を受諾している。旧枢軸国のもう 1 か国イタリアも、2022 年 1 月に改正規定を受諾した（*The United Nations Treaty Collection*, Chapter XVIII, 10.b)。
68　日本政府代表はカンパラ会議において「121 条 5 項の消極解釈が正しい法的解釈だと考える」と明言し、第 16 回締約国会議においても消極解釈派として行動している。*See,* Statement by H.E. Mr. Ichiro Komatsu, Special Envoy of the Government of Japan, Ambassador Extraordinary and Plenipotentiary of Japan, At the Review Conference of the Rome Statute of the International Criminal Court (ICC) 4 June 2010, Kampala ＜https://www.mofa.go.jp/policy/i_crime/icc/pdfs/statement_1006.pdf＞．三上、前掲論文（注 59）。

第 7 章
刑事責任

髙山佳奈子

Ⅰ　ローマ規程における関与形式
Ⅱ　特に注目される類型
　1　広義の共犯
　2　間接正犯
　3　上官責任
Ⅲ　具体例
　1　正犯
　2　狭義の共犯
　3　上官責任
Ⅳ　日本法の観点から

I ローマ規程における関与形式

コア・クライムは、組織的に行われることが多く、首謀者の地位にある者は自分では手を下さずに命令を下すだけであることも珍しくない。そのような者を重く処罰する必要があること自体は、国際的にも共通して理解されている[1]。海外では古くから問題視されているが[2]、現在の組織犯罪では、暴力団のように構成員とそうでない者とが明確に分かれているメンバーシップ型の組織だけでなく、「匿名・流動型犯罪グループ[3]」と呼ばれるネットワーク型の組織による犯行も注目されているところであり、多様な形態に対応できる法の運用が国内的にも国際的にも求められているといえる[4]。

しかし、国内刑法のレベルで、もともとそれに適合する制度を持っていなかった国も多かったため、国際刑事裁判所(ICC)以前のアドホックに設立された裁判所の規程にはそれを直接規定する条文がなく、ICCに適用されるローマ規程の総則で関与形式全般についていかなる規定を置くべきかは、自明でなかった。また、規程ができてからも、個別の条文の解釈・適用の段階では議論が生じることとなる。

日本では旧刑法(明治13年太政官布告第36号)が教唆を正犯とし、大審院の時代から共謀共同正犯を正犯として処罰してきたため[5]、組織的犯罪で直接手を下していない者について、国際刑事法でも同様の考え方によって対処することに違和感は生じない。これに対して、実体が過失犯であるところの上官責任の制度は、国内法上の「最も重大な犯罪」(ローマ規程前文)のイメージにそぐわない。もっとも、国際刑事法は、国内法には存在しなかったほどの高度の立証上の困難性という問題を抱えているため、実体法の規定でそれをカバーすることとなっている部分が随所にあるといわざるをえない。

なお、国際刑事裁判所の発足当時は定義が保留となっていた「侵略犯罪」について、2010年のカンパラ会議において定義が採択された(8条の2)[6]。そこでは主体の範囲が限定される一方、極東国際軍事法廷憲章(東京裁判)におけると同じく、行為態様に共謀や予備も含まれるため、共犯に関する25条も改正されて新たに25条3項の2が設けられた[7]。したがって、「侵略犯罪」に関しては、関与形式の特例が設けられた形になっている。特別規定は管轄権行使についても設けられた(15条の2)。

以下では、一般的な関与形式についてのローマ規程の内容と実務を確認し、

比較法の見地から留意すべき点を論じることとする。

II 特に注目される類型

1 広義の共犯
(1) 共同正犯

ローマ規程は自然人のみを処罰対象にしており、法人その他の団体に対する刑罰はない（ローマ規程25条1項・2項）。個人の関与形式としては、日本法にいう正犯および狭義の共犯におおむね対応する形式と、その他の形式とがそれぞれ明文で規定されている。

ローマ規程25条3項は、「正犯」「共犯」という区別を文言としては用いておらず、代わりに、「実行」(commission)者と、他人の実行に関与する者とを区別している。実質的には日本法にいう正犯および狭義の共犯にそれぞれ相当するものと考えてよい。

まず、25条3項(a)は、「実行」の形態に、単独の実行、共同の実行、他人を介した実行の3種類を挙げており、これはドイツ刑法25条1項と同じで、それぞれ、「直接正犯」、「共同正犯」、「間接正犯」に相当する。日本法には共同正犯の条文しかない（刑法60条）が、間接正犯は単独でも実現できるし[8]共同してでも実現できるので、論理関係としてはわざわざ間接正犯に言及しない日本法のほうが正しいように見える。しかし、ローマ規程では直接実行者との関係が共同正犯なのか間接正犯なのかの区別にかかわらず犯罪の成立を肯定する形が意図的に採用されていると解される（日本法の適用上も、単独犯と共同正犯のいずれの犯情が重いかはケースバイケースであり、いずれかが確定できない場合に、刑事手続法上の択一的認定が行われることもある[9]）。

ICC以前のアドホック裁判所の規程には、間接正犯に関する条文はなかった。ICCの間接正犯に相当する条項では、「道具」となる者自身が犯罪成立要件を具備していても背後者に刑事責任の成立することが明示されているので、いわゆる「正犯の背後の正犯」が規定上認められていることになる。日本法では、因果関係に関する一連の判例が、他人の「過失」行為や被害者の不適切行為が介在して結果が発生した場合についても第一行為者の行為と最終結果との間に因果関係を肯定してこれを処罰対象にしてきているところであるが（たとえば、いわゆる「トランク監禁事件[10]」）、他人の「故意」行為が介在

してそこから直接に最終結果が発生した場合には、他人との間に意思連絡の認められる場合に限って、共同正犯の成立が肯定されている[11]。たとえば「オウム真理教リンチ殺人事件」では、教団幹部らから命令に従わなければ殺す旨を告知され脅迫された元信者が被害者を殺害した事案で、教団幹部の間に共同正犯の関係があるだけでなく、元信者（執行猶予付き有罪判決を受けた[12]）と教団幹部との間にも共同正犯の関係があるとされている[13]。私見では元信者には適法行為の期待可能性がなく行為の責任が阻却されると思われるが[14]、そのように考えた場合には、1人の「道具」を複数の幹部らが利用した間接正犯の共同正犯となる。

なお、旧ユーゴスラヴィア国際刑事裁判所（ICTY）の規程においては、このような形で整理された共犯処罰規定がまだ存在せず、判例によって、組織犯罪への対処のために Joint Criminal Enterprise（JCE）という法理が用いられていた[15]。これは特に1997年のタジッチ事件上訴審判決[16]によって明確にうち出されたとされる。JCE は「共同犯罪企図」と訳されることが多いが、1名以上による実行は必要なので、共謀罪と異なり共謀のみでは犯罪が成立しない。むしろ、組織であることが重要であり、「共同犯罪組織」としてとらえるならば、日本の学説にいう「共同意思主体[17]」に類似するものであったと思われる。

JCE には判例上3つの類型が認められてきたが、明文の規定がないのにもかかわらずそこまで細かい内容が慣習国際法として展開されることには、罪刑法定主義の考え方から見ると疑問が多く[18]、また、そこで言われる法理が最も広く適用された場合には、日本法でいうと当初の共謀の射程に含まれない共犯過剰の結果をすべての関与者について全面的に処罰対象とすることとなり[19]、また、実質的に幇助にすぎないものを正犯に格上げすることにもなって、結論的にも妥当でないと批判されていた[20]。慣習法とされたこの内容を、国際刑事裁判所において、ローマ規程に付け加えて共犯の処罰類型とすることは、今のところ認められていない[21]。ローマ規程は次項で述べる25条3項(d)において、最広義のJCEの一部を、正犯ではなく軽い関与形式として取り込んでいるとも解しうる。

(2) 狭義の共犯

25条3項(b)は、日本法にいう教唆の規定であり、「既遂又は未遂となる

当該犯罪の実行を命じ、教唆し、又は勧誘すること」である。日本法と同様に、犯罪の実行を決意させることを要すると解されている[22]。また、日本語だとわかりにくいが、規程上、現実に未遂まで至ったことが要求されており、教唆の実行従属性の考え方が採用されている点も、日本法と同様である。これは、ICTY・ICTR でも採用されていた立場であるとされる[23]。初めに挙がっている命令の類型は、共同正犯や間接正犯の要件を満たす場合に接近しており、犯罪性の程度は高いと考えられる。また、アドホック裁判所では教唆行為と正犯による実行との間に「あれなければこれなし」の関係、つまりもともと犯意のなかった正犯者に犯罪を行わせたことは不要だとされていたが[24]、ICC ではこれが必要だと考えられているとされる[25]。

　25 条 3 項(c)は、日本法にいう幇助に相当する規定であり、言葉等によるはたらきかけ（日本でいう心理的幇助）のほか、手段の提供（日本でいう物理的幇助）も含むことが明示されている[26]。実行従属性を満たす必要がある。幇助行為がなくても犯罪が実現されたかもしれない場合にも成立が認められるので、「あれなければこれなし」という意味での最終結果との間の因果関係を要しないことも[27]、日本法[28]と同様である。幇助にはいわゆる「促進の因果性」があれば足りることになる。「教唆・勧誘」(25 条 3 項(b))と「唆し」(同項(c))とは用語としては類似するが、後者は心理的幇助にあたるものを想定しており、関与の段階には差があるものと考えられている。

　ここまでは、おおむね日本法における狭義の共犯と同じである。

　25 条 3 項(d)は、対象犯罪の集団的な実行に対するその他の寄与であって、(i)「当該集団の犯罪活動又は犯罪目的の達成を助長するために寄与する場合」か(ii)「当該犯罪を実行するという当該集団の意図を認識しながら寄与する場合」のいずれかに該当するものについても、処罰対象とする。(c)との相違がわかりにくいが、由来としては、1997 年の「テロリストによる爆弾使用の防止に関する国際条約（爆弾テロ防止条約）」（日本は 2001 年に批准）が基になっているとされる。この条約の 2 条 3 項(c)が「共通の目的をもって行動する人の集団が 1 又は 2 に定める犯罪の一又は二以上を実行することに対し、その他の方法で寄与する行為。ただし、故意に、かつ、当該集団の一般的な犯罪活動若しくは犯罪目的の達成を助長するために又は当該一若しくは二以上の犯罪を実行するという当該集団の意図を知りながら、寄与する場合に限る。」と規定しているのに対し、ICC 規程ではコア・クライムの実行が未遂段階ま

で進むことを要件としている。

　日本法では、抽象的危険犯とされる場合も含めて爆発物の取扱いが広く犯罪化されているので、それに対する関与が刑法総則の幇助の処罰規定に該当するのであれば、爆弾テロ防止条約の処罰範囲への対応はあまり問題にならない。しかしローマ規程の策定時にはいわゆる「共謀罪」(実行の着手や予備よりもさらに前の段階を含む)の限度まで処罰範囲を広げるべきかが検討された結果、実行従属性が要件とされることになった。もし、この段階で共謀罪まで処罰することとされていたならば、日本のICCへの参加はさらに遅延していた可能性がある。日本は、テロ関連の諸条約には迅速に対応して国内法上の広範な犯罪化を実現した(特に、「公衆等脅迫目的の犯罪行為等のための資金等の提供等の処罰に関する法律(テロ資金提供処罰法)」の処罰範囲は非常に広い)ものの、テロ以外の犯罪類型について共謀罪を設けて対処することは、従前の国内法との乖離が大きすぎたからである。なお、前述のとおり、本条はかつてのJCEの一部を念頭に置き、それを「実行」(正犯)そのものとは明示的に区別して軽い類型であることを示す意義を持つ条文とも解される[29]。

　かつては、犯意を生じさせるはたらきかけであっても関与の程度が低いものは「唆し」の限度にとどまるとされたようであるため、本条と教唆の区別があいまいであるとの指摘もある[30]。これを、ICC対象犯罪が重大でなければならないための制限とする理解がある[31]。しかし2016年のオングェン事件予審裁判部決定では、25条3項(d)についてそのような限定は文言上存在しないとしており[32]、その判断が維持されている[33]。ベンバ事件第一審判決でも、限定は不要とされ、上訴審でそれが支持された[34]。

　関連して、故意に関する30条3項に規定される「認識」の解釈としては、蓋然性説が採用されているとされる[35]。ローマ規程の立法者意思としては、単なる可能性の認識の場合を含まないとする趣旨だったとされる。もっとも、「結果が発生することも予見しているし、発生しないことも予見している」という未必的な心理状態も文言に含めうる以上、条文自体が可能性説と矛盾するわけではない。幇助の因果性をある程度高いものに限定する解釈と同様、犯罪の成立範囲を重大な場合に限る趣旨であれば、解釈として蓋然性説を採用すること自体はできる。

　25条3項(e)はジェノサイド条約に基づく独立共犯としての集団殺害扇動罪の規定で、実行従属性を要しないが(日本法では破壊活動防止法などにこのよ

うな形の独立共犯の処罰規定がある）、公然性が要件となっている。

なお、続く25条3項(f)は未遂犯および中止犯の規定である。日本の旧刑法は「罪ヲ犯サントシテ已ニ其事ヲ行フト雖モ犯人意外ノ障礙若クハ舛錯ニ因リ未タ遂ケサル時」を未遂犯とし (111条)、その反対解釈として、犯人の意思による中止犯は不可罰であることが導かれるのだが、ローマ規程のこの条文は中止の不可罰性も明文で規定している。

(3) 処罰の相違

ローマ規程の条文自体は、「実行そのもの」と、「実行に対する関与」とを分けて規定するのみで、正犯と狭義の共犯とを明示的に区分しているわけではない[36]。これは、広義の共犯のうち、共同正犯のみを「正犯」に含める日本の現行法のような立場が必ずしも普遍的ではないことと関連している。比較的知られているのは、教唆・幇助も「正犯」の中の類型だとする統一的（拡張的）正犯概念（フランス、イタリア、オーストリアなど）の諸国であるが、それ以外にも、たとえば日本の旧刑法は共同正犯と教唆を「正犯」、幇助を「従犯」と規定していたし、現在のドイツでは故意犯については共同正犯のみが正犯だが過失犯については統一的正犯概念が採用されているといわれるように、広義の共犯の概念規定は国や時代によってさまざまである。

もっとも、処罰の程度については、共同正犯が重い類型、幇助が軽い類型であるという理解が比較的広く共有されている。このため、量刑に関するルールを含む証拠手続規則 (Rules of Procedure and Evidence; RPE) 145条1項(c)では、特に考慮すべき量刑の要素の中に「関与の程度」を含めて挙げている。後述するとおり、幇助に正犯より重い刑を言い渡すことを可能にするような正犯概念は採用すべきでないと考えられる。

2　間接正犯

前述のとおり、他人を道具として用いる間接正犯の形態は、単独正犯としても共同正犯としても実現することができる。また、他人に対して優越的な立場にある者が間接正犯であるのか、それとも、直接実行者たる他人との間で共同正犯となるのかの区別は、事案によって微妙である。日本の判例では、刑事未成年者に窃盗や強盗を行わせた事案で、児童の意思を抑圧していた場合には間接正犯、そうでなかった場合には共同正犯の成立が認められてい

る[37]。そこでは、直接行為者の行為が有責性要件を備える必要はなく、違法であれば、それについて共犯関係が成立しうるとする制限従属性の考え方が、狭義の共犯のみでなく共同正犯にも及ぼされている[38]。だが、間接正犯と共同正犯との区別は事実的な程度問題となっており、微妙である。この点に関し、ローマ規程においては、区別を無用とする条文の書きぶりになっているといえる。

いずれにしても、正犯性に関するICCの判例の中には、ドイツの学説[39]に明示的に言及するものが目立ち[40]、特にドイツで正犯性を認める基準として有力な「行為支配論」の影響[41]の大きいことが明白である[42]。

3 上官責任
(1) 沿 革

現行の日本の刑法には存在しない犯罪形式として、上官責任(superior responsibility)と呼ばれるものがある[43]。

由来として、1899年・1907年のハーグ陸戦規則、1907年のハーグ第10条約、1929年の赤十字条約において、上官の義務のルール化が求められていた[44]。それらはまだ、刑事罰について規定するものではなかった[45]。しかし、米軍特別法廷において、陸軍司令官であった山下奉文が、部下によるフィリピン市民に対する残虐行為について米国軍事委員会に訴追され、故意も過失も立証されていないのに絞首刑に処されるということがあった[46]。これを受けて、いわゆる東京裁判でも、規程に条文がなかったが上官責任に基づく処罰が認められ、「1949年のジュネーヴ諸条約の国際的な武力紛争の犠牲者の保護に関する追加議定書」が1977年に採択されて、上官の不作為を懲戒上または刑事上の責任の対象にすべきことが定められた。ICTY規程7条3項とICTR規程6条3項にも規定されており、それらのアドホック裁判所の判例においても一定の適用を見てきた[47]。山下裁判を始めとする戦後の軍事裁判が被告人の有した形式的地位だけで処罰を肯定する傾向にあったことが問題視され、実効的支配や軍以外の地位を検討する実質的な観点へと基準が移行したと考えられる[48]。

上官責任はICC規程では28条に規定されており、25条の一般規定による処罰範囲に該当しないものについて補足的に処罰する趣旨の条文とされている。事後的な対処をしなかったという不作為の類型も犯罪とされており、こ

れは因果的共犯論の意味での共犯にはあたらないため、独立の犯罪類型として理解する必要がある[49]。事前的な不作為の類型は、一般的な「不救助罪」のない日本法上は、犯人蔵匿・隠避罪 (刑法 103 条) の不真正不作為犯となる例外的な場合以外、犯罪を構成しないと考えられる。日本法では、事後的な不作為の類型も、爆発物取締罰則 8 条の不告知罪や[50]、軽犯罪法 1 条の不協力・不通報の罪 (8 号・18 号) があるのみである。

(2) 客観的要件

ICTY と ICTR では文民の上位者が主体に含まれるかが明らかでなかったが、ローマ規程は明文の規定を置いている。作為正犯がいる場合に、その者と共同正犯の関係にない単なる不作為を独立の正犯とすべきではない以上、本類型の実体は過失による幇助の一部を犯罪化したものであり、正犯と同じ因果性は不要であると解される。

この形式が適用されるための客観的条件は 4 つあるとされる。第 1 に、上官と部下の関係が存在していたことを要する。28 条 (a) は、軍隊および実質的に軍隊である組織の場合、(b) はそれ以外の組織の場合について規定しており、(b) では、必ずしも軍隊と同等の形になっていなくても、指揮命令系統が存在していれば足りることが前提とされている。

第 2 に、形式的な上下関係があるだけではなく、上官とされる者に現実に指揮命令の影響力のあったことを要する。これは、軍隊ないし軍隊に準じる組織においては認定されやすいと思われるが、それ以外の組織の実情はさまざまなものでありうるため、(b) の類型では、問題となる犯罪が当該上官の実質的な責任および管理の範囲内にある活動に関して発生したものであることが明文の要件とされている (28 条 (b) (ii))。つまり、犯罪の発生に先行して存在していた上官の責任範囲の外でそれが起きた場合には、たとえ何らかの形で事実的な影響力が及びえた場合であっても、この条件を満たさないことになる。

第 3 に、部下の管理を適切に行わなかったことの「結果として」犯罪が起きたことである。これが、日本の刑法判例が採用している条件関係 (「あれなければこれなし」) までを要求するのか、それとも、ドイツ刑法で「因果関係」として扱われている合法則的条件 (作為または不作為からの自然法則的な流れに従って結果が生じたこと) で足りるのかは明確でないとされる。ICC のベンバ

事件では、第一審でも控訴審でも[51] その点が未決着のままにされているといわれる。

　第 4 に、上官が「自己の権限の範囲内ですべての必要かつ合理的な措置をとることをしなかったこと」である。これが「部下による犯罪の実行を防止し若しくは抑止」するための措置に関するものである場合には、その判断が第 3 の条件と内容的に重なってくる。しかし、ICC 規程は、それだけでなく、「捜査及び訴追のために事案を権限のある当局に付託するため」の措置に関するものも含む。この場合には、不作為の対象が全く異なってくる。この最後の部分は、部下による「実行」に対する関与とは関係がないように見える。継続して行われている犯罪を「黙認する」ことが「促進の因果性」を与えていると評価できる場合はあるだろうが、条文に規定されているのは捜査協力であるので、異質の印象を与える。

(3) 主観的要件

　主観的要件に関しては、軍隊およびそれに準じる組織と、それ以外の場合とで、部分的に異なる内容が規定されている。軍隊的組織においては、隊員による犯罪の実行を知って措置を執らない場合だけでなく、「知っているべきであった」場合、つまり過失の場合（知っていたはずだといえても認識自体を立証できない場合）も処罰対象とされている。ICTY・ICTR の規程では、故意がない場合の表現は、「知る理由があった」であった。ICC 規程のほうが狭いことになるが、故意が立証されない場合を含むことに相違はない。

　その他の組織では、部下による犯罪の実行を明らかに示す情報を「意図的に無視した」ことまでが要求されているが、それは「知って」に該当しない場合でも足りることとされている。解釈としては、日本法にいう「概括的故意」の場合に限定することが可能だと思われるが、英米法にいう「無謀 (recklessness)」でよいという理解も可能である。

(4) 問題点

　上官責任の規程は、少なくとも部分的には、不作為の過失犯を処罰することになっており、そのことに対して以前から批判が向けられている。

　確かに、組織における犯罪現象のとらえ方としては、日本法でも特別刑法に「法人処罰」の制度があり、そこでは一般に、自然人である従業員が業務

活動の中で規定される犯罪を行った場合に、法人が人員の任命および監督を適切に行わなかったという「過失」が推定されて、反証がなければ法人に罰金刑が科されるという「過失推定説」が判例上採用されている[52]。この制度は当初、法人ではない自然人の事業主について、従業者の犯罪に対する責任を負うことの根拠として最高裁が採用したものであるから[53]、組織において部下が犯罪を行ったときに管理者も過失に基づいて処罰される、という考え方自体は、日本法でも認められてきているといえる。

しかし、日本の事業主処罰や法人処罰は、経済活動を規制する法律において定められているものであり、人の生命や身体、自由などに対する最も重大な犯罪とされるコア・クライムについて同様の過失犯処罰を肯定することは、犯罪の性質の相違からして適切でないのではないかとも思われる。

結局この点は、歴史的経緯にもよるが、国際刑事法における立証の困難性が背景にあることを考慮して理解せざるをえないように思われる。すなわち、実際には上官は故意の共犯の成立要件を満たしていたのではないかとの疑いがあるものの、十分な証明ができないので、過失犯でも処罰できるような条文が設けられている格好になっているのである。立証の困難さを回避する広範性はコア・クライムの定義全般についてあてはまることに注意を要する。

III 具体例

1 正 犯

ローマ規程では「共同正犯」と「間接正犯」とが並んで規定されているため、ICCの判例においては、「道具」となる者を複数の者が利用して行う共同正犯の形態に注目が集まっているとされる。

これは、日本法においては当然のように共同正犯として処罰されてきた類型である。たとえば、組織的犯罪処罰法の組織的詐欺罪の成立を認めた最高裁判例は次のように述べている。「客観的に……『人を欺いて財物を交付』させる行為……を実行することを目的として成り立っている上記組織は、『詐欺罪に当たる行為を実行するための組織』に当たることになったというべきである。上記組織が、元々は詐欺罪に当たる行為を実行するための組織でなかったからといって、また、上記組織の中に詐欺行為に加担している認識のない営業員や電話勧誘員がいたからといって、別異に解すべき理由はな

い[54]。つまり、認識のない者を「道具」として利用して複数の者が詐欺を行うことは共同正犯（として実現される間接正犯）である。

　ICCの判例においては、「共同間接正犯」(indirect co-perpetration/joint indirect perpetration) という類型を可罰的とすべきかが議論された。日本の文献では「間接共同正犯」との表記のほうが多く用いられているが、共同して間接正犯を実現するものなので、「共同間接正犯」のほうがわかりやすいのではないか。「間接共同正犯」だと、単なる順次共謀の場合と紛らわしいように思われる。また、事案に応じ、「道具」にあたる者が複数いる場合に、「道具」間の意思連絡の有無によって2つの下位類型が区別されることもあるが[55]、ローマ規程は「道具」の行為の法的性質を問題にしていないので、両者の相違は法律効果の点では重要性が低く、また、量刑上考慮されるべき犯情としても、いずれの類型が重いかはケースバイケースであろう[56]。

　まず、行為支配論のリーディングケースといわれるルバンガ事件[57]においては、コンゴ民主共和国内の民族紛争で、武装組織の最高司令官にあった被告人が、15歳未満の児童の徴集、部隊への編入、敵対行為への使用を理由に訴追された。第一審が14年の拘禁刑を宣告し、上訴審もこれを維持した[58]。本事態については、後述のように、他の者による幇助の成否も争われている。予審部の決定は、行為支配論を採用し、直接の実行、意思による支配、組織による機能的支配の3とおりの実行が被告人に認められるとしている。その際、他人と共同しての支配も可能だとしている。公判部第一審は有罪判決を下し、上訴審もその結論を維持している。上訴審判決は特に、意思連絡が行為支配の重要な要素であると見ている[59]。

　次に、「共同間接正犯」の類型が正面から認められたとされるカタンガとングジョロ・チュイの事件では、予審段階で、それぞれが指揮していた組織は別であったが、同一の被害について共同正犯の関係にあると評価された[60]。事案は、コンゴ民主共和国内での敵対民族に対する非人道的な加害が加えられたものである[61]。ルバンガ事件では、複数の者が共同して同じ組織を利用する場合が想定されていたのに対し[62]、ここでは「道具」となった組織が別々であっても、全体について共同正犯が成立しうることが示されている[63]。

　後のンタガンダ事件では、コンゴ民主共和国内の民族紛争において、部隊の事実上の司令官である被告人が、組織を利用して、人道に対する犯罪としての殺人・殺人未遂、強姦、性的奴隷化、迫害、住民の強制移送、および、

非国際的武力紛争における戦争犯罪としての殺人・殺人未遂、文民に対する攻撃、強姦、性的奴隷化、略奪、住民の移動の命令、児童兵の徴集・編入・使用、保護される建物などへの攻撃、敵対する紛争当事者の財産の破壊を行ったとして訴追され、30年の拘禁刑を言い渡された。第一審では、「道具」が別々である場合には全体についての共同正犯性は認められないとする立場が採用されていたが、上訴審判決[64]は、ここでも、他人と共同しての間接正犯という構成を肯定している[65]。

　ローマ規程に「共同正犯」と「間接正犯」とが並べて書かれているからといって、それらが相互排他的な類型であるとする見解がナンセンスであることは、日本法の観点からは容易に理解できる。もし本当にそのような解釈を採用するならば、直接単独正犯と共同正犯の両方の要件を同時に満たす場合や、命令による教唆の要件と正犯の要件とを両方満たす場合は、いずれの類型によっても処罰できないことになってしまうだろう。間接正犯でもあるし共同正犯でもあるというのが、共同間接正犯である[66]。他人の利用が間接正犯になるのか共同正犯になるのかは、「道具」となる者と行為者との関係によって決まるのであり、同一の被害について両方が並存することもある。たとえば、日本の最高裁判例では、1型糖尿病の子に対しインスリンを使用しないように両親に直接・間接にはたらきかけた被告人が、危険の認識すらなかったとみられる母親を利用した点については殺人の間接正犯、危険の認識があった父親との関係では保護責任者不保護罪の限度で共同正犯になるとされている[67]。

2　狭義の共犯

(1) 教　唆

　ICCでは教唆として有罪が確定している事件はないが、先に述べたように、一般的な判示においては、正犯の実行まで要するとして実行従属性が要請されている[68]。また、法定刑には差が設けられていないものの、教唆は、評価の程度としては幇助と相違するものと考えられている[69]。

(2) 幇　助

　幇助の因果性に関しては、最終結果の有無についてまで「あれなければこれなし」の条件関係を要するのか、それとも、促進する影響が及んでいれば

よいとしていわゆる「促進の因果関係」で足りるのかが議論されていた[70]。かつては、前者を採用したように見える例もあったが、現在は後者の解釈が採られているとされる[71]。

コア・クライムの幇助犯の成立が肯定された例として、カタンガ事件がある[72]。被告人は、コンゴ民主共和国における民族紛争で、殺人、民間人に対する攻撃、財産破壊および略奪に関与したとして逮捕され、予審部による被疑事実確認決定を経て第一審の審理を受けた。12年の拘禁刑を言い渡す有罪判決が下され、弁護側・検察側が上訴したものの双方がこれを取り下げたため、判決が確定した。なお、同じ事態について、正犯の立場にあったルバンガには14年の拘禁刑が言い渡されている。

判決は、ローマ規程25条が「実行」によって正犯と共犯とを区別しているとの前提に立ちつつも、刑の重さは個別に判断しなければならないとし、結果として正犯の宣告刑にかなり接近した刑を言い渡すこととなっている[73]。幇助の減軽規定を持たないフランス法のような法域では、特段の違和感を生まないだろう。

ただし理論的には、この判決で「実行」と言われているものと「正犯」性との関係が問題となる。ローマ規程は間接正犯をも明示的に規定しているのであるから、「実行」は最終結果の直近の「結果行為」だけを意味するわけではなく、より広い概念のはずである。たとえば過失行為や、違法性の錯誤にある者の行為を「道具」として利用する場合、「道具」が犯罪成立要件を備えていたとしても背後者を正犯としうることは、条文にそのとおり書かれている。そうすると、「正犯」（結果行為をなした者）の宣告刑を上回る刑を科さなければならない者を「幇助」に位置づけることは適切ではなく、むしろその者自身を「正犯」とすべきである。

もっとも、このように解することは、結局、「正犯」性を「当罰性の程度」により決定することとなり、行為支配論などの一般的な理解には反するだろう。しかし、当罰性は、自らの与えた因果性（違法性）とそれについての非難可能性（責任）によって決定されるのであるから、それが高いものを「正犯」として重い処罰の対象にすることが不当な結論だとは思われない[74]。逆に、正犯より幇助を重く処罰すべき場合があるのかを問わなければならない。

25条3項(d)の、集団犯罪へのその他の寄与について、この条項においても犯罪の成立には実質的な寄与を要するものとされている[75]。ただし、ムバ

ルシマナ事件予審部第一部判決は、実行着手後にも幇助は成立しうるとしている[76]。

なお、ベンバ事件の事案では、コア・クライムについてではなく、ローマ規程70条1項(a)(証人による偽証)の罪でマンゲンダ・カボンゴ、同項(c)(証人買収等)の罪でババラ・ワンドゥにいずれも幇助犯の成立が肯定され、上訴裁判部にて判断が確定している[77]。

3　上官責任

アドホック裁判所には、上官責任を理由とする有罪判決がみられるが、ICCに係属したベンバ事件[78]は上訴審判決で無罪となった例である。被告人は、中央アフリカ共和国内でクーデター阻止として部隊が行っていたコア・クライムについて、指揮者としてそれらの犯罪がなされることを知っていたと認定され、かつ、さらなる犯行を抑制させることができたはずであるのにしなかったとされ、第一審では有罪判決を受けた[79]。しかし上訴審では主として事実誤認に基づいて原判決が破棄され、被告人は無罪となった[80]。

理由は次のように多岐にわたっている。第1に、求められているのは物理的に可能なすべての措置ではなく、合理的に執りうる措置に限られるのに、原審はあらゆる措置を義務づけるかのような判示になっている。第2に、事後的措置の有効性は中央アフリカ共和国当局の状況に依存するのに、その点が考慮されていない。第3に、被告人は中央アフリカ共和国政府に調査委員会の設置を要請していたのに、捜査に協力しようとしなかったと認定されている。第4に、被告人の動機は真に犯罪を防止しようとするところにはなかったことが有罪の理由とされているが、そのような主観面の考慮によって犯罪が基礎づけられるわけではない。第5に、求められる措置を執ったか否かの判断には、捜査態勢の欠陥についての認識や是正可能性が重要になるはずなのに、それらが認定されていない。第6に、被告人の不作為がもたらした結果が安易に認定されている。第7に、実行されたとされる犯罪の詳細が十分に認定されていない。第8に、被告人の執った措置の影響についての認定も不十分である。第9に、すべての必要な合理的措置を執ったか否かの立証について、被告人の防御権が十分に保障されていなかった。

ここに示されているように、たとえ、上官責任を独立の不作為犯として理解したとしても、事実認定には困難な面がある。本件では、主観的要素の認

定は破棄の理由とならなかったが、これが争われるケースもありうるところである。国内の刑事手続に比べて、立証が困難であるという実際上の問題に、訴訟法上どのように対処するかが課題となっているといえる。

なお、ロシアのプーチン大統領に対する 2023 年の ICC の逮捕状は 28 条(b)に基づき発付されたとされる[81]。

IV　日本法の観点から

全体として見ると、ローマ規程における共犯の処罰形式に関しては、すべてにおいて実行従属性が要件とされたことにより、(共謀罪法ができる前の)伝統的な日本法の内容に類似するものになっていると評価することができる。むろん、これが限定しすぎであるとの見方もありうるところである。他方で、上官責任については、日本法の事業主処罰のような法理がコア・クライムに用いられた形になっており、これは広すぎるのではないかとの印象が生じよう。

日本がローマ規程のコア・クライムの定義をそのまま国内法化しなかったことについて、筆者は合理的な選択であったと考えているが[82]、ドイツのように、ローマ規程の定義に忠実に、国内法の刑罰法規を改正・創設すべきだとの意見も有力である。しかし、日本政府の立場は、ローマ規程前文があくまで「国際社会全体の関心事である最も重大な犯罪」のみを対象にすると明示している以上、現行の日本法で犯罪として扱われていないような類型はこれに該当しないと考えるものである。このような解釈論は十分に成り立つと考えられる。

だが、それにも増して、国内法にはない訴訟手続上の事実的困難性が、処罰規定の広範さの背景にあることをふまえなければならない。捜査機関が人証を含む証拠を収集してオランダで立証活動を果たすことには、国内の司法手続にはない制約が多い。このことは、実体法的には、犯罪の定義を広くしておいて、少なくともそのどこかには該当することを証明できるようにするという必要性を生んでいる。それと同時に、被疑者・被告人の手続的な人権保障のレベルを下げ、証拠の許容性を広くすることも求められている。国内法と同一の基準で考えていては、何も立証されないということになりかねない。

これは、最終的な結果が有罪でも無罪でも、国際社会にとっては大きなス

トレスとならざるをえない。現にICCで無罪判断が出された際には、批判的な評価が強かったと思われる。しかし、いくら重大な事案が発生していたとしても、訴訟法上の基本的な原則を無視してまで誰かを有罪にすることはできない。だからといって、ICCはないほうが良いのかというと、それは極論だろう。いわゆる「不処罰の文化」の克服は、もともと、目指したとおりの形では実現しないことが明らかだったのであり、一部の国の態度は理想主義的すぎたのではないかと思われる。

　それでも、「ないよりはまし」という事実は肯定できる。現在の戦争の中で起きていると考えられるコア・クライムについて、国際司法裁判所や国際刑事裁判所が動くことにより、少なくとも全世界に対するメッセージが発せられる。それは、直接的な事態の解決にはならなくても、間接的には各国の政治的・経済的な行動に影響を与える余地があるし、また国際社会を構成する一般の人々の間で、何が重大な人権侵害であるかを知識として共有することにつながっている。日本は、重要な国際裁判所に裁判官を送り出してきており、多額の資金も拠出している。それにとどまることなく、外交において平和に向けた独自の役割を発揮すべき地位にあるはずであり、そうすべき義務を果たすことが望まれる。

注

1　*See*, Kuniko Ozaki, "The International Criminal Court and the International Military Tribunal for the Far East: Lessons Learnt or Not?", in Viviane E. Dittrich, et al. ed., *The Tokyo Tribunal: Perspectives on Law, History and Memory* (TOAEP, 2020), p. 413.

2　ウルリッヒ・ズィーバー著、武藤眞朗訳「組織犯罪の戦略構造——新しい研究アプローチの成果」『比較法学』28巻2号（1995年）61頁以下。

3　警察庁が2023年から用いている概念である。令和5年版警察白書4章1節（2023年）128頁以下参照。

4　Ozaki, *supra* note 1, p. 413.

5　亀井源太郎『正犯と共犯を区別するということ』（弘文堂、2005年）104頁以下によれば、背後者を重く処罰する思想は、現在の中国法に類似する主犯と従犯の区別によるものであるが、すでに江戸時代に共有されていたとされる。旧刑法下の判例は共謀共同正犯を肯定し、当初は対象犯罪の範囲が限られていたが、これが徐々に拡大され、戦前のうちにすべての犯罪に成立しうるとされていた。

6　改正はすでに必要な数の締約国の参加を得ているが、日本は本改正の採択に参加せず、新規定を批准してもいない。

7　Article 3bis. "In respect of the crime of aggression, the provisions of this article shall apply only to persons in a position effectively to exercise control over or to direct the political or military action of a State."

8　単独で事情を知らない多数の者を「道具」としてにせの街頭募金を行った詐欺の事例として、最決平成 22・3・17 刑集 64 巻 2 号 111 頁。この行為自体は単独正犯であるため組織的犯罪処罰法にいう組織的詐欺罪には該当せず、マネーロンダリングの点のみが同法の適用対象となった。

9　最決平成 21・7・21 刑集 63 巻 6 号 762 頁など。

10　最決平成 18・3・27 刑集 60 巻 3 号 382 頁。

11　刑事未成年者に強盗を行わせた事案につき、最決平成 13・10・25 刑集 55 巻 6 号 519 頁。ドイツの「猫王事件（Katzenkönig）」（BGHSt 34, 347, Urteil v. 15. September 1988）のように、違法性の錯誤に陥っている者を利用した事件についての判断は日本では知られていない。

12　東京地判平成 8・6・26『判例タイムズ』921 号 93 頁。

13　東京地判平成 10・2・26『判例タイムズ』1001 号 281 頁（教団幹部）、東京地判平成 10・5・14『判例タイムズ』1015 号 279 頁（教祖の妻）。

14　私見と異なり、学説には「強要緊急避難」という違法性阻却事由を肯定する見解が多い。

15　詳しくは竹村仁美「国際刑事法における JCE（Joint Criminal Enterprise）の概念 (1)(2・完)」『一橋法学』6 巻 2 号（2007 年）965 頁以下、6 巻 3 号（2007 年）1417 頁以下；木原正樹『国際犯罪の指導者処罰――国際刑事裁判所の理論と実践を中心に』（法律文化社、2021 年）82 頁以下参照。

16　Prosecutor v. TADIĆ Duško, Appeals Chamber Judgement, Case No. IT-94-1-A, 15 July 1999.

17　「共同犯罪組織」の先駆として、草野豹一郎『刑法改正上の重要問題』（巌松堂書店、1950 年）315 頁以下。「共同意思主体説の特色は、二人以上の異心別体たる個人が、一定の犯罪を犯すと云ふ共同目的を実現するが為、同心一体となるの点に在る」とする。その後の共同意思主体説のバリエーションにつき、岡野光雄「共同意思主体説と共謀共同正犯論」『刑法雑誌』31 巻 3 号（1991 年）288 頁以下。

18　*See*, Gerhard Werle, Florian Jeßberger, *Principles of International Criminal Law* (4th ed, Oxford University Press, 2020), p. 245.

19　後藤啓介「日本刑法における共謀共同正犯と国際刑法における『正犯』概念に関する一考察――中核犯罪の『黒幕』とされる者は如何なる概念によって捕捉されるべきか」『法学政治学論究』87 号（2010 年）46 頁参照。同 49 頁は「責任主義に反する団体主義的な発想」だとする。

20　S. z. B. Helmut Satzger, *Internationales und Europäisches Strafrecht* (9. Aufl., 2020), S. 394 ff.; フィリップ・オステン「国際刑法における行為支配論と正犯概念の新展開――多元的関与形式体系の意義」井田良ほか編『川端博先生古稀記念論文集（上）』（成文堂、2014 年）475 頁。

21　たとえば ICC, Prosecutor v. Thomas LUBANGA DYILO, Appeals Chamber Judgment, Case No. ICC-01/04-01/06-3121-Red, 1 December 2014.

第 7 章　刑事責任　213

22　ICC, Prosecutor v. Bosco NTAGANDA, Pretrial Chamber II, Decision, Case No. ICC- 01/04-02/06-309, 9 June 2014. なお、日本の裁判例には、教唆の故意で間接正犯を実現した場合には教唆として処罰すると判示したものがある（仙台高判昭和 27・2・29 判特 22 号 106 頁）。
23　Werle, Jeßberger, *supra* note 18, p. 254.
24　*Ibid*., p. 256.
25　ICC, Prosecutor v. Jean-Pierre BEMBA GOMBO et al., Trial Chamber VII, Judgment, Case No. ICC-01/05-01/08-1386, 19 October 2016.
26　ICTY および ICTR における幇助犯論の展開につき、小野上真也「国際刑法における幇助犯成立要件・概観」酒井安行ほか編『国境を超える市民社会と刑事人権——新倉修先生古稀祝賀論文集』（現代人文社、2019 年）138 頁以下。
27　ICC, Prosecutor v. Jean-Pierre BEMBA GOMBO et al., Trial Chamber VII, Judgment, Case No. ICC-01/05-01/08-1386, 19 October 2016.
28　たとえば東京高判平成 2・2・21『判例タイムズ』733 号 232 頁（板橋宝石商殺し事件）参照。
29　Ozaki, *supra* note 1, p. 415.
30　Werle, Jeßberger, *supra* note 18, p. 255.
31　後掲（注 76）決定。横濱和弥「国際刑事裁判所規程における共犯の『寄与』要件の意義」『信州大学経法論集』11 号（2021 年）150 頁。
32　横濱、前掲論文（注31）153頁。ICC, Prosecutor v. Dominic ONGWEN, Pre-Trial Chamber II Decision on 23 March 2016, ICC-02/04-01/15-422-Red.
33　ICC, Prosecutor v. Dominic ONGWEN, Appeal Chamber Judgment on 15 December 2022, ICC-02/04-01/15-2023.
34　ICC, Prosecutor v. Jean-Pierre BEMBA GOMBO et al., Appeal Chamber Judgment, ICC-01/05-01/13-2275-Red, 8 March 2018. 横濱、前掲論文（注 31）154 頁。
35　ICC, Thomas LUBANGA DYILO, ICC-01/04-01/06A 5 Appeal Chamber Judgment on 1 December 2014., para. 447.
36　増田隆「国際刑法における正犯処罰の系譜と判例理論の継受」高橋則夫ほか編『曽根威彦先生・田口守一先生古稀祝賀論文集（上）』（成文堂、2014 年）899 頁は、「ローマ規程では、共犯体系か統一的正犯体系について、いずれの立場が有利であるとは決定しえない」とする。
37　後掲（注 56）参照。
38　しかし、逆に直接結果を発生させた者の行為が適法となる場合には、適法性は連帯せず、利用者の行為のみが違法となり、「適法行為を利用する間接正犯」が成立することとなる余地が認められている。最決平成 4・6・5 刑集 46 巻 4 号 245 頁（フィリピンパブ事件）参照。
39　行為支配論の主唱者自身によるコメントとして、Claus Roxin, "Bemerkungen zum Fujimori-Urteil des Obersten Gerichtshofs in Peru", *Zeitschrift für Internationale Strafrechtsdogmatik* (ZIS, 2009), S. 565 ff. ロクシン説と ICC 判例との相違につき、後藤啓介「国際刑事裁判所

規程 25 条 3 項 (a) に基づく間接正犯——近時の裁判例における組織支配論の展開」『亜細亜法学』52 巻 2 号（2018 年）287 頁以下。

40　ロクシンの行為支配論が明示的に引用されたのは、ICTY のスタキッチ事件第一審判決 (ICTY, Prosecutor v. Milomir STAKIĆ on 31 July 2003, IT-97-24-T) であり、次に ICC 予審部がこれを引用して、ICC 上訴審が予審裁判部決定を引用したとされる。後藤啓介「国際刑事裁判所における行為支配論の展開——正犯概念との関係を中心に」『国際人権』26 号（2015 年）110-111 頁；同「国際刑事法における行為支配論と共同正犯 (1)——2014 年 12 月 1 日の国際刑事裁判所上訴裁判部ルバンガ事件判決を契機として」『亜細亜法学』50 巻 1 号（2015 年）168 頁。See, ICC, Thomas LUBANGA DYILO, Pre-Trial Chamber Decision, para 342 with fn. 422 para 347; Appeal Chamber Judgment on 1 December 2014, ICC-01/04-01/06A 5.

41　Jens David Ohlin, Elies van Sliedregt, Thomas Weigend（東澤靖訳）「国際刑事裁判所 (ICC) における『支配の理論』を評価する」『明治学院大学法科大学院ローレビュー』19 号（2013 年）85 頁以下参照。

42　そのようになっている主な理由は、むろん、ドイツの刑法理論が精緻に展開されているからではあるが、筆者の見るところ、ドイツ語に精通していないはずの裁判官までがドイツの学説を援用しているのはそのためではない。これは、国際刑事法にかかわる実務家および研究者らが、もともと学会活動などを通じて人的に密接な関係を（場合によっては私的に）築いてきたことによる。したがってたとえば、共犯に関する日本の実務または学説が ICC に引用されないのは、それらが優れていないからではなく、知られていないからである。日本の共謀共同正犯論が世界に広く知られていたならば、ICTY が JCE をめぐってそれほど苦心する必要もなかったであろう。フィリップ・オステン「正犯概念再考——ルバンガ事件判決と国際刑法における共同正犯論の展開を素材に」『法学研究』87 巻 5 号（2014 年）14 頁も、学説の選択の恣意性を指摘する。See also, Thomas Weigend, "Perpetration through an Organization. The Unexpected Career of a German Legal Concept," *Journal of International Criminal Justice (JICJ)* 9 (2011), pp. 91 ff.

43　日本の文献としてたとえば、横濱和弥『国際刑法における上官責任とその国内法化』（慶應義塾大学出版会、2021 年）。

44　内容につき、岡田泉「山下裁判と戦争犯罪に対する指揮官責任の法理 (1)」『南山法学』26 巻 3=4 号（2003 年）28 頁以下。

45　横濱和弥「中核犯罪に対する『上官責任』とその国内法化」『刑法雑誌』61 巻 2 号（2022 年）17 頁以下。

46　米国（マニラ）軍事委員会および審判の詳しい経過につき、岡田泉「山下裁判と戦争犯罪に対する指揮官責任の法理 (2・完)」『南山法学』27 巻 3 号（2004 年）52 頁以下；永福誠也『国際刑事裁判所規程第 28 条にみる上官責任の考察』（内外出版、2014 年）15 頁以下。

47　他の戦犯裁判での適用例につき、永福、前掲書（注 46）41 頁以下、横濱、前掲書（注 43）25 頁以下。

48 古谷修一「個人の国際責任と組織的支配の構造」『国際法外交雑誌』109巻4号（2011年）593頁、607頁。

49 横濱、前掲書（注43）参照。

50 横濱、前掲（注45）231頁参照。

51 ICC, Prosecutor v. Jean-Pierre BEMBA GOMBO, Trial Chamber III Judgment, Case No. ICC-01/05-01/08-3343, 21 March 2016; ICC, Prosecutor v. Jean-Pierre BEMBA GOMBO, Appeals Chamber Judgment, Case No. ICC-01/05-01/08-3636-Red, 8 June 2018.

52 最判昭和40・3・26刑集19巻2号83頁。

53 最大判昭和32・11・27刑集11巻12号3113頁。

54 最決平成27・9・15刑集69巻6号721頁。

55 Werle, Jeßberger, *supra* note 18, 252 f.; フィリップ・オステン、前掲論文（注42）25頁以下；後藤啓介「国際刑事法における間接共同正犯の規範的根拠と法的性質」『亜細亜法学』58巻1号（2023年）286頁以下。

56 同じく刑事未成年者を利用した事案として、養父が養女の意思を抑圧して窃盗を行わせた事案が間接正犯（最決昭和58・9・21刑集37巻7号1070頁）、母親が息子に犯行方法を指示して強盗を行わせた事案が共同正犯（最決平成13・10・25刑集55巻6号519頁）とされている。確かに、直接的には、暴行・脅迫による強制を手段と前者が悪質であるように見えるが、後者の児童虐待も児童の心身を深くむしばんでいたことがうかがえる。

57 事案につき、木原、前掲書（注15）123頁以下；後藤、前掲論文（注40）26号109頁以下；同、前掲論文（注40）188頁以下。

58 ICC, Thomas LUBANGA DYILO, ICC-01/04-01/06A 5 Appeal Chamber Judgment on 1 December 2014.

59 後藤啓介「国際刑事法における行為支配論と共同正犯（3・完）──2014年12月1日の国際刑事裁判所上訴裁判部ルバンガ事件判決を契機として──」『亜細亜法学』51巻1号（2016年）188頁以下。

60 ICC, The Prosecutor v. Germain KATANGA and Mathieu NGUDJOLO CHUI, Pre-Trial Chamber Decision on 30 September 2008, ICC-01/04-01/07-717.

61 木原、前掲書（注15）141頁以下。

62 具体的な事実関係につき、オステン、前掲論文（注20）480頁。

63 予審では、共同正犯の関係にあるために審理が併合された。フィリップ・オステン「国際刑法における『正犯』概念の形成と意義──ICCにおける組織支配に基づく間接正犯概念の胎動」川端博ほか編『理論刑法学の探究③』（成文堂、2010年）126頁参照。しかしその後の第一審・控訴審の審理は分離され、ニグジョロ・チュイに関しては犯罪事実の証明が不十分だとして無罪が確定している。

64 ICC, Prosecutor v. Bosco NTAGANDA, Appeal Chamber Judgment on 30 March 2021, ICC-01/04-02/06 A A2.

65 事案につき、久保田隆「人道に対する犯罪および戦争犯罪の間接共同正犯──ン

タガンダ事件（国際刑事裁判所（ICC）2019 年 7 月 8 日第一審裁判部第六法廷判決・同 2019 年 11 月 7 日量刑判決）」『国際人権』31 号（2020 年）122 頁以下；同「『間接共同正犯』に関する初の ICC 上訴審判決──ンタガンダ事件（国際刑事裁判所（ICC）2021 年 3 月 30 日上訴裁判部判決）」『国際人権』33 号（2022 年）111 頁以下。

66 後藤、前掲論文（注 19）56 頁は「この両概念には交錯的な暗合が生じているとも評することができる」とする。

67 最決令和 2・8・24 刑集 74 巻 5 号 517 頁。

68 前掲（注 22）参照。

69 ICC, Prosecutor v. Jean-Pierre BEMBA GOMBO at.al., Trial Chamber Judgment on 19 October 2016.

70 もっとも、2 人が意思連絡に基づいて被害者に銃を発砲し、1 人の銃弾だけが当たったような場合にも、当たらなかった者に「あれなければこれなし」の関係がなくても共同正犯性が肯定されるのであるから、共同正犯においても単独犯にいう意味での因果関係は必要ない。

71 Werle, Jeßberger, *supra* note 18, p. 259 f.; 横濱、前掲論文（注 31）144 頁。See, ICC, Prosecutor v. Thomas LUBANGA DYILO, Pre-Trial Chamber Decision on 29 January 2007, ICC-01/04-01/06-803-tEN. *See also*, ICC, Prosecutor v. Thomas LUBANGA DYILO, Appeal Chamber Judgment on 1 December 2014, ICC-01/04-01/06-3121.

72 ICC, Germain KATANGA, Trial Chamber Judgment on 23 May 2014, ICC-01/04-01/07.

73 詳しくは、増田隆「ローマ規程と幇助犯──カタンガ事件第一審判決」『帝京法学』30 巻 2 号（2017 年）251 頁以下。

74 髙山佳奈子「複数行為による事故の正犯性」井上正仁・酒巻匡編『三井誠先生古稀祝賀論文集』（有斐閣、2012 年）191 頁以下。すでに、鈴木茂嗣『二元的犯罪論序説（補訂 2 版）』（成文堂、2022 年）117 頁以下（おとり捜査の可罰性に関して）。

75 *See*, Werle, Jeßberger, *supra* note 18, p. 263. KATANGA Trial Chamber Judgment, 7 March 2014.

76 ICC, Prosecutor v. Callixte MBARUSHIMANA, ICC Pre-Trial Chamber I Decision on 16 December 2011, ICC-01/04-01/10-465-Red.

77 ICC, Prosecutor v. Jean-Pierre BEMBA GOMBO, Aimé KILOLO MUSAMBA, Jean-Jacques MANGENDA KABONGO, Fidèle BABALA WANDU and Narcisse ARIDO, ICC-01/05-01/13-2275-Red, Appeal Chamber Judgment on 8 March 2018.

78 詳しくは木原、前掲書（注 15）112 頁以下参照。

79 ICC, Prosecutor v. Jean-Pierre BEMBA GOMBO, Trial Chamber III Judgment on 21 March 2016, ICC-01/05-01/08-3343.

80 ICC, Prosecutor v. Jean-Pierre BEMBA GOMBO, Appeal Chamber Judgment on 8 June 2018, ICC-01/05-01/08-3636-Red.

81 横濱和弥「戦争犯罪の指導者処罰と刑事責任の形態」『法学セミナー』825 号（2023 年）25 頁。

82 Kanako Takayama, "Participation in the ICC and the National Criminal Law of Japan," *Japanese Yearbook on International Law*, Vol. 51 (2008), pp. 384 ff.

第 8 章
捜査と検察官の役割

竹村　仁美

Ⅰ　はじめに
Ⅱ　検察局・検察官の役割
　1　検察局の役割
　2　検察官と次席検察官の資質
　3　検察局の組織構造
Ⅲ　検察官の任命・回避・除斥
　1　検察官の選任手続と任期
　2　検察官の回避・除斥
Ⅳ　予備的な検討
　1　予備的な検討とは
　2　トリガー・メカニズムと予備的な検討
　3　予備的な検討の時期
　4　犯罪の裏付けとなる情報と証言の受理
　5　予備的な検討の手続
　6　予備的な検討における検討事項
　7　予審裁判部による捜査開始の許可・不許可
　8　検察官による捜査の不開始決定
　9　侵略犯罪についての捜査開始決定
Ⅴ　捜査の開始
　1　検察官の責務

2　検察官の権限
　　　3　逮捕状の発付
　Ⅵ　裁判所における最初の手続
　　　—犯罪事実を記載した文書の提供・犯罪事実の確認—
　Ⅶ　おわりに

Ⅰ　はじめに

　国際刑事裁判所 (ICC) の規程を起草した外交会議においての大きな争点は、検察官自身が職権で捜査を開始できるかどうかであった[1]。ICC が外圧を排して捜査をするためには、独自の捜査権限が必要であるという見方と、職権捜査 (自己発意捜査) を認めれば外圧の影響で却って権限が濫用される恐れがあるという見方が対立したのである。そして、職権捜査に与する国も反対する国も、ICC の独立の確保をその理由としていた[2]。結局、職権捜査の開始は、予審裁判部の許可を条件として認められることとなった。ICC の検察局の判断は、ある問題を ICC が取り上げる端緒となり、検察局は車でいえばエンジンルームにあたる[3]。

Ⅱ　検察局・検察官の役割

1　検察局の役割

　検察局は、裁判所長会議、裁判部門、書記局と並ぶ ICC の一機関である (規程34条(c))。検察局は高い独立性を有し、裁判所内の別個の組織として独立して行動する (規程42条1項)。検察局の構成員は同局外から指示を求めてはならず、また、同局外からの指示に基づいて行動してはならない (同項)。2013年には、検察局行動規範が採択された[4]。

　2009年4月には、検察局が検察局規則 (Regulations of the Office of the Prosecutor) を策定・採択している (規程42条2項、手続証拠規則9条)[5]。検察局規則14条1項では、検察局が訴追戦略 (Prosecutorial Strategy) を公表し、ICC の戦略計画 (Strategic Plan) に貢献すべきことが書かれている[6]。検察官は稼働3年後に最初の報告書を出したことを皮切りに、訴追戦略に関する文書と戦略計画を度々出している。この他、予備的な検討に関する報告書を2012年から2020

年まで発行していた。また、政策文書（policy paper）として、「裁判の利益」、「被害者参加」、「予備的な検討」、「事件の選定と優先順位」、「性・ジェンダー犯罪」、「子ども」、「事態の終了」、「ジェンダー犯罪の訴追」を発行してきた。

検察局は ICC の「管轄権の範囲内にある犯罪の付託及びその裏付けとなる情報の受理及び検討並びに捜査及び裁判所への訴追について責任を有する」（規程 42 条 1 項）。国内社会では、警察が第 1 次的な捜査を行い、検察庁は起訴・不起訴を決定するための捜査を行うけれども、ICC には警察組織がなく、国家の協力を得て、検察局が一元的に捜査に関する権限と責任を有する。

2　検察官と次席検察官の資質

検察局の長を検察官（Prosecutor）と呼ぶ。主席検察官（Chief Prosecutor、首席・主任検察官）と呼ばれることもある。検察官は、1 人か 2 人以上の次席検察官（Deputy Prosecutor）の補佐を受ける（規程 42 条 2 項）。検察官と次席検察官は、徳望が高く、かつ、刑事事件の訴追または裁判について高い能力及び広範な実務上の経験を有する者とし、裁判所の常用語の少なくとも 1 について卓越した知識を有し、かつ、堪能でなければならない（同条 3 項）。検察官と次席検察官とは、それぞれ異なる国籍を有する者とされている（同条 2 項）。検察官と次席検察官は、裁判官と異なり（規程 36 条 4 項(b)）、締約国の国籍であることが要請されていない。

初代検察官は、アルゼンチン国籍のルイス・モレノ・オカンポ氏（在任期間は 2003-2012 年）、初代次席検察官は、ベルギー国籍のセルジュ・ブラメーツ氏（2003-2007 年）であり、彼と共に 2004 年から 2012 年にかけて次席検察官となったガンビア国籍のファトゥ・ベンソーダ氏は、2 代目の検察官に選出され、2012 年から 2021 年まで検察官を務めた。ベンソーダ氏を支えた次席検察官として、カナダ国籍のジェームズ・スチュワート氏（2013-2022 年）がいる。3 代目の検察官は、イギリス国籍のカリム・カーン氏が 2021 年から 9 年間の任期で選出されている。3 代目検察官を支える次席検察官として、2022 年から 9 年間の任期でセネガル国籍のマメ・マンディアイ・ニアン氏とフィジー国籍のナザト・シャミーム・カーンが務めている。

3　検察局の組織構造

検察局には約 380 名の職員がおり[7]、訴訟弁護士、捜査員、心理学者、ア

ナリスト、事務職員、国際関係専門家、その他の専門家で構成されている[8]。検察官は、例外的な状況において、締約国、政府間機関又は非政府機関により提供される無給の人員の専門的知識を用いることができる（規程44条4項）。

現在、検察局は4つの柱を擁する。カーン検察官は検察局規則5条に定められる3つの部門である管轄権・補完性・協力部門、捜査部門、訴追部門を廃止し[9]、それらの職員を主任検察官と2名の次席検察官が率いる3つの「訴追の柱 (prosecution pillar)」の中の統合チーム (Unified Teams) に振り分け[10]、加えて検察局を横断的に支援する「統合サービス柱 (integrated services pillar: ISP)」を設けた。

III 検察官の任命・回避・除斥

1 検察官の選任手続と任期

締約国会議が検察官の「任命」を行う一方で、検察局の独立を守るため、締約国会議は検察官に対する指示を行わない[11]。検察官も次席検察官も締約国会議における選挙で選ばれる（規程42条2-4項、手続証拠規則86条）。規程42条4項は、検察官と次席検察官が、秘密投票によって締約国会議の構成国の絶対多数による議決で選出されると定めており、検察官の選出には、投票する国の過半数ではなく、締約国数の過半数が必要となる[12]。検察官は、選出される次席検察官のそれぞれの職について3人の候補者を指名する（同項）。

検察官の指名と選挙に関する詳しい手続は、規程発効後の締約国会議の決議で定められた[13]。この決議上、検察官の指名については、裁判官の指名手続を必要な修正の上で (mutatis mutandis) 準用する[14]。もっとも、検察官の選挙については、裁判官の手続を準用すべきとの定めはなく、「検察官の選出をコンセンサスで行うためにあらゆる努力をすべきである」とされる[15]。したがって、締約国の全会一致が見られない場合にのみ規程42条4項の選挙が行われることになる[16]。

次席検察官の指名については、検察官と次席検察官の国籍が異なるように、検察官が次席検察官の各ポストに3名ずつの候補者を指名する（規程42条2項）[17]。検察官と次席検察官の任期は、選挙の際に一層短い任期が決定されない限り、9年間とされており、再選はなされない（規程42条4項）。この比較的長い任期は任務の継続性のためであり、再選の禁止は検察局の独立を

反映した規定であると考えられる[18]。

2 検察官の回避・除斥

検察官または次席検察官は特定の事件の任務遂行の回避を裁判所長会議に申請することで、事件を回避できる(規程42条6項)。検察官または次席検察官は回避の理由を書面にして裁判所長会議へ申請する(手続証拠規則33条1項)。裁判所長会議は回避の理由を記した申請を秘匿し、公にしてはならない(同2項)。カーン検察官は ICC において過去に弁護人を務めていたことから、かつて回避が認められたことがある[19]。

検察官の除斥は事件から義務的に排除する手続である。検察官と次席検察官は「自己の公平性について合理的に疑義が生じ得る事案に関与してはならない」(規程42条7項)。検察官と次席検察官の除斥の問題の決定権は上訴裁判部にあり、被疑者または被告人は検察官と次席検察官に関する除斥の申立てをいつでも認められる(同条8項(a))。そして、除斥を申立てられた検察官または次席検察官は、適当な場合に、除斥について意見を提出する権利を有する(同(b))。上訴裁判部は多数決で除斥を許可する(手続証拠規則34条3項)。

除斥の根拠には公平性(規程42条7項)のほか、次の4つの除斥の根拠が特に含まれる(手続証拠規則34条1項)。①家族関係など、事件に対する個人的な利害、②捜査・訴追対象者を相手方とする本件開始前の訴訟への個人資格での関与、③本件の当事者や代理人に対する意見を期待されるような着任前の機能の遂行、④関係者の公平性に対して客観的に悪影響を与えかねない意見の表明である。除斥は、検察官の公平性に関して相当な疑念を生じさせる場合に限られる[20]。

IV 予備的な検討

1 予備的な検討とは

予備的な検討(preliminary examination)とは、捜査の前段階(pre-investigative phase)を指し[21]、検察局が捜査対象となる可能性のある事態(situation)に携わる段階である。予備的な検討の語は規程15条6項に表れており、同条2項に示唆されるように検察官が「取得した情報の重大性を分析する」段階である。予備的な検討段階では、形式上、捜査は開始されておらず、検察官は完

全な捜査権限を行使していない。だが実際には、検察局は締約国、非締約国、安全保障理事会（以下、安保理）、市民社会など様々な国内的・国際的アクターと関わっている[22]。予備的な検討段階では、検察局は規程53条1項、手続証拠規則48条と検察局規則29条1項に書かれた基準に照らして事態の捜査をすべきかどうか検討する。

2　トリガー・メカニズムと予備的な検討

　ICCは事態が付託された場合に管轄権を行使することが可能となる。事態の付託方法は、本書第2章で説明されるとおり3種類あり、①締約国による付託（規程13条(a)）、②国連憲章第7章の規定に基づいて行動する安保理が決議により事態を付託する場合（同条(b)）、③検察官が予備的な検討を行い、検察官の自己の発意で捜査の開始を予審裁判部に請求し、それが許可される場合（同条(c)、15条3項）にICCの検察官の捜査が開始する。検察官の自己の発意で捜査開始をする場合にのみ予審裁判部の許可が必要となる（15条3項）。①と②の場合には、予審裁判部の許可が不要であるから、付託の後、検察官は捜査を開始するかどうか検討する余地がなく、速やかに捜査を開始する義務を負うのかどうか問題となる。53条1項は特にトリガー・メカニズムの区別をしていないことから、実務上も学説上も①と②の場合にも個別に検察官による捜査開始の決定が必要であると考えられている[23]。

　2024年1月現在、検察局は17の事態の捜査開始を決定または許可されており、そのうち締約国付託が、コンゴ民主共和国、ウガンダ、中央アフリカ、マリ、中央アフリカII、ヴェネズエラI、ウクライナ、安保理付託がスーダンとリビア、検察局の自己発意捜査がケニア、ジョージア、ブルンジ、バングラデシュ／ミャンマー、アフガニスタン、フィリピン、12条3項の管轄権受諾宣言に基づく自己発意捜査がコートジボワール、パレスチナとなっている。

3　予備的な検討の時期

　規程は予備的な検討について詳細な規定を置かないため、予備的な検討は、捜査開始前の検察局におけるすべての時期と活動を含むのか、それとも検察局が正式に予備的な検討を開始すると宣言する場合に開始するのかという問題が生ずる。

近年では、検察局が正式に予備的な検討の開始を宣言するに先立ち、管轄権の存在を予審裁判部に確認する実行が見られ、この問題が顕在化した。当初、検察局は規程53条の1項に記される捜査開始を決定するための要素の検討過程を①15条の下でのすべての情報（コミュニケーション）の初期評価、②正式な予備的な検討の開始と12条の管轄権の確認、③補完性と重大性に基づく受理許容性の評価、④裁判の利益の評価の4段階(phases)に分けて考えていた[24]。しかし、予審裁判部は、（規程、手続規則などの）裁判所のいかなる文書も予備的な検討の段階(stage)を想定していないと判断し、検察官が取得した情報および利用可能な情報の重大性を分析する捜査前の検察官による評価の活動を予備的な検討であると定義づけた[25]。検察局が2020年に発行した『予備的な検討活動の報告書』では、上述の4段階を捜査開始に値する事態を選別する過程と捉えた上で、②の段階から予備的な検討が開始するという表記を削除している[26]。

検察局によれば、捜査開始前の予備的な検討の段階において、検察局は捜査権限を持たないので、規程第9部に定められる国家からの協力を得ることはできない[27]。規程86条の条文上も予備的な検討の段階の協力義務は想定されていないと解釈できる。すなわち、検察局の解釈では、締約国が規程からの脱退をする場合には、脱退が効力を生ずるより前に開始した捜査・訴追につき協力義務が認められる（規程127条）[28]。ブルンジについては、検察局はブルンジの脱退が効力を発する1ヶ月半前に自己発意捜査開始許可請求を行っていた[29]。しかし、フィリピンについては、脱退が効力を発した後に検察局が予審裁判部に対して自己発意捜査の開始の許可を請求したことから、脱退後に開始した捜査についても協力義務があるかどうかが争われた[30]。上訴裁判部は、これを問題とせず、捜査開始を許可した[31]。

4　犯罪の裏付けとなる情報と証言の受理

予備的な検討のためにICCの管轄権の範囲内にある犯罪の裏付けとなる情報を受理することは検察局の責務である（規程42条1項）。情報源としては、締約国付託や安保理付託の場合には、締約国や安保理による情報提供が想定されるほか、検察官の自己発意捜査の場合には、個人、集団、国家、国際組織、NGOが情報提供することが想定される。自己発意捜査のために検察官が情報の重大性を分析する際には、「国、国際連合の諸機関、政府間機関、非政

府機関その他の自己が適当と認める信頼し得る情報源に対して追加的な情報を求めることができる」(規程15条2項)。この情報提供は「15条コミュニケーション」と呼ばれ、いかなる者も情報提供サイト[32]を通じて、または郵送で情報を提供できる。

検察官は第三者からの情報提供に加えて、裁判所の所在地において書面または口頭による証言を受理することができる(規程15条2項)。検察官は、情報と証言の機密性を保護し、検察官の職責に応じ、受理した情報と証言についてその他の必要な措置をとる義務がある(手続証拠規則46条)。受理した証言の記録については、捜査中の取調べに関する規則が準用される(同規則47条1項)。検察官が後に証言を再度受理することが不可能である深刻なリスクがあると考える場合には、予審裁判部に対して訴訟の効率性と手続の廉潔性を確保するために必要な措置をとるよう求めることができる(同条2項)。

5 予備的な検討の手続
(1) 締約国付託・安保理付託

規程53条1項は「検察官は、入手することのできた情報を評価した後、この規程に従って手続を進める合理的な基礎がないと決定しない限り、捜査を開始する。検察官は、捜査を開始するか否かを決定するに当たり、次の事項を検討する」と定め、次の3つの検討事項を挙げる。すなわち、①利用可能な情報により、裁判所の管轄権の範囲内にある犯罪が行われた又は行われていると信ずるに足りる合理的な基礎が認められるか否か(1項(a))、②事件について17条に規定する受理許容性があるか否か又は受理許容性があり得るか否か(同(b))、③犯罪の重大性及び被害者の利益を考慮してもなお捜査が裁判の利益に資するものでないと信ずるに足りる実質的な理由があるか否か(同(c))の3つの要素である。

検察官は、手続を進める合理的な基礎がないと決定し、及びその決定が専ら裁判の利益の欠如に基づく場合には、予審裁判部に通知する(53条1項)。したがって、上訴裁判部によれば、締約国付託と安保理付託の場合には原則として検察官は捜査開始が期待されることから[33]、捜査をしても裁判の利益がないという判断の場合、検察官に予審裁判部への通知義務が課されている(手続証拠規則105条1項)[34]。そして締約国付託と安保理付託の場合には、締約国か安保理の要請により、「予審裁判部は、手続を進めない旨の1又は2

の規定に基づく検察官の決定を検討することができるものとし、検察官に対し当該決定を再検討するよう要請することができる」(53条3項(a))。また、規程53条3項(b)により、締約国付託・安保理付託に関して手続を進めない旨の検察官の決定が専ら53条1項(c)の裁判の利益の欠如に基づく場合には、予審裁判部は「職権によって当該決定を検討することができる。そのような場合には、検察官の決定は、予審裁判部が追認するときにのみ効力を有する」[35]。したがって、締約国付託と安保理付託の場合には、締約国と安保理、予審裁判部に検察官の捜査裁量を統制する機会が与えられている。

しかし、検察官が自己の発意に基づいて裁判の利益を根拠として捜査の不開始を決定する場合には、規程上、検察官に予審裁判部への通知義務はない[36]。代わりに、自己発意捜査のための予備的な検討の後で、捜査を開始しない場合、検察官は情報提供者にその旨通知する義務を負う(15条6項)。規程上、情報提供者が予審裁判部に対して捜査不開始に対する司法審査の請求をすることはできない。予審裁判部は、検察官が裁判の利益を否定していない場合であっても、自己発意捜査に対して15条の下で予審裁判部が基本的かつ特別な選別機能を担っているとして、53条1項(a)から(c)の各事項の検討を行わなくてはならないとした[37]。だが、上訴裁判部は、捜査開始請求に対して予審裁判部が15条4項を適用すべきであるとし、53条1項の検討事項を審査する必要はないと判断した[38]。

手続証拠規則48条は、検察官が規程15条3項の下で、自己発意捜査を開始する合理的な基礎が存在するかどうかの決定にあたり、53条1項(a)から(c)の「要素」を検討する必要があると定めることから、従来の予審裁判部の理解では、検察官による15条3項と53条1項の下での捜査開始の検討事項と予審裁判部による審査事項が同じものであることを示唆すると考えられてきた[39]。さらには捜査開始にあたり証明すべき犯罪の「合理的な基礎」の証明基準は15条3項、53条1項で同じ基準であり、15条4項では予審裁判部も捜査開始許可にあたり同じく合理的な基礎の基準を用いるとされる。

もっとも、上訴裁判部は、規程53条1項が付託の場合の検察官による捜査開始の手続を定め、15条は検察官の自己の発意に基づく捜査開始の手続を定めていると解釈する[40]。上訴裁判部によれば、53条1項の検討事項は予審裁判部にとって無関係である[41]。とはいえ、15条4項に列挙された事項は53条1項の事項を網羅しておらず、たとえば受理許容性の審査はなされな

いため、受理許容性を満たさない事態が捜査開始許可される可能性[42]や司法審査の形骸化[43]が指摘されている。

(2) 検察官の自己発意捜査

捜査開始に際しては、検察官の自己発意捜査に限り、規程15条3項、4項で予審裁判部への捜査開始の許可請求が必要となっている。規程15条3項は「検察官は、捜査を進める合理的な基礎があると結論する場合には、収集した裏付けとなる資料とともに捜査に係る許可を予審裁判部に請求する。被害者は、手続及び証拠に関する規則に従い、予審裁判部に対して陳述をすることができる」と定める。

規程15条3項と53条1項で要請される「合理的な基礎」の基準は、証明基準として、逮捕状請求時に必要な58条の「合理的な理由」や犯罪事実の確認時に必要な61条の「実質的な理由」の基準の高さまで達しない[44]。検察官は、捜査を開始しない場合、情報提供者に通報する (15条6項)。ただし、検察官は新たな事実または証拠に照らして自己に提供される追加的な情報を検討することを妨げられず (同)、検察官は同一の事態に関してその後に捜査開始請求を行うことができる (15条5項)。

6 予備的な検討における検討事項

(1) 管轄権

検察局は、2013年に予備的な検討の政策文書を公表し、その基準の透明性向上と明確化に努めている[45]。検察官が予備的な検討を行うにあたり、検察官は規程53条1項に定められる3つの事項、すなわち (a) (時間的・事項的・場所的・人的) 管轄権、(b) 受理許容性 (補完性と重大性)、(c) 裁判の利益を検討する。これらの検討事項について、規程上、合理的な基礎がないと決定しない限り、検察官は捜査を開始しなくてはならない。したがって、トリガー・メカニズムに関係なく、検察局はこれらの事項を検討する[46]。上述の通り、上訴裁判部によれば、これらは検察局の検討事項であって、予審裁判部による審査事項ではない。

管轄権の項目では、場所的管轄権が実務上、特に問題となっている。パレスチナについては、2009年1月にパレスチナ自治政府 (PNA) が12条3項の管轄権受諾宣言を行ったものの、当時国連総会においてパレスチナはオブ

ザーバー（組織）であり、非加盟国の地位でないことを理由として検察官は2012年4月に予備的な検討を終了した[47]。しかし、パレスチナ政府が改めて2015年1月1日に管轄権受諾宣言を行い、翌2日に国連事務総長へ規程の加入書を寄託したことを受けて、2015年に検察官が予備的な検討を開始した[48]。2018年にはパレスチナが自らの事態を付託している[49]。その後、パレスチナとバングラデシュ/ミャンマーの事態では、係争地域あるいは非締約国の領域内で起きた犯罪に関する捜査が必要となるため、検察官は規程19条3項に基づき予審裁判部に場所的管轄権の射程に関する決定を求めることとなり、予審裁判部はいずれの事態の場所的管轄権も肯定した[50]。なお、19条の条文タイトルは「裁判所の管轄権又は事件の受理許容性についての異議の申立て」となっているので、予備的な検討段階で3項に基づいて検察官が事態の管轄権に関する決定を求めることができるか問題となり得るが、予審裁判部は同項の予備的な検討段階での適用可能性について判断を留保の上、「管轄権管轄権の法理」に基づき本件の決定を下した[51]。

(2) 受理許容性

受理許容性について、53条1項(b)は「事件について第17条に規定する受理許容性があるか否か又は受理許容性があり得るか否か」と定め、「事件」という用語を用いる。とはいえ、予備的な検討段階の事件とは「生じうる事件（potential cases）」であって、捜査対象となり得る人、集団、犯罪の補完性と重大性を検討すればよいものと考えられており、検察局は最も重大な犯罪に対する最も重い責任を有する者を訴追するという訴追戦略に照らして受理許容性を検討している[52]。

補完性について、検察局は、規程17条1項の規定にしたがい、生じうる事件に関連する捜査と訴追が最も重大な犯罪に関して最も責任を有する者に対して国内で行われているかどうかを検討する[53]。そして、生じうる事件について捜査や訴追が行われている場合には、その国に捜査または訴追を真に行う意思または能力があるかどうかを検討する（17条1項(a)）[54]。

検察局は、関係国へ能力支援、資金・技術協力を直接提供することはせず、さまざまなネットワークに依拠しつつ、事態対象国を含む国家による真正な刑事手続を奨励するという「積極的補完性（positive complementarity）」の政策を採用している[55]。予備的な検討もこの政策に立脚しており、生じうる事件につ

いて関係国に真正な刑事手続を奨励する[56]。現在まで補完性を理由として不受理と判断された事態はない[57]。

重大性の評価は量的かつ質的に行われ、犯罪の規模、性質、遂行方法と影響に照らして評価される（検察局規則29条2項）[58]。イラクの事態について、2006年2月に検察官は2-4名の殺人の被害者と限られた人数の被害者であり、被害者すべて合わせて20名足らずであることに照らして、重大性がないと判断した[59]。だが、新たな情報に基づいて2014年5月にイラクの予備的な検討が再開されている[60]。

重大性に関して、イスラエルによるガザ沿岸の海上封鎖に対抗して結成されたガザ自由船団の事態では、被害者の数について、10名の殺人と50-55名の負傷者、数百名の個人の尊厳の侵害の容疑が重大かどうか検察局と予審裁判部とで評価が分かれた。この事態について、2014年、検察局は規程17条1項(d)の重大性要件の満たされないことを理由として捜査の不開始を決定した[61]。しかし、船団の中の1隻の旗国であったコモロ連合はこれを不服として、53条3項(a)を根拠に予審裁判部へ捜査不開始決定の審査を請求し、予審裁判部は捜査不開始決定を再検討するよう検察官に要請した[62]。検察官はその後も捜査不開始決定を行い、コモロ連合も合計3回予審裁判部へ司法審査を請求したけれども、2020年の予審決定は上訴審判決を踏まえ、重大性の評価に関する誤りを正すよう検察官に要請し得るか不明瞭であるとして、検察官に決定の見直しを要請しなかった[63]。

(3) 裁判の利益

検察官は、生じうる事件が管轄権と受理許容性を満たす場合にのみ、「裁判の利益」を検討することを求められる。裁判の利益について、検察官は「犯罪の重大性及び被害者の利益」を考慮してもなお捜査が裁判の利益に資するものではないと信ずるに足りる実質的な理由があるかどうかを検討する（53条1項(c)）。検察局の任務、規程の趣旨と目的に照らして、捜査と訴追が裁判の利益にかなう強い推定が働く[64]。

裁判の利益の要素は必ずしも明確ではない。実際に、裁判の利益がないとして検察官が捜査の不開始を決めたことはなく、2007年に検察局から裁判の利益の政策文書が出されている[65]。文書においては、裁判の利益で明確に考慮される要素として規程中の①犯罪の重大性と②被害者の利益が挙げられ、

他に考慮される可能性のある要素として「その他の正義メカニズム」、「和平プロセス」が挙げられる[66]。予審裁判部がアフガニスタンの事態において「犯罪容疑と捜査開始請求の間の長時間経過」、「予備的な検討という限られた目的でさえも検察官が得られた協力の乏しさ」、「捜査のための証拠と被疑者の利用可能性」を踏まえて、裁判の利益なしと判断した事例がある[67]。

7　予審裁判部による捜査開始の許可・不許可

　検察官が自己発意捜査を開始する場合、予審裁判部による許可が必要であり（規程15条4項）、検察官の訴追裁量はこの点で司法的に統制される。

　捜査開始の決定にあたり、検察官は予備的な検討として53条1項(a)から(c)の項目を検討する。2020年3月のアフガニスタンの事態の捜査開始許可請求に対する上訴裁判部の判決が出るまでは、15条4項の下で予審裁判部も53条1項の要素を検討すべきものと考えられており、捜査開始にあたり予審裁判部と検察官は同じ検討項目を検討することとなると解釈されてきた[68]。前提として、2019年4月、予審裁判部はアフガニスタンの事態に関して史上初めて検察官の自己発意捜査開始許可請求を却下した[69]。その際、予審裁判部は、捜査が53条1項(c)の「裁判の利益」に資さないと判断した[70]。しかし、上訴裁判部は、予審裁判部の検討事項とは53条1項(a)から(c)ではなく、15条4項の文言にあるとおり「捜査を進める合理的な基礎があり、かつ、事件が裁判所の管轄権の範囲内にあるものと認める」かどうかであると述べた[71]。ここで、「事件」はあくまでも予備的な検討の段階での事件と理解すべきであり、当該事態で「生じうる事件」を指す[72]。15条3項の被害者陳述も53条1項で検察官が「入手することのできた情報」に含まれる。15条4項の「裏付けとなる資料」とは、政府、国際組織、NGO、メディアからの情報のほか、検察官が捜査開始許可請求の附属書に含めたすべての情報である[73]。予審裁判部は、必要があれば審問を行うことができ、検察官と被害者に追加の情報提供を要請することもできる（手続証拠規則50条4項）。予審裁判部は、捜査開始の許可の決定に理由を付さねばならず、被害者に通知しなくてはならない（同5項）。

　予審裁判部が捜査開始を許可しない場合、検察官は「同一の事態に関し新たな事実又は証拠に基づいて」、同一の事態について検察官が請求をし直すことができる（規程15条5項）。その際の請求手続は初回の手続と同様である（手続証拠規則50条6項）。

8 検察官による捜査の不開始決定

予備的な検討の結果、検察官が、提供された情報について「捜査のための合理的な基礎を構成しないと結論する場合には、その旨を当該情報を提供した者に通報する。このことは、検察官が同一の事態に関し新たな事実又は証拠に照らして自己に提供される追加的な情報を検討することを妨げるものではない」(規程15条6項)。

9 侵略犯罪についての捜査開始決定

2010年に開催された規程検討会議(カンパラ会議)において、侵略犯罪関連の改正規定がカンパラ決議として採択され、侵略犯罪に関するICCの管轄権行使条件が整備された。トリガー・メカニズムのうち、締約国付託と検察官の自己発意捜査の場合については改正規程15条の2(*bis*)が定め、安保理付託については15条の3(*ter*)が定めている。

締約国付託と自己発意捜査の場合には、まず検察官は安保理による侵略行為の認定を確認する。検察官が侵略犯罪について捜査を進める合理的な根拠があると結論する場合には、「裁判所に係属する事態について、関連する情報及び文書を含めて、国際連合事務総長に通報する」(15条の2の6項)[74]。そして、安保理による侵略行為の認定があれば、侵略犯罪の捜査を開始できる(15の2の7項)。もしも「通報の日から6箇月以内にそのような認定が行われない場合は、予審裁判部門が15条に規定する手続により侵略犯罪について捜査の開始を許可し、安全保障理事会が16条に従って別段の決定をしていないことを条件として、検察官は侵略犯罪について捜査を進めることができる」(15条の2の8項)。

安保理付託の場合には、ICCは侵略犯罪について管轄権を行使できると定められており、安保理は国連憲章にしたがって侵略行為を認定した場合にICCでの侵略犯罪の捜査を希望するときには、事態をICCへ付託する必要がある。安保理付託の場合には、予審裁判部による捜査開始の許可は不要となる。

V 捜査の開始

1 検察官の責務

規程15条と53条にしたがって捜査が開始すると捜査段階に入る。捜査と

訴追と予備的な検討は検察局の三大任務である[75]。捜査にあたり、犯罪の行われた場所と時間に関する「事態」からその犯罪に関与した人に関する「事件（case）」が特定される。事態は一般に時間的、場所的、あるいは人的な要因の観点から定義され、特定の事案における ICC 規程上の犯罪の捜査を行うべきかどうかを決定するための手続を伴う[76]。事件は特定の被疑者により犯罪の行われた出来事からなり、逮捕状・召喚状の発付後に行われる手続を含み[77]、主に訴追の対象となるのが事件である。

　捜査の着手にあたり、ICC は国家管轄権を補完するという補完性の原則の下、検察官は同一事件について国家が捜査している場合には捜査ができない。検察官は、「捜査に着手する場合には、すべての締約国及び利用可能な情報を考慮して問題となる犯罪について裁判権を通常行使し得る国に通報する。検察官は、これらの国に対し情報を秘密のものとして通報することができるものとし、また、関係者を保護し、証拠の破壊を防止し、又は被疑者の逃亡を防止するために必要と認める場合には、これらの国に提供する情報の範囲を限定することができる」（規程 18 条 1 項）。通報を受けた国は、受領後 1 ヶ月以内に「自国の裁判権の範囲内にある自国民その他の者を現に捜査しており、又は既に捜査した旨を通報することができる」（同条 2 項）。その場合、検察官は自ら請求して予審裁判部に捜査を許可されない限り、当該国の捜査にゆだねなくてはならない（同項）。関係する予審裁判部の決定に対し、国と検察官は上訴可能である（同条 4 項）。もっとも、国の行う捜査にゆだねたことについては、ゆだねた日から 6 ヶ月後または当該国が捜査を真に行う意思もしくは能力のない状況となった場合にはいつでも、検察官が再検討することができる（同条 3 項）。さらに、検察官は当該関係国に対しその捜査の進捗状況及びその後の訴追について定期的に自己に報告するよう要請することができる（同条 5 項）。また、検察官は、予審裁判部による決定がなされるまでの間、または国に捜査をゆだねた場合にはいつでも、重要な証拠を得るための得難い機会が存在し、またはそのような証拠がその後に入手することができなくなる著しい危険が存在するときは、例外的に、証拠保全のために必要な捜査上の措置をとることについて予審裁判部の許可を求めることができる（同条 6 項）。捜査開始段階で、検察官と国との間に受理許容性に関して争いがある場合、予審裁判部は受理許容性の審査手続を定める 17 条を、具体的な事件の受理許容性についての異議申立てに関する 19 条のみならず、事件

の特定されていない段階での18条の審査においても適用する[78]。したがって、18条の受理許容性について、国家は「ある事態中の犯罪のパターンや形態を含む関連犯罪行為に関して、同一グループまたは同一カテゴリーの個人について、国内での捜査や訴追のプロセスが進んでいることを証明する必要がある」[79]。

　規程54条が捜査に関する検察官の責務及び権限を規律する。1項(a)は「真実を証明するため、この規程に基づく刑事責任があるか否かの評価に関連するすべての事実及び証拠を網羅するよう捜査を及ぼし、並びにその場合において罪があるものとする事情及び罪がないものとする事情を同等に捜査すること」と定めており、検察官は、ICTYとICTRの検察官と異なり[80]、有罪の事情と無罪の事情とを同等に捜査することが求められる。したがって、ICCの検察官の責務は、英米法の当事者主義的な検察官の職責とは性格を異にしていると説明される[81]。真実究明義務は検察局行動規範49条でも確認されている。

　捜査にあたり、検察官は被害者、証人、被疑者の人権を尊重しなくてはならない。規程54条1項(b)は「裁判所の管轄権の範囲内にある犯罪の効果的な捜査及び訴追を確保するために適切な措置をとり、その場合において被害者及び証人の利益及び個人的な事情（年齢、第七条3に定義する性及び健康を含む。）を尊重し、並びに犯罪（特に、性的暴力又は児童に対する暴力を伴う犯罪）の性質を考慮すること」と定め、被害者と証人の人権に配慮する義務を検察官に課している。1項(c)は「この規程に基づく被疑者の権利を十分に尊重すること」を検察官に要請する。

　検察局による取調べの際の人権保護義務に関して、検察局規則36条1項は検察局が捜査に関して取調べに呼ぶ者を選定する際には「本人の信頼性を評価し、再トラウマ化のリスクに関連するあらゆる側面を含め、本人の安全及び福利に十分配慮する」と定める。同条2項は、取調べに呼ぶ前に、取調べに呼ぶ者と関係者に関するリスクの情報収集を適切に行うことを検察局に義務付ける。3項は、取調べに呼ばれる者の中で検察局によって脆弱者とみなされた者、特に、児童、障害者、ジェンダー犯罪および性犯罪の被害者の身体的および心理的な健康状態は、取調べ前の対面面談において、心理学、心理社会学その他の専門家によって評価され、再トラウマ化の恐れなしに取調べに耐えられるかの評価がなされるべきである旨定めている。

捜査中の検察官の権限として、規程54条3項は(a)証拠収集と証拠調べ、(b)被疑者・被害者・証人の出頭要請と尋問、(c)国・国際組織による協力または政府間取極に基づく協力を求めること、(d)規程に反しない限り、国・国際組織・個人の協力を促進するために必要な取決めを締結すること、(e)捜査手続のいずれの段階についても[82]、専ら新たな証拠を得るために秘密を条件として自己が入手する文書又は情報について、これらの情報の提供者が同意しない限り開示しないことに同意すること、(f)情報の秘密性、関係者の保護または証拠の保全を確保するために必要な措置をとり、必要な措置をとるよう要請することを掲げる。また、国連との連携協定18条3項も国連の同意なく文書や情報がICC、第三者に開示されないことを求める。ICC稼働初期、検察官の収集した情報のうち半分は情報提供者との間で文書・情報非開示の合意を行っていたため[83]、後に検察官は規程67条2項(手続証拠規則76-84条)の証拠開示義務と守秘義務との間で板挟みとなり、ルバンガ事件の公判が成立しない危険性を生じさせた。現在、検察局は証拠収集において54条3項(e)に依拠することを減らすよう努めている[84]。

2　検察官の権限

国内捜査同様、ICCの捜査においても証拠の収集と保全が重要である。規程54条2項は次の場合に国の領域での捜査を認めている。2項(a)は、第9部「国際協力及び司法上の援助」の規定に基づく場合、(b)は、57条3項(d)の規定に基づく予審裁判部の許可がある場合に、検察官にいずれかの国の領域での捜査を認める。捜査への協力を求められた国は、第9部の99条1項と自国の法律にしたがい、検察局による捜査への協力にあたり、検察局職員の立ち会いを認めるか否かを決定することができる[85]。99条4項は検察官が強制的な措置によることなく実施することができる請求内容を挙げ、検察官は個人の任意に基づく面会や証拠の取得などが可能である。実際には、ICCの検察局が国家の領域で直接捜査活動をすることは珍しくない。特に、犯罪現場の近くにフィールド・オフィスを設けることで検察局は捜査を効率的かつ迅速に行える[86]。実際、検察局はニューヨークの国連にリエゾン・オフィスを設けており、コンゴ民主共和国、ウガンダ、中央アフリカ、コートジボワール、ジョージア、マリ、ウクライナにフィールド・オフィスがある[87]。

3 逮捕状の発付

捜査の開始後いつでも、検察官は予審裁判部に対し逮捕状または召喚状を請求できる(規程58条)。逮捕状の請求の際には、58条2項に定められる(a)被疑者の氏名その他当該被疑者を特定する関連情報、(b)裁判所の管轄権の範囲内にある犯罪であって当該被疑者が行ったとされるものに関する具体的な言及、(c)当該犯罪を構成するとされる事実の簡潔な説明、(d)当該被疑者が当該犯罪を行ったと信ずるに足りる合理的な理由を証明する証拠その他の情報の要約、(e)検察官が当該被疑者を逮捕することが必要であると信ずる理由を含めねばならない。予審裁判部は、「信ずるに足りる合理的な理由」の解釈にあたり、欧州人権条約5条1項(c)の「疑う合理的な理由」の欧州人権裁判所による解釈を参照し、「客観的な観察人が関係者によって犯罪の行われたかもしれないと納得する事実または情報の存在」と解釈している[88]。逮捕状発付の請求は、極秘かつ一方的な手続であり、検察官しか関与できず、逮捕状に氏名の記載されている者には見解を提出する機会は保障されない[89]。

予審裁判部が逮捕状を発付する際には、当該者が裁判所の管轄権内の犯罪を行ったと信ずるに足りる合理的理由が存在し(規程58条1項(a))、出廷を確保するためなど当該者の逮捕が必要である要件(同(b))を満たしていることを確認しなければならない。被疑者の出頭を確保するために召喚状が十分なものである場合には、逮捕状に代えて召喚状を予審裁判部に請求する(同条7項)。逮捕状や召喚状の発付は正式な事件の始まりを意味する。後に、被疑者の引渡しや自発的な出頭があれば、検察官は訴追された者に「犯罪事実を記載した文書の写し」を提供する(61条3項(a))。

逮捕状は原則として公開状態で発付され、ウェブサイトで公表される(裁判所規則8条(c))。規程と手続証拠規則上は、封印された(under seal)逮捕状の発付可否は定かではないものの[90]、検察官が封印された逮捕状を請求し、それが逮捕の機会を高めると考えられる時は封印された逮捕状が発付される。封印された逮捕状は、公開により協力が促進されるなどの場合に検察官が逮捕状の公開を予審裁判部に請求してそれが認められると公開される[91]。ICCは逮捕状執行のための独自組織を持たないので、ウガンダの事態のオンゲンのように逮捕状が発付されて10年以上経ってから被疑者の身柄確保が行われることもある[92]。

逮捕状は、裁判所が別段の命令を発するまでの間、効力を有する(58条4項)。

必要に応じて、検察官は、予審裁判部に対し、逮捕状に記載された犯罪を変更し、またはこれに追加することにより当該逮捕状を修正するよう要請し、予審裁判部は、合理的な理由があると認める場合には逮捕状をそのように修正する (58 条 6 項)。

VI　裁判所における最初の手続——犯罪事実を記載した文書の提供・犯罪事実の確認——

　検察官は、捜査で得られた情報から裁判所の管轄犯罪について責任ある者を特定し、被疑者の身柄確保、公判前手続、そして公判手続へと進む。逮捕や召喚等によって被疑者の身柄が裁判所に引渡されたり、被疑者が自発的に出頭したりする場合、検察官立会いのもと、予審裁判部にて最初の手続が行われ、犯罪事実確認のための審理を行う期日が決められる (規程 60 条 1 項、手続証拠規則 121 条 1 項)。ウガンダの事態について 2005 年 7 月に逮捕状が出されていたオングェンは 2015 年 1 月に自発的に出頭した[93]。中央アフリカの事態に関して人道に対する犯罪と戦争犯罪の容疑について無罪となったベンバには、これらの罪について最初の逮捕状が 2008 年 5 月 23 日に出され、翌日にベルギーで逮捕された[94]。

　逮捕された者が公判までの間暫定的な釈放を請求した場合は、予審裁判部は検察官の見解を求めた上で、規程 58 条 1 項の要件に照らして、条件付きまたは無条件で釈放を認めるかどうか決定する (規程 60 条 2 項、手続証拠規則 118 条 1 項)。暫定的な釈放の間、逮捕された者の身柄を受け入れる国は釈放の前に決定される必要がある[95]。なお、(条件付の場合には特に条件にしたがって) 身柄を受け入れる国が見つからないと、暫定的な釈放の請求は認められない[96]。2014 年にベルギー、2018 年にアルゼンチンが ICC に勾留されている人の暫定的な釈放を自国で受け入れるための国際刑事裁判所との協力協定を締結している。ICC の法廷地でもあり、被疑者・被告人を勾留する刑事施設の所在するオランダは、ICTY の時代から自国での被疑者の暫定的な釈放に消極的な姿勢をとっている[97]。

　ベンバが父親と継母の葬儀の際に暫定的な釈放を求めたのに対して、予審裁判部も第 1 審裁判部も (後者は規程 64 条を援用して) 自身の固有の権限により、ベンバのベルギーへの移送を認めた[98]。

最初の手続のための出廷時の暫定的な釈放の請求は書面で行い、検察官はこの請求の通知を受け、検察官と被疑者は見解を書面で予審裁判部へ提出せねばならず、予審裁判部は検察官もしくは被疑者の要請、または職権で口頭の審理を行う（手続証拠規則同条3項）。予審裁判部は釈放のための口頭の審理を常に認める必要はないけれども[99]、少なくとも毎年1度開催する（手続証拠規則118条3項）。釈放または勾留の決定は予審裁判部により少なくとも120日に1度（手続証拠規則118条2項）定期的に再検討されるほか、検察官または被疑者が再検討を要請できる（規程60条3項）。公判前の訴訟準備にあたり、予審裁判部は、被疑者が検察官による許容されない遅延のために公判前に不合理な期間拘禁されないことを確保する（同条4項）。そのような遅延が生じた場合には、裁判所は条件付または無条件で当該被疑者を釈放することを検討する（同項）。許容されない遅延が生じても釈放は義務ではなく、裁判所が釈放の妥当性を検討する[100]。予審裁判部は、必要な場合には、釈放された者の出頭を確保するために逮捕状を発付することができる（同条5項）60条2項および4項で条件付の釈放とする場合の条件については、手続証拠規則の119条1項に例示がなされている。

コラム 国際刑事裁判所の完了戦略
―― 捜査の終期 ――

　国際刑事裁判所の検察局の動向について、どこの国が捜査対象の「事態」となり、誰の行ったどの犯罪が訴追対象の「事件」となるのかという捜査・訴追の「始期」に注目しがちである。国際社会全体の関心事である最も重大な犯罪は通常の犯罪と比べてそう多くはないにせよ、世界中の最も重大な犯罪から特に国際刑事裁判所で扱う犯罪を選び出す検察官の裁量は非常に大きい。国際刑事裁判所の検察官の裁量権の行使が国際政治の機微に触れることは必定と言っても過言ではない。したがって、国際刑事裁判所の検察官による捜査と訴追の始期が世間の耳目を集めることも不可避である。
　ところが、その「終期」はどうか。国際刑事裁判所規程には、事態の捜査・訴追を集結するための完了戦略に関する規定が存在しない。また、検

察局は現在まで捜査中の事態を正式に閉じたことはない。確かに、冷戦後に国連安保理の決議によって設立された国際刑事法廷である旧ユーゴスラビア国際刑事法廷やルワンダ国際刑事法廷は、当初からアド・ホックな（臨時の）法廷としてできており、裁判官主導で完了戦略が推進されて、安保理決議においても出口戦略が支持された（S/RES/1503, S/RES/1534）。対して、1998年に設立された国際刑事裁判所は常設であり、理論的にはいったん開始した事態を閉じずに継続して再発防止や国内訴追を見守ることも想定される。

だが、国際刑事裁判所においても2012年の第11回締約国会議において採択された補完性に関する決議の前文で、締約国会議は「裁判所が事態国（situation country）での活動をどのように完了させるかについて、より一層の配慮がなされるべきであり、そのような出口戦略（exit strategies）は、裁判所が事態国での活動を完了した際に、その事態国が国内手続を進める上でどのような支援を受けられるかについての指針を提供しうるものである」と想起し、初めて出口戦略に言及がなされた。これを受けて裁判所は第12回の締約国会議において「補完性に関する裁判所報告書：事態国におけるICC活動の完了」と題する報告書を出し、完了の意義と要素を明らかにした（ICC-ASP/12/32）。そこでは、常設であるから、国際刑事裁判所全体としての完了戦略がないことが確認されており（8段）、その管轄犯罪には時効がないことも確認されている（12段）。常設という性質を踏まえ、完了の定義は「捜査、検察、司法活動の漸進的終結」とされた（19段）。完了戦略は、①完了までの司法・行政作業を含む完了問題、②完了後の司法行政作業に関わる残余機能、③完了後のアウトリーチや能力構築を含む長期的プロジェクトに関する遺産問題の3要素を含んでいる（17段）。

締約国会議は、国際刑事裁判所の出資者の集まりでもあり、国際刑事裁判所の効率的な運営に関心を寄せているから、事態が永続的に国際刑事裁判所に係属する可能性を警戒して、検察局の出口戦略を牽引する形となったとも考えられるし、出口戦略が裁判所全体の課題であることを示唆したとも捉えられよう。

締約国会議の問題提起を受け、検察局は『戦略計画（Strategic Plan）2019-2021』の中で、戦略目標の1つに「予備的な検討・捜査・訴追の速度・効率・効果を高める」を掲げ、検察局は捜査中の事態に対する明確な完了戦略を立てることに集中すると明かした（5頁）。

完了戦略の意義や長所としては、国際刑事裁判所が永続的に事態を把握すれば、重大な国際犯罪の不処罰を撲滅する国家管轄権の主導的な役割が減殺

されてしまうから、補完性原則を貫徹するためであると指摘されている。あるいは、完了戦略なしに運営を続ければ非効率である、と評価されて裁判所の評判の低下につながり、実際に財政問題を引き起こしたりする可能性も指摘される。反面で、国際刑事裁判所は常設の裁判所であるから、理想的には検察局は捜査の開始した事態を開いたままにして、柔軟に事態に介入する余地を残し、犯罪抑止と啓発活動に貢献すべきではないかとの考え方もあり、敢えて出口を示さないことの利点も指摘される。いずれにしても、完了戦略が公平・公正な裁判を害したり、完了戦略の名の下に検察局へ政治的圧力がかけられたりすることのないよう動向を注視する必要がある。

VII おわりに

規程起草当初恐れられていた独立性の高い検察官像は、ICC 稼働後すぐに締約国自らの自己付託の実行を見たことによって杞憂となり、検察官の裁量に対する司法統制も現状では特に上訴裁判部がそれほど積極的ではないように思われる[101]。自己付託は ICC の捜査・訴追を軌道に乗せることに一役買った側面もある。その反面で積極的補完性の政策はアフリカ諸国の協力を前提としており、安保理付託のスーダンと自己発意捜査のケニアの事態で検察官が大統領を訴追対象とするや否や、アフリカ諸国は主権侵害を主張して ICC に反発した[102]。

積極的補完性によって検察官の公平性に疑念が生じたにもかかわらず、3代目のカーン検察官も積極的補完性を継承する。同検察官は、2023 年にダイナミック／積極的補完性の新政策を打ち出し、検察局、国家当局、国際・地域パートナーの ICC 管轄犯罪の捜査・訴追への関与を期待している[103]。ダイナミック補完性は「裁判所の基本原則である補完性の原則をダイナミックに適用したもので、国家が事件を十分に捜査しない場合にのみ裁判所が管轄権を持つ」といった理解ができ[104]、受理許容性を動態的なものとして把握する。ダイナミック補完性によって効率的な捜査が促進されるのか注視していく必要がある。

【注】

1 小和田恒・芝原邦爾「ローマ会議を振り返って——国際刑事裁判所設立に関する外交会議」『ジュリスト』1146 号（1998 年）4 頁、16 頁。

2 松田誠「国際刑事裁判所の管轄権とその行使の条件」『ジュリスト』1146 号（1998 年）45 頁、46 頁。

3 Beti Hohler, "Office of the Prosecutor: International Criminal Court (ICC)," *Max Planck Encyclopedia of International Procedural Law [MPEiPro]* (2022), para. 2.

4 "Code of Conduct for the Office of the Prosecutor" (5 September 2013).

5 "Regulations of the Office of the Prosecutor," ICC-BD/05-01-09 (23 April 2009).

6 森川泰宏「国際刑事裁判所の戦略計画」『学術文化研究』9 号（2009 年）40-55 頁。

7 "Office of the Prosecutor," at https://www.icc-cpi.int/about/otp (as of January 12, 2024).

8 Hohler, *supra* note 3, para. 9.

9 2024 年 3 月現在、検察局規則の改正は行われていないものの、3 部門廃止の組織改革はすでに行われている。

10 主任検察官の統合チームはウクライナであり、それ以外の事態は 2 名の次席検察官の下にある 2 つの統合チームが担当する。Assembly of States Parties, "Proposed Programme Budget for 2024 of the International Criminal Court," ICC-ASP/22/10 (31 July 2023), 37.

11 *See,* Luis Moreno Ocampo, *War and Justice in the 21st Century: A Case Study on the International Criminal Court and its Interaction with the War on Terror* (Oxford University Press, 2022), p.114.

12 Morten Bergsmo and Dan Zhu, "Article 42," in Kai Ambos (ed.), *Rome Statute of the International Criminal Court: Article by Article* (4th ed., CH Beck, 2022), p. 1508, p. 1515, para. 16.

13 UN Doc. ICC-ASP/1/Res.2 (2002), as amended by resolution UN Doc. ICC-ASP/3/Res.6 (2004).

14 *Ibid.,* para. 28.

15 *Ibid.,* para. 33.

16 *Ibid.,* para. 34.

17 *Ibid.,* paras. 36, 38.

18 Bergsmo and Zhu, *supra* note 12, p. 1515, para. 18.

19 *The Prosecutor v. Paul Gicheru,* "Order on the Recusal of the Prosecutor from the Current Case," Pre-Trial Chamber A (Article 70), ICC-01/09-01/20-149 (29 June 2021); *see also, the Prosecutor v. Abdallah Banda Abakaer Nourain,* "Order on the Recusal of the Prosecutor from the Current Case," Trial Chamber IV, ICC-02/05-03/09-704, (29 June 2021).

20 *The Prosecutor v. Saif Al-Islam Gaddafi,* "Decision on the Request for Disqualification of the Prosecutor," Appeals Chamber, ICC-01/11-01/11-175 (12 June 2012), p. 15, para. 29.

21 ICC Office of the Prosecutor, "Annex to ICC OTP, Paper on Some Policy Issues before the Office of the Prosecutor: Referrals and Communications" (September 2003), para. C.

22 Sara Wharton and Rosemary Grey, "The Full Picture: Preliminary Examinations at the

International Criminal Court," *The Canadian Yearbook of International Law*, Vol. 56 (2019), p. 1, p. 4.

23　Morten Bergsmo and Olympia Bekou, "Article 53 Initiation of an Investigation," in Kai Ambos (ed), *Commentary on the Rome Statute of the International Criminal Court: Article-by-Article Commentary* (4th edn, Beck Nomos Hart, 2022), p. 1623, pp. 1628-1629.

24　ICC Office of the Prosecutor, "Report on Preliminary Examination Activities 2018" (5 December 2018), pp. 7-8, para. 15.

25　"Decision on the "Prosecution's Request for a Ruling on Jurisdiction under Article 19(3) of the Statute," Pre-Trial Chamber I, ICC-RoC46(3)-01/18-37 (6 September 2018), p. 45, para. 82.

26　ICC Office of the Prosecutor, "Report on Preliminary Examination Activities 2020" (14 December 2020), p. 6, para. 15.

27　ICC Office of the Prosecutor, "Policy Paper on Preliminary Examinations [hereinafter, Policy Paper 2013]" (November 2013), p. 20, para. 85.

28　ICC Office of the Prosecutor, "Report on Preliminary Examination Activities (2016) (hereinafter, Report on PE 2016)" (14 November 2016) p. 14.

29　ICC Office of the Prosecutor, "Request for Authorisation of an Investigation pursuant to Article 15," ICC-01/17-X-5-US-Exp (5 September 2017).

30　"Philippine Government's Appeal Brief against "Authorisation pursuant to Article 18(2) of the Statute to Resume the Investigation"", ICC-01/21-65 (13 March 2023), p. 17, para. 49.

31　"Judgment on the Appeal of the Republic of the Philippines against Pre-Trial Chamber I's "Authorisation pursuant to Article 18(2) of the Statute to Resume the Investigation"," ICC-01/21-77 (18 July 2023). *But see,* "Dissenting Opinion of Judge Perrin De Brichambaut and Judge Lordkipanidze," ICC-01/21-77-OPI (18 July 2023).

32　OTPLink, at https://otplink.icc-cpi.int/faqs (as of January 20, 2024).

33　Situation in the Islamic Republic of Afghanistan, "Judgment on the appeal against the decision on the authorisation of an investigation into the situation in the Islamic Republic of Afghanistan [hereinafter, Afghanistan Appeals Judgment]," Appeals Chamber, ICC-02/17-138 (5 March 2020), p. 13, para. 28. 評釈について、越智萌「国際刑事裁判所検察官の訴追裁量に対する裁判部による統制の範囲——アフガニスタン事態に対する捜査許可に関する上訴審決定（2020年3月5日）」『国際法研究』9号（2021年）190頁、190-199頁。

34　*Ibid.*, p. 13, para. 29.

35　*Ibid.*, p. 13, para. 29; p. 14, fn. 52.

36　Hohler, *supra* note 3, para. 32.

37　Situation in the Islamic Republic of Afghanistan, "Decision Pursuant to Article 15 of the Rome Statute on the Authorisation of an Investigation into the Situation in the Islamic Republic of Afghanistan, [hereinafter, Afghanistan Authorisation Decision]" Pre-Trial Chamber II, ICC-02/17-33 (12 April 2019), p. 11, para. 30.

38　Afghanistan Appeals Judgment, *supra* note 33, pp. 3, 21, paras. 1, 45.

39　越智、前掲論文（注34）194頁。

40 Afghanistan Appeals Judgment, *supra* note 33, p. 15, para. 33.
41 *Ibid.*, p. 16, para. 35.
42 越智、前掲論文 (注 34) 198 頁。
43 Yurika Ishii, "Situation in the Islamic Republic of Afghanistan," *American Journal of International Law*, Vol. 115, Issue 4 (2021), p. 688, p. 692.
44 Bergsmo and Zhu, *supra* note 12, p. 891, para. 22.
45 Report on PE 2016, *supra* note 28.
46 *Ibid.*, pp. 8-9, para. 35.
47 ICC Office of the Prosecutor, "Situation in Palestine" (3 April 2012). その後、パレスチナは 2012 年 11 月に国連のオブザーバー国家となった。*See*, UN Doc. A/RES/67/19 (4 December 2012).
48 Report on PE 2016, *supra* note 28, p. 25, paras. 109, 111.
49 The State of Palestine, "Referral by the State of Palestine Pursuant to Articles 13(a) and 14 of the Rome Statute," PAL-180515-Ref (15 May 2018).
50 Situation in the People's Republic of Bangladesh/Republic of the Union of Myanmar, "Decision on the 'Prosecution's Request for a Ruling on Jurisdiction under Article 19(3) of the Statute'," Pre-Trial Chamber I, ICC-RoC46(3)-01/18-37 (6 September 2018); Situation in the State of Palestine, "Decision on the 'Prosecution Request pursuant to Article 19(3) for a Ruling on the Court's Territorial jurisdiction in Palestine'," Pre-Trial Chamber I, ICC-01/18-143 (5 February 2021).
51 *Ibid.* (Bangladesh/Myanmar Decision), p. 15, para. 33.
52 Policy Paper 2013, *supra* note 27, pp. 10-11, paras. 43-45.
53 *The Prosecutor v. Germain Katanga and Mathieu Ngudjolo Chui*, "Judgment on the Appeal of Mr Germain Katanga against the Oral Decision of Trial Chamber II of 12 June 2009 on the Admissibility of the Case," Appeals Chamber, ICC-01/04-01/07-1497 (25 September 2009), pp. 29-30, para. 78
54 Policy Paper 2013, *supra* note 27, p. 13, para. 49.
55 *See eg.*, ICC Office of the Prosecutor, "Prosecutorial Strategy 2009-2012" (1 February 2010), p. 5, para. 17.
56 Policy Paper 2013, *supra* note 27, p. 24, para. 101.
57 Sara Wharton and Rosemary Grey, *supra* note 22, p. 24.
58 Policy Paper 2013, *supra* note 27, p. 15, para. 61.
59 ICC Office of the Prosecutor, "Response to Communication concerning the Situation in Iraq" (9 Febuary 2006), pp. 8-9.
60 ICC Office of the Prosecutor, "Prosecutor of the International Criminal Court, Fatou Bensouda, Re-opens the Preliminary Examination of the Situation in Iraq" (13 May 2014).
61 ICC Office of the Prosecutor, "Situation on Registered Vessels of Comoros, Greece and Cambodia: Article 53(1) Report," ICC-01/13-6-AnxA (6 November 2014), p. 60, para. 148.

62 Situation on the Registered Vessels of the Union of the Comoros, the Hellenic Republic and the Kingdom of Cambodia, "Decision on the Request of the Union of the Comoros to Review the Prosecutor's Decision not to Initiate an Investigation," Pre-Trial Chamber I, ICC-01/13-34 (16 July 2015).

63 Situation on the Registered Vessels of the Union of the Comoros, the Hellenic Republic and the Kingdom of Cambodia, "Decision on the 'Application for Judicial Review by the Government of the Comoros'," ICC-01/13-111, Pre-Trial Chamber I (16 September 2020), pp. 48-51, paras. 107-113.

64 Policy Paper 2013, *supra* note 27, p. 17, para. 71.

65 ICC Office of the Prosecutor, "Policy Paper on the Interests of Justice" (September 2007).

66 *Ibid.*, pp. 4-9.

67 Afghanistan Authorisation Decision, *supra* note 37, p. 29, para. 91.

68 Kenya Decision, *supra* note 38, p. 10, para. 21.

69 Afghanistan Authorisation Decision, *supra* note 37.

70 越智、前掲論文 (注 34) 190 頁。

71 Afghanistan Appeals Judgment, *supra* note 33, pp. 17, 21, paras. 37, 46.

72 Situation in the Republic of Côte d'Ivoire, "Decision Pursuant to Article 15 of the Rome Statute on the Authorisation of an Investigation into the Situation in the Republic of Côte d'Ivoire," Pre-Trial Chamber III, ICC-02/11-14 (15 November 2011), p. 9, para. 18.

73 *Ibid.*

74 訳は植木俊哉・中谷和弘編『国際条約集 2023 年版』(有斐閣、2023 年) 390 頁にならった。

75 ICC Office of the Prosecutor, 'Strategic Plan 2016-2018' (6 July 2015), p. 42.

76 Situation in the Democratic Republic of the Congo, "Decision on the Applications for Participation in the Proceedings of VPRS1, VPRS2, VPRS 3, VPRS 4, VPRS 5 and VPRS 6 [hereinafter, the DRC Decision]," Pre-Trial Chamber II, ICC-01/04-101-tEN-Corr (17 January 2006), p. 17, para. 65.

77 *Ibid.*

78 *The Prosecutor v. Uhuru Muigai Kenyatta and Mohammed Hussein Ali*, "Judgment on the appeal of the Republic of Kenya against the decision of Pre-Trial Chamber II of 30 May 2011 entitled "Decision on the Application by the Government of Kenya Challenging the Admissibility of the Case Pursuant to Article 19(2)(b) of the Statute"," Appeals Chamber, ICC-01/09-02/11-274 (30 August 2011), p. 13, para. 37.

79 Situation in the Republic of the Philippines, "Judgment on the Appeal of the Republic of the Philippines against Pre-Trial Chamber I's "Authorisation pursuant to Article 18(2) of the Statute to Resume the investigation"," Appeals Chamber, ICC-01/21-77 (18 July 2023), p. 33, para. 106.

80 Mundis, Daryl A. Mundis, "The Assembly of States Parties and the Institutional Framework of the International Criminal Court," *American Journal of International Law*, Vol. 97, No. 1 (2003), p.132, pp. 132-146.

81　東澤靖『国際刑事裁判所　法と実務』(明石書店、2007 年) 148 頁。
82　The DRC Decision, *supra* note 76, p. 9, para. 33.
83　William A Schabas, *An Introduction to the International Criminal Court* (6th ed., Cambridge University Press, 2020), p. 262.
84　ICC Office of the Prosecutor, "Prosecutorial Strategy 2009-2012" (1 February 2010), p. 9, para. 34(b).
85　*See*, Karel De Meester, "Article 54 Duties and Powers of the Prosecutor with respect to Investigations," in Mark Klamberg (ed.) *Commentary on the Law of the International Criminal Court* (Torkel Opsahl Academic Epublisher, 2017), p. 401, p. 404, para. 436.
86　ICC Office of the Prosecutor, "Office of the Prosecutor Annual Report 2023" (2023), p. 41.
87　*Ibid.*, pp. 41-45. 他にスーダン、リビア、バングラデシュ、ヴェネズエラでフィールド・オフィス開設が目指される。
88　*See eg., the Prosecutor v. Jean-Pierre Bemba Gombo*, "Decision on the Prosecutor's Application for a Warrant of Arrest against Jean-Pierre Bemba Gombo," Pre-Trial Chamber III, ICC-01/05-01/08-14-tENG (12 June 2008), pp. 11-12, para. 24.
89　Situation in the Republic of Kenya, "Decision on the "Application for Leave to Participate in the Proceedings before the Pre-Trial Chamber relating to the Prosecutor's Application under Article 58(7)"," Pre-Trial Chamber II, ICC-01/09-42 (11 February 2011), p. 12, paras. 23-24.
90　Schabas, *supra* note 83, p. 275.
91　*See eg., the Prosecutor v. Al-Tuhamy Mohamed Khaled*, "Decision on Reclassification of the Warrant of Arrest," Pre-Trial Chamber I, ICC-01/11-01/13-18 (24 April 2017).
92　Hohler, *supra* note 3, para. 56.
93　ICC-02/04-01/05-419-Conf-Exp (22 January 2015).
94　ICC-01/05-01/08-14-tENG (10 June 2008), p. 6, para. 8.
95　*The Prosecutor v. Jean-Pierre Bemba Gombo*, 'Judgment on the Appeal of the Prosecutor against Pre-Trial Chamber II's "Decision on the Interim Release of Jean-Pierre Bemba Gombo and Convening Hearings with the Kingdom of Belgium, the Republic of Portugal, the Republic of France, the Federal Republic of Germany, the Italian Republic, and the Republic of South Africa"', Appeals Chamber, ICC-01/05-01/08-631-Red (2 December 2009), p. 32, para. 106.
96　*The Prosecutor v. Maxime Jeoffroy Eli Mokom Gawaka*, 'Public redacted version of 'Decision on interim release'', Pre-Trial Chamber II, ICC-01/14-01/22-173-Red (8 March 2023).
97　*See* Maïté Van Regemorter, 'Interim Release', *Max Planck Encyclopedia of International Procedural Law* [MPEiPro] (2022), paras. 32-33.
98　*The Prosecutor v. Jean-Pierre Bemba Gombo*, 'Decision on the Defence's Urgent Request concerning Mr Jean-Pierre Bemba's Attendance of his Father's Funeral', Pre-Trial Chamber II, ICC-01/05-01/08-437-Red (3 July 2009), p. 4, para. 9; 'Decision on the Defence Request for Mr Jean-Pierre Bemba to attend His Stepmother's Funeral', Trial Chamber III, ICC-01/05-01/08-1099-Red (12 January 2011), p. 7, para. 13.

99 Karim A. A. Khan and Aidan Ellis, 'Article 60', in Kai Ambos (ed.), *Rome Statute of the International Criminal Court: Article by Article* (4th ed., CH Beck, 2022), p. 1747, p. 1756, para. 14.

100 *Ibid.*, p. 1758, para. 17.

101 国内・国際検察官の裁量の趣旨と統制の趣旨については、拙著『国際刑事裁判所の検察官の裁量』(信山社、2022年) 54-56頁。

102 尾﨑久仁子「国際刑事裁判所と国際社会における法の支配」『国際問題』666号 (2017年) 27頁、33-34頁。

103 The Office of the Prosecutor, "Office of the Prosecutor Strategic Plan - 2023-2025" (13 June 2023), p. 17, para. 55.

104 Pnina Sharvit Baruch & Ori Beeri, "A New Spirit at the International Criminal Court in The Hague," *INSS Insight*, No. 1676 (2023), p. 1, p.2.

第 9 章
裁判手続

尾﨑久仁子

I はじめに
II 国際刑事法廷における手続法の発展
 1 国際刑事法廷と手続法
 2 国際刑事手続法の発展：ニュルンベルグから混合法廷まで
III ICC の手続の特徴
 1 ICC の構造
 2 適正手続
 3 法源、「ハイブリッドな」法
 4 対象犯罪の特殊性
IV 犯罪事実の確認、公判前整理手続、証拠開示
 1 犯罪事実の確認手続
 2 公判前整理手続の概要
 3 証拠開示
V 公　判
 1 有罪自認手続
 2 被告人の在廷による公判
 3 証拠調べ
 5 証人保護、司法妨害
 6 最終弁論、評議、判決の言渡し、量刑
VI 上訴及び再審
VII おわりに

I　はじめに

　国際刑事裁判所（ICC）は条約に基づいて設立された国際司法機関であるので、実体法、裁判所の構成と裁判手続など、訴追及び処罰に関する事項は、条約によって規定される。ICC の対象犯罪（コア・クライム）に限らず、犯罪の構成要件を条約で規定することは比較的容易であり、現実に多くの犯罪関係条約で行われてきた。特定の行為の処罰を目的として条約交渉が行われるので、どのような行為を対象とするかについては各国の概ねの合意があることが交渉の前提となるし、構成要件規定は他の犯罪の構成要件と直接は関係しないからである。他方で、いわゆる刑法総則部分や裁判手続については、国際慣習法上確立した規則が少ないこと、他の犯罪に適用されるものとの整合性が問題となること、各国の国内法制が大きく異なることなどから、普遍的な条約で定めること（多数の国が交渉で合意すること）は容易ではない。国際司法裁判所などにおける手続はある程度確立していても、これらの手続は本質的に民事的であり、刑事法廷において準用することは困難である。

　国際法廷の設立条約であるという性格上、国際刑事裁判所に関するローマ規程（ローマ規程）は、裁判手続に関する規定を有しているが、その内容は限られたものである。このため、ICC においては、判例の蓄積を通じて、手続の明確化、具体化が図られてきた。しかし、国内の刑事裁判では想定しがたい問題が多数生じており、現在に至るまで解決を見るに至っていない課題も多い。

　本章では、ICC の裁判手続について概説し、その特徴と課題について分析する。本章の対象は、予審裁判部における犯罪事実の確認手続、第 1 審裁判手続及び上訴手続である。ICC の手続のうち、検察局による捜査手続については、予審裁判部の関与を含めて、第 8 章で扱う（受理許容性については 2 章）。また、国際協力については 11 章、被害者参加及び賠償手続については 10 章に譲る。

　以下、第 2 節で、ICC の設立以前の国際刑事法廷における手続について概観する。第 3 節においては、ICC の裁判手続の背景となる ICC 固有の事情について触れる。第 4 節ないし第 6 節は、概ね裁判の時系列に沿って、主要な論点に絞って解説する。なお、ICC の活動への言及については、特記しない限り、2024 年 1 月 31 日時点までの情報による。

II　国際刑事法廷における手続法の発展

1　国際刑事法廷と手続法

　コア・クライムに関する国際法の特徴の一つは、実体法と国際刑事法廷における手続法が同時に発展したことである。侵略犯罪や人道に対する犯罪の概念及びこれを裁くための手続はニュルンベルグ国際軍事裁判所における刑事手続に始まった。この時点で、刑事手続に関する国際法は成熟しておらず、同裁判所は、国内における刑事手続を参考とし、これに、対象犯罪の特殊性に対応するための調整を加えた手続を採用した。

　刑事手続に関する国内法は、大きく、当事者主義(adversarial system)と職権主義(「糾問主義」と称されることもある。inquisitorial system)に大別される。前者は、裁判所ではなく当事者が訴訟手続の主導権を有する方式であり、主として英、米などのコモン・ロー諸国で採用される。後者は、裁判所が訴訟追行を主導する方式であり、独、仏などのヨーロッパ大陸法諸国で用いられている。当事者主義においては、捜査、訴追を行う検察官と裁判官の役割は明確に切り離される。裁判官は、検察官の主張する訴因についてのみ審理を行い、検察官と被告人(弁護人)の主張及び両者が取調べを請求する証拠に基づいて、中立的な判断を行う。その前提として証拠開示を含む当事者間の武器対等の原則が重視され、裁判官の予断を避けるためにいわゆる起訴状一本主義がとられる。また、コモン・ロー諸国においては、陪審が用いられるため、証拠の許容性に関する規則など、陪審員による適正な判断を確保するための証拠法則が発展した。

　これに対し、理念型としての職権主義においては、裁判所は、検察官の設定した訴因を含む当事者の主張に拘束されることなく事実を究明する権限と責務を有し、検察官と弁護人はこれを補助する役割を果たす[1]。多くの大陸法諸国は予審制度を採用しており、例えば、フランスにおいては、一定の重大犯罪について、裁判所に属する予審裁判官が捜査の指揮をとり、証人や被疑者の尋問を行うなどの証拠収集を行い、公判に付するか否かを決定し、公判に付する場合には、捜査の内容を含めた一件書類を公判裁判所に送付する[2]。公判を担当する裁判官は、予め送付された一件書類を精査し、その上で、当事者が取調べを請求しない証拠についても自ら証拠調べを行う。

　この分類は大まかなものであり、このいずれにも属さない訴訟手続を採用

する国もある。また、いずれかの原則を採用する国であっても、適正手続や事案の真相の解明といった刑事手続の目的をより効果的に遂行するとともに、民主主義の要請や犯罪の実情の変化に適切に対応すべく、様々な修正が施されており、具体的な手続は国によって大きく異なっている。例えば、当事者主義をとる国においても真相の解明のために必要な場合には職権証拠調べが認められる場合があるし、多くの大陸法系の諸国において参審制度が導入されている。このような観点からは、両法体系の差異にのみ注目することは妥当ではないともいえよう。他方で、国際刑事法廷における手続の発展は、設立文書の起草過程における、双方の法体系（に属する国々）の対立と妥協、更には、コア・クライムの訴追において双方の法体系の利点をどのように活用し、その難点をどのように克服するかについての模索の歴史でもある。また、裁判官の法創造に一定程度頼らざるを得ない国際刑事法廷において、各裁判官の法的バックグラウンドは、採用される手続に大きな影響を与える。このような事情から、国際刑事法廷の手続を理解するにあたって、各法体系の基本原則を理解することは依然として重要である。

2　国際刑事手続法の発展：ニュルンベルグから混合法廷まで

　ニュルンベルグ国際軍事裁判所憲章は、16条において、弁護人による弁護を受ける権利や反対尋問権など被告人が公正な審理を受けるための手続を規定したほか、審理の進行（18条）や証拠の採用（19条）についての規定を置いていた。極東軍事裁判所憲章においても、それぞれ、9条、12条及び13条に類似の規定がある。両裁判所において採用された手続は、米国の法律家によって起草され、当事者主義的な対審構造を前提としたものであった。他方で、陪審や厳格な証拠法則が用いられないなど、コモン・ロー諸国の通常裁判所が適用する手続ではなく、基本的には、その時点で適用されていた戦争犯罪裁判の手続、特に、敵国軍人に対する軍事諮問委員会（military commission）における手続に倣ったものであったと言われる[3]。このことは、両裁判所が、被疑者・被告人との関係においては、戦勝国あるいは占領国の権限に基づく裁判所であったこと[4]、人道に対する犯罪を含め、全ての犯罪が侵略犯罪及び戦時における行為に紐付けられていたことと関連する。

　両裁判所における手続は2つの点で後続の国際刑事法廷の手続に影響を与えた。第1は、これらの手続が国内刑事裁判手続から切り離された独自の（*sui* generis な）性格のものであって、かつ、当事者主義を基礎としつつも大陸法系の連合国との協議を経て若干のハイブリッドな要素を有していたことであり、この伝統は様々な修正を経ながらも今日の国際刑事法廷に受け継がれている[5]。第2は、これらの手続において被疑者・被告人の権利が重視されなかったという強い批判があったために、その後の国際刑事法廷において、両裁判所をいわば反面教師としての改善が図られたことである。例えば、ニュルンベルグ国際軍事裁判所憲章19条及び極東国際軍事裁判所憲章18条は、裁判の迅速性を優先し、「裁判所は、証拠に関する技術的規則に拘束されない」と規定し、この条文は、特に、極東軍事裁判においては、被告人の反対尋問権や武器対等の原則を著しく侵害する形で適用された[6]。このため、後の国際刑事法廷は様々な形で適正手続に則った証拠法の構築を試みることになる。

その後、1950年には国連国際法委員会が公正な裁判を受ける被告人の権利を明記したニュルンベルグ7原則を採択したが、冷戦構造の中で、国際刑事法廷の設立は実現しなかった。他方で、この時期には、国際人権法の急速な発展がみられ、コア・クライムに関する実体法及び手続法の双方に大きな影響を与えた。

実体法面では、既に1940年代後半に武力紛争法や侵略犯罪から定義上切り離されていたジェノサイド罪と人道に対する犯罪は、侵略犯罪に従属するものではなく、大規模人権侵害の典型例とみなされ、その訴追は深刻な人権侵害の抑止と被害者救済のための手段と位置付けられるようになった。これに伴い、このような犯罪の国内における訴追は、原則として、通常裁判所の裁判手続によることとなった。更に、手続面では、国際人権規約をはじめとする普遍的又は地域的人権条約において、被疑者・被告人の権利の尊重を含む適正手続の尊重義務が確立した[7]。このことは、武力紛争法にも影響を与え、例えば、1977年のジュネーブ条約第一追加議定書75条4項は、武力紛争に関連する犯罪の被疑者・被告人に対する適正手続を保障している。

このような発展を受けて冷戦終了後に設立された旧ユーゴ国際刑事裁判所（ICTY）及びルワンダ国際刑事裁判所（ICTR）は、設立当初から国際的な人権基準の導入を前提としていた[8]。ICTY規程における主要な手続規定は、18条ないし23条、25条及び26条であり、このうち、21条が被疑者・被告人の権利を定めている。これらの規定は、ニュルンベルグ・東京両裁判に比べれば充実しているが、現実の裁判手続には不十分であり、詳細は、規程15条

に基づいて1994年に裁判官によって採択された手続証拠規則（その後累次にわたり改正。IT/32/Rev.50）に委ねられた。これらによれば、ICTY及びICTRの手続は、基本的には当事者主義を基本としつつ、裁判の迅速性の確保などを目的として部分的に職権主義的な要素を盛り込んだものであった[9]。

いわゆる混合法廷[10]の手続面の特徴は、手続法の基本原則が国連との協定や国連規則によって規定され、その内容は、（ICTY/ICTRの手続証拠規則やローマ規程に倣った）国際基準を反映していること、及び、領域国の刑事訴訟法が部分的に適用されていることである。これらの要素をどのように組み合わせるかは裁判所によって異なる。例えば、東チモールの重大犯罪特別パネル（SPSC）は、国連東チモール暫定行政機構規則によって制定された刑事手続規則や国際基準などに反しない限り、インドネシアの刑事訴訟法を適用した。シエラレオネ特別法廷（SCSL）においては、同法廷を設立する国連との協定に付属するSCSL憲章及び裁判官がシエラレオネ刑事訴訟法を参考に作成した手続証拠規則が適用された。また、カンボジア特別法廷（ECCC）においても裁判官が採択した「内部規則」が適用されたが、これは、カンボジア法に基づくものであり、極めて職権主義的色彩の濃いものであった[11]。

Ⅲ　ICCの手続の特徴

ICCの裁判手続に影響を与え、あるいはその背景を成す共通の要素として、ICCの組織構造、適正手続、法源及び対象事件の特殊性を挙げることができる。

1　ICCの構造

ローマ規程第四部はICCの構成と運営について定める。ICCは、検察局を除く裁判行政を担当する裁判所長会議のほか、裁判部、検察局及び書記局の3つの機関により構成される（34条。以下、単独で条文を示すときは、ローマ規程の条文である）。裁判部は、上訴裁判部門、第1審裁判部門及び予審裁判部門の3部門から成る。裁判は、それぞれの部門に所属する裁判官が構成する上訴裁判部（裁判官5名。すべての事件を同一の裁判部が扱う。）、第1審裁判部（裁判官3名。事件ごとに異なる裁判部が設置される。）及び予審裁判部（裁判官は審理対象事項により3名又は1名。2ないし3の裁判部が設置される。）が行う（39条）。裁判官は、締約国会議によって選出され、独立して任務を遂行する（36条及

び40条)。

　検察局は、犯罪の付託及びその裏付けとなる情報の受理及び検討並びに捜査及び裁判所への訴追について責任を有し、裁判所内の独立した組織として行動する。検察局の長は締約国会議によって選出される検察官である (42条)。裁判部から独立した検察局が捜査及び訴追権限を独占することは、ICCの当事者主義的性格を強く示唆するものである。他方で、検察官は、刑事責任があるか否かの評価に関連するすべての事実及び証拠を網羅するよう捜査を及ぼし、罪があるものとする事情及び罪がないものとする事情を同等に捜査することが義務付けられており (54条1項)、中立的役割も果たすことが期待されている。

　書記局は原則として司法以外の行政的分野について責任を有する。裁判手続に関連する機能としては、被害者及び証人の保護に関する事務 (43条6項、68条4項など)、弁護人に関する事務 (手続証拠規則20ないし22) 等がある。なお、弁護人及び被害者代理人については、2016年に、その利益代表として、裁判所から独立した国際刑事裁判所弁護士会 (International Criminal Court Bar Association) が設立された (ローマ規程上の存在ではなく、オランダ法に基づく非営利団体である)[12]。

　このほかに、全ての締約国が参加する締約国会議があり、予算の決定や裁判所の運営に関する管理監督を行う (112条)。

　ICCの裁判部の構造の特徴の一つは、予審裁判部の存在である。ICCにおいては、上述のとおり、捜査・訴追権限は検察局に属し、捜査段階においては、予審裁判部は、逮捕状の発付、管轄権や受理許容性の判断のほか、検察官の職権による捜査の開始の許可など、ローマ規程で定められた検察局の活動のチェック機能を果たす。なお、予審裁判部が捜査に直接関与する例外的な規定として56条の「得難い捜査の機会」における証拠の収集、保全があるが、この場合も検察官が主導的な役割を果たす。裁判手続に関して予審裁判部が有する最も重要な権能は、検察官が公判に付することを求める犯罪事実の確認を行うことである (61条)。

　このような予審裁判部が設立された背景としては、ローマ規程交渉時に、大陸法類似の予審制度の導入を求めた諸国とコモン・ロー諸国の妥協が行われたこと、検察官の権限が強大になりすぎることに対する危惧から、裁判部によるチェックの必要性が認識されたことが挙げられる[13]。

2 適正手続

ローマ規程は、適正手続に関する多くの規定を有している。

まず、ローマ規程は、刑法の一般原則に関する第三部において罪刑法定主義 (22条及び23条) 及び遡及処罰の禁止 (24条)、18歳未満の者についての管轄権の除外 (26条)、刑事責任の阻却事由 (31条) などを定める。また、66条において無罪の推定、検察官の立証責任及び合理的な疑いを超える証明について規定している。

捜査、公判における被疑者、被告人の具体的な権利については、55条が捜査における被疑者の権利、67条が被告人の権利を定めている。55条は、自己負罪拒否特権、拷問その他の非人道的な取扱いの禁止、通訳・翻訳を受ける権利、恣意的な逮捕・抑留の禁止、被疑事実を告知される権利、黙秘権、弁護人選任権 (必要な場合には無償で弁護人を付される権利) 及び弁護人の立会いを求める権利などを定める。これらの権利に加えて、67条は、公開審理を受ける権利、公正かつ公平な審理を受ける権利、犯罪事実を告知される権利、防御の準備のために十分な時間及び便益を与えられ、弁護人と「自由かつ内密に」連絡を取る権利、不当な遅延なく裁判を受ける権利、公判に出席する権利、防御権、反対尋問権、自己のための証人を請求し、証拠を提出する権利、証言または有罪の自白を強要されず、及び黙秘をする権利、自己の防御のために宣誓せずに供述を行う権利、挙証責任が転換されない権利、証拠開示を受ける権利を規定する。このほかにも証拠の収集や証人尋問、被害者参加などに関する個別の規定の随所に適正手続に関連する規定がある。

更に、ローマ規程は、裁判所における法の適用及び解釈が国際的に認められる人権に適合したものでなければならないとの包括的な規定を置いている (21条)。

国際人権法との関係では、ローマ規程は、コア・クライムに関する出訴期限の不適用 (29条) や、1960年代以降に発展した被害者の権利に関する諸原則を取り入れていることでも注目される (10章)。また、性暴力の被害者や児童証人の保護について詳細な規定が置かれていることも、女性や児童に対する暴力に関する国際人権法の諸原則の影響を受けたものとも言えるだろう。

このように、ICCは、従来の国際刑事法廷にも増して適正手続の確保を重視しており、現時点での国際人権法の様々な要請に忠実である。他方で、こ

のことは、ICC が、例えば、被疑者・被告人の権利と裁判の迅速性や被害者の権利との間の適正なバランスをとらなければならないことを意味する。迅速性や被害者の保護は、コア・クライムにおいてその実現が特に重要視されている要請であり、この点で、ICC における適正手続の実現は、国内裁判所以上に困難な課題に直面していると言えよう。

3　法源、「ハイブリッドな」法

　ICC が適用する法を定める 21 条 1 項は、ICC は、(a) 第 1 に、ローマ規程、犯罪の構成要件に関する文書及び手続及び証拠に関する規則 (Rules of Procedure and Evidence、以下「RPE」という)、(b) 第 2 に、適当な場合には、適用される条約並びに国際法の原則及び規則、(c) このほかに、裁判所が世界の法体系の中の国内法から見いだした法の一般原則 (適当な場合には、その犯罪について裁判権を通常行使し得る国の国内法を含む) を適用する旨規定している。また、裁判官は、ローマ規程及び RPE に従い、裁判所の日常の任務の遂行に必要な裁判所規則を、その絶対多数の議決により採択する (52 条)。更に、検察局は RPE9 条に基づいて検察局規則を、書記局は RPE14 条に基づいて書記局規則を作成している。

　ICTY/ICTR 規程と比較すると、ローマ規程は、その本体において、ICC の構造と各組織の権限、捜査・公判に係る手続についてより詳細に規定している。また、RPE は、締約国会議によって採択される。更に、RPE の改正は、締約国、絶対多数による議決をもって行動する裁判官及び検察官が提案することができるが、締約国会議によって採択されたときに効力を生ずる。したがって、ICC においては裁判官の立法機能はより制約されていると言えるだろう[14]。

　ICC の手続法はいずれの法体系にも属さないハイブリッドな法であるといわれる[15]。ローマ規程は、捜査及び犯罪事実の作成に関する検察官の独占的権限、証拠開示や反対尋問権など被告人の防御の権利の尊重、両当事者による証拠の提出を原則とすること、口頭主義を原則とすることなど、当事者主義的な公判の運営を基本とし、その意味で、ICTY/ICTR と類似した手続を採用している。同時に、検察官が中立的な義務も有すること、予審裁判部の設立、被害者参加、職権証拠調べの一部導入など、全体として、職権主義的な制度が ICTY/ICTR よりも広範囲に採用されている。これらは、コ

ア・クライムを対象とする国際刑事法廷の独自性を勘案したものであると同時に、多数国間の合意に基づいて国際刑事手続を採択することの困難さをも示している。すなわち、安保理によって設立された法廷や混合法廷と異なり、ローマ規程及び RPE の交渉は様々な法制度を有する多数の国によって行われ、採択された法は、これら諸国の妥協に基づくものとなったことを意味している。

更に、このような妥協が成立しなかった分野においては法規定の空白が残った。上述のとおり、ローマ規程交渉国は、RPE の採択を通じた裁判官による立法には否定的であったが、空白を埋める作業は、結果として、裁判所の活動に委ねられざるを得なかった[16]。このため、裁判官たちは、まず判例を蓄積した上でこれに基づいて RPE の改正提案や裁判所規則の改正を行うほか、裁判官全員の合意に基づく裁判部実務マニュアル (Chambers Practice Manual、以下「CPM」という)[17] を作成してきた。他方で、ICC の裁判官自身も異なる法体系をバックグラウンドとしているため、裁判部ごとに異なる手続が採用されることもあり、統一的な判例の蓄積は必ずしも容易ではない。その典型例が、後述する証拠法である。

4 対象犯罪の特殊性

歴代国際刑事法廷と同様、対象犯罪であるコア・クライムの性格も、ICC の手続に大きな影響を及ぼしている。

ICC の対象犯罪の多くは武力紛争時又はこれに類する状況下で行われた犯罪である。犯罪地には依然として政治的混乱が残るなど、捜査上の制約が大きく、良質な証拠を得ることが困難な場合が多い。このことは、必然的に、証拠の評価や証人保護(及び被告人の防御権)に影響する。

また、コア・クライムは、戦争犯罪を除き、一定の政策又は方針に基づいて組織的あるいは広範囲に行われたことをその構成要件の一部としている。この要件が明記された人道に対する犯罪のほか、ジェノサイド罪についても、犯罪の構成要件に関する文書 (Elements of Crimes) において、犯罪を構成する単数又は複数の殺人等の行為について、当該行為が対象となる集団に対する同様の行為の明確なパターンに関連して行われたこと又は当該行為自体が集団を破壊する効果を有することが構成要件とされている。国家の指導者によって行われる侵略犯罪も同様である。このため、ICC の扱う多くの事件に

おいては、個々の犯罪行為の立証に加えて、政策の存在や組織性の立証が必要とされることになる。

更に、ICC の目的は、犯罪の指導者・首謀者を処罰することである。したがって、個別の行為を直接実行していない（しばしば政治的に重要な地位にある）被告人の犯罪への関与に関する立証が必要である。

このような立証の要請は、被疑者・被告人その他関係者の国際法上の免除との関係、証拠を保有している国家や国際機関との関係、犯罪事実の記載方法、証拠の性質と信頼性への影響、証人保護などの面において多くの手続上の課題をもたらしている。

IV 犯罪事実の確認、公判前整理手続、証拠開示

本節では、起訴及びその後の手続であって公判前に行われる一連のものを扱う。

1 犯罪事実の確認手続

日本法でいう公訴の提起（起訴）に相当する手続は、予審裁判部による犯罪事実の確認 (confirmation of the charges) である。なお、ICTY においては、担当の第1審裁判部を構成する1名の裁判官が、逮捕状などの発付の前に検察官から送付された indictment の審査 (review) を行ったが、これは、犯罪の嫌疑の一応の根拠 (*prima facie* case) が存在するかを確認する目的で行われ、検察官のみを対象とする簡易な手続であった (ICTY 規程 19 条)。

予審裁判部は、被疑者の引渡し又は出頭の後合理的な期間内に、犯罪事実を確認するための審理を行う（61 条 1 項）。検察官は「訴追された者」(the person charged、予審裁判部による犯罪事実確認後は「被告人」(the accused) と呼ばれる）について裁判に付そうとしている犯罪事実を記載した文書 (the document containing the charges、以下「DCC」という）を予審裁判部及び訴追された者に提出・交付する（61 条 3 項）。DCC には、当該者の人定のほか、日時及び場所を含む事実の記載であって、裁判に付するための十分な法的及び事実上の根拠を示すもの（裁判所による管轄権の行使に関連する事実の記載を含む）、並びに、犯罪及び関与形式（正犯、共犯、上官責任の別等）の法的性格 (legal characterization) を記載しなければならない（裁判所規則 52 条）。

予審裁判部は、訴追された者が訴追された各犯罪を行ったと信ずるに足りる実質的な理由を証明するために十分な証拠が存在するか否かを審理し、十分な証拠が存在すると判断した犯罪事実について確認し、当該者を当該犯罪事実についての公判のために第1審裁判部に送致する(61条7項)。審理は、原則として、検察官並びに訴追された者及びその弁護人の立会いの下に行う(61条1項)。この審理において、検察官は十分な証拠をもって各犯罪事実を裏付けなければならない。ただし、検察官は証拠書類又はその要約に依拠することができ、公判における証言が予定されている証人を招致する必要はない(61条5項)。

「犯罪事実」は、日本法にいう訴因に概ね対応し、審判の範囲を確定するとともに、被告人の防御権を保障するものである。犯罪事実の策定、改定及び撤回は、検察官の権限であり、予審裁判部は、これを確認するか、確認を拒否するか、あるいは検察官に対し犯罪事実の改定を検討するよう要請するかのいずれかの権限を有するのみである(61条7項)。第1審裁判部の判決は、犯罪事実に記載された事実及び状況を超えるものであってはならない(74条2項)。第1審裁判部は、犯罪事実に記載された事実及び状況を超えない範囲で、事実の法的性格を変更することができるが、変更に当たっては被告人の防御の権利を十分に尊重しなければならない(裁判所規則55条)[18]。

初期の裁判実務においては、「犯罪事実に記載された事実及び状況」の明確性が問題となった。検察官が予審裁判手続で提出したDCC及び予審裁判部による犯罪事実確認決定のいずれも、上述の「事実及び状況」に該当する記載と背景事情や証拠の説明などに関する記載を判然と区別しなかったためである。特に、犯罪事実確認決定は、個々の犯罪事実の認定を明確にしないままに、証拠に基づき、事件全体について分析して第1審裁判部への送付を決めるいわばミニ判決ともいうべきものであった[19]。他方で、64条8項は、第1審裁判部は被告人が犯罪事実の性質を理解していることを確認しなければならないと定めているため、第1審裁判部は、公判前整理手続の段階で、当事者の意見を聴いた上、犯罪事実確認決定の内容を明確化した新たなDCCを決定することが慣例となっており[20]、上訴裁判部も、これを追認していた[21]。

その後、一部の予審裁判部が犯罪事実の記載方式の見直しを行い、これに基づいて、CPMは、検察官に対しては、DCCにおいて、犯罪事実が明確、

網羅的かつ完結した形で記載され、裁判の対象となるすべての「事実及び状況」並びにその法的性格がその他の事実（検察官による主張、証拠の説明、背景事情等）とは明確に区別されて記載されるべきことを求め、また、犯罪事実確認決定については、検察官によって提出され確認された犯罪事実を、決定理由とは区別して、逐語的に記載することを決定した[22]。

ローマ規程上の犯罪事実の概念は当事者主義に基づくものであるが、ここでは、その確認を予審裁判部が行うとした「ハイブリッド」な試みがかえって混乱を招いたと言えよう。初期の予審部には職権主義諸国出身の裁判官が多く、確認手続をフィルター機能以上のものと捉えていたからである[23]。いずれにしても、この混乱を経て、現在では、犯罪事実の機能並びにこれに関する検察官、予審裁判部及び第1審裁判部の役割分担が明確になりつつある。なお、これに関連して、犯罪事実の確認手続における証拠調べの範囲や証明の程度に関する各裁判部間の理解が一貫していないなどの問題も指摘されており[24]、判例又はCPMを通じた一層の明確化が望まれる。

犯罪事実の記載方法は、対象犯罪の罪質によっても異なる。例えば、人道に対する犯罪は、広範又は組織的に行われた文民たる住民に対する攻撃であり、ある程度の時間的場所的な広がりの中で行われることが前提となる。この場合に、犯罪事実の記載において、時間と場所をどの程度の幅で特定するか、また、その幅の中で、住民に対する攻撃を組成する個々の犯罪行為をどこまで特定するかは、裁判の範囲の確定の観点からも被告人の防御の観点からも極めて重要である。2018年のベンバ事件上訴審では、この点が争点となった。ベンバ事件においては、人道に対する犯罪である強姦に関する犯罪事実が、「2002年10月26日又はその前後から2003年3月15日までの間、ベンバは、パタセとともに、中央アフリカにおいて文民である男、女、及び児童を強姦し、人道に対する罪を犯した。これらの文民には以下の者が含まれるが、対象者はこれに限られない（include but not limited to）」と記載された上で個別の強姦行為が列挙されており、検察官は、犯罪事実は上述のカギ括弧内の記載であり、個別の犯罪行為の記載は犯罪事実の背景または証拠の説明にすぎない（したがって、公判において、上述の時間と場所の範囲内で新たな犯罪行為を追加することが可能である）と主張した。これに対し、上訴審多数意見は、この記載は極めて広範囲であり、公判対象の有意義な限定になっていないと判断した[25]。

この問題については、CPMパラ38は、犯罪事実をどこまで特定するかは、

被疑者が犯罪を組成する個別の行為にどの程度直接的に関与しているかを含め事件の性質によって異なるので、抽象的な基準を設けることは困難であるが、予審裁判部は、被疑者が、防御のために、問題となっている歴史的事実及び犯罪行為を特定できることを確認しなければならないと述べる。コア・クライムの罪質と被告人の防御の権利の関係はニュルンベルグ裁判以来の課題であり、今後の判例の蓄積が注目される。

2 公判前整理手続の概要

犯罪事実が確認された後、裁判所長会議は担当の第1審裁判部を組織し (61条11項)、予審部の決定及び裁判記録を当該第1審裁判部に送付する (RPE130条)。この記録には記録の一部となったすべての証拠が含まれる。当事者主義的な起訴状一本主義からは乖離するが、CPMパラ71は、証拠の許容性は公判段階で審査されるので、(陪審員ではない) 職業裁判官にこれを送付することは差し支えないと述べている。

第1審裁判部は、公判前に、当事者と協議して公判手続の公正かつ迅速な実施を促進するために必要な手続を採用し、公判で使用する言語を決定し、証拠開示のための措置をとる (64条3項)。このため、第1審裁判部は、当事者 (及び必要に応じて他の訴訟参加者) を招集して整理会議 (status conference) を開催する (RPE132条)。この会議は、公判開始後も公判準備のために随時開催され、第1審裁判部は、公判準備を担当する裁判官を1ないし2名指名することができる (RPE132条bis)。公判前の第1回整理会議においては、証拠開示の日程と分量、検察証人の人数と尋問時間、証人保護、専門家証人、文書証拠、証人リストの提出日程、使用言語、被害者参加、被告人が拘禁されている場合には拘禁についての再検討などが議題となり (CPMパラ74)、第1審裁判部は、当事者 (及び必要な場合にはその他の参加者) の意見を聴いてこれらの事項についての決定を行う。

公判前整理手続中に、検察官は、公判で提出予定の証拠を犯罪事実に関連付けて記載したtrial briefを提出することが慣例である (CPMパラ76)。また、公判の効率的な遂行のため、当事者間で合意可能な事実 (agreed facts) について協議することが推奨される (CPMパラ83)。更に、第1審裁判部は、秘密情報の取扱い、証人尋問直前の証人との接触、被害者証人、証人の脆弱性の判断とこのような証人への支援などに関するプロトコルを定め、RPE140条に

基づき冒頭手続や証人尋問手続に関する命令を発出する (CPM パラ 78-81、84)。

第1審裁判部は、公判前整理手続に通常約1年を費やす。公判前整理手続がこのような長期間に及ぶのは、後述のとおり、証人保護に時間を要するために証人リストの確定と証拠開示に時間がかかることが最大の原因である。それ以外にも、証人が少数言語を用いる場合の通訳の確保と訓練などが公判開始の遅れを招く要因となっている。

3 証拠開示

証拠開示は、特に当事者主義手続において、武器対等の原則と被告人の防御の権利の確保のために不可欠な制度であり[26]、国際人権法上もその重要性が確認されている[27]。

61条3項は、犯罪事実の確認手続のための審理の前の合理的な期間内に、訴追された者は、審理において検察官が依拠しようとする証拠について通知を受けるべきことを定めている。この時点での証拠開示は限定的であるが、犯罪事実の確認後は、64条3項(c)に基づき、第1審裁判部が、事前に開示されていない文書又は情報を、公判のために十分な準備をすることができるよう公判の開始前に十分な余裕をもって開示するための措置をとる。証拠開示は、必要に応じて、公判開始後にも引き続いて行われる。

検察官は、弁護人に対し、証言を予定する証人の名前と事前に録取した供述を、十分な時間的余裕をもって開示しなければならず(RPE76条)、また、自己の管理下にあるすべての有体物であって防御の準備のために重要であるものや公判において証拠として用いるものを弁護人に提示しなければならない(RPE77条)。更に、検察官は、被告人に対し、できる限り速やかに、自己が管理する証拠であって被告人に有利なもの(被告人の無罪を示すものや訴追に係る証拠の信頼性に影響を及ぼし得るものなど)を開示しなければならない(67条2項)。第1審裁判部は、証人、被害者及びその家族の保護、国家の安全保障その他の理由による秘密情報の保護などのために必要な措置をとる(RPE81条3ないし5項)。

関係者の保護が必要である事件や、国家の安全にかかわる事件、関係機関の協力が必要な事件を扱う ICC においては、証拠開示が争点となることが多い。特に、後述のように、証人保護と被告人の権利のバランスをどのようにとるかは証拠開示の場面で問題となることが多い。また、秘密情報につい

ては、例えば、ルバンガ事件において、第1審裁判部は、検察官が54条3項(e)に基づき秘密を条件として国連から入手した文書について、これが被告人に有利な証拠であるにもかかわらず開示を拒否したことによって公正な裁判が不可能になったとして審理を中止した[28]。

これに対し、黙秘権を有し捜査協力義務を負わない被告人の開示義務は限定的であり、弁護人が管理する有体物であって証拠として使用する予定であるものを検察官に開示する (RPE78条)。ただし、アリバイや特定の刑事責任阻却事由の主張を行う場合には、事前に検察官に証人の名前その他の関連証拠を開示する (RPE79条)[29]。

V 公 判

公判は、特段の決定が行われない限り、裁判所の所在地で行われる (62条)。第1審裁判部は、公判が、公正かつ迅速なものであること並びに被告人の権利を十分に尊重して、かつ、被害者及び証人の保護に十分な考慮を払って行われることを確保する (64条2項)。公判は公開で行うが、被害者、証人の保護又は秘密の情報の保護のため、特定の公判手続を非公開で行うことができる (64条7項)。

公判は、当事者の冒頭陳述などの冒頭手続、証人尋問などの証拠調べ、最終弁論、裁判官による評議、有罪か無罪かについての判決の言渡し、及び、有罪判決の場合には刑の言渡しから構成される (被害者賠償については第10章参照)。

1 有罪自認手続

第1審裁判部は、公判開始時に、被告人に犯罪事実を読み聞かせ、被告人が犯罪事実の性質を理解していることを確認する。また、被告人に対し有罪自認又は無罪の陳述をする機会を与える (64条8項(a))。被告人が有罪を自認する場合には、65条に規定する有罪自認手続が行われる。

当事者主義をとる諸国においては証拠調べ等を省略して直ちに量刑手続に入るアレインメント (これに伴い、両当事者間で「司法取引」が行われる場合がある) が行われることが多いのに対し、職権主義の観点からは、有罪答弁は証拠の一つにすぎず、それ自体は裁判所の真実発見義務には影響しない。ICTY に

おいては、当事者主義に近い手続がとられ、多くの有罪答弁 (guilty plea) が行われた。裁判所は有罪答弁の自発性などを確認した後に証拠調べを経ることなく量刑手続に入ることができ（手続証拠規則 62 条 bis）、また、両当事者による量刑合意も認められていた（同 62 条 ter）。

これに対し、ICC は、よりハイブリッドな手続を採用している[30]。第 1 審裁判部は、被告人が有罪自認の性質と結果を理解していること、弁護人と十分に協議した上で自発的に自認していることのほかに、有罪の自認が犯罪事実その他の資料や証拠によって裏付けられていることを確認した上で、被告人を有罪と決定することができる（65 条 1 項及び 2 項）。ただし、1 項の確認が行われた場合であっても、第 1 審裁判部は、裁判の利益、特に被害者の利益のために一層完全な事実の提示が必要であると認める場合には、検察官に対し追加的な証拠の提出を求め、あるいは、通常の公判手続に従って公判を続けることができる（65 条 4 項）。1 項及び 2 項は基本的には ICTY の手続と同様であるが、4 項は、被害者への言及や裁判所の真実解明機能の強調など、職権主義的な色彩が強い。被告人の権利を尊重しつつ効率的な訴訟遂行を実現するとの観点よりも、国際社会全体や被害者への影響を重視するコア・クライム処罰固有の要請を踏まえたものとの評価も可能であろう。なお、ICC も犯罪事実の変更、有罪の自認又は刑罰に関する両当事者間の協議の余地を認めている[31]が、ICTY の場合と同様、この協議は裁判所を拘束しない。

現実には、大規模かつ組織的犯罪について責任を有する政府や組織の上位者が有罪自認を行うことは想定しにくい。ICC においてこれまでに有罪自認の手続がとられた事件としては、戦争犯罪である歴史的宗教的建造物への攻撃で有罪となったアル・マ ディ事件があり、被告人は、9 年の拘禁刑を科せられた[32]。

2 被告人の在廷による公判

67 条 1 項(d) は、公判に出席する被告人の権利を規定しており、63 条は、被告人は、（被告人が在廷中公判を妨害し続け、退廷を命じられるなどの例外的な場合を除き）公判の間在廷しなければならない (shall) と規定する[33]。大陸法諸国においては欠席裁判が容認されることが多く、また、ニュルンベルグ国際軍事裁判所においても憲章 12 条に基づいて欠席裁判が行われたが、ローマ規程は、ICTY/ICTR 同様、これを認めていない。

ケニアの現職の大統領と副大統領が被告人となったケニヤッタ事件及びルト及びサン事件において両者が公務を理由とした公判欠席を求めたことを契機として、RPE134 条 bis, ter 及び quarter が採択された。これらの規定は、第1審裁判部が、召喚状に応じた被告人について、同人が要請する場合には、ビデオリンクを通じて出席することを許可し、または、例外的な状況などが存在し、あるいは、最高レベルの国家の特別な公的用務のために必要である場合には、一定期間を限定して在廷義務を免除することができると規定する。

3　証拠調べ
(1)　証拠の提出と評価

当事者は事件に関連する証拠を提出することができる。これに加えて、第1審裁判部は、真実を確定するために必要と認める証拠の提出を命ずることができる (64 条 8 項、69 条 3 項)。後者は職権主義を部分的に導入するものであり、現実には、被害者による証拠の提出を許容する根拠として用いられることが多い。

第1審裁判部は、当事者の申立て又は職権により証拠の許容性 (admissibility) 又は関連性 (relevance) を決定する権限を有する (64 条 9 項)。また、証拠の許容性及び関連性について、特に証拠の証明力 (probative value) 及び証拠が公正な公判又は証人の証言の公正な評価に与え得る不利益を考慮して、RPE に従って決定を行うことができる (69 条 4 項)。RPE63 条 2 項は、裁判部は提出されたすべての証拠の関連性又は許容性を自由に評価することができると規定し、また、同 64 条は、証拠の関連性又は許容性に関する問題は当該証拠が提出されたときに提起されなければならない旨、証拠に関する裁判部の決定には理由を付さなければならない旨、裁判部は、関連性がない、又は許容性がないと決定された証拠を考慮してはならない旨を規定している。

違法収集証拠については、69 条 7 項は、ローマ規程に違反する方法又は国際的に認められた人権を侵害する方法によって得られた証拠は、その違反又は侵害が証拠の信頼性に著しい疑いをもたらす場合、又は、当該証拠を許容することが公判手続の健全性にもとり、かつ、これを著しく害し得る場合に、許容性がないと規定する。

第1審裁判部の判決は、証拠及び手続全体の評価に基づいて行われ、裁判所は、公判において裁判所に提出され、かつ、裁判所において審理された証

拠にのみ基づいて判決を行う(74条2項)。

上述のとおり、ICCにおいては、証拠の評価は職業裁判官である裁判官の自由な評価に委ねられる。この規定は、国内刑事手続における(法定証拠主義に対立する意味での)自由心証主義と同様のものであるが、自由心証主義には、その前提として、裁判官の予断排除や、法令によると判例によるとを問わず、証拠の許容性などに関する詳細な証拠法則が存在する。これに対し、ローマ規程は、関連性又は許容性がないと決定された証拠の排除を一般的に定めるのみであり、違法収集証拠に関する規定も簡略なものである。この背景には、証拠法が、当事者主義と職権主義の差異が最も鮮明に表れる分野であって、ローマ規程やRPE交渉時に各国の合意が困難であったことがあるが、現実の裁判例の中でも、引続き様々な課題が存在する。

コラム　多言語法廷と法廷通訳・翻訳

ICCは多言語法廷である。ICCの公用語は国連の6公用語と同じであるが、使用言語(working language)は英語と仏語である。法廷においては、英語と仏語の同時通訳を用いて審理が行われる。これに加えて、被告人が英語も仏語も解さない場合には、被告人が解する言語が用いられる。更に、証人尋問においては証人が解する言語を用いる。例えば、中央アフリカの事件においては、証人尋問においては、現地の言語であるサンゴ語が用いられる。この場合には、サンゴ語‐仏語(英語)通訳と仏語‐英語通訳がリレーで同時通訳を行うことになる。同時通訳には高度な技術が要求される上に、現地語の通訳は法廷用語に慣れていないことも多いため、通訳を一から養成しなければならず、裁判長期化の原因の一つとなっている。

また、裁判所では膨大な数の文書が作成されるが、被告人が英仏語を解さない場合には、これらの文書を被告人が解する言語に翻訳する必要もある。

速記録(transcript)は英語と仏語で作成される。リアルタイムでPC端末の画面に表示され、裁判官をはじめ法廷に出席している者は手元でこれを見ながら審理に参加する。その場で訂正が行われることもある。証人が、秘匿すべき情報に誤って言及した場合には、これを伏字にする指示を出すのは裁判長の重要な役割である。このような指示に伴い、音声記録もすべての言語

において修正される。裁判公開の原則に従い、証人尋問の映像と音声は公開されるが、このような修正の時間を与えるために、放映は30分遅れとなる（ただし、傍聴席にはそのまま伝わってしまう）。すべての修正を経た両言語の正式な速記録は、通常、翌日又は翌々日に作成され、裁判記録の一部となる。

　証人尋問は全ての参加者にとって高度の集中力を有する作業であるが、言語問題はこれを更に複雑なものとしている。尋問の間に定期的に休み時間が入るのは、証人保護のためだけではなく、通訳者・速記者への配慮も大きい。ICCにおいては、検察局や書記局も捜査や被害者との接触などに通訳を用いており、通訳の安全確保も重要な課題である。

　多言語法廷の歴史は国際刑事法廷の歴史そのものである。ニュルンベルグ裁判においては、同時通訳が用いられた。多言語（英、仏、独、露）の同時通訳が長時間にわたって用いられた初めての機会であり、その準備に多大な労力と時間が費やされた。この経験はその後の国連（更には、現在に至る各種国際会議）における会議通訳システムの構築の基礎となった。これに対し、東京裁判においては、逐語通訳が用いられた。英語と日本語の構造の違いから同時通訳は困難であると考えられたことと、法廷通訳を務められ得る日本人又は日系人の確保が困難であったためである。また、これらの法廷においては、通訳の中立性の確保も課題となった（東京裁判の通訳問題については、立教大学の武田珂代子教授による興味深い論考がある。"Trial and Error in the Interpreting System and Procedures at the Tokyo Trial", Dittrich et. al (ed.) *The Tokyo Tribunal; Perspectives on Law, History and Memory*, TOAEP (2020) pp. 131–152）。

　法廷における多言語通訳・翻訳の仕組みは、その後、英仏語に加えてボスニア語、クロアチア語、セルビア語が用いられたICTYにおいて更に発展した。現在のICCのシステムはこれが基礎となっている。通訳・翻訳機能は、近年の技術や機材の発展によって格段の進歩を遂げているが、犯罪の特殊性や、証人保護、被告人の権利の確保といった独自の課題をどのように克服していくか、国際刑事法廷ならではのチャレンジが続いている。

(2) 供述証拠（証人及び供述録取書）

　これまでICCが扱ってきた事件の多くは、途上国又は行政機能が弱体化した紛争地の、都市から離れた遠隔地で、かつ、10年以上前に行われた犯罪を対象とするものであった。したがって、証拠価値の高い物証が少なく、証拠の多くは証人による供述であったので、証拠調べは証人尋問を中心に行

われてきた。近年では科学捜査、金融捜査の強化やデジタル証拠の活用などが試みられているが、供述証拠は依然として重要な役割を果たしている。

　証人尋問の進行方法は当事者と協議して第1審裁判部が決定するが、通常は、検察官申請証人、被害者申請証人、弁護人申請証人の順に行われる。なお、証人には、事件に関連する事項について専門的な知識や経験を有する専門家証人(expert witness)が含まれる。このうち、検察官申請証人の尋問は、通常の事件では、100名程度の証人について2ないし3年かけて行われる。その後、被害者代理人の申請を裁判部が許可した場合には、数名の被害者証人の尋問又は意見の表明が行われる。最後に、弁護人申請証人(数十名であることが多い)の尋問を行う。証人尋問は時間的に公判の最も大きな部分を占め、数年間かけて行われることが多い。したがって、裁判の迅速化の観点からは、証人尋問の効率化が鍵となる。

　証人は、証言する前に、自己が真実の証拠を提供することを約束する(69条1項)。証人を申請した当事者は当該証人を尋問することができる。検察官及び弁護人は証人の証言に関連する事項及びその信頼性(reliability)、証人の信用性(credibility)その他の関連する事項について証人を尋問することができる。第1審裁判部は、参加者による尋問の前後に証人を尋問することができる。弁護人は常に最後に証人を尋問する(RPE140条2項)。現実には、証人尋問は、それぞれの証人につき、主尋問、反対尋問、再主尋問、再反対尋問の順に行われ、被害者代理人は、裁判部の許可を得て、主尋問の後に尋問を行うことが通例となっており、当事者主義的な交互尋問方式がとられている。証人尋問はビデオリンクで行うことができる(RPE67条)。

　この間に、証人以外の証拠方法(書証、証拠物等)の提出と取調べも行われる。このうち、特に重要なのは、証人となるべき者が公判期日外に行った供述を記録した文書であって、公判における証言に代えて提出される供述録取書(prior recorded testimony)の扱いである。

　上述のとおり、ニュルンベルグ・東京両裁判においては、当事者主義を基本としつつも、証拠の採用については技術的規則に拘束されないとの立場をとっており、これにより、宣誓供述書を含む大量の伝聞証拠が用いられて、反対尋問権の侵害であるとの批判があった。

　他方で、大規模複雑な犯罪を迅速かつ効果的に裁くとの観点からは、口頭主義を徹底することは困難であり、被告人の権利を侵害しない範囲で、証

拠採用についてある程度の柔軟性が要請される。このため、ICTY・ICTR は、公判における証人の口頭証言を基本としつつも、累次にわたり手続証拠規則の改正を行い、これに代わる (in lieu of oral testimony) 供述録取書等の提出が認められる場合についての規定を設けてきた。

　宣誓の下に、証拠の評価を行う裁判官の面前で行われ、相手方当事者の反対尋問を受けた証言は、一般的に証拠としての許容性があると考えられ、当事者主義の下では、これ以外の供述証拠は伝聞証拠として、原則として排除される。また、職権主義においては、直接主義・口頭主義の原則が伝聞法則の役割を一部代替している。ローマ規程には伝聞法則に関する規定は存在しないが、69 条 2 項は、公判における証人の証言は、原則として、証人自らが行うと規定しており、この規定は直接主義・口頭主義を定めたものと解されている[34]。

　締約国会議が当初採択した RPE68 条は、被告人の反対尋問権を最大限尊重し、録取の際に両当事者が尋問の機会を有していた場合や、公判において反対尋問の機会があった場合等に限定して供述録取書の証拠能力を認めていた。しかし、その後の裁判の実情を勘案して、同条は、2013 年に改正され、供述録取書の証拠能力がより広く認められるようになった。現行 RPE68 条は、証人が公判で証言を行い当事者が尋問を行う場合には当該証人の事前に録取した供述書の証拠能力を認め、また、(1) 両当事者が録取の際に証人を尋問する機会を有していた場合、(2) 供述が被告人の行為以外の事項の立証に用いられる場合、(3) 供述者が後に死亡した場合又は合理的な努力では克服できない障害により口頭で証言できない場合、又は (4) 供述者が妨害行為を受けた場合に、それぞれ一定の条件の下に供述録取書の証拠能力を認めている[35]。この改正は、直接主義・口頭主義の原則を維持しつつ、背景事情等の立証についての迅速化を図ると同時に、ICC において顕著である証人の不出頭や司法妨害行為によって手続の進行が妨げられることを防止しようというものであった。

　RPE68 条は、特に 2013 年の改正以降、第 1 審裁判において多用され、例えばオングウェン事件の第 1 審裁判では 116 人の検察官申請証人のうち 47 名について書面による供述が採用されている[36]。他方で、これはあくまでも直接主義・口頭主義の例外であるとみなされ、その具体的な解釈適用については依然として模索が行われている[37]。

(3) 非供述証拠

ルバンガ事件、カタンガ事件など初期の裁判においては、供述録取書以外の書証、証拠物の多くは、公判において証人尋問の際に用いられ、その場で当事者によって公式に証拠として提出された。この場合、関連性などが明白であることがほとんどであるので、第1審裁判部は、原則として直ちに許容性の判断を行った。また、証人尋問に付随しないで当事者が証人尋問とは独立に (いわゆる bar table motion を通じて) 提出する非供述証拠については、反対当事者の意見を聴いた上で、随時許容性の判断を行った。その際の基準は、関連性、信頼性及びその証拠を許容することが被告人の権利を侵害しないことの3点である[38]。

これに対し、バグボ事件、オングウェン事件などにおいて、第1審裁判部は、当事者による証拠の提出の際に許容性の判断を行わず、提出された証拠の関連性、信頼性及び被告人の権利を侵害するか否かについて判決評議の時点で検討を行う (ただし、判決においてすべての提出された証拠についてこれらの点につき説明するわけではない) とのアプローチをとった。これらの裁判部はいずれも証拠の許容性の概念が希薄な職権主義諸国出身の裁判官が主導した裁判部であり、第1審裁判部門においてこの2つの方式が併存している。

後者の方式をとる理由として、ベンバ他4名に対する70条違反事件の第1審裁判部は、(1) 裁判部は、すべての証拠が提出された後に、より正確に証拠の関連性及び信頼性を評価することができること、(2) 証拠の関連性は、他の証拠、場合によってはすべての証拠を考慮しなければ判断することができない可能性があること、(3) RPE63条に定める証拠の自由な評価、(4) 69条4項は裁判部に裁量権を与えており、証拠の提出時に許容性の判断を行わないことは公正な裁判の要請に反しないこと、(5) 陪審裁判と異なり職業裁判官による裁判においては、関連性が乏しいか又は被告人の権利に反する証拠が審理に影響を与えることはないこと、などを挙げている[39]。

この点に関し、同事件の上訴裁判において、多数意見は、74条2項にいう証拠は裁判所に提出され (submitted)、審理された証拠であって、許容性を認められた (admitted) 証拠ではないこと、第1審裁判部は、69条7項が適用される場合などには許容性の判断を行う必要があるが、これ以外の場合には、69条4項、69条9項(a)、RPE63条2項の文言が示すとおり、証拠の関連性

又は許容性の判断を義務付けられておらず、この点において裁量権を有しており、このことは、69条及び関連規則が起草時におけるコモン・ロー諸国と大陸法諸国の妥協によって成立した経緯からも明らかであること、したがって、第1審裁判部は、(1)証拠の提出の条件として関連性及び／又は許容性の判断を行い、審理の最後にすべての証拠に照らしてその重みを判断するか、(2)関連性及び／又は許容性の判断を行うことなく証拠の提出を確認し、被告人が有罪か無罪かの決定を行う際に、すべての証拠の全体的な評価の一部として関連性と信頼性の評価を行うか、両者のいずれを採用することも可能であることを判示した[40]。

これに対し、少数意見は、コモン・ローにおける許容性の判断の目的は、陪審を不要な情報から守るだけではなく、証拠の採用目的について当事者に告知すること、及び、裁判部が証拠の重みについて判断するためのすべての必要な情報を得ることを保証することであること、当事者が証拠を提出する対審構造の裁判、特に複雑、大規模な裁判においては、大量の不要な証拠で裁判記録が溢れることを避け、両当事者間のバランスをとるためにも、証拠提出段階での裁判所の介入が必要であること、第1審裁判部のアプローチでは、両当事者は裁判の最後までどの証拠がどのような理由で用いられたのか知り得ないことなどを指摘し、多数意見の解釈に反対した[41]。

本件は、証拠法における当事者主義と職権主義の違いがICCの裁判実務に混乱をもたらした典型例である[42]。多数意見が言うように、ローマ規程には、証拠法上の問題についての半ば意図的に生じた多くの空白が存在し、2つのアプローチのいずれも、ローマ規程違反であると断じることは困難である。他方で、ICCの手続がハイブリッドである所以は、いずれの国の国内法にもとらわれることなくコア・クライムに対処するための最も適切な手続を構築することであり、規程に違反さえしなければ任意の手続を採用できることを意味しているわけではない。まして、第1審において裁判部によって異なる手続が採用される事態は容認されるべきではないことは自明である。コア・クライムの性格に基づく証拠の多様性、反対当事者、特に被告人の反証の負担、裁判の効率性などを十分に勘案した統一的な手続の構築が望まれる[43]。

5　証人保護、司法妨害

　証人の保護及び司法妨害は、ICC の裁判手続上の最大の難問の一つである。

　証人は、専門家証人を除き、いわゆる「クライム・ベースの証人」(「事実に関する証人」とも称される。殺人、強姦、略奪などの犯罪の実行に関する証人をいい、被害者やその家族、目撃者、地域の関係者などが含まれる) と「責任に関する証人」(計画、命令、上官責任など、犯罪行為に対する被告人の関与に関する証人をいい、被告人の属する組織の内部者などが含まれる) に大きく分けられる。

　ICC の対象犯罪では、少数者、女性、児童などの社会的弱者が犠牲となる可能性が高い上に、人権侵害や差別の常態化のために被害者その他証人となり得る者に対して十分なケアが行われないことが多い。また、対象犯罪の多くは軍隊や政治組織が関与する党派性が強いものなので、紛争や政治的対立が解消していない場合には、証人に対する反対派からの威迫、偽証教唆などが行われやすい。具体的な威迫行為が存在しなくても、敵対勢力による報復の恐れや所属するコミュニティによる有形無形の圧力による証言拒否や偽証が行われる恐れがある。したがって、脆弱性の高いクライム・ベースの証人に対しては、その証人の置かれた状況に応じた援助や保護が行われる必要があり、また、組織から威迫されやすい責任に関する証人やその関係者の安全を守るために必要な措置をとる必要がある[44]。

　68 条は、裁判所は、証人の安全、心身の健康、尊厳及びプライバシーを保護するために適切な措置をとらなければならないと規定する。その際に、裁判所は年齢、性、健康及び性的暴力や児童に対する暴力などの犯罪の内容を考慮しなければならない。これらの措置には、公判手続の一部を非公開で行うこと、法廷における証言の際に傍聴席を含めた外部に流れる映像及び音声を変えること、ビデオリンクその他の特別な手段によって尋問を行うこと、公判開始前の証拠又は情報の開示の制限などを含む。また、当該証人の状況に応じて、カウンセリングなどの心理的ケアや、証人及びその家族に対する警備手段の提供、証人及びその家族の国内外の安全な場所への移転も行われる[45]。この目的のために、書記局内に被害者・証人室が設置されている (43 条 6 項及び RPE16 条ないし 19 条)。

　なお、性的な暴力については、RPE70 条ないし 72 条が、被害者の同意に関する証拠についての規定を置いている。

　68 条に規定する措置は被告人の権利及び公正かつ公平な公判を害するも

のであってはならず、また、これと両立しないものであってはならない(68条1項)。例えば、証拠開示については、実際の運用においては、公判の開始後、証人の尋問は、氏名、供述録取書の開示が十分な余裕をもって開示済みの証人から開始され、そのほかの証人についての情報も、証人の安全確保のための措置がとられ次第、公判における当該証人の証言の数か月前までに順次被告人に開示される。

証人の保護、特に、反対勢力などから危害を受ける可能性のある証人の安全の確保には多大な資源を要する。また、国境を越えた住所の移転を伴う証人保護プログラムの実施には、その準備を含めて数か月を要することもある。このことは、証拠開示の遅延、ひいては裁判の大幅な遅延の原因となっており、被告人の迅速な裁判を受ける権利との関係でも問題になっている。

裁判所関係者による証人への不当な干渉が疑われる場合もある。ルバンガ事件においては、いわゆる仲介者(intermediary)の役割が争点となった。検察局は犯罪地において捜査を行う十分な能力を有していないため、証人の確保や供述録取のために現地の仲介者を用いるが、この仲介者が証人の証言内容に影響を与えた可能性が疑われた[46]。このため、ICCは、2014年に、裁判所と仲介者の関係に関するガイドラインを作成した[47]。また、証人によっては、証人保護又は証人保護の約束自体が証人への利益供与に当たる可能性が指摘されることもあり、仲介者との接触内容と併せて、証人の信頼性に関する反対尋問の論点となることが多い。

ICCは、虚偽の証言、虚偽の又は偽造された証拠の提出、証人の買収、証人の出席又は証言についての妨害や干渉、証人への報復、証拠の破壊または改ざん、証拠の収集の妨害、裁判所の構成員の職務の妨害、脅迫、買収、裁判所の構成員による収賄など、裁判の運営に対する犯罪について管轄権を有する(70条)。

これまでに、ベンバ事件に関連して、同事件の被告人、主任弁護人等が同条違反の罪によって訴追され、有罪となったほか、他のいくつかの事件で捜査が行われている。しかし、これらの事例は実際の司法妨害行為のごく一部にとどまっており、ICC及び現地政府の双方ともに司法妨害に対する適切な捜査・訴追を行う十分な能力を有しているとはいえない。また、仮にICCによる訴追が可能であったとしても、ICCの限られた資源を司法妨害の裁判に費やすことについては批判もある。いずれにしても、結果として70条は

十分な抑止力とはなっていない。

　報復の恐れや圧力が予想される状況下での証人の確保、証人保護と証言の信頼性の関係、被告人の防御の権利とのバランスは、組織犯罪などにおいて、国内刑事裁判が直面する問題でもある。しかし、ICCにおいては、犯罪の性格と規模、複雑な現地情勢、検察官の捜査権限や捜査能力の不足などの要因により、この問題が顕著な形で提起されており、これに適切に対処できるか否かが、ほとんどすべての事件において、効果的効率的な裁判手続の進行を左右し、更には裁判の帰趨を決する決定的な要因となっている。

6　最終弁論、評議、判決の言渡し、量刑

　裁判長は証拠調べの終了を宣言し、両当事者に対し最終弁論を行うよう求める。最終弁論においても、被告人（弁護人）が常に最後に発言する（RPE141条）。実務においては、上記宣言の後、数か月後に両当事者及び被害者代理人による最終弁論文書が提出され、さらに口頭による最終弁論が行われる。

　最終弁論の後、第1審裁判部は判決についての評議を行う。評議は秘密である（74条4項）。判決は、証拠及び手続全体の評価に基づいて行う。判決は犯罪事実を超えるものであってはならない。判決は、公判において裁判所に提出され、かつ、裁判所において審理された証拠にのみ基づく（74条2項）。判決は書面によるものとし、第1審裁判部の証拠に関する認定及び結論についての十分な、かつ、詳しい理由を付した説明を記載する。

　判決又はその要約については、公開の法廷で言い渡す（74条5項）。判決の言渡しは、当初、最終弁論の数か月から1年後に行われ、その迅速化の必要性が指摘されてきた。このため、CPMは、パラ86及び87において、最終弁論は証拠調べの終了から90日以内に開始し、書面による判決は最終弁論の終了から10か月以内に言い渡されるべきことを定めている。

　第1審裁判部は、有罪判決の場合には、公判の間に提出された証拠及び述べられた意見を考慮して科すべき適切な刑を検討する。第1審裁判部は、必要に応じて職権又は当事者の要請による追加的審理を行った後、刑を言い渡す（76条）。刑の言渡しは、有罪判決の4か月以内に行われる（CPMパラ89）。

　適用される刑罰は、最長30年を超えない特定の年数の拘禁刑又は終身の拘禁刑である。また、付加刑として、罰金や犯罪収益などの没収などの財産刑がある（77条）。裁判所は、刑の量定に当たり、犯罪の重大性及び有罪判決

を受けた者の個別の事情等の要因を考慮する。個別事情として、責任軽減 (mitigating) 事由及び加重 (aggravating) 事由の双方が考慮される (RPE145条)。例えば、オンゲン事件においては、第1審裁判部は、軽減事由としてオンゲン自身が9歳の時に武装勢力に誘拐されて児童兵士として辛酸をなめたこと、加重事由として武装組織における地位、犯行の差別性、残虐性、被害者の脆弱性などを考慮した[48]。

ICTY 及び ICTR においては、集団殺害に関与して有罪判決を受けた者のうち、多くが終身の禁固刑を科されたが、ICC においては現時点で終身刑は科されていない。

VI 上訴及び再審

無罪又は有罪の判決に対しては、検察官は、手続上の誤り、事実に関する誤り、法律上の誤りのいずれかを理由として上訴することができ、有罪の判決を受けた者(又は当該者のために行動する検察官)は、これらに加えて、「その他の理由であって手続又は判決の公正性又は信頼性に影響を及ぼすもの」を理由として上訴することができる (81条1項)。また、検察官又は有罪の判決を受けた者は、刑の量定に対して、犯罪と刑との間の不均衡を理由として上訴をすることができる (81条2項)。上訴は、判決又は刑の量定から30日以内に行う (RPE150条)。上訴裁判部は、上訴の対象となった判決又は刑の量定について、これを破棄し若しくは修正すること、又は異なる第1審裁判部において新たに公判を行うことを命ずることができる (83条2項)。上訴裁判手続は原則として書面による (RPE156条3項)。

上訴審は新たな (de novo) 裁判ではない (いわゆる「事後審」に近い)。上訴裁判部の介入は、「手続が判決若しくは刑の量定の信頼性に影響を及ぼすほど不公正であったと認める場合」または判決などが「事実に関する誤り、法律上の誤り若しくは手続上の誤りによって実質的に影響を受けたと認める場合」に行われる (83条2項)。有罪か無罪かの判決を例にとると、事実に関する誤りについては、上訴裁判部は、原則として、証拠調べを行った原審の判断を尊重し、第1審裁判部が証拠からどのように合理的にその結論に至ったかを客観的に明確に確認できない場合に介入する[49]。法律上の誤りについては、上訴裁判部は第1審裁判部による法解釈に関わらず、自ら判断を行うが、当

該誤りが判決に実質的に影響を与えた場合に介入する[50]。手続上の誤りの多くは、原審による裁量権の行使の誤りとして提起されることが多い。これについては、上訴裁判部は、裁量権の行使が誤った法解釈に基づいている場合、明白に不正確な事実認識に基づいている場合、又は、裁量権の濫用に該当する場合であって、このような不適切な裁量権の行使が判決に実質的に影響を与えた場合に介入する[51]。

　82条は、無罪若しくは有罪の判決又は刑の量定以外の決定に対する上訴について定める。これらは、中間上訴 (interlocutory appeal) と呼ばれ、訴訟中に特定の争点について行われた決定に対して行われる上訴である。当事者は、管轄権又は受理許容性に関する決定、捜査又は訴追されている者の釈放を認める又は認めない旨の決定、及び、56条3項の規定に基づく予審裁判部の決定について上訴をすることができる (82条1項(a)ないし(c))。これらは、いずれも、訴訟の内容と切り離して判断可能な問題である。

　これに加えて、当事者は、「手続の公正かつ迅速な実施又は公判の結果に著しい影響を及ぼし得る問題に係る決定であって、上訴裁判部によって速やかに解決されることにより手続を実質的に進めることができると予審裁判部又は第1審裁判部が認めるもの」について上訴をすることができる (82条1項(d))。上訴自体は、原審における手続の停止の効力を有しない (82条3項)。このような上訴はICTYにおいても認められており (ICTY手続証拠規則72条)、法が未成熟な国際刑事法廷においては、裁判の効率化の観点から重要な役割を果たしてきた。この手続は実体法、手続法の双方で用いられ得るが、特に重要なのは、法規定の空白が大きい手続法に関する中間上訴である。

　他方で、上訴が、必ずしも一貫した法の適用に資さない場合もある。ICCの18名の裁判官はすべて同格であり、上訴裁判部の裁判官は、他部門の裁判官に対して優越的地位を有さない。また、各裁判部門の構成は3年ごとに変化するため、上訴裁判部の裁判官が予審・第1審裁判部で担当した事件が上訴された場合には、他部門の裁判官が代理するなど上訴裁判部の構成は流動的である。このため、上訴裁判部の傾向として、予審裁判部・第1審裁判部において採用された手続については、明確にローマ規程に違反しない限り判断を避ける傾向があるため、上述の許容性の判断に関する上訴審判決が示すように、裁判部間で異なる法解釈が行われた場合に統一的な判断を行わないことになる。裁判官全員が協議したCPMが作成され改定されている背景

には、このような上訴裁判部の特性もある。

なお、有罪判決又は刑の量定に対しては、有罪の判決を受けた者等は、新たな証拠の発見等を理由として、上訴裁判部に再審を申し立てることができる（84条）。

コラム　拘置及び刑の執行

ICCの逮捕状に基づいて逮捕された者の拘禁場所はオランダ政府が提供する拘置所である。拘置所は書記局の主任拘置官（Chief Detention Officer）の監督下におかれ、また、赤十字の自由なアクセスが認められている。

他方で、刑の執行は、締約国の協力を前提としている。拘禁刑の執行は、自発的に協力を表明した締約国の中から、裁判所（裁判所長会議が担当する）が指定する国において行われる（103条）。これら諸国は、執行に関する条件等に関してあらかじめICCと協定を締結する。2023年2月現在、アルゼンチン、オーストリア、ベルギー、コロンビア、デンマーク、マリ、ノルウェイ、英国など13か国がこの協定を締結しており、また、コンゴ民主共和国が、臨時協定によって受入れを行っている。

執行する国の指定に当たり、ICCは、締約国間の衡平な配分、被拘禁者の処遇に関する国際条約上の基準が順守されるか、刑を言い渡された者の意見、当該者の国籍などを考慮する。刑の執行は通常指定された国の刑務所で行われ、ICCが監督する。費用は執行国が負担する。いずれの国も指定されない場合には、ICC所在国であるオランダで執行される（この場合には費用はICCが負担する）。

これに対し、罰金や没収などの財産刑の執行は、締約国の義務である。

VII　おわりに

ICCの設立から20年を経過したが、ICCにおける裁判手続は依然として多くの課題を抱えている。特に、予審及び上訴審を含めて裁判手続が極めて長期にわたる[52]ことについては、コア・クライムの防止と正義の実現の観点、

及び、被害者の利益の保護の観点から強い批判がある。また、ICC における捜査と裁判が、法的にも実行上も様々な混乱や矛盾を抱え、多大な資源を消費し、その効率性に疑義が抱かれていることも事実である。

　その要因として第1に挙げられるのは、ICC の対象犯罪の性格、すなわち、大規模または組織的な犯罪であること、政府または武装組織が関与する犯罪であること、犯罪地が紛争又はこれに類似した状況下であることなどである。これに起因する手続法上の課題は国際刑事法廷に固有のものではなく、大規模な犯罪組織の指導者・背後者の訴追、国際的なテロ組織の構成員の訴追、普遍主義に基づく戦争犯罪や人道に対する犯罪の訴追は、いずれの法体系に属するいずれの国内裁判所においても困難な手続である。これについては、各国における捜査手法や手続法の改革も参考にしつつ、地道な改善を図るしかないが、ICC において特に鍵となるのは、良質な証拠の確保であり、検察局の捜査能力の向上であろう。例えば、人的証拠に過度に依存しない立証活動の構築（科学捜査、電気通信技術、衛星写真やサイバー技術を活用した捜査の強化を含む）は効果的であろう。また、近年、コア・クライム訴追の重要性が国際的に認知されるようになり、人道危機に対する裁判所の早期介入が求められ、また、証拠保全への国際的努力が行われるようになっている。捜査官の犯罪現場への迅速な臨場と捜査の早期開始が証拠の入手の観点から大きな利点となることは、ICTY のスレブレニツァ事件捜査の示すとおりである[53]。また、近年ウクライナにおける捜査を契機として、EUROJUST と ICC が協力して NGO のための証拠収集マニュアルを作成した[54]が、このような手法が現場関係者に浸透することも重要である。

　法律面では、組織的な犯罪を対象とする固有の実体法への対応も重要であり、例えば、人道に対する犯罪の文脈的要件をどのように犯罪事実の記載に反映するかといった課題は、まさしく、このような実体法と手続法の交錯する分野である。

　第2に、ICC の手続には、国際刑事法廷としての限界、すなわち、現地における直接の強制的捜査権を有しないこと、締約国の国際協力に頼らざるを得ないこと、資源の制約などがある。例えば、証人保護や証人の信頼性の確保の問題は、上述のコア・クライム固有の特徴と ICC の捜査権限の限界の双方に由来するものであり、第1審裁判手続の課題の中では最も解決困難なものである。また、この問題は、国際協力とも密接に関連し、その意味で、

締約国会議や安保理を含めた対応が必要となる部分もある。

　このような本来的な困難に対し、ローマ規程及び RPE は、ICTY・ICTR の実行をも参照しつつ、「ハイブリッドな」手続を規定し、更に、裁判部は、2 つの主要な法体系の中から適した規則を採用することによって対応しようとしてきた。このような形で ICC が独自の手続法を構築すること自体は正しい方向性として支持されるべきであるが、国内刑事手続法は、それぞれの社会の特徴に応じ、犯罪の抑止と適正手続などの微妙なバランスの上に、全体として適正かつ効果的な刑事裁判の実現を確保するために発展してきたものであり、特定の目的のために都合のよい一部を全体から切り離して選択的に利用することには慎重であるべきである。ICC がよって立つべき真にハイブリッドな手続を構築するためには、ローマ規程の諸原則に依拠するとともに、真実の発見や人権の保障など、これらの原則の背景にまでさかのぼって検討する必要があろう[55]。

　このようなアプローチをとるに当たって重要な役割を果たすのが、国際人権基準である。特に、欧州人権規約第 6 条の公正な裁判は、証拠開示及び反対尋問権、武器対等の原則、在廷権と口頭審理などを内容としているところ、欧州人権裁判所は様々な法体系に属する国におけるこれらの問題について詳細な判例を有し[56]、これらは ICC においてもしばしば参照されている。

　これに対し、裁判部内には、証拠の許容性の判断の問題や証人テストの許容性のように、実態に即した解決の方向を模索するよりも特定の法体系上の原則への固執傾向が顕著な、どちらかと言えば不毛な対立も依然として存在する。このような対立は ICC の裁判所としての権威とその裁判官の資質への信頼の低下を招くのみであろう。

　ICC は未だに発展途上の裁判所である。真の国際刑事司法を実現するためのその模索は、刑事手続法全般における興味深い実験でもある。

コラム　裁判手続と締約国会議

　ローマ規程において、裁判部の中立性と独立性は絶対である。しかし、条約によって設立され、設立後も締約国による管理監督を受ける国際機関である ICC においては、裁判所の運営はもとより、個々の裁判手続の在り方も、締約国会議の活動によって影響を受ける。

　第一は、予算である。大規模かつ複雑なコア・クライムの捜査・訴追は莫大な資源を必要とする。国内裁判においては、大規模・複雑事件の捜査・訴追が全体に占める割合は高くないため、そのコストは、捜査機関や裁判所全体の予算の中に比較的容易に吸収される。しかし、ICC においては、処理件数当たりのコストが問題とされ、締約国会議において、捜査の縮小や公判日程の制限につながる予算削減措置が取られることがある。裁判所の効率化に向けての努力が必要であることは当然であるが、ICC のマンデートへの十分な理解なしに削減措置がとられた場合には、捜査・裁判の遅延を招き、被疑者や被害者の権利を侵害する可能性がある。

　国際刑事法廷のコストは、ICTY や ICTR でも課題となり、混合裁判形式が選好される要因ともなった。常設的な国際刑事裁判所は「作ったら終わり」ではない。裁判所のマンデートを形成した締結国(及び、安保理付託事態については安保理)自身による継続的な支持が不可欠である。

　第二は、ICC の組織的問題である。国際機関としての ICC の効率性やガバナンスは優れたものとは言いがたく、締約国会議自身を含め、官僚主義、硬直した人事制度、インテグリティの欠如や行き過ぎた政治性などが指摘されている。裁判手続に直接関連する問題としては、例えば、裁判の長期化の要因の一つとして、裁判官を含む当事者が裁判の短縮を望まないことが指摘されている(第12章参照)。これらは、締約国会議による適切な管理運営が最も強く期待される分野である(予算の削減努力もこの側面が重視されるべきである)。

　第三に、非協力問題への対応がある(第11章参照)。裁判所は、被疑者の引渡しや証拠の収集において締約国が裁判所の協力の請求に応じず、それにより裁判所の任務及び権限の行使を妨げた場合に、非協力の認定を行い、締約国会議(安保理付託事件については安保理)に付託することができる(87条7項)。これまでに裁判所がこのような認定を行った例として、逮捕状の執行に関して、ダルフール(スーダン)及びリビアの事態がある。また、第1

審段階では、ケニアの現職の大統領が被告人となったケニヤッタ事件において、証拠の提供に係るケニア政府の非協力が認定された。

締約国会議は、このような付託を受けて、この問題を「検討する」(112条2項(f))。具体的には、締約国会議の決議(ICC-ASP/17/Res.5, annex II)は、公式の対応として、議長団の緊急会合の開催、議長から非協力国への公開書簡の送付、議長団と非協力国の協議、締約国会議への報告などを、非公式の対応として、議長による仲介などを定めている。しかし、これまでのところ、こういった方策は大きな成果を挙げておらず、特に、非締約国や安保理については、効果的な措置はとられていないのが実情である(非協力問題に関する締約国会議の活動につき、https://asp.icc-cpi.int/non-cooperation 参照)。

【注】

1　当事者主義と職権主義については様々な分析があるが、国際刑事手続の性質の理解に資する簡潔な解説としては、Robert Cryer, Darryl Robinson and Sergey Vasiliev, *An Introduction to International Criminal Law and Procedure* (Fourth Edition, CUP 2019), p. 406; 三井誠・町野朔ほか編『刑事法辞典』(信山社、2003年) 441-442頁、578-579頁、酒巻匡『刑事訴訟法(第2版)』(有斐閣、2020年) 9-14頁など。

2　中村義孝「フランスの裁判制度(2・完)」『立命館法学』2011年2号(336号) 28-33頁。なお、ドイツは予審制度を廃止している。

3　Kai Ambos, *Treatise on International Criminal Law Vol.III* (OUP, 2016), p. 13; Karin N. Calvo-Goller, *The Trial Proceedings of the International Court* (Martinus Nijhoff Publishers, 2006), pp. 10-12.

4　Devika Hovel, "The Authority of Universal Jurisdiction", *The European Journal of International Law*, Vol. 29, No. 2(2018), p. 445; *See also*, Dapo Akande, "The Jurisdiction of the International Criminal Court over Nationals of Non-Parties: Legal Basis and Limits", *Journal of International Criminal Justice*, Vol. 1, No. 3(2003), p. 627, この点に関するドイツと日本の差異につき、R. John Pritchard, 'The International Military Tribunal for the Far East and its Contemporary Resonances', *Military Law Review*, Vol. 149 (1995), p. 28.

5　Calvo-Goller, *supra* note 3. p. 11.

6　Neil Boister and Robert Cryer, *The Tokyo International Military Tribunal: A Reappraisal* (Oxford University Press, 2008), p. 311; Richard May and Marieke Wierda, "Trends in International Criminal Evidence: Nuremberg, Tokyo, The Hague, and Arusha", *Columbia Journal of Transnational Law*, Vol. 37(1999), p. 744-745.

7 適正手続保障の国際刑事法廷の手続規則への導入につき、Geert-Jan Alexander Knoops, *Theory and Practice of International and Internationalized Criminal Proceedings* (Kluwer, 2005) pp. 25-89.

8 ICTY 設立に向けた 1993 年の事務総長報告 (S/25704) パラ 106 は自由権規約 14 条に言及している。

9 Cryer, et al., *supra* note 1, pp. 408-409.

10 第 2 章第 1 節。

11 混合法廷における手続の概要につき、Ambos, *supra* note 3, pp. 30-39.

12 https://www.iccba-abcpi.org/, 以下、URL の最終アクセス日は 2024 年 1 月 31 日。

13 Kai Ambos, "International Criminal Procedure: "Adversarial", "Inquisitorial" or Mixed?", *International Criminal Law Review*, Vol. 3, No. 1 (2003), pp. 7-9; Claus Kress, "The Procedural Law of the International Criminal Court in Outline: Anatomy of a Unique Compromise", *Journal of International Criminal Justice*, Vol. 1, No. 3, (2003), pp. 606-608, p.610.

14 Cryer, et al., *supra* note 1, p. 409, Ambos, *supra* note 3, p. 28.

15 Cryer, et al., *supra* note 1, p. 409.

16 Silvia Fernandez de Gurmendi, "Elaboration of the Rules of Procedure and Evidence", in Lee (ed.), *The International Criminal Court* (Transnational Publishers, 2001), pp. 250-255.

17 230707-chambers-manual-eng.pdf (icc-cpi.int).

18 カタンガ事件において、第 1 審裁判部は、この規定に基づき、被告人の関与形式を 25 条 3 項 (a) によるものから (d) によるものに変更したが、この変更については、犯罪事実に記載された事実及び状況を超えたか否か及び被告人の防御の権利が尊重されたか否かの双方について強い反対意見が付された。Katanga, TC, ICC-01/04-01/07-3436-Anx.I, 10 March 2014.

19 例えば、ルバンガ事件の犯罪事実確認決定は 150 頁を超えるものである。Lubanga, PTC, ICC-01/04-01/06-803, 29 January 2007.

20 例えば、Kenyatta, TC, ICC-01/09-02/11-450, 5 July 2012, paras. 7-8.

21 Lubanga, AC, ICC-01/04-01/06-3121-Red, paras. 123-136.

22 CPM paras. 35-36, 57-66.

23 現在でもこの傾向は残っており、ある予審裁判官は、予審裁判部の役割は、「裁判の透明性を明らかにし説得力を保障するために重要な事実と法を完全に提示する明確かつ十分に理由づけられた決定を行うことである」と述べている。Al Mahdi, PTC, ICC-01/12-01/15-84-Anx, 9 May 2016, para. 6.

24 Independent Expert Review of the International Criminal Court and the Rome Statute System, Final Report , 30 September 2020, ICC-ASP/19/16, paras. 483-489.

25 Bemba, AC, ICC-01/05-01/08-3636, paras. 107-115, 犯罪事実の範囲とコア・クライムの罪質につき、拙稿「国際刑事裁判所第 1 審裁判手続の概要と問題点」『国際法研究』7 号 (2019 年) 10-18 頁。

26 これに対し、典型的な職権主義手続においては、訴追当局は被疑者に不利な証拠と

有利な証拠の双方を捜査して一件書類に含める義務を負い、被告人は公判前に一件書類にアクセスする。

27　Ambos, *supra* note 3, pp. 521-522.
28　Lubanga, TC, ICC-01/04-01/06-1401,13 June 2008, 関連する上訴審判決は、Lubanga, AC, ICC-01/04-01/06-1486, 21 October 2008.
29　被害者提出証拠の開示については第10章参照。
30　Cryer, et al., *supra* note 1, pp. 435-436.
31　2020年に、当事者間の協議に関する検察局政策文書が公表された。20201009-Guidelines-for-agreement-regarding-admission-of-guilt-eng.pdf (icc-cpi.int)
32　Al Mahdi, TC, ICC-01/12-01/15-171, 27 September 2016.
33　なお、犯罪事実確認手続においては、一定の場合に、訴追された者の立会いなしに審理を行うことができる（61条2項）。
34　Bemba, AC, ICC-01-/05-01/08-1386, 3 May 2011, para. 76. 例外は68条及びRPEに定めるが、これらは被告人の権利を害するものであってはならない（69条2項）。
35　成瀬剛「国際刑事裁判所における証拠法―各国の証拠法との比較分析」『法律時報』90巻10号（2018年）18-22頁。
36　Report on the Activities of the International Criminal Court, p. 11, ICC-ASP-17-9-ENG.pdf (icc-cpi.int).
37　例えば、Gbagbo and Blé Goudé, AC, ICC-02/11-01/15-744, 1 November 2016.
38　Lubanga, TC, ICC-01/04-01/06-1399, 13 June 2008, paras. 27-31.
39　Bemba et al., TC, ICC 01/05-01/13-1285, 24 September 2015. ただし、同裁判部は、69条7項及びRPE68条該当性については、審理中に判断を行っている。
40　Bemba et al., AC, ICC-01/05-01/13-2275-Red, 08 March 2018, paras. 572-598.
41　*Ibid.*, Annex, paras. 38-55.
42　よく取り上げられるもう一つの例として、いわゆる「証人テスト」の是非がある。拙稿「国際刑事裁判所における手続上の問題―いわゆる「証人テスト」を例として」坂元茂樹・薬師寺公夫（編）『普遍的国際社会への法の挑戦』（信山社、2013年）。
43　拙稿、前掲論文（注25）25-29頁；Donald Piragoff and Paula Clarke "Article 69 Evidence" in Kai Ambos (ed.), *Rome Statute of the International Criminal Court, Article-by-Article Commentary* (Fourth Edition, Beck et al., 2022), pp. 2065-2071.
44　これまでには、ICCにおいて反政府的な証言を行った証人が、本国に戻らず、オランダで難民認定申請をするといった事態も発生している。Sluiter, G, "Shared Responsibility in International Criminal Justice: the ICC and Asylum", *Journal of International Criminal Justice*, Vol. 10, No. 3 (2012), pp. 665-667. なお、RPE74条は、証人の免責に関しても規定している。
45　https://www.icc-cpi.int/about/witnesses、保護手続きについてはRPE87条及び88条も参照。
46　Lubanga, TC, ICC-01/04-01/06-2842, 14 March, 2012, pp. 90-230. なお、書記局の被害者保

護担当部局も被害者との接触に仲介者を用いており、この仲介者が被害者証人の証言に影響を与えたとの申立てが行われることもある。

47 https://www.icc-cpi.int/iccdocs/lt/GRCI-Eng.pdf.
48 Ongwen, TC, ICC-02/04-01/15-1819-Red, 6 May 2021.
49 Ongwen, AC, ICC-02/04-01/15-2022-Red, 15 December 2022, paras. 80-82.
50 *Ibid.*, para. 76.
51 *Ibid.*, paras. 85-87.
52 オングェン事件第1審裁判を例とした公判の簡略な流れについて、拙著『国際刑事裁判所－国際犯罪を裁く』(東信堂、2022年) 52-55頁。
53 藤原広人「ICTYによる国際刑事捜査とスレブレニツァ」長有紀枝編著『スレブレニツァ・ジェノサイド－25年目の教訓と課題』(東信堂、2020年) 107-149頁。
54 ICC-Eurojust-CSO-Guidelines-Eng.pdf (icc-cpi.int).
55 尾﨑道明「刑事訴訟法の政策的基礎に関する一考察」『日髙義博先生古希祝賀論文集(下巻)』(成文堂、2018年) 368-391頁。
56 European Court of Human Rights, Guide on Article 6 of the European Convention on Human Rights (Updated on 31 August 2022), https://www.echr.coe.int/Documents/Guide_Art_6_criminal_ENG.pdf.

第 10 章
被害者の地位

東澤　靖

I　はじめに
II　刑事手続における被害者とその権利
　1　刑事手続と被害者
　2　国際刑事司法における被害者
　3　被害者の権利に関する国際人権法
III　ICC における被害者
　1　被害者に関する ICC 規程その他の規則
　2　被害者の定義
　3　被害者のための ICC の任務と諸機関
　4　被害者の権利に関する諸原則
IV　被害者と証人の保護
　1　総　説
　2　手続の各段階における保護措置
　3　被害者・証人保護のための書記局の任務
　4　被害者・証人保護と人権上の義務
V　被害者の手続参加
　1　ICC における被害者参加制度の概要
　2　被害者の法律上の代理人 (LRV)
　3　参加の形態
　4　参加の時期

5　参加のための手続
　　　6　統一的かつ予測可能な被害者参加に向けて
　Ⅵ　被害者に対する賠償と信託基金
　　　1　国際犯罪に対する被害者の賠償を求める権利
　　　2　ICC の被害者賠償制度
　　　3　被害者のための信託基金
　　　4　残された課題
　Ⅶ　おわりに

Ⅰ　はじめに

　国際刑事裁判所に関するローマ規程（以下「ICC 規程」または「規程」）は、その前文を「20 世紀の間に多数の児童、女性及び男性が人類の良心に深く衝撃を与える想像を絶する残虐な行為の犠牲者となってきたことに留意」することから語り始めている（前文第 2 段落）。国際刑事裁判所（以下「ICC」）の設立は、このように、重大な国際犯罪の犠牲となってきた無数の被害者に対し思いをはせるところから始まった。そして、実際に ICC は、従来の国際刑事裁判手続で認められてきた被害者や証人の保護のみならず、被害者に対する賠償や手続参加という画期的な制度を実現することとなった。

　本章では、それらの制度の背景と全体像、ICC における実際の手続の中での解釈と運用、そして直面してきた課題を明らかにする。

Ⅱ　刑事手続における被害者とその権利

1　刑事手続と被害者

　一般に、被害者が国内刑事手続の中でどのような地位を与えられているかは、国によってさまざまである。伝統的に国内刑事手続には、コモンロー系の当事者対抗主義（adversarial system）とシビルロー系の糾問主義あるいは職権主義（inquisitorial system）との間で大きな違いがあり、被害者に認められる役割もそれぞれに異なるものとされてきた[1]。当事者対抗主義のもとで被害者は、有罪無罪の決定において正式な役割は与えられず、量刑の審理の際に意見の提出を認められることがあるにすぎない。被害者が損害賠償を求める場合に

も、それは刑事手続とは別個に、刑事手続が終了した後に民事手続を自ら開始しなければならない。他方で、職権主義のもとで被害者は、刑事手続を開始し、あるいは検察官が開始した刑事手続に参加することが認められる。そして被害者は、損害賠償を求めて参加する付帯私訴 (constitution de partie civile) によって、捜査裁判官が行う捜査の記録にもアクセスして追加の捜査を要請する、公判において証拠の請求、証人尋問、有罪に関する見解を提出することが認められる。

　もちろん、以上の区別はあくまで典型化されたものであり、実際の国内制度における被害者における地位は、個々の制度の融合の中で異なったものとなっている。そして、現在の被害者をめぐる国内の刑事手続は、被害者に訴追の開始・遂行への介入や賠償判決を求めるなど積極的な役割を認められているものから、民事と刑事を厳格に区別しまた被告人の権利への配慮から被害者の参加には慎重であるものなど、さまざまである[2]。そして、被害者をめぐるこのような国内制度の多様さは、ICC 規程の採択、そしてその解釈・運用において、多くの議論が提起される遠因となっている。

2　国際刑事司法における被害者

　国際刑事司法 (International Criminal Justice) においても、被害者の取り扱いは一様ではなかった。国際刑事司法の始まりは第二次世界大戦後の国際軍事法廷 (ニュルンベルク裁判) と極東国際軍事法廷 (東京裁判) であるとされる。ニュルンベルク裁判においては、アメリカとイギリスの代表の優位のもとにコモンロー、すなわち当事者対抗主義にもとづく裁判手続が取られ、アメリカの強い指導のもとで進められた東京裁判においても事情は同じであった[3]。そして、それらを設置する憲章 (Charter) においては、被害者に関する記述は存在せず[4]、実際にも被害者に関する特別の措置は取られなかった。また、これらの裁判を踏まえて国連総会で確認された「ニュルンベルク諸原則」においても、被害者に関する記述は存在しなかった[5]。

　その後、半世紀近くを経て、国連安全保障理事会 (安保理) は、1993 年に旧ユーゴスラビア国際刑事法廷 (ICTY) を、翌 1994 年にルワンダ国際刑事法廷 (ICTR) を設置した[6]。これら 2 つの法廷においても、当事者対抗主義を基礎とする手続が採用され、被害者には依然何らの役割も与えられることはなかった[7]。他方でこれらの法廷は、被告人に対する刑罰の一つとして、奪わ

れた財産などの返還命令という原状回復の手段を、被害者のために設けていた[8]。またこれらの法廷は、被害者への賠償のための命令を行う権限を与えられていたわけではないが、有罪判決における認定を最終的かつ拘束力のあるものとして国内当局に送付するという形で、国内の裁判所を用いた被害者の賠償請求を促進していた[9]。それにもかかわらず、こうした特別法廷においては、被害者の手続への参加や賠償請求などの被害者の権利は、刑事手続の中での不可欠の要素として位置づけられることはなかった。

3 被害者の権利に関する国際人権法

現代の国際刑事司法において、被害者の権利への関心は、伝統的な国際人道法や国際刑事法の外部、特に国際人権法の分野からもたらされた[10]。すなわち、犯罪被害者を含む人権侵害の被害者の救済については、第二次世界大戦後に成立し発展した国際人権法が、国家に対し、個人の「効果的な救済を受ける権利」を保障することを義務づけてきた。世界人権宣言（1948年国連総会決議）は、基本的権利を侵害する行為に対し、個人が「権限を有する国内裁判所による効果的な救済を受ける権利」を保障している（8条）。その後に法的文書として成立した人権条約においても、たとえば「政治的及び市民的権利に関する国際規約」（自由権規約）は、人権を侵害された個人が「効果的な救済措置を受ける」ことができるように各種の措置を取ることを締約国に義務づけている（同規約2条(3)）。国際人権法の下で国家に課せられた義務は、一般に尊重（国家が人権侵害を行わない）、保護（私人によるものも含む人権侵害から国家が個人を保護する）、充足（人権の享有を促進するために国家が積極的行動をとる）に分類される[11]。そうした尊重や保護の義務を実施するために、人権侵害による被害者の「効果的な救済を受ける権利」が存在する。

犯罪被害者との関係で人権条約が明示的に規定してきた一つの権利は、被害者の賠償を受ける権利である。賠償を受ける権利については、人権条約に明示の規定が存在する場合もあるが[12]、一般に被害者の「効果的な救済を受ける権利」を保障する他の人権条約においても、このような賠償を受ける権利が解釈によって導かれる[13]。もう一つは、犯罪に対する刑事手続をとる国家の義務である[14]。この義務は、人権条約に明示の規定が存在する場合もあり[15]、また、被害者の「効果的な救済を受ける権利」からも解釈によって導かれる[16]。

以上の人権条約における被害者の権利の展開と並んで、国連総会は、被害者の権利に関する原則を採択してきている。それが、1985年に採択された「犯罪と権力の濫用の被害者のための司法の基本原則宣言」(1985年宣言) と 2005年に採択された「国際人権法の重大な侵害と国際人道法の深刻な侵害に対する救済と保障の権利に関する基本原則とガイドライン」(2005年基本原則) である[17]。1985年宣言は、一般の犯罪の被害者と国家による権力濫用の被害者とを区別し、前者については、司法と公正な取り扱いへのアクセスの権利、原状回復・損害賠償・援助を受ける権利の内容を詳細に定め (4項–17項)、他方で後者については、権力の濫用の禁止と被害者の救済 (原状回復・損害賠償・援助を含む) を国内法に盛り込むことを求めている (18項–21項)。2005年基本原則は、1985年宣言のように一般犯罪と権力犯罪とを区別することなく、国際人権法と国際人道法の重大・深刻な侵害の被害者が救済されるべき権利を明らかにしている。そうした権利には、(a) 被害者の尊厳と人権を尊重した人間性ある取り扱い、(b) 司法に対する平等かつ効果的なアクセス、(c) 被害の十分な、効果的なかつ速やかな賠償、(d) 侵害及び賠償制度に関する関連情報へのアクセスなどが含まれる (第10から第24原則)。特に、1985年宣言は、被害者のための司法・行政の手続において、被害者に情報、見解や懸念を表明する機会、法的援助、保護の措置などを提供すべきことを求めていた (6項)。

こうした国際人権法における被害者の権利、特に1985年宣言と2005年基本原則は、ICC規程の起草過程、そしてその後のICCにおける規程の解釈に影響を与えることとなった[18]。

III ICCにおける被害者

1 被害者に関するICC規程その他の規則

ICC規程の新たな発展は、従来の国際軍事法廷や国際刑事法廷における応報モデルの国際刑事司法と比較して、被害者のために賠償を求める権利を認めただけでなく、それまでに存在しなかった参加型の制度を導入したことである ('Report of the Independent Expert Review of the International Criminal Court and the Rome Statute System: Final Report,' ICC-ASP/19/16 (2020) (以下「IER」) 835項)。そうした規程の被害者に関する条文は、大きく次のような3つの分野に分けること

ができる。
　①被害者・証人の保護(規程43条(6)、54条(1)(b)、57条(3)(c)、64条(2)(6)(e)、68条(1)、(2)、(4)〜(6)、69条(2)、87条(4)、93条(1)(j))
　②被害者の手続参加と援助(規程15条(3)、19条(3)、43条(6)、68条(3))
　③被害者への賠償(規程57条(3)(e)、75条、79条、82条(4))
　規程の条文は、さらに証拠及び手続に関する規則(以下「規則」)、裁判所規則(以下「裁規」)、検察官事務所規則(以下「検規」)、書記局規則(以下「書規」)、裁判部実務マニュアル(第7版(2023)、以下「マニュアル」)、被害者信託基金規則(以下「基規」)などによって、より具体的な規定が設けられている。それぞれの分野における規定や、運用・解釈は、後に述べることとして、まずそうした規定に共通する、被害者の定義、被害者のためのICCの機関、被害者のための諸原則について述べておく。

2　被害者の定義

　ICCにおける被害者は、規程自体ではなく規則において、次のように自然人被害者と被害組織の2つの類型を意味すると定義されている(規則85)。
　(a) 裁判所の管轄権の範囲内の犯罪の実行の結果として害悪を被った自然人。
　(b) 宗教、教育、芸術または科学・慈善の目的に捧げられた自らの財産、ならびに自らの歴史的記念物、病院及び人道的な目的のためのその他の場所や対象に、直接の害悪を被った組織や機関。

　この定義においては、自然人被害者は、被った害悪が直接的であることは要求されず、間接的な被害者を含めることができる規定となっている[19]。そしてICCの上訴裁判部は、事態や事件に関する上訴に対する判決において、被害者の範囲に関する幾つかの判断を示してきた。すなわち、被害者は、その個人的利益が裁判の対象となっている容疑と関連する必要はあるが、犯罪による直接の害悪である必要はない(判例Ⅱ-4：判決主文第2項、38項)。間接の被害において要件とされるのは、直接の被害者との近親の程度よりも、害悪が存在することである(判例Ⅲ-3：5項)。家族を失ったことによる精神的な害悪を被ったとする被害者は、失った家族を特定しその者との関係についての証拠を提出しなければならず、必要な証拠は事件ごとに評価される(判例Ⅵ-1：1項)。後に詳しく述べる公判手続での参加が認められる被害者が被っ

たとする害悪は、被告人に対して犯罪事実の確認が行われた容疑に関連したものでなければならない (判例Ⅱ-4：65項)。

こうした定義の下で多くの裁判部は、被害者として認められるためには、①害悪を被ったこと、②その害悪がICCの管轄権の下にある犯罪により生じたこと、③害悪と犯罪との間に因果関係 (causal link) があること、という要件を満たすことを求めている[20]。

3 被害者のためのICCの任務と諸機関

ICC規程その他の規則は、被害者の保護と権利の保障のために、裁判部、検察局及び書記局など裁判所の主要機関に対して一定の任務を課し、また、被害者のためにICCの内部と外部に特別の機関を設置することとしている。

(1) 裁判所の主要機関における被害者に対する任務

まず規程は、ICC全体、ならびに捜査・訴追を行う検察官に対し、被害者や証人の安全、心身の健康、尊厳及びプライバシーを保護するために適切な措置を取るべき義務を課している (規程68条(1))。この義務を実施するため、裁判部は指示や命令を行うに際し、また他の機関は任務を行うに際して、すべての被害者及び証人にとっての必要性 (特に子ども、高齢者、障害を持つ者、性的・ジェンダーの暴力の被害者にとっての必要性) を考慮しなければならない (規則86)。

被害者と証人のための包括的な責任を負うのは、裁判所書記である。規則は、裁判所書記に、被害者の法律上の代理人や手続の参加、証言を行うことにより危険にさらされる被害者・証人ための措置などに関する責任を課している (規則16)。

こうした一般的な任務規定の下に、さらに各分野における具体的措置が、手続の種類や段階に応じて規定されている。

(2) 被害者のために設置された機関

被害者のために設立されたICCの機関は、各種にわたる。
①書記局に設置された機関
書記局では、主に以下の3つの機関が被害者のための任務を行なっている。
　(i)被害者・証人セクション (Victims and Witnesses Section：VWS)

VWS は、規程においては被害者・証人室(VWU)として規定されているが(規程 43 条(6))、現在では VWS の名称で活動している。VWS は、被害者や証人の保護を担当している。

(ii)被害者参加・賠償セクション(Victim Participation and Reparation Section：VPRS)

VPRS は、被害者の参加と賠償を扱う機関であり、被害者とその集団を援助することを任務としている(裁規 86(9))。

(iii)被害者公設代理人事務所(Office of Public Counsel for Victims：OPCV)

OPCV は、被害者のための法律上の代理人(弁護士)に関するサービスを提供する機関である(裁規 81)。OPCV は、書記局の中に設けられてはいるが、その活動について完全な独立性が保障されている。

②検察局と設置された機関

検察局は、被害者の権利に関わる事項に、支援(保護)や制限(参加)など、さまざまな形で関わる。そのために検察局は、特に被害者と証人の安全の保護のための措置を任務としている(検規 44-48)。また検察局には、性的・ジェンダー暴力や子どもに対する暴力への法的その他の専門的な知見を検察官などに提供するための、ジェンダーと子ども室(Gender and Children Unit：GCU)が設置されている(検規 12)。

③被害者信託基金(Trust Fund for Victims：TFV)

ICC 規程は、ICC 管轄権の範囲内の犯罪による被害者及びその家族のために、ICC の外部組織として信託基金を設置することとしている(規程 79 条(1))。被害者信託基金は、2004 年に設置され、その任務を行うための、ICC に置かれた理事会と事務局(基規第 1 章と第 2 章)、そして国別事務所がある。被害者信託基金の任務は、規程 79 条と規則 98 に詳しく規定されているが、(a) ICC 裁判部が命令した賠償裁定(reparation awards)の実施(賠償任務)と、(b) 賠償裁定とは別個に提供される被害者への支援(支援任務)により構成される(IER：877 項)[21]。

④国際刑事裁判所弁護士会(ICCBA)

ICC の正式の機関ではないが、ICC に登録して弁護活動や被害者への法律上の援助を行うことが認められた弁護士(リスト掲載弁護士)の団体として国際刑事裁判所弁護士会(ICCBA)が 2016 年に設立されている。ICCBA は、裁判所書記が協議を行うべき独立の弁護士団体として(規則 21(3))、締約国会

議によって公式に承認され、登録弁護士の活動の支援を行っている。

4 被害者の権利に関する諸原則

ICC における被害者の権利を解釈、適用する際においては、いくつかの原則が存在する。

第1には、国際人権法適合の原則である。厳密に言えば国際組織である ICC は、人権の保障義務を国家に課している国際人権法において、義務の主体となるわけではない。しかし、ICC 規程が「法の適用及び解釈は、国際的に認められる人権に適合したものでなければなら」ないと規定したことを通じて (21 条(3))、国際人権法の下で認められた被害者の権利は、ICC による法の適用や解釈において、その実施が必要とされる。そのため被害者の権利の内容は、すでに見た 1985 年宣言と 2005 年基本原則をはじめとする国際人権に適合していることが必要とされる。

第2には、被疑者・被告人の権利との両立である。被疑者・被告人の権利は、上記の「国際的に認められる人権」として存在することに加えて、ICC 規程においても具体的に保障のための規定が数多く存在する (55 条、67 条など)。そして ICC 規程は、被害者の保護や権利を定める規定において、被疑者・被告人の権利や公正かつ公平な裁判を害することなく両立するものであることを求めている (68 条(1)(3)(5)、69 条(2))。

こうした国際人権への適合や、被疑者・被告人の権利との両立は、以下に詳しく述べる被害者の保護や権利の諸制度の実施において、常に参照されることになる。

IV 被害者と証人の保護

1 総説

証人、とりわけ被害者証人の存在は、犯罪の立証において決定的な重要性を持つ。そのため国内刑事司法においても、証人に対する証言の妨害や報復の危険性が常に存在する。加えて国際刑事裁判の対象とされる地域においては、紛争、圧制、不安定な治安が残っている場合には、たとえ安全な裁判地での証言が可能であっても、帰還した場合に報復の脅威を受けることになる。ICC 規程の採択において参考とされたのは、被害者証人が母国に戻った後に

殺害されるといった実例も踏まえて、保護のためにさまざまな措置を取ってきた ICTY や ICTR の先例であった[22]。

このようにして ICC は、被害者及び証人の安全、心身の健康、尊厳及びプライバシーを保護するために適切な措置をとることとされる（規程 68 条 (1)）。この保護の義務は、ICC のすべての機関に課されたものであり（規則 86）、とりわけ検察官には、捜査や訴追の間にもそうした保護の措置を取ることが求められている（規程 68 条 (1)）。以上のことを具体化するものとして、規程と規則は、後に述べるように、公判前の証拠開示の制限、公判における各種の保護措置に加え、弁護活動を一定制約する措置など、裁判手続の各段階における被害者・証人の保護のための具体的な措置を定めている。手続の各段階における保護措置は、ひとたび命じられた場合には、手続終了後も含めて裁判部がその命令によって変更するまで効力を持ち続ける（裁規 42）。また、裁判手続以外においても、書記局に設置された VWS が、証言のために危険にさらされる被害者や証人に対し、保護と安全のための措置、カウンセリングその他の適当な援助を提供するものとされる（規程 43 条 (6)）。

被害者・証人への保護措置を取る際に、ICC や検察官は、対象者の年齢、性、健康、犯罪の性質を考慮する（規程 68 条 (1)、54 条 (1) (b)、規則 86）。その際に、特に考慮すべき要因として例示されているのは、性（ジェンダー）と子どもである。ICC 規程が成立する過程では、それらの被害が直接の身体的被害を超えて、特別の配慮を必要とするような精神的その他の害悪を被るという認識が共有されていたためであった[23]。

なお、ICC 規程においては、以下に挙げるさまざまな被害者・証人を保護する措置に加えて、証人に対する妨害、干渉、報復などの行為が、証人の買収や偽証と並んで「裁判の運営に対する犯罪」とされている。その犯罪に対しては ICC 自身が管轄権を持つのみならず、締約国にも訴追のための法整備や実施が義務づけられている（規程 70 条 (1) (4)）[24]。

2　手続の各段階における保護措置

ICC の手続における被害者・証人の保護措置は、手続の段階に応じて詳しく規定されている。他方でそうした措置は、弁護側の活動に対する制約となる場合もあることから、被疑者・被告人の権利との両立が必要とされる。

(1) 証拠開示に対する制限

弁護側は、適切な弁護を準備するため、犯罪事実の確認や公判に向けて、検察官の手持ち証拠の開示を受ける権利を有している（規程61条(3)、64条(3)(c)、67条(2)、規則76(1)(2)、121など）。しかし証拠開示が、証人や被害者及びその家族の安全に重大な危険をもたらしうる場合には、検察官は、証拠の提供を差し控え、それに代えて要約を提出することができる（規程68条(1)(5)、規則81(3)）。

証拠開示と被害者・証人への保護措置とは、ICCで最初に手続が行われたコンゴ民主共和国（DRC）のトーマス・ルバンガ・ディーロ事件（ルバンガ事件）で問題となった。犯罪事実確認手続の際に、被害者証人の供述書などをその保護のために要約（Summary）や編集削除（Redaction）を行なって開示した検察側に対し、弁護側は完全な形での証拠開示を求めて争った。その争いに対し上訴裁判部は、結論として要約や編集削除は被告人の公正・公正な裁判を受ける権利を害しない限り認められるが、その許可を行う予審裁判部は、十分な理由を示さなければならないと判断した（判例Ⅱ-1a：21,40項、Ⅱ-1b：32,43,46項）[25]。またこの事件では、公判を通じて、検察側が捜査当初から現地での被害者や証人への接触のために仲介者を用いており、仲介者が被害者や証人に不当な影響を与えていることが明らかとなった。そして弁護側が求める仲介者に関する情報の開示を、検察側は仲介人の保護を理由に拒否したため、第1審裁判部は、公判の停止と被告人の釈放の決定を行なった。上訴裁判部は、第1審裁判部が他に取りうる措置があったとして決定を破棄したものの、公正な裁判のために手続中止が正当化される可能性を認めた（判例Ⅱ-6a：46-52,58項、Ⅱ-6b：1,24項）[26]。ただしこの事件では、上訴裁判部判決を受けて、検察側が仲介者の情報を弁護側に提供したため、公判は継続されることとなった。

(2) 公判における各種の保護措置

公判の間に取られる保護措置には、一般的措置（規則87）と特別措置（規則88）がある[27]。

公判において取られる一般的措置は、手続の公開を制限することである。本来、公判手続の公開は、被告人の権利であるのみならず（規程67条(1)）、裁判の公正を確保するために必要な原則である。しかし被害者・証人を保護

するために、裁判所は、公判手続の一部をインカメラ（非公開）とし、あるいは証言などの証拠提出を電子的手段や特別な措置で行うことができる（同68条(2)、規則87(1)、88）。また裁判所は、被害者・証人そして証言がなされたことで危険にさらされる者について、その身元の特定や所在に関する情報の開示を、防止するための措置を命ずることができる（規則87(3)）。そのような命令には、裁判所の公開用記録からの削除、当事者に対する第三者への開示禁止命令、電子的技術の使用、被害者等の偽名の使用、インカメラなどが含まれる。

　一般的措置に加えて裁判所は、当事者や被害者・証人の申立てに基づき、あるいは職権でその他の特別措置を命ずることができる（規則88(1)）。その措置には、心的外傷を負った被害者・証人、子ども、高齢者または性的暴力の被害者などの証言を促すための措置などが含まれる。特別措置を取るためには、VWSとの協議や被害者・証人の同意を得る努力が必要とされ（規則88(1)）、また必要に応じて心理学者や被害者・証人の家族も参加した上での審理を行うこととされている（規則88(2)）。

(3) 弁護側の活動に対する制約

　被害者・証人の保護のために、実際の公判手続の中で、尋問方法の制限や証拠の特則の措置がとられている[28]。それらの制限は、検察側と弁護側とを区別するものではないが、通常は弁護側の活動においてより問題となる。その場合には、被害者・証人の保護のための措置と被告人の権利がまさに衝突する事態となり、両者の調整は担当裁判部の判断を通じて行われることになる。

　まず裁判部は、被害者・証人のプライバシーの侵害がその者の安全のリスクを発生させることを考慮して、被害者・証人に対する尋問方法を注意深く制御して、嫌がらせや威嚇を回避し、また性的暴力犯罪の被害者に対する攻撃に特に注意を払わなければならないこととされる（規則88(5)）。

　さらに性的暴力の事件については、証拠に関する一定の原則が、裁判所の指針として定められている（規則70）。一定の状況での被害者・証人の言動やその沈黙・無抵抗によって同意を推認してはならないこと、被害者・証人による事前事後の性的行動からその信頼性・性格・傾向を推認してはならないことなどが、そうした原則である。なお、被害者・証人による事前事後の性

的行動は、その他の事件においても証拠として許容されない（規則 71）。そして、そうした被害者・証人の言動、沈黙、無抵抗などを、性的暴力への同意に関わる証拠として提出しようとする場合には、事前に裁判部への告知が必要とされる（規則 72(1)）。こうした原則や扱いは、一定の暴力と抑圧が存在するもとでは心身の危機に直面した被害者の個々の同意が犯罪の成否にほとんど意味を持たないことや、性的暴力の被害者・証人が同意の有無について執拗な尋問を受けることがセカンドレイプとも評される心理的苦痛を与えることによるものである。他方で、性的暴力の事件において被害者の同意は、犯罪の成否を左右する重要な弁護の対象でもある。そのため、反対尋問権の保障などの被告人の権利との両立を図るためには、裁判部による慎重な運用が必要とされる。

3 被害者・証人保護のための書記局の任務

ICC において被害者・証人の保護の任務を、実際に行っているのは書記局である。その任務には、書記局に設置された VWS が行うべきものと、裁判所書記の任務として書記局全般に求められるものとがある。

被害者・証人の安全のための VWS の任務は、規程においても言及されているが（規程 43 条(6)、68 条(4)）、さらに規則において具体的に列挙されている（規則 16-19）。

VWS は、証言を行う被害者・証人の保護や安全ために適切な措置を提供し、そのための計画の策定、ICC の諸機関や関係国への助言、医学的・心理学的な補助、裁判当事者への訓練の提供、捜査官・国際機関・NGO が採用すべき行為規範の勧告、各国家との協力などを行う（規則 17）。その際、特に子ども、高齢者、障害を持つ者の特別な必要性に配慮すること、そして子どもの場合には、必要に応じて子どもの補助者を割り当てることも、任務に含まれる（規則 17(3)）。

そうした任務を効率的かつ効果的に行うために、VWS は、秘密性を保持すること、検察側・弁護側の別に応じたサービスを証人に提供すること、ICC の援助を被害者・証人の利用可能なものとすること、職員の訓練、国際機関や NGO との協力、に責任を持つ（規則 18）。また VWS は、犯罪による心的外傷（トラウマ）をはじめ、各分野の専門的知識を持つ職員を所属させることが求められている（規程 43 条(6)、規則 19）。

裁判所書記は、以上のような VWS の行うサービスを利用可能とするために、被害者・証人に、規程・規則の下での諸権利や VWS の利用などについて情報提供を行うこととされている（規則 16(2)）。

4　被害者・証人保護と人権上の義務

　被害者・証人の保護に関して、以上に概観した ICC の義務は、規程のみを根拠とする義務であるのか、さらに進んで国際組織である ICC に、人権を一般的に保障する義務が課されているのか。そうした問題が、証言後の送還を拒んで庇護申請を行った証人により提起された。すなわち DRC の刑務所に服役していた 3 名の受刑者は、ICC で審理された事件で証言するために DRC 政府から移送されて ICC の拘留施設に拘禁されていた。そして証言後、その証言によって DRC 政府から迫害を受ける危険があるとして、ICC の接受国であるオランダ政府に庇護申請を申し立て、ICC による DRC への送還を争ったのである。

　ICC は、締約国からの司法協力の一環として、証言などのために被拘禁者の一時的な移送を請求できるが、移送の目的が達成された後は、遅滞なくその者を送還しなければならないとされている（規程 93 条(7)）。他方で ICC が適合を義務づけられる国際人権（規程 21 条(3)）には、迫害などを受ける恐れのある国家に個人を送還することを禁止するノン・ルフールマンが含まれている。そのため、ICC はいずれの義務を優先すべきなのかという問題が、ICC が負うべき人権上の義務の範囲とともに提起された。

　上訴裁判部は、庇護申請を審理するオランダ政府との協議を条件としながらも、DRC 政府との協定に従い、その者たちを遅滞なく DRC に送還すべきだと判断した（判例VI-2：判決主文第 1、2 項）。その判断においては、ICC が庇護申請の審理には管轄権を持たないことや、国際人権に基づいて効果的救済を与えるのはオランダの義務であることなどが理由とされた（判例VI-2：24 項）。その判断の後、DRC 政府が各種の保証を表明し、オランダ政府が庇護申請を認めない下で、この者たちは、DRC に送還された。

　ICC 規程が明確な規定を持たず、あるいは規程の下での義務が抵触する法的間隙において、ICC が被害者・証人保護の人権保障のために負うべき義務の範囲は、引き続き未解決の問題として残っている[29]。

V　被害者の手続参加

1　ICC における被害者参加制度の概要

　ICC 規程における大きな革新の一つは、国際刑事司法の手続に、被害者の参加を位置づけたことである[30]。国内の諸制度を見てみれば、そこには ICC の制度以上の内容を実現している国から、より制限的な立場を取る国々までさまざまである[31]。しかし、すでに触れたように従来の国際刑事司法においては、被害者の参加が刑事手続の中での不可欠の要素として位置づけられることはなかったことから、ICC の手続に被害者参加制度が設けられたことは、極めて画期的なことであった。そして ICC 規程における被害者の参加に関する諸規定は、被害者への情報提供、「意見及び懸念の表明」、法律上の援助の提供などを求める 1985 年宣言を基礎に設けられることとなった[32]。

　ICC 規程は、まず、公判に関する部で、個人的な利益に影響を受ける被害者が、裁判所が適当と判断する公判手続の段階において、被害者が「意見および見解」を提示し、それらが検討されることを認めている（規程 68 条 (3)）。ただしその参加は、被告人の権利や公正・公平な裁判を害しないこと、裁判所が指示する場合には法律上の代理人を通じて行うことなどが、条件とされている。さらに同規程は、検察官が捜査の許可を予審裁判部に請求する際の同裁判部での「陳述」（規程 15 条 (3)）、検察官が裁判所に管轄権や受理許容性に関する決定を求める際の裁判所への「意見の提出」（規程 19 条 (3)）を認めている。また被害者は、後に詳しく述べる裁判部の行う賠償命令に対して、有罪の判決を受けた者や賠償命令によって不利な影響を受ける善意の所有者と並んで、賠償命令に対する上訴を行うことも認められている（規程 82 条 (4)）。それらの参加の形態や手続については、規則以下の文書、あるいは裁判部の判断により具体化されている。

　ICC 規程におけるこうした被害者参加制度の実現は、国際法における被害者の権利の完全な実現を求める NGO、個人、政府の運動の中で実現したものである[33]。他方で、刑事手続における被害者の参加が何を目的として行われているのかは、規程からは直ちに明らかではない。そうした目的については、被害者の人権（特に真実を知る権利）としての司法へのアクセスの一環であること、検察官と被害者の関心におけるギャップを埋めること、個人的・集団的な癒しを実現することなど、さまざまな説明が行われる。他方で、被

害者が公に認定されることを求める真実(被害者にとっての真実)は、検察官による立証可能な事実(司法的真実)とは必ずしも一致せず、被害者にとっての真実の追求が検察官の立証活動を阻害する場合もある[34]。しかし、ICC規程及び規則は、被害者参加について曖昧かつ広範な用語を用いており、そのことは、実際の被害者参加の射程に関して、「建設的な曖昧さ」として裁判官に大きな裁量権を与えたものだと考えられている(IER：839項)。そのため、この被害者参加制度を運用する裁判官が、制度の目的をどのように捉えているかによって、その射程がさまざまなものとなる可能性を含んでいる。

2 被害者の法律上の代理人(LRV)

(1) 代理人弁護士制度

ICC規程において被害者の参加は、実際には被害者の「法律上の代理人」(legal representative)を通じて行われることが想定されている(規程68条(3))。被害者は、遠く離れた地からICC(オランダのハーグ)での手続に参加することは困難であり、またその数が膨大となることも想定される。何よりも、熟練した責任ある代理人を持たずに司法手続に効果的にアクセスすることはできない[35]。なお規程の公定訳では「法律上の代理人」であるが、以下では、日本語として理解が容易な「代理人弁護士」との用語を用いる。

代理人弁護士とその参加については、規則が詳細を定めている(規則89-93)。まず被害者は、自己の権利の行使のために自由に代理人弁護士を選任することができる(規則90(1))。代理人弁護士は、裁判部が決定した条件に従って、手続に出席、参加する権利を持つ(規則91(2))。代理人弁護士となる者は、弁護のための弁護士と同じ資格(規則22-1)が要求される(規則90(6))[36]。

(2) 共通代理人弁護士(CLRV)

裁判所が取り扱う重大な犯罪においては被害者も多数にのぼり、その被害者が多数の代理人弁護士を選任する場合には、手続の複雑化や遅延につながる。そこで多数の被害者がいる場合に担当裁判部は、手続の効率性を確保する目的で、被害者(集団)に対し、1名または複数の共通代理人弁護士(common legal representative)を選任するように要請することができる(規則90(2))。被害者によって一定の期間内に選任ができない場合には、裁判部はその選任を裁判所書記に委ねることができるが(規則90(3))、その場合には、被害者の意

見や、地域の伝統を尊重しまた特定の被害者を支援する必要性が考慮されるべきものとされる（裁規 79）。

被疑者や被告人の場合と異なり（規程 55 条 (2) (c)、67 条 (1) (d)）、被害者が外部の弁護士を選任する場合に ICC がその費用を負担する規定はない。しかし、共通代理人弁護士が裁判所によって選任される場合には、費用支払いの資力を持たない被害者は、裁判所書記から財政的なものを含む援助を受けることができる（規則 90 (5)）。

(3) 被害者のための公設弁護士事務所（OPCV）

規程や規則に直接の規定はないが、すでに触れたように ICC には、被害者のための公設弁護士事務所（OPCV）が設置されている（裁規 81 (1)）。OPCV は、運営上は書記局に属するものの、完全に独立した事務所として機能し（裁規 81 (2)）、代理人弁護士と同じ資格を持つ者と補助者によって構成される（裁規 81 (3)）。OPCV の主たる任務は、被害者とその代理人弁護士に法的な支援と援助を与えることであるが、裁判部によって指示された場合には、OPCV の弁護士が被害者の代理を行うこともできる（裁規 80、81 (4)）。

OPCV は、外部の代理人弁護士への援助を主たる任務として設置されたものの、実際にはすべての事件で被害者集団の共通代理人弁護士として指名され、2020 年までに 60,000 人の被害者を代理してきたとされる（IER：870 項）[37]。このような形で利用される OPCV については、その知識と専門性が評価される面がある一方で、外部の代理人弁護士に比べて、裁判所に対する異議申立てを行う独立性や意欲を制限される危険があるとの批判もある[38]。

3 参加の形態

被害者は、後に述べる参加の申請をし、裁判部によって許可された場合には、各種の形態（modalities）による手続への参加が認められる。被害者の参加の形態について ICC 規程は、「意見および見解」の提示（規程 68 条 (3)）、「陳述」（規程 15 条 (3)）、「意見の提出」（規程 19 条 (3)）、賠償命令に対する上訴（規程 82 条 (4)）など、限られた形態しか規定していない。しかしこうした参加の規定が限定的であることは、被害者参加の射程に関して、裁判官に大きな裁量権を与えたものだと考えられている。また、参加の形態のいくつかは、規則においても規定されている（規則 91-95）。そのため ICC は、被害者に手

続における「意味のある効果」を与えるため[39]、実際の運用の中で多様な被害者の参加形態を認めてきた。他方でそうした裁量権の行使は、裁判部ごとの異なる解釈や、被害者にとっての予測困難性をもたらしてきたとも指摘される[40]。

なお、手続への参加が認められた被害者であっても、個々の形態の参加を裁判部が許可するかどうかは、被害者の個人的な利益への影響、被疑者・被告人の権利や裁判の公正・公平、などの観点から判断されることになる（判例Ⅱ-2：28項）。

(1) 審理の通知・出席・意見の提出

裁判所は、手続への参加を可能とするために、被害者とその代理人弁護士に、各種の手続を通知する（規則92）。参加が認められた被害者への通知内容には、当事者からなされた請求、提出文書、動議、裁判部による決定などが含まれる（規則92(5)(6)）。また、公判が開始される前の、検察官による捜査中止決定や訴追中止決定、あるいは犯罪事実の確認の審理については、すでに参加が認められた被害者のみならず、裁判所に連絡をとった被害者にも、可能な限り通知するものとされる（規則92(2)(3)）。

参加が認められた被害者の代理人弁護士は、裁判部が書面参加に限定する場合を除き、審理を含む手続に出席し、書面を提出することができる（規則91(2)）。被害者の代理人弁護士は、出席した審理において、手続の冒頭や最終において意見や懸念を表明する機会を与えられる（規則89(1)）。さらに被害者の利益に関わる問題の審理において、裁判部が、被害者やその代理人弁護士の意見を求めることもできる（規則93）。

(2) 証拠や証人に関する訴訟活動

証拠や証人に関する被害者の代理人弁護士の訴訟活動は、あらかじめ規則で規定されたものと、裁判所の判断によって認められてきたものがある。

第1に、規則によって認められているのは、裁判部の許可を受けて代理人弁護士が行う、検察官や弁護側が申請した証人・専門家証人・被告人への尋問や書類の提出である（規則91(3)）。ただし、規則では、裁判部が事前に尋問事項を提出させることができ、その場合には検察官と弁護側に意見を求めることとされることから、そのやりとりが手続の遅延をもたらす原因となっ

てきた。そのため裁判部によっては、事前の尋問事項の提出を求めない、あるいは一般的な尋問の主題のみの事前提出を求めるなどの運用をしているという[41]。なお、賠償に限定された審理においては、尋問事項の事前提出などの制限はない（規則91(4)）。

　第2に、上訴裁判部は、検察官と弁護側の提出する証拠の許容性や関連性について、被害者による異議申立てを認めている（判例Ⅱ-4：95,102項）。証拠の許容性や関連性は、証拠の採否に関わるものであり、第1審裁判部が当事者の申立てや職権により決定する（規程64条(9)）。そして特に性的暴力の事件において、証拠の許容性や関連性に関する一定の原則が規定されていることは、すでに触れた通りである（規則70、71）。上訴裁判部は、そうした許容性や関連性の決定を第1審裁判部が行うのに先だって、被害者の主張を聞くことが可能であるとしている（判例Ⅱ-4：101項）。

　第3に、被害者による公判での証拠の提出について、規程や規則は何も定めていない。しかし、上訴裁判部は、被害者が裁判部の許可を受ければ、被告人の有罪・無罪に関する証拠を提出できることを認めている（判例Ⅱ-4：95,102項）。特に被告人の行為に関する被害者証言の許否は、(i) 被害者への個人的利益への影響、(ii) 事件の争点との関連性、(iii) 真実決定のための必要性、(iv) 被告人の権利と公正・公平な裁判との両立という観点から判断すべきこととしている（判例Ⅲ-1：3項）。被害者に証拠提出を認める際に問題となるのは、その証拠の事前開示の要否であり、検察官や弁護側に課されている証拠開示義務と同様の義務が課されるかどうかである。その点について上訴裁判部は、第1審裁判部が被告人の権利に留意し、また状況に応じて、事前の証拠開示の形態を判断できるとしている（判例Ⅱ-4：100項）。

(3) 書類や証拠へのアクセス

　被害者による書類や証拠へのアクセスについて、規則は、公判開始前に予審裁判部から提供される記録についてのみ、秘匿性や国家の安全保障による制限を前提としながら、被害者を含む関係者によるアクセスを可能としている（規則131(2)）。第1審裁判部は、初期の事件において、この規定が被害者に、手続全般に関わる記録へのアクセスの権利を与えるものだと判断している（判例Ⅱ-3：105項）。

　また、第1審裁判部は、受理許容性、管轄権、被告人の刑事責任、量刑、

賠償などでさまざまな決定を行う。そうした決定の際には、可能な限り、被害者やその代理人弁護士を含めた関係者が出廷して行うものとされ、また、それらの決定のコピーが交付される(規則144)。

(4) 上　訴

被害者の代理人弁護士は、後に詳しく述べる第1審裁判部の賠償命令に対して、上訴を行うことができる(規程82条(4)、規則153参照)。

他方で問題となるのは、その他の決定に対する上訴が、被害者にも認められるかである。ICC規程は、刑事責任や量刑への上訴を検察官や弁護側の権利として規定し(規程81条)、また、その他の行う決定への上訴も、「当事者」(either party)の権利として規定している(82条(1))。そのため、被害者は一般的な上訴権を持つ「当事者」に含まれるのか、当事者ではない「参加者」(participants)にすぎないのかという解釈上の問題を生じる。上訴裁判部は、上訴権を持つ「当事者」は上訴の対象とされる決定の種類を考慮して決定されるとしながらも、基本的には被害者には「当事者」としての上訴権を認めていない[42]。

一方で、他の「当事者」による上訴の手続が開始された場合には、被害者はその上訴に参加することができる[43]。その場合でも、上訴に参加できる被害者は、原則として、すでに原審で参加を認められていた被害者に限られる(判例Ⅵ-4:11項)。

4　参加の時期

被害者が手続に参加することが想定されるのは、①予審裁判部での手続、②第1審裁判部と上訴裁判部での手続、③刑の執行開始後の手続の各段階である。それらの段階における被害者の参加には、規程や規則において規定されたものと、裁判部がその裁量によって被害者の意見を求めるもの(規則93)とがある。

①予審裁判部での手続

予審裁判部は、検察官の捜査の開始から公判前の犯罪事実の確認までの手続を扱う。その手続の中で被害者の代理人弁護士は、いくつかの機会に見解・懸念の表明を主とした参加を行うことが規定されている。それらは、①検察官が求める捜査開始の許可(規則50(3)、規程15条(3)・規則50(1)参照)、②検

察官が決定した捜査不開始や訴追不開始に対する検討（規則93、規則92(2)参照）、③事件の管轄権や受理許容性についての審理（規程19条(3)、規則59(1)参照）、④犯罪事実の確認の審理（規程61条・規則92(3)参照）、その被疑者不在の審理と確認事実修正の審理を含む（規則93）。

これらの手続には、未だ容疑者が特定されていない事態の捜査段階の場合と、容疑者が特定されて逮捕状の発布や犯罪事実の確認に進む場合が含まれている。ICCの実務の初期においては、捜査段階において一般的に被害者の参加を認めることに対し、特に検察官が異議を申し立て、争いとなっていた（例えば、判例Ⅰ-1）。しかし現在では、事態の捜査段階であっても、被害者の参加は予審裁判部によって許可されている[44]。

前述の予審裁判部の各種の手続における被害者の意見提出は、①の捜査開始の許可に関しては、ケニア（判例Ⅰ-3）、コートジボアール（判例Ⅰ-4）、ジョージア（判例Ⅰ-7）、アフガニスタン（判例Ⅰ-8）などの事態で、②の不開始に対する検討に関しては、コモロ（判例Ⅰ-6）、ケニア（判例Ⅰ-5）などの事態で、また③の管轄権・受理許容性の審理に関しては、ミャンマー（バングラディシュ）（判例Ⅰ-9）、パレスティナ（判例Ⅰ-10）、などの事態で、認められている。

②第1審裁判部と上訴裁判部での手続

公判が開始された後、被害者の代理人弁護士は、意見や懸念の提出（規程63条(3)）、賠償命令に関する意見や上訴（規程75条(3)、82条(4)）をはじめとして、すでに述べたさまざまな形態の参加を行うことができる。また、事件の併合や分離の審理（規則136参照）、被告人が有罪を自認する場合の審理（規程65条(1)・規則139参照）、締約国に証人・専門家の出頭を求める際の不訴追などの保証（規程93条(2)・規則191参照）においても裁判部から意見を求められることがある（規則93）。

③刑の執行開始後の手続

刑の執行が開始された後、有罪の判決を受けた者が一定期間受刑した後に行われる減刑の再審査も、被害者に影響を及ぼす。そのため、減刑の再審査を行う場合には裁判所が、可能な限り、被害者やその代理人弁護士に参加や書面の提出を求めるものとされている（規則224(1)、規程110条(3)参照）。

このように被害者やその代理人弁護士は、検察官による捜査開始決定から、刑の執行開始後にいたるまで、さまざまな段階での参加が規程や規則によって認められている。また、規程や規則には直接の根拠がないものの、正式に

捜査が開始される前の検察官の予備捜査においても、被害者がICCに意見を述べる機会を持つべきであるとする指摘もある[45]。検察官の捜査の早い段階で被害者の参加を認めることは、検察局の下で長期化している予備捜査に対して被害者が意見を述べる機会を確保できる、検察官が把握していない犯罪の実情を明らかにして捜査の射程の拡大する、没収のための財産への保全措置（規程57条(3)(e)、規則99）のために必要な情報をICCが得ることにつながるなどの利点もある。他方でそうした早い段階の被害者参加には、手続の実効性を損ないICCの費用を増大させる、被害者が第2の検察官として不適切な影響を与えることになるなどの懸念が存在することも指摘されている（IER：855項）。

5 参加のための手続

(1) 規則に規定された参加の申請と許可

　被害者の手続参加は、被害者の申請と裁判所の許可を得て可能となる。規則に定められた参加のための手続は、次のようなものである（規則89）。まず参加を希望する被害者は、裁判所書記に申請書を提出し、その申請書は、担当裁判部へ送付され、コピーが検察官と弁護側に交付される（申請書の提出と送付）。担当裁判部は、検察官と弁護側の答弁を受けて、被害者の定義（規則85）や参加のための要件（規程68条(3)）への該当性を検討した上で、参加の拒否と、参加する手続や方法を決定する（参加の許可）。参加の申請は、被害者自身以外にも被害者の代理人によっても行うことができる。裁判部は、複数の参加申請に対してまとめて決定を行うことができる。一度参加を拒否された被害者も、後に新たな申請を行うことができる。書記局において、実際に被害者からの申請を受け付け、また申請手続の援助を行うのは、すでに述べたVPRSである。

(2) 参加の許可決定に対する検察官・弁護側の上訴

　以上の参加のための手続において、検察官・弁護側は、被害者の参加申請に対して反対する答弁を述べる機会がある。しかし、それにもかかわらず予審裁判部や第1裁判部が被害者の参加を許可する決定を行なった場合、検察官・弁護側が、さらにその決定に対する上訴を行うことが想定される。しかし参加許可決定に対する上訴は、上訴事由として規定されておらず（規程

81条、82条)、規定されていない上訴が可能なのは、参加許可決定を行った裁判部が一定の要件を満たすとして許可する場合に限られる(規程82条(1)(d))。そして、裁判部が許可しない場合には、検察官・弁護側は、それ以上に被害者の参加を争う方法は存在しない(判例I-2：20,34項)。

(3) 参加申請をめぐる問題とICCの対応

このような制度のもとで、ICCの被害者参加に対しては、少なからぬ懸念が寄せられている。そうした懸念の一つは、被害者参加制度に関わるコストと、制度によって実現する効果が釣り合っているかということである(IER：856項)[46]。他方で、ICCが扱う事態や事件が増大する中で、実際に手続に参加する被害者は、大量の被害者の一部でしかないことをどのように改善していくのかということである[47]。これらの懸念は、いずれも申請と許可の過程における効率性を高めていくことを必要とする。

すでにICCにおいて行われている改善の方策もある。参加の申請書式は、当初は詳細にわたる長いものであって、審査の積み残しをもたらしてきたが、その後1頁に収まる書式が採用された(IER：844-846項、マニュアル96項(i))。また参加申請に対して、検察官や弁護側がそのすべてに答弁することは、多くの作業時間を費やし、手続を遅延させる原因ともなってきた。そのため現在では、書記局(VPRS)が参加申請を3つのグループに分類した上で裁判部に送付し、厳密な審査を行う対象を限定する「ABC方式」が採用されている(IER：847項)[48]。その上で被害を受けた者の参加を最大化するために、被害者の存在する地域社会へのアウトリーチを予備捜査段階から開始すること、公判において参加申請の提出期限をできるだけ後にすることなどが提案されている(IER：861-862項)[49]。

6 統一的かつ予測可能な被害者参加に向けて

被害者の参加については、これまで見てきた代理人弁護士の選任、参加が認められる形態や手続の段階、そして実際の参加のための手続を含めて、ICCでは多くの先例が積み重ねられている。しかし、その多くは規定や規則などの法的文書において詳しい規定がなされているわけではなく、また、規定があったとしてもその実際の運用は、各裁判部の裁量的判断に委ねられざるを得ない。そのためそうした裁量的な判断において、被害者の参加をでき

るだけ広く認めるべきか、あるいは一定の制限を課すべきなのかをめぐって、裁判官や裁判部の理解によって異なる結論が導かれることがある。上訴裁判部による判断が行われてきたのも、被害者の参加をめぐる問題の一部でしかない。そのため被害者参加制度は、次に述べる賠償制度と併せて、解釈と運用をめぐる不統一と予測困難性をどのように克服していくのかという課題を持っている (IER：858, 865, 894 項)。

VI 被害者に対する賠償と信託基金

1 国際犯罪に対する被害者の賠償を求める権利

　犯罪被害者が被った損害に対して賠償を求める権利は、通常は、加害者に対する賠償請求権として国内法において確保されている。そして既に述べたように国際人権法は、国家に対し、その管轄の下にある人権侵害の被害者が効果的な救済を受けることを確保することを国家に義務づけている。さらにその人権侵害の責任が国家に帰属する場合には、国家が被害者に対して救済を与える義務を負う[50]。しかし国家が、そうした国内法や国際人権法に従って被害者への賠償を行う意思や能力を持つかどうかは、必ずしも確実なものではない。

　他方で戦争犯罪などの国際犯罪による被害者が、国際法の下で直接に賠償を求める権利を持つのかは、議論の対象となってきた。武力紛争法においては、ハーグ陸戦条約のように、自国の兵士が与えた損害の賠償を国家に義務づけることが早くから確立してきた[51]。そのことは慣習国際法による国家責任の法理一つの場面として理解される。しかしそうした国家責任の法理は、通常は、国家間の権利義務関係として理解され、必ずしも被害者個人に具体的な請求権を認めるものとしては理解されてこなかった[52]。そのため被害者の所属する国家が国際法の下での権利を行使しない場合、あるいは平和条約などによってその権利を放棄する場合に、被害者が国家とは独立に請求権を持って行使することは、法的にも実際上も困難であり続けた。そのことは、加害者に対して、被害者が直接に請求権を行使する場合であっても、国際法上の請求権が国家とは独立して存在するのか、請求を可能とする国際的な制度が存在するかなど、複雑な問題を提起してきた。そうした問題を克服するために 2005 年基本原則 (注 16) は、国際人権法や国際人道法に対する重大な

違反の効果的かつ迅速な救済は、「個人が法律上の適格を持つことができる、すべての利用可能かつ適切な国際的なプロセスを含むべきである」ことを求めている(第14原則)。

このような中で成立したICC規程の最も際立った特徴の一つは、被害者に司法手続に参加するだけでなく賠償を請求する権利を与えることによって、被害者の権利を直接、その構造に織り込んだことだとされる(IER:874項)。刑事手続に賠償制度を織り込むことについては、付帯私訴制度が存在する一部のシビルローの諸国があるものの、それを持たない諸国も数多く存在した。ICCに先行する国際刑事司法機関であるICTYやICTRにも賠償制度は存在していなかった。それでもICCにおける賠償制度は、フランスとイギリスというシビルローとコモンローを代表する国々の提案を基礎として、ICCの制度として取り入れられることになった[53]。他方で、ICC規程が実現したのは犯罪の加害者に対する賠償制度にとどまり、犯罪の責任が帰属する場合の国家の責任については、触れられていない[54]。もちろんそのことは、他の制度を通じて、被害者が国家責任を追求することを妨げるものではない(規程75条(6)、25条(4)参照)。

ICCにおける賠償制度の実現は、国際刑事司法における重要な発展として評価される一方で、十分想定されてこなかった課題をももたらすこととなった。すなわち国際犯罪によって発生する膨大な数の被害者、そしてそうした被害者への賠償のための資源を有罪の判決を受けた者から獲得することは実際にも可能なのかという課題である。

2　ICCの被害者賠償制度
(1) 賠償制度に関する概要

ICC規程75条の下で被害者に対する賠償は、以下のように規定されている。

まず、裁判所が行うのは、「賠償に関する原則」(Principles relating to Reparations)を確立し、その原則に基づき賠償の対象となる被害者の損害、損失、傷害の範囲や程度を決定することである(規程75条(1))。その賠償には、原状回復、補填、リハビリテーションの提供が含まれる。またその決定は、被害者の請求に基づき、例外的な状況においては裁判所の職権によって行うことができる。

その上で裁判所は、適切な賠償を特定した命令(「賠償命令」(Order for Reparations))を発することができる(規程75条(2))。賠償命令が課される対象は、「有罪の判決を受けた者」であり、第1審公判での有罪宣告が終了している必要があるが(VI-6：20項)、有罪判決に対する上訴を行なっている者も対象となる。以下では、「有罪の判決を受けた者」を便宜上「有罪宣告者」と略称する。裁判所は、賠償命令に先立って、有罪宣告者、被害者(関係者・関係国・代理人弁護士を含む)の意見を求めることができる(規程75条(3))。併せて裁判所は、適切な場合には、被害者のための信託基金を通じて賠償の裁定額の支払いを命じることができる(規程75条(2))。なお、この賠償命令には、個人に対する個人賠償と、地域社会などの集団に対する集団賠償がありうることが想定されている(規則97(1))。

さらに、賠償命令を踏まえて、個別の被害者や集団に対して、害悪の存在や内容を評価した上で裁判所が行う「賠償の裁定」(Reparations Awards)という段階がある(規則97(1)、規程75条(2)参照)。この賠償の裁定は、賠償命令が設けた枠組みに従って、賠償の内容を具体的に確定するものである。

この賠償の原資としてまず想定されているのは、有罪宣告者から没収される資産(規程77条(2)(b))である。その没収を可能とするために、裁判所は、締約国に対して財産などの保全措置(規程57条(3)(e))や追跡・差押えなどの協力(規程93(1))を求める決定を行うことができ(規則99)、また締約国は、罰金や没収の執行(規程109条)と同様に賠償命令を執行するものとされる(規程75条(4)(5))[55]。

なお、ICC規程は、以上の賠償制度が、被害者が国内法や他の国際法の下で持つ権利を害するものではないと定めている(規程75条(6))。この規定は、国際法に言及する他の規定(規程10条、21条)と同様に、ICC規程を発展途上の規範として位置づけるものであり、また、被害者に最高水準の保障を与えることを可能にする起草者の意図を示すものとされている[56]。

以上の規程の枠組みからは、実際にICCの被害者賠償制度がどのように機能するのかは、直ちに明らかにならないため、ICCの実務においては、数多くの解釈が行われてきた。

(2) 賠償に関する原則と賠償命令

賠償手続は、有罪判決が行われた後、それを行なった第1審裁判部が、(i)被害者の請求を受けて、または(ii)例外的な状況では裁判部の職権によっ

て開始する（判例Ⅱ-10：1項）。この賠償手続は、賠償に関する原則の決定と、賠償命令の2つの段階を経て行われる。賠償に関する原則は、それぞれの事件の状況に照らして設定されるものではあるが、賠償命令とは区別されるものであり、第1審裁判部が将来において適用、採用、拡張または追加できる一般的な概念でなければならない（判例Ⅱ-8a：3項）。すなわち裁判部は、賠償命令を行うのに先立って、それを具体化するための基礎となる諸原則を明らかにしなければならない。そして賠償命令は、最低限不可欠とされる5つの要素を含まなければならない（判例Ⅱ-8a：1項）。すなわち、(i)有罪宣告者に向けられたものであること（有罪宣告者に向けた賠償）、(ii)有罪宣告者の賠償裁定に関する責任内容を明らかにすること（有罪宣告者の責任内容）、(iii)集団賠償・個別賠償といった賠償の種類を、理由を付して特定すること（賠償の種類の特定）、(iv)賠償の対象となる被害者の害悪と命じる賠償の形態を特定すること（害悪と賠償形態の特定）、(v)賠償裁定を受ける資格を認める被害者または資格を認めるための要件を設定すること（受益者の資格要件の設定）である。

　こうした上訴裁判部の判断（判例Ⅱ-8a）は、ICCにおける第1審裁判部の最初の賠償に関する決定（判例Ⅱ-3）が、賠償に関する原則と賠償命令を明確に区別せず、また有罪宣告者の責任や賠償の種類・形態・決定方法を明確にしないなど多くの問題点を持っていたものであったため、その是正を意図するものであった[57]。この上訴裁判部の判決には、包括的な「賠償に関する諸原則」も、対象となる事件の状況に照らして設定されたという留保を付けた上で、付属している（判例Ⅱ-8b）。この「賠償に関する諸原則」は、中でも、ICCの賠償が被害修復と責任者の答責性確保を主要な目的とし、賠償制度はICCの成功の鍵となることを明確に述べている（判例Ⅱ-8b：2,3項）。この判決以降、上訴裁判部が示した解釈に基づき、現在までに4つの事件において、第1審裁判部での賠償の決定が行われている（判例Ⅲ-2、Ⅱ-9、Ⅳ-1、Ⅴ-1）。

(3) 賠償の内容

　ICCが被害者のために命令する賠償の形態は、「原状回復、補償及びリハビリテーションの提供を含む」とされているが（規程75条(1)(2)）、それらに限定されているわけではない。そのためICC規程採択後に成立した2005年基本原則（第11原則）が追加的に挙げている「満足及び繰り返されないことの

保障」(satisfaction and guarantees of non-repetition) も、裁判部の判断において柔軟に取り入れられている (判例Ⅴ-2：18 項など)。第 1 審裁判部は賠償命令において、最も適切な賠償形態を特定しなければならないが、他方でそれらの賠償の形態のすべてを賠償の裁定に反映させる必要はない (判例Ⅱ-8a：200-201 項)。

　ICC において議論の対象となってきたのは、すでに触れた個別賠償と集団賠償という賠償の種類の取り扱いである (規則 97 (1))。ICC 規程が作られた際には、裕福な有罪宣告者から財産を没収して、被害者の賠償の資金とすることが想定されていた (IER：888 項)。しかし実際に賠償命令が行われた事件において、有罪宣告者にはその資力がないと判断されている (IER：888 項)。他方で犯罪の被害者が膨大であり、賠償の原資には信託基金の資金に依拠せざるを得ないことからも、第 1 審裁判部は、被害者への賠償の種類として集団賠償のみを選択する傾向にある。

　裁判所は、以上の賠償の形態や種類に関して、専門家を指名して損害などの範囲の決定や、適切な種類や形態の提案を行わせることができる (規則 97 (2))。専門家の提案に対しては、被害者、有罪宣告者、利害関係者や利害関係国に、意見を述べる機会を与えなければならない (同前)。

(4) 賠償命令に基づく賠償裁定の手続
①被害者と受益者

　賠償命令による賠償は、賠償命令によって設定された手続を通じて、被害者の中で受益者と認められた者に対して行われる。

　被害者とは、すでに見たように ICC が管轄権を持つ犯罪の実行の結果として、直接または間接に害悪を被った自然人、ならびに直接の害悪を被った組織や機関である (規則 85)。間接の被害者には、(i) 直接の被害者の家族、(ii) 犯行を防止しようと試みた者、(iii) 直接の被害者を助け、または被害者のために介入する際に被害を被った者、(iv) その他、犯罪の結果として個人的な被害を被った者が含まれる (判例Ⅱ-8b：6 項)。組織や機関の例は、非政府・慈善・非営利の組織、政府部局・公立の学校や病院・私立の教育機関 (小中学校や訓練大学)・会社・電話通信会社を含む法定の機関、地域社会構成員の利益のための組織などである (判例Ⅱ-8b：8 項)。害悪とは、一般に「痛み、負傷及び損害」を意味し、物質的、身体的及び精神的なものを含むが、被害者にとって個人的でなければならない (判例Ⅱ-8b：10 項)。そして有罪認定がなされた

犯罪の結果として害悪を被った者、地域社会が対象とされる場合はその地域社会の構成員のみが、賠償を受ける資格を持つ（判例Ⅱ-8a：8項）。

間接の被害者に含まれる「家族」は、賠償命令が適用される社会と構造に注意を払って判断されるものであり（判例Ⅱ-8a：7項）、家族としての近接さより、発生した害悪の有無、愛情や扶養関係などによって判断される（判例Ⅲ-3：5項、Ⅴ-2：16項）。また上訴裁判部は、レイプや性奴隷の犯罪から生まれた婚外子が被る身体的・精神的・社会的な害悪は、犯行時に予測可能な直接の被害であると判断している（判例Ⅴ-2：17項）。

②賠償の申請

被害者賠償の手続は、被害者の請求または第1審裁判部の職権によって開始される（規程75条(1)）。被害者の請求は、必要事項を記載した申請書を裁判所書記に提出して行われ（規則94(1)）、そのために裁判所書記は標準書式を提供するものとされる（裁規88(1)、書規104(1)）。職権で行う場合には、第1審裁判部が裁判所書記を通じて賠償手続を行う意図を被害者に通知するものとされ、それに応じてなされる請求は、被害者による請求の場合と同様に扱われる（規則95）。

併せて、裁判所や賠償手続は、裁判所から遠く離れた地で被害を受けた者にとってその存在を知ることすら容易ではない。そのため、裁判所書記は、すでに把握されている被害者への通知、賠償手続を広報するための適切な措置、被害者参加を呼びかける際と同様の被害者関連グループへの情報拡散などを行うものとされる（規則96、書規105(1)）。この情報拡散は、アウトリーチ活動と呼ばれ、被害者への支援や被害者との協議と併せて、被害者のICCへのアクセス可能性を高めるために必要なものとされている（判例Ⅱ-8b：29-32項）。

こうした被害者による請求のための制度があるものの、実際に請求を行うのは被害者の一部にとどまっているという認識から、賠償命令の判断においては、想定される潜在被害者を含めた判断がなされている。すなわち、賠償命令の基礎とされる被害者の数を、第1審裁判部は、実際の請求のみによって判断するのではなく、有罪宣告者に責任があると判断された犯罪を基礎として、損害の範囲を検討すべきであるとされる（判例Ⅱ-8a：2項）。そして実際の請求は、手続を開始するためのきっかけだけではなく、最終的な賠償の裁定額や形態や種類を決定するための判断の基礎とされる（判例Ⅴ-2：4項）。

賠償手続は、これまでの実務において、第1審裁判部が有罪判決を行った後は、たとえその有罪判決が上訴において争われている間でも、同時並行的に進められている（IER：900項）。上訴裁判部も、第1審裁判部が可能な限り迅速に賠償手続を行うことが重要だとしている（判例Ⅱ-10：108項）[58]。他方で同時並行的な進行に対しては、有罪事件が上訴において無罪とされる場合には、被害者に誤った期待をもたせてしまうとの懸念も指摘されている[59]。

③因果関係と証明水準

　被害者の害悪の責任を有罪宣告者に帰するためには、有罪認定がなされた犯罪と害悪との間に因果関係（casual link）が存在し、因果の連鎖が破れていないことが必要である（判例Ⅴ-2：15項）。そうした因果関係の存在は、事件の個別事情に照らして決定される（判例Ⅱ-8b：11項）。申請を行う被害者は、そうした因果関係と被った害悪を立証する責任を負うが、その証明水準（証明度）は、犯罪の認定において検察官に要求される要求される厳格な「合理的な疑いを超えた」である必要はない（判例Ⅱ-8b：22項）。適用される証明水準の決定においては、それぞれの事件に特有の諸要素（証拠の破壊や入手困難性など）が考慮される（判例Ⅱ-8b：22項）。実際の第1審裁判部の賠償命令においては、「証拠の優越」（balance of probabilities）の証明水準が用いられ、上訴裁判部においても受け入れられている（判例Ⅱ-10：197項、Ⅴ-2：711項）[60]。なお、そうした証明水準については、判断に先立って第1審裁判部が被害者に対し明確な指示を与えることが重要である（判例Ⅱ-10：5項）。また、そうした証明水準を適用する際に、第1審裁判部が事実に関する推定を用いることは、有罪宣告者の権利などに照らして無制限ではないものの、裁量権の範囲内であるとされる（判例Ⅲ 3：4項）。

④賠償の裁定

　第1審裁判部は、賠償命令によって賠償の枠組みを示した後、被害者の申請や職権により把握した被害者の害悪について、因果関係や証明水準に照らして賠償の裁定を行い、一定の種類と形態の賠償を受ける受益者を決定する。賠償の裁定は、十分に強力な証拠を基礎としたものでなければならず、特に被害者の人数の算定と有罪宣告者の責任の範囲を、理由を付した決定で行わなければならない（判例Ⅴ-2：1,2,5項）。ただし被害者の申請数が、少ない数でない場合には、すべての申請の認定を逐一判断することは、個別申請への裁定が大きな意味を持つ事件を除けば、公正かつ迅速な手続のために不必要

または望ましくない場合もある（判例Ⅲ-3：3項、Ⅴ-2：3項）。

実際には被害者の申請書以外に補強する証拠がない場合や、将来申請があることが予測されるために、全体の賠償裁定額を推計によって算出しなければならない場合もある。その場合でも、第1審裁判部は、害悪の種類を特定し、被害者数の推計など賠償裁定額を計算した根拠を示すことが必要とされる（判例Ⅴ-2：7,8,10,13,14項）。

第1審裁判部が、集団賠償のみを裁定する場合には、個別の賠償請求の内容を判断する必要はないが、そのことは個別賠償の拒否として機能するので、被害者による上訴の対象となる（判例Ⅱ-8a：7項）。

賠償の裁定によって示される賠償のコスト（総額）は、有罪宣告者に資力がないと判断された場合でも、有罪宣告者の責任として裁定される（判例Ⅱ-8a：5項、規則98(1)参照）。その裁定額は、有罪宣告者がもたらした害悪、犯罪への参加程度への比例性、賠償形態などを考慮して決定される（判例Ⅱ-8a：6項、Ⅱ-10：4項、Ⅲ-3：2項）。生じた害悪に、有罪宣告者以外の者も寄与したかどうかは、有罪宣告者の責任とは原則として無関係であり、害悪の修復に必要な全額を、有罪宣告者の責任とすることも不適切ではない（判例Ⅲ-3：6項）。他方で有罪宣告者は、いずれの場合にもその権利が尊重される（規則97(3)）。そのため有罪宣告者には、公正さの観点から、賠償の範囲、修復すべき被害の範囲、賠償の種類などについて、主張を行う機会が十分に与えられるべきであり、また個別の賠償決定を行わない場合には事前に通知されるべきである（判例Ⅱ-10：3項）。第1審裁判部が被害者の数を推計し、その数に不確実さがある場合には、より少ない数の推計や責任の総額の減額など、有罪宣告者の利益になるように解決されなければならない（判例Ⅱ-10：3項）。

⑤信託基金への委託

個別賠償を行う場合、第1審裁判部は、申請者が受益者資格を持つかどうかの選別プロセスを、その裁量によって、信託基金に委託することができる（判例Ⅳ-2：1項、Ⅴ-2：11項、基規62参照）。証拠不十分で受益者資格を認められなかった被害者は、資格要件が十分に通知されていなかった場合には、信託基金に再評価を求めることができる（判例Ⅱ-10：主文第2項）。ただし信託基金による選別は、第1審裁判部による司法的な判断の一環であり、第1審裁判部は、信託基金の選別プロセスを監督することとされ、その監督には、信託基金が出した結論を修正または承認することが含まれる（判例Ⅳ-2：2項）。

⑥その他の諸原則

　以上の賠償裁定の手続は、いくつかの原則に従って行われるべきものとされる。第1には、手続が被害者の尊厳、非差別及び辱めのないこと(non-stigmatisation)を確保することである(判例Ⅱ-8b：12-19項)。そのことには、公正・平等な取り扱い、情報・援助への平等なアクセス、被害者の必要性の考慮、差別的慣行・構造が再現することの予防、ジェンダー包摂的アプローチ、脆弱な被害者のためのアファーマティブアクションなどが含まれる。また上訴裁判部は、賠償の実施における最大の重要性を持つものとして、「害を与えない」(do no haram)原則があることも確認している(判例Ⅴ-2：12項)。第2に上訴裁判部は、賠償手続が可能な限り迅速かつ費用効率的なものである必要性を、繰り返し指摘している(例えば、判例Ⅲ-3：64項)。第3に、子どもの被害者のための特別の考慮がある(判例Ⅱ-8b：23-28項)。すなわち子どもの被害者の賠償手続においては、子どもの権利条約とそこに記された「子どもの最善の利益」原則を導きとすべきこと、ICCへのアクセスを確保する措置、身体的・精神的な回復や社会復帰の促進、特に元子ども兵士の人格・才能・能力の発達の保障、子どもの被害者の意見の尊重などの必要性が指摘されている。

3　被害者のための信託基金

　信託基金は、ICC規程においては、裁判所が賠償の支払いのため、適当な場合に用いる機関であり(規程75条(2))、その財源は、有罪宣告者から徴収した罰金・没収・賠償金などを主とすることが想定されていた(規程79条(2)、規則98(2)(3)、裁規116(1)(d)、117(c))。しかし信託基金は、実際には、有罪宣告者から徴収した財源によることなく、それ自身が集めた寄付を財源として賠償を行なっている(IER：888, 889項参照)。そして信託基金は、賠償の実施と支援のための主導的な機関へと発展した(IER：924項)。

　信託基金による賠償の財源は、有罪宣告者からの徴収金と「その他の財産」からなり、「その他の財産」は、主に国家・団体・個人の寄付金である(基規21)[61]。信託基金が行なっている業務は、第1審裁判部から委託された賠償命令の実施(賠償任務)と、ICCの管轄の下にある被害者へのリハビリテーションなどの支援の提供(基規48,50(a)、支援任務)である(IER：877項)。賠償任務の実施は、第1審裁判部の司法的監督の下に行われるが、支援任務は、司法

的監督なしに信託基金の判断によって実施される。また、委託を受けた信託基金が、賠償命令の実施のために「その他の財産」によって補完するかどうかは、信託基金の裁量によるとされる（判例Ⅱ-6a：4項、基規55）。そして信託基金が「その他の財産」を用いて賠償を実施した場合でも、有罪宣告者の責任は免除されず、信託基金に返済すべきものとされる（判例Ⅱ-6a：5項）。

　信託基金の賠償任務は、第1審裁判部の賠償命令に対し、まず実施計画を策定して裁判部の許可を受け、その上で具体的な賠償プロジェクトを提出して承認を受けるという段階を経て実施される（基規57、IER：895,921項）。

　信託基金の支援任務は、①身体的リハビリテーション、②精神的リハビリテーション、③物質的支援の3つの分野によって構成される[62]。①身体的リハビリテーションは、ジェンダー暴力や身体欠如などの傷害の被害を受けた者への必要性への対応、②精神的リハビリテーションは、紛争・性暴力その他の犯罪から生じた精神的症状やトラウマへの対応、③物質的支援は、教育・職業訓練・貯蓄や借入計画・地域社会インフラの再建・収入を得る機会の創出などを通じて、被害者の経済的状態を向上させることを目的としている。

　信託基金の2021年末時点の保有資産は、約18百万ユーロ、また2022年に受け取った寄付は、3.8百万ユーロと報告されている[63]。

4　残された課題

　ICC規程の最も際立った特徴の一つとして期待され、多くの解釈理論を重ねている被害者賠償制度は、しかしながら、少なからぬ課題も指摘されている。

　第1の課題は、賠償制度の運用に対して指摘されてきた、賠償の諸原則や運用における不確実性、矛盾、予測困難性、混乱など（IER：886,894項）を克服していくことである。主要な問題の一つとして指摘されているのは、第1審裁判部が受益者の資格認定を委ねる機関についてである。これまでは、その任務を信託基金に行わせる方法と、書記局内のVRPSに行わせる方法とが混在し、上訴裁判部は第1審裁判部の判断に委ねてきている（IER：903項）。しかし、信託基金は、被害者参加の手続には関わらず、賠償の段階になって初めて大量の被害者を担当することになる。そのため信託基金の限られた情報と組織的能力に照らして、受益者の資格認定を信託基金に委ねてしまうことの困難性が指摘されている（IER：904-911項）。

　第2の課題は、第1の課題にも関係する手続遅延の改善である。これまで

行われてきた賠償手続は、最初のルバンガ事件では第1審の有罪判決から10年以上も継続し、他の事件でも長い時間が経過している。こうした遅延は、被害者の期待を損なうだけでなく、ICCの評価にも重大な影響を与えていることが指摘される (IER：884項)。

　第3の課題は、賠償制度がより多くの被害者にとって包摂的なものとすることである。この点は、上訴裁判部においても、賠償原則におけるアウトリーチやICCへのアクセスのための支援の必要性が強調されてきた。併せて手続の実際においても、できるだけ早い段階から公判手続が開始された後でも被害者の申請を受け付けるといった柔軟な運用が必要となる (IER：914-915項)。

　第4に信託基金の役割に関する課題も指摘されている (IER：931, 942-944, 945項)。信託基金における賠償の財源としては、そのほとんどを任意の寄付に頼らざるをえない現実の下で、より多くの寄付を獲得するための戦略的なプランが必要とされる (IER：938-940, 944項)。その反面で、信託基金の組織的能力に応じて、基金の管理という本来の業務以外の、賠償裁定といった賠償任務や多くの人道支援団体によって担われている支援任務を、より専門性のある機関や団体に委ねる選択肢を検討する必要がある。

Ⅶ　おわりに

　以上に概観してきたように、ICCの被害者に関わる制度は、保護・参加・賠償という包括的な枠組みによって、国際刑事司法の役割を、責任者の刑事責任追及のみならず、被害者の諸権利の実現へと拡大させてきた。その一方でICCの経験を通じて、被害者の参加や賠償のための手続上の諸問題が、当初の予想をはるかに超えて、時間と費用を費やすものであることも明らかとなっている[64]。そうした問題は、締約国会議や市民社会を含むICCに関わる者の間で広く認識され、被害者のための参加や賠償の諸制度をより効率的でかつ意味のあるものとするための努力も続けられている。

　ICCが行う国際刑事司法は、より広く見れば、国際人道法への重大な違反に対して、その責任を明らかにし、将来に繰り返されることを防止しようとする取り組みである。武力紛争法を中心とする国際人道法は、膨大な市民の犠牲をもたらす武力紛争や残虐行為に対して、それを思いとどまらせるた

めの人道の諸規則を基礎にして存在する[65]。国際人道法は、19世紀後半以降、戦争法規、武力紛争法、そして国際人道法へと名称を変え、その対象を拡大しながら、確固とした国際法の一部として国際社会に受け入れられてきた。

しかしながら国際人道法は、軍事的利益と人道の諸原則との間の妥協的な性格、法の解釈を確定し執行するシステムの不在などのために、武力紛争や残虐行為を防止するための国際法として十分な役割を果たすことができないできた。そのことは、現在においても繰り返される武力紛争や残虐行為を前にして、誰もが受け入れざるを得ない現実であろう。

他方で、第二次世界大戦後に成立し、ICCの設立へと繋がった国際刑事司法は、武力紛争や残虐行為の責任を抽象的な国家や団体の責任に止めるのではなく、それらを指導した個人の犯罪として具体化することによって、司法機関による国際人道法の厳格な解釈と適用を可能としてきた。そのことは、国際人道法の違反を実際には誰がどのように行ったのかを可視化することを通じて、国際人道法への違反を抑止しようとするものであり、国際人道法の個別化(individualization)を意図したものであると評価することもできる。

しかし個人の刑事責任を追及するという従来の国際刑事司法においては、国際人道法の個別化は一面的なものにとどまっていたと言わざるをえない。武力紛争や残虐行為がもたらすのは、何よりもまず、人間の生命・身体、生活、尊厳など、具体的な個人の人権に対する侵害である。国際人道法のより効果的な実施を目指すのであれば、被害を受ける個人の観点から違反行為を抑止し、そして個人への侵害に対する救済を国際人道法の制度に埋め込んでいくことも、不可欠の側面となる。国際人道法の個別化は、被害者の保護・参加・賠償を含む、人権の効果的な救済とともに実現されるべきものである。そのことは、もちろん刑事司法機関のみで実現できるわけではないし、ICC自身は国際人権の実施に特化した機関でもない。むしろ今日、武力紛争や残虐行為による人権侵害を人権条約違反の問題として国家の義務と責任を明らかにし続けている地域人権裁判所や人権条約の履行監視システムと、相互補完的に機能することが求められている。

ICCにおける被害者に関わる諸制度は、こうした国際人道法の個別化という大きな潮流の一つとして理解することができる[66]。そしてICCは、国際人権法を実施するためのシステムと相互補完的に機能することによって、国際人道法の遵守を国際社会に根付かせるという目的に近づくことができる。そ

のためにも、ICCにおける被害者に関わる諸制度は、実際には数々の課題に直面ながらも、定着し発展していくことが必要なのである。

【本章で言及するICCの判例】
AC：上訴裁判部
TC：第1審裁判部　（例）TCⅠ：第1審裁判部第1
PTC：予審裁判部　（例）PTCⅠ：第1予審裁判部第1
Ⅰ 事態
　Ⅰ-1　2006年1月17日 DRC：PTCⅠ決定（ICC-01/04-101-tEN-Corr）
　Ⅰ-2　2006年7月13日 DRC：AC判決（ICC-01/04-168）
　Ⅰ-3　2009年12月10日 Kenya：PTCⅡ命令（ICC-01/09-4）
　Ⅰ-4　2011年7月6日 Côte d'Ivoire：PTCⅢ命令（ICC-02/11-6）
　Ⅰ-5　2015年11月5日 Kenya：PTCⅡ決定（ICC-01/09-159）
　Ⅰ-6　2015年4月24日 Comoros：PTCⅠ決定（ICC-01/13-18）
　Ⅰ-7　2015年12月4日 Georgia：（PTCI）裁判所書記の報告（ICC-01/15-11）、
　Ⅰ-8　2017年11月9日 Afghanistan：PTCⅢ命令（ICC-02/17-6）
　Ⅰ-9　2018年9月6日 Myanmar/Bangladesh：PTCI決定（ICC-RoC46（3）-01/18-37）
　Ⅰ-10　2020年1月28日 Palestine：PTCⅠ命令（ICC-01/18-14）
　Ⅰ-11　2020年3月5日 Afghanistan：AC判決（ICC-02/17-138）
Ⅱ Lubanga事件
　Ⅱ-1a　2006年12月14日 AC判決（ICC-01/04-01/06-773）
　Ⅱ-1b　2006年12月14日 AC判決（ICC-01/04-01/06-774）
　Ⅱ-2　2007年6月13日 AC決定（ICC-01/04-01/06-925）
　Ⅱ-3　2008年1月18日 TCⅠ決定（ICC-01/04-01/06-1119）
　Ⅱ-4　2008年7月11日 AC判決（ICC-01/04-01/06-1432）
　Ⅱ-5　2009年12月8日 AC判決（ICC-01/04-01/06-2205）
　Ⅱ-6a　2010年10月8日 AC判決（ICC-01/04-01/06-2582）
　Ⅱ-6b　2010年10月8日 AC判決（ICC-01/04-01/06-2583）
　Ⅱ-7　2012年8月7日 TCI決定（ICC-01/04-01/06-2904）
　Ⅱ-8a　2015年3月3日 AC判決（ICC-01/04-01/06-3129）
　Ⅱ-8b　2015年3月3日 AC判決付属文書A（ICC-01/04-01/06-3129-AnxA）
　Ⅱ-9　2017年12月21日 TCⅡ修正決定（ICC-01/04-01/06-3379-Red-Corr-tENG）
　Ⅱ-10　2019年7月18日 AC判決（ICC-01/04-01/06-3466-Red）
Ⅲ Katanga事件
　Ⅲ-1　2010年7月16日 AC判決（ICC-01/04-01/07-2288）
　Ⅲ-2　2017年3月24日 TCⅡ賠償命令（ICC-01/04-01/07-3728-tENG）
　Ⅲ-3　2018年3月9日 AC判決（ICC-01/04-01/07-3778-Red）
Ⅳ　Al Mahdi事件

IV-1　2017 年 8 月 17 日 TC Ⅷ賠償命令（ICC-01/12-01/15-236）
  IV-2　2018 年 3 月 8 日 AC 判決（ICC-01/12-01/15-259-Red2）
 V　Ntaganda 事件
  V-1　2021 年 3 月 8 日 TCVI 賠償命令（ICC-01/04-02/06-2659）
  V-2　2022 年 9 月 12 日 AC 判決（ICC-01/04-02/06-2782）
 VI　その他の事件
  VI-1　2009 年 2 月 23 日 Kony 他 AC 判決（ICC-02/04-01/05-371）
  VI-2　2014 年 1 月 20 日 Ngudjolo Chui 事件 AC 命令（ICC-01/04-02/12-158）
  VI-3　2018 年 6 月 8 日 Bemba 事件 AC 判決（ICC-01/05-01/08-3636-Red）
  VI-4　2020 年 3 月 25 日 Gbagbo 他 AC 決定（ICC-02/11-01/15-1319）
  VI-5　2020 年 7 月 16 日 Yekatom 他 TCV 決定（ICC-01/14-01/18-589）
  VI-6　2020 年 12 月 18 日 Ali Kushayb 判決（ICC-02/05-01/20-237）

【注】

1　Antonio Cassese, *et al.*, *A. Cassese's International Criminal Law* (Oxford Univ. Press, 2013), pp. 331-332, 338.

2　William A. Schabas, *An Introduction to the International Criminal Court* (Fifth Edition, Cambridge Univ. Press, 2017), pp. 333-334 参照。

3　Cassese *supra* note 1, pp. 340-341.

4　Charter of the International Military Tribunal（1945年8月8日発効）、Charter of the International Military Tribunal for the Far East（1946 年 1 月 19 日 General Orders No.1、同年 4 月 26 日 General Orders No.20 により改正）。

5　Principles of International Law Recognized in the Charter of the Nuremberg Tribunal and in the Judgment of the Tribunal, UN Doc. A/CN.4/SER.A/1950/Add.1(1950).

6　International Criminal Tribunal for the Former Yugoslavia, SC Res 808, UN Doc S/Res/808(1993). International Criminal Tribunal for Rwanda, SC Res 955, UN Doc S/RES/955(1994). それぞれの安保理決議には、法廷の基本文書となる「規程」（ICTY 規程と ICTR 規程）が付属されていた。

7　Cassese *supra* note 1, pp. 342-343, 386.

8　ICTY 規程 24 条(3)及び ICTR 規程 23 条(3)は、いずれも裁判部が、「圧迫の手段を含む犯罪行為によって得られた財産及び収益を、権限ある所有者に返還することを命じることができる」と定めていた。Cassese *supra* note 1, pp. 387-388.

9　ICTY 証拠及び手続に関する規則 106 及び ICTR 同規則 106「被害者に対する損害賠償」の項を参照。

10　Schabas *supra* note 2, p. 335.

11　東澤靖『国際人権法講義』（信山社、2022 年）49–50 頁。

12　「あらゆる形態の人種差別の撤廃に関する国際条約」（人種差別撤廃条約）6 条、「拷問及び他の残虐な、非人道的な又は品位を傷つける取扱い又は刑罰に関する条約」（拷

第10章　被害者の地位　319

問等禁止条約）14条(1)、「強制失踪からのすべての者の保護に関する国際条約」（強制失踪条約）24条(4)など。特に強制失踪条約は、被害者の被害回復を受ける権利の具体的な内容を例示している。

13 たとえば、自由権規約の履行監視機関である自由権規約委員会の一般的意見31「規約の締約国に課される一般的法的義務の性質」16項。

14 東澤、前掲書（注11）282頁以下。詳しくは、東澤靖「刑事法における『矛』と『盾』としての国際人権法(1)・(2)」『明治学院大学法学研究』110号（2021）99頁・111号（2021）81頁参照。

15 人種差別撤廃条約4条(a)(b)、拷問等禁止条約4条、強制失踪条約4条・25条、「児童の売買、児童買春及び児童ポルノに関する児童の権利に関する条約の選択議定書」（子どもの売買選択議定書）3条。

16 自由権規約委員会の一般的意見31（注13）18項、同一般的意見36「6条：生命への権利」20項。「女子に対するあらゆる形態の差別の撤廃に関する条約」（女性差別撤廃条約）の履行監視機関である女性差別撤廃委員会の一般的勧告28「女性差別撤廃条約2条の下での締約国の中核的義務」19項、同一般的勧告30「紛争防止、紛争及び紛争後の状況における女性」23項、同一般的勧告35「女性に対するジェンダーに基づく暴力：一般的勧告19のアップデート」29項。

17 それぞれ、'Declaration of Basic Principles of Justice for Victims of Crime and Abuse of Power,' GA Res 40/34(1985) 及び 'Basic Principles and Guidelines on the Right to a Remedy and Reparation for Victims of Gross Violations of International Human Rights Law and Serious Violations of International Humanitarian Law' GA Res 60/147(2005).

18 Otto Triffterer (ed.), *Commentary on the Rome Statute of the International Criminal Court* (Second Edition, Velag C.H. Beck oHG, 2008), pp. 1277-1279, 1399-1402; William A. Schabas, *The International Criminal Court: A Commentary on the Rome Statute* (Second Edition, Oxford Univ. Press, 2016), p. 1055.

19 1985年宣言（第2項）と2005年基本原則（第8原則）は、いずれも被害者の概念には、直接の被害者の直近の家族、被扶養者、支援や犯罪阻止のために害悪を被った者など、いわゆる間接的な被害者も含まれるとしている。

20 Schabas, *supra* note 2, p. 342.

21 https://www.icc-cpi.int/tfv（最終確認2024年5月31日）。

22 Triffterer, *supra* note 18, pp. 1276-1277.

23 Cate Steains, "Gender Issues," in Roy S. Lee(ed.), *The International Criminal Court: The Making of the Rome Statute: Issues・Negotiations・Results* (Kluwer Law International, 1999), p. 357, pp. 382-383.

24 ICCのウェブサイトによれば、「裁判の運営に対する犯罪」については、これまでのところ、証人の買収や偽証に関する4件の事件（ケニア及びコンゴ民主共和国）が立件されているが、証人に対する妨害、干渉、報復に関する事件は立件されていない。（最終確認2024年5月31日）

25 詳しくは、東澤靖『国際刑事裁判所と人権保障』（信山社、2013年）47-49頁参照。

26 詳しくは、東澤(同上) 66-72 頁参照。
27 詳しくは、東澤靖『国際刑事裁判所 法と実務』(明石書店、2007 年) 226-230 頁参照。
28 詳しくは、東澤(同上) 230-231 頁参照。
29 Rossella Pulvirenti, "Undesirable and unreturnable individuals: Rethinking the International Criminal Court's human rights obligations towards detained witnesses," *Leiden Journal of International Law*, Vol. 35, No. 2 (2022), p. 433 参照。
30 Schabas, *supra* note2, p. 339.
31 Triffterer, *supra* note 18, p. 1278.
32 1985 年宣言(注 17) 6 項 (a)-(c)。同上 p. 1279.
33 Triffterer, *supra* note 18, p. 1278.
34 例えば、ICC において初めて公判が行われたルバンガ事件では、検察官が子ども兵士に関わる戦争犯罪のみで公判での訴追を行ったのに対し、被害者は審理で明らかになった事実から性奴隷や非人道的または残虐な取扱いを審理に含めるように申立て、第 1 審裁判部は被害者の申立てを前提とする決定を行なった。しかし上訴裁判部は、公判で認定できる事実は犯罪事実確認を経て訴追された事実に限定されるとして、第 1 審裁判部の決定を破棄した(判例 II -5：38,112 項)。
35 Triffterer, *supra* note 18, p. 1291.
36 ICC で弁護人として活動するためには、国際法や刑事法の能力と経験(最低 10 年、裁規 67(1))、ICC の作業言語の一つへの卓越した知識と流暢さなどが要求される(規則 22)。詳しくは、東澤、前掲書(注 27) 102 頁。
37 この報告時点での OPCV のスタッフは、3 名の弁護士を含む 12 名、ならびに 7 名の現地弁護士であるという。
38 Fédération internationale pour les droits humains (FIDH), *Whose Court is it? Judicial handbook on victims' rights at the International Criminal Court* (2021), pp. 26-27.
39 例えば、判例 II -3：85 項。
40 FIDH, *supra* note 38, p. 49.
41 *Ibid.*, p. 52.
42 最近の判断として、判例 I -11：18 項で言及された AC 口頭判断 2019 年 12 月 5 日(審理速記録 3-4 頁)。
43 同上口頭判断。
44 例えば最近の上訴裁判部は、規程 68 条 (3) を根拠に、「裁判所の裁判部は、予審、第 1 審、上訴を問わず、個人的な利益が影響を受ける被害者に、裁判所によって適切と決定されるいかなる手続の段階でも、意見及び懸念を提示することを許可しなければならない」と述べている(判例 VI -6：14 項)。
45 FIDH, *supra* note 38, p. 35.
46 同時に IER は、コストに関する懸念に対し、「ローマ規程は被害者を裁判所の中心に置くことを決めた際に新しい局面を開いた。その目標とともに、被害者はローマ規程の構造に織り込まれた」ことを留意するように求めている。

47 例えば、ジョージアの事態では 6,335 名の被害者のための参加がなされたが、被害者の総数は 28,000 名に昇るという (IER：857 項)。また、ミャンマー (バングラディシュ) の事態では、470,000 名の被害者のための参加がなされたが、被害者の総数は 60-100 万人と推定されている (IER：892 項)。

48 「ABC 方式」は、書記局において申請を、「明らかに被害者と認められるもの (A)」、「明らかに被害者と認められないもの (B)」、「裁判所書記において明確な判断ができないもの (C)」に分類し、(A) と (C) のみを実質的な審査の対象とする。

49 例えば最近の第 1 審裁判部の決定では、参加申請の送付期限を公判開始前ではなく、検察官の立証活動終了時までとしている運用もある (判例Ⅵ -5：19-20 項)。

50 例えば、1985 原則 (注 17) 第 11 原則。

51 「陸戦の法規慣例に関する条約」(1907 年ハーグ第 4 条約) 3 条、「国際的武力紛争の犠牲者の保護に関する追加議定書」(1977 年ジュネーヴ第 1 追加議定書) 91 条など。

52 M. Cherif Bassiouni, *Introduction to International Criminal Law* (Transnational Publishers, 2003) p. 92 などを参照。

53 Triffterer, *supra* note 18, pp. 1401-1402.

54 *Ibid.*, p. 1400.

55 刑の執行が開始された者にとって、他の事件で被害者の利益となる資産の発見への援助は、減刑の再審査のための考慮事項とされている (規程 110 条 (4)(b))。

56 Triffterer, *supra* note 18, p. 1411.

57 TCI 決定の問題点の詳細は、本書第 2 版 (『国際刑事裁判所　第 2 版』(東信堂、2014 年)) 330-331 頁参照。また、TCI 決定と AC 判決との関係の分析については、東澤靖「国際刑事裁判所 (ICC) における被害者のための賠償命令と残された課題」『明治学院大学法科大学院ローレビュー』23 号 (2015 年) 63 頁参照。

58 また、IER も同時並行的な進行を適切なものであると評価している (IER：899-900 項)。

59 FIDH, *supra* note 38, p. 60. 上訴において無罪となった事件については、判例Ⅵ -3。

60 この証明水準は、アメリカ民事訴訟の「preponderance of evidence」と同じものとされることから、「証拠の優越」の訳語を用いている。

61 信託基金 (理事会・事務局) 自体の運営予算は、ICC の通常予算に含まれる (IER：876 項)。

62 TFV, *Annual Report 2021*, p. 17.

63 保有資産については、TFV の 2021 年会計報告 (ICC-ASP/21/13(2022)) p. 8、2022 年の寄付収入については、TFV, Public Announcement on the Decisions taken by the Seventh Board of Directors of the Trust Fund for Victims from July to December 2022, p. 2.

64 Schabas, *supra* note 2, p. 340.

65 国際人道法全般については、東澤靖『国際人道法講義』(東信堂、2021 年) を参照。

66 東澤靖「個人の責任と権利としての国際人道法―国際刑事法と国際人権法の視座から」日本赤十字国際人道研究センター編『人道研究ジャーナル』13 号 (東信堂、2024 年) 16 頁参照。

第 11 章
裁判所に対する協力

竹内　真理

I　はじめに
II　国際刑事裁判所規程における国家の協力義務
　1　締約国の協力義務の特徴
　2　締約国の協力義務
　3　非締約国の協力義務
III　国際刑事裁判所規程上の協力義務と他の国際規範との調整問題
　　―規程 98 条を巡る問題―
　1　被請求国の国際約束に基づく義務との調整問題
　2　第三国の国家免除・外交免除との調整問題
IV　おわりに

I　はじめに

　国際刑事裁判所(ICC)は、国内裁判所とは異なり、司法警察機関などの法執行機関を有しないため、被疑者の身柄の確保や証拠の収集などに関して国家の協力を得なければ、公正な刑事訴追を遂行することができない[1]。そのため、ICC規程(以下、規程)第9部は、締約国がICCからの逮捕・引渡し請求やその他の援助請求を受けた場合の協力義務を定める。ICCが国際犯罪を行なった個人の刑事訴追を実効的かつ公正に行うことができるかは、この第9部の協力義務の実施を通じて、ICCが十分な協力を得ることができるかどうかにかかっているといえる。

　本章は、ICC規程上の協力義務の内容及びその実施のあり方について概観することを目的とするが、その前提として、ICCの刑事裁判権の特質に留意する必要がある。ICCは、重大な国際犯罪を行なった個人の国際法上の責任を追及することを目的とする常設の国際刑事裁判所であり、ICCが行使する裁判権は、国際法規範が個人を直接に拘束するという原則に立脚する。その点で裁判所と当該個人との間に想定される関係は、理念的には、国内裁判所に類似の垂直的な法関係(vertical relation)である。またそのような裁判権を行使する国際機構たる国際裁判所は、一般に、国際機構に決定権が一元化されているという意味での集権的(centralized)秩序を志向する。

　もっともICCの制度は、そのような理念上の垂直性や集権性を完全に体現できているわけではない。ICCが国家間の合意である条約によって設立されているという事実が示すように、ICCの刑事裁判権は、既存の国家間秩序——国家の主権性を前提とする水平な(horizontal)秩序——を脱却しているわけではなく、むしろそれに依存する形で構築されている。また、ICCの刑事裁判権が行使される場合であっても、国際裁判所が志向する集権性がすべての手続において貫徹できるわけではない。ICCは捜査、証拠の収集、被疑者の身柄の確保、証人の確保の全てにわたって、国家の協力がなければ刑事裁判権を行使することができない。ICC規程は締約国に対して協力義務を課しているが、その効力は規程の締約国にしか及ばず、かつ規程の締約国に対してであっても、ICCが掲げる補完性原則の下で、国家の刑事裁判権が尊重されている。すなわち国際刑事裁判権が志向する集権的な秩序は、国家の自律性を前提とした分権的な(decentralized)秩序と共存することで成り立っている

のである。

　このような ICC の刑事裁判権の特質を踏まえつつ、本章では、特に国家の協力義務に焦点を当てて、協力義務の内容・実施のあり方、及びそれが直面する課題について概観する。

　なお、本章で用いる用語について 2 点付言しておきたい。まず、規程では「協力 (cooperation)」と「援助 (assistance)」とが互換的に用いられているが、本章では、「被疑者の逮捕・引渡しに関する協力」と「その他の形態の援助」の双方を意味する語として「協力」を用いる。また、国際刑事裁判所の協力義務一般については、水平的な (horizontal) 国家間協力モデル（対等な国家間関係を前提とした犯罪人引渡・国際司法共助制度）と垂直的な (vertical) 超国家的協力モデルを用いて説明されることが一般的である[2]。もっとも本章では、国際裁判所と個人との関係を垂直性概念で説明することから、混同を避けるために、協力義務については、水平性と垂直性の対比ではなく、分権性と集権性の対比を用いることとしたい。

II　国際刑事裁判所規程における国家の協力義務

1　締約国の協力義務の特徴

　ICC の締約国の協力義務の特徴を理解するには、旧ユーゴ国際刑事裁判所 (ICTY) 及びルワンダ国際刑事裁判所 (ICTR) と比較することが有益である。以下の 3 つの相違点が指摘される[3]。

　第 1 に、協力義務の法的根拠である。すなわち ICTY・ICTR は、国連憲章第 7 章下で行動する安全保障理事会の決議により設置されており[4]、それゆえ、ICTY 規程 29 条及び ICTR 規程 28 条に規定する協力義務は、すべての国連加盟国を拘束し、また他の条約及び慣習国際法上の義務に優先する（国連憲章 25 条、103 条）。これに対して、ICC は条約である ICC 規程により設立されているため、規程上の協力義務は、通常は規程の締約国のみを拘束し、また、協力を求められた国家（被請求国）が負っている他の条約及び慣習法上の義務に当然に優先するわけではない[5]。

　第 2 に、国際裁判所の管轄権と国内刑事管轄権の関係が協力義務に与える影響の有無である。ICTY 規程 9 条 2 項及び ICTR 規程 8 条 2 項は、国際裁判所が国内裁判所に優越することを規定している（これは管轄権の委譲を含む）。

したがって ICTY・ICTR の管轄権と国内裁判所の管轄権とが競合する場合でも、そのことは国連加盟国が ICTY・ICTR に対して負う協力義務には影響しない。すなわち、ICTY・ICTR から請求を受けた国家が自ら被疑者の捜査・訴追を行っている場合であっても、国際刑事裁判所の優越性の下で、当該被請求国は管轄権委譲請求及び協力請求に応じなければならない。これに対して、ICC の管轄権はあくまで国家の刑事裁判権を補完するものとして構想されている。そのため、ICC が被疑者の逮捕・引渡しを請求した場合に、被請求国は当該事件を現に又は既に捜査・訴追していることを理由として、管轄権又は事件の受理許容性に関する異議申立てを行うことができ、これに関する決定がなされるまで協力請求の実施を延期することができる。言い換えれば、協力請求の実施義務の有無は、国内刑事管轄権の行使の影響を受けうるのである。

第3に、協力義務の実施に関して国家の裁量が認められる範囲である。ICTY・ICTR の手続証拠規則は、被告人又は証人の裁判所への引渡については、規程上の義務が、国内法上のいかなる制約にも優先すると定めて、引渡拒否事由を認めない立場を採っている(両規則58条)。これに対して ICC 規程は、協力義務の実施に当たって、国内法の要件等との調整を行う余地を認める規定ぶりとなっている。加えて、規程89条1項は、締約国が「この部の規定及び国内法の手続に従って逮捕及び引渡しの請求に応ずる」と定めており、被請求国が引渡請求に応じる際に、ICC 規程と並んで国内法を参照することを認める(他の形態の協力に関する規程93条1項も同様)。もっとも規程88条の確保義務と併せ読むならば、国内法の参照は、協力義務の実施に資する限りで認められると考えるべきであり、協力義務の実施を妨げるような形での参照は認められないであろう[6]。

以上の比較からうかがわれるように、多数国間条約により設立された裁判所である ICC においては、安保理決議により設置された ICTY や ICTR に比べ、少なくとも規程上は、より緩やかな集権制が志向され、国内刑事管轄権との共存が図られているといえる[7]。これを踏まえて、次節では、協力義務の概要を見ていく。

2 締約国の協力義務

ICC は国内裁判所と異なり、司法警察機関などの法執行機関を有しないた

め、被告人の逮捕・引渡しや証拠の提出などに関して国家の協力を得なければ、公正な刑事訴追を遂行することができない。そこで規程第9部（「国際協力及び司法上の援助」）は、裁判所が行う捜査・訴追に関する締約国の協力義務を定める。これは、一般規定と逮捕・引渡し及びその他の形態の協力といった個別具体的な義務に関する規定とに分かれる。

なお、第9部以外の協力義務としては、刑の執行に関して、罰金及び没収に係る措置の実施 (77条・109条)、拘禁刑の執行に関する国家の関与[8] (103条) に関する規定が置かれている。また、締約国にはICCの分担金の負担 (115条) も求められる。

以下では、特に第9部の協力義務についてその具体的な内容を概観する。

(1) 一般規定

第9部の冒頭に置かれた86条は、締約国が「この規程に従い、裁判所の管轄権の範囲内にある犯罪について裁判所が行う捜査及び訴追において、裁判所に対し十分に協力する (cooperate fully)」と定める。義務の名宛人は締約国であり、非締約国は規程上の協力義務を直接には負わない。もっとも、非締約国による協力は重要な役割を担いうることから、ICC規程87条5項は、裁判所が非締約国との間で締結する特別協定を通じて協力を求めることができる旨を明文で規定する。加えて、安保理による付託の事案においては、非締約国であっても安保理決議に拘束される限りで協力を義務付けられることになる。そのため、安保理決議により課される義務と規程上の協力義務との関係が問題となりうる（非締約国の協力義務については、後述する）。

続く87条は、締約国の義務に関する86条の一般規定を受けて、ICCが締約国に協力を求める権限を定めたものであり、協力請求に係る手続（同条1・2項）に加えて、被請求国が請求に関して守秘義務を負うこと（同3項）、協力請求に関連した被害者及び証人らの保護（同4項）が定められている。また締約国の非協力に関する手続も想定されている。すなわち締約国が協力請求に応じなかった場合には、裁判所は非協力認定を行うことができ、さらにその問題を締約国会議、又は事態が国連安保理により付託されている場合には安保理に付託することができる（同7項）。

88条は、締約国に対して国内手続の整備を義務付ける規定であり、「自国の国内法の手続がこの部の定めるすべての形態の協力のために利用可能であ

ることを確保する (shall ensure)」と定める。これは、外交会議において、強力な国際刑事裁判権を求める立場と協力に関して国家の主導権を主張する立場とが対立した結果の妥協点の反映であるとされる。すなわち、89条及び93条は、締約国が「国内法の手続に従って」協力請求に応じると定めるが、88条はこのような国内法の参照が協力義務に資するべきであることを確認している[9]。

(2) 逮捕・引渡しに関する協力

個別の協力義務の中で、逮捕・引渡し (89条) は、裁判所の任務の遂行にとって不可欠な協力形態であり、規程全体における中核的な規定の1つとされる[10]。裁判所には逮捕状を直接に執行する権限が付与されておらず、また公判での被告人の在廷が求められるからである (63条1項)[11]。

ICC規程における逮捕・引渡しの特徴は、被疑者のICCへの引渡し (surrender) と国家間の犯罪人引渡し (extradition) とを区別して (102条)、国家間の犯罪人引渡し制度の下で援用されうる引渡拒否事由 (自国民不引渡の原則、政治犯不引渡の原則、双罰性の原則など) を認めない点にある。ここには、ICCの集権性への志向が反映されているといえよう。また、締約国は、規程88条に基づき、これらの引渡拒否事由がICCへの引渡しに適用されないように国内法を整備する必要がある。なお、引渡拒否事由ではないが、国家間の犯罪人引渡しにおいて適用のある特定性の原則は、101条を通じて取り入れられた。同条の文言は、裁判所は「行為又は一連の行為 (conduct or course of conduct) であって自己が引き渡された犯罪の基礎を構成するもの」について手続を進めることができるとする。この文言は、逮捕状に記載された引渡犯罪と法的性質 (legal qualification) を異にする行為であっても、犯罪の基礎となる事実が同一であれば、ICCにおける手続を進めることができることを明確にするために採用されたものである[12]。

逮捕及び引渡しの請求は書面によって行われる (91条1項)。かかる請求は、被請求国における引渡しの手続に関する要件を満たすために必要な文書、説明又は情報によって裏付けられる必要がある (同条2項(c))。この要件は、起草過程において、引渡犯罪を裏付ける証拠の提示を要求する法制を有する国 (主としてコモンロー諸国) と、そのような証拠の提示を要しない国 (主として大陸法系諸国) との対立の結果、妥協策として採り入れられたものであり[13]、被

請求国は自国の国内法に定める要件に基づいて、裁判所に対して一定の範囲の文書や情報の提供を求めることができる[14]。なお、引渡しの請求に係る文書の準備に時間がかかる場合に備えて、規程92条は、裁判所が緊急の場合に仮逮捕の請求を行うことが出来る旨を定めている。

以上が逮捕・引渡しに関する協力義務の基礎であるが、上述のように、ICC規程は被請求国に対して引渡請求を拒否する権利を与えることを排除する一方で、その集権性を貫徹しえているわけではない。規程は、一定の範囲で、引渡請求と被請求国の国内手続や他の国際義務との間での調整を図っている[15]。

第1に、被請求国の国内手続との調整である。

まず、引渡しを求められた者が規程20条に基づく一事不再理を理由として国内裁判所に異議の申立てを行う場合に、被請求国はICCと直ちに協議する。ICCが事件の受理を決定している場合には、被請求国は請求された引渡し実施を続行する。受理許容性の決定がなされていない場合には、ICCが受理許容性についての決定を行うまでの間、引渡しの実施を延期することができる(89条2項)。

また、被請求国において、引渡犯罪とは異なる犯罪に関する訴訟手続がとられている場合には、被請求国は、請求を認める決定を行った後に裁判所と協議する(89条4項)。「(被請求国が)請求を認める決定を行った後」という文言は、被請求国の側に引渡しの可否を判断する権限を認めているようにも読めるが、そうだとすると規程において引渡しの拒否事由が排除されていることとは一見して矛盾する。もっともこれは、起草過程においてICCと被請求国とのいずれの判断を尊重するかについてコンセンサスが得られなかったために、事案ごとの解決に委ねられた結果であるとされる[16]。実際にこのような場合には、協議の上、被請求国が手続証拠規則183条に基づく一時的な移送(任意)を行うといった対処がありうる。

なお、規程95条は、裁判所が18条又は19条に基づき受理許容性についての異議申立てを審議している場合には、被請求国が「この部に基づく請求内容の実施」を受理許容性の決定までの間延期することができると定める。同条については、それが置かれた規程上の位置や他の規定との関係が曖昧であることから、同条が引渡請求に適用されるかどうか自体に争いがあった[17]。この問題は、リビアの事態のGaddafi他事件において、ICCからの引渡請求

を受け取ったリビアが、19条に基づく受理許容性に関する異議申立てと95条に基づく引渡請求の実施の延期とを同時に請求したことから顕在化した。予審裁判部は、「この部に基づく請求」は用語の通常の意味に従えば第9部全体を指すとして、95条が引渡請求を含む全ての協力請求に適用されると結論した[18]。

第2に、ICCの引渡請求と他国からの犯罪人引渡請求との調整である。

一方で、「犯罪の基礎を構成する同一の行為」に関してICCの引渡請求と他の国からの引渡請求が競合する場合には、以下のような手続が予定されている。まず、①引渡請求国が規程の締約国である場合には、ICCからの引渡請求が優先する。これはICCの制度内ではICCの集権性が確保されていることを示すものであるといえよう。すなわち被請求国は、ICCが事件の受理を決定しているときは、ICCからの請求を優先する（90条2項）。受理許容性の決定が行われていないときは、ICCが事件を受理しないことを決定するまで、請求国への引渡しは行われない（同3項）。

また、②請求国がICC規程の非締約国である場合には、請求国と被請求国との間に「引渡しを行う国際的な義務」がなければICCからの引渡請求が優先される（同4項）。これに対して、請求国と被請求国との間に引渡しを行う国際的な義務が存在する場合には、請求の日付、請求国の利益（犯罪行為地や、被害者および引渡対象者の国籍）、および請求国から後にICCに引渡しが行われる可能性といった関連事項を考慮して、被請求国が決定することになる（同6項）。

他方で、ICCの引渡請求と他の国からの引渡請求が異なる行為に関するものである場合、①請求国と被請求国との間に犯罪人引渡に関する国際義務がなければ、被請求国はICCの請求を優先する（90条7項(a)）。また②請求国と被請求国との間に犯罪人引渡に関する国際義務がある場合には、被請求国は、90条6項に規定する関連事項を考慮するとともに「当該行為の相対的な重大性及び性質に特別の考慮を払って」いずれの請求に応じるかを決定する（同7項(b)）。

第3に、ICC規程の制度と他の国際法上の制度との競合の調整である。98条に定める一般国際法上の免除との調整（同条1項）と被請求国の国際約束に基づく義務との調整（同2項）が、これに当たる。

一方で98条1項は、裁判所による引渡し又は援助の請求が、被請求国が

国際法の下で負う財産・人の免除に関する義務に抵触する場合には、裁判所はかかる請求を行うことができないとする。他方で 98 条 2 項は、被請求国が「派遣国の国民の裁判所への引渡しに当該派遣国の同意を必要とするという国際約束に基づく義務」を負っている場合に、裁判所は当該義務に違反する行動を求めることになるような引渡請求を行うことができないとする。いずれの規定も「(一定の場合には) 裁判所は…請求を行うことができない」という規定ぶりになっており、規程の文言上は被請求国の関与は明記されていないが、実際には、裁判所の引渡請求に対して被請求国が 98 条に定める事由を援用して異議を唱えることが想定されている (手続証拠規則 195 条 1 項に基づく裁判所への通知)。ただし、裁判所が第三国からの免除の放棄や派遣国による引渡しへの同意をあらかじめ得ることができる場合には、請求が実施されうる (規程 98 条 1 項及び 2 項但し書き)。これとの関連で、手続証拠規則は、第三国や派遣国は裁判所を支援するための追加の情報を提供することができると定める (手続証拠規則 195 条 1 項後段)。

　ローマ会議では 98 条を巡る議論には多くの時間が割かれず、また一見して規定の内容は明快であり、規程採択当初は、98 条は解釈上の問題を生じないと考えられていた。しかしながら、規程採択後の国家実行や ICC の実践を通じて 98 条は大きな論争を引き起こしている (これに関しては後述する)。

(3) 逮捕・引渡し以外の形態の協力

　逮捕・引渡し以外の形態の協力義務は、規程 93 条に定められている。具体的には、人の特定及び所在の調査、証拠の取得及び提出、捜査・訴追されている者に対する尋問、裁判所の文書の送達、証人又は専門家の裁判所への自発的な出頭の促進、被拘禁者の一時的移送、場所の見分、捜索・差押えの実施、記録及び文書の提供、被害者・証人の保護及び証拠の保全、犯罪の収益等の特定・追跡・差押え等である (93 条 1 項 (a) - (l))。

　これらの形態の協力義務については、逮捕・引渡しに関する協力義務と同様に、一定の場合に協力を延期することが認められている。すなわち、ICC が受理許容性に関する異議申立てを審理している場合には受理許容性の決定がなされるまで (95 条)[19]、及び ICC の請求に係る事件と異なる事件が被請求国において進行中の場合には、裁判所と合意した期間の間 (94 条)[20]、被請求国は協力を延期することができる。

他方で、逮捕・引渡しに関する協力と異なるのは、93条に規定する協力義務には、いくつかの協力拒否事由が規程上認められていることである。

第1に、自国の安全保障上の利益を理由とした文書の提出又は証拠の開示の拒否である。国家の安全保障上の利益に関わりうる文書・証拠の提出・開示は、国際刑事裁判における公正な刑事訴追の確保の要請と国家主権とが鋭く対立する問題領域であり、ICTYのBlaškić事件において提起されていた[21]。上訴裁判部は1997年の判決において文書提出を拒否する権利を否定する一方で、国家の懸念に対応するための手続きとして、非公開の場での文書の検討や代替（文書の要約の提出など）の可能性等を示唆している[22]。

この判決はICC規程の起草過程において参照され、交渉にも影響を与えたが、最終的に採択された規程では、文書の提出又は証拠の開示を拒否する権利を認める規定ぶりになった（93条4項）。ただし、提出・開示の拒否は、72条に定める条件・手続に従って行わねばならない。すなわち情報の開示が自国の安全保障上の利益を害しうると判断する国は、まず問題を協力的な手段で解決するよう努めねばならない（72条5項）。解決が得られず非提供・非開示となった場合でも裁判所は、証拠が関連性を有しかつ被告人の有罪又は無罪の証明に必要である場合には、①さらなる協議の要請、②被請求国の非協力認定、③公判における事実の存否についての推定といった措置をとることができる（同7項）。非提供・非開示の権利を認めつつ、裁判所の任務の遂行を最大限確保するための制度設計が図られている点が特徴的である。

第2に、93条1項に例示列挙されている類型以外の援助に関する請求については、被請求国は国内法上の禁止を根拠に協力を拒否することができる（93条1項(l)、同5項）。

第3に、93条1項に定められている措置のいずれかの実施が、被請求国において「一般的に適用される現行法の基本的な法原則」に基づいて禁止されている場合であって、裁判所と被請求国の協議によっても問題を解決できない場合には、裁判所は請求に必要な修正を行うことになる（93条3項）。

3 非締約国の協力義務

ICC規程は条約であるため、「条約は第三国を益しも害しもせず」の原則に従い、非締約国に対して直接に義務を課すことはない[23]。ただし、ICC規程は、非締約国の同意に基づいて非締約国がICCに対する協力義務を負う場合を2

つ定めている。第1に、非締約国が12条3項に従って特定の犯罪について裁判所の管轄権を受諾する場合であり、この場合には、管轄権を受諾した非締約国は、「第9部の規定に従い遅滞なくかつ例外なく」裁判所に協力する義務を負う。第2に、87条5項に従って、裁判所が非締約国と特別の取極又は協定を締結する場合である。第1の場合には、非締約国は第9部が定める締約国の義務と同じ範囲・内容の協力義務を負うと解されるのに対して、第2の場合には、非締約国の協力義務の範囲・内容は、裁判所と非締約国との間の取極・協定の内容に応じて変わりうる。なお、12条3項又は87条5項に基づく非締約国の同意がない場合でも、裁判所は非締約国に対して協力請求を送付することはできるが、この場合には、当該非締約国は協力請求に応じる義務を負わない。

　他方で、非締約国の同意以外の根拠に基づいて協力義務が生じる場合として、国連憲章第7章に従って、安保理が国連加盟国にICCへの協力義務を課す場合がありうる。第1に、規程13条(b)に基づいて安保理が事態を付託する場合に、安保理は規程の非締約国を協力義務の名宛人とすることができる。第2に、安保理による事態の付託の場合以外の事態においても、安保理は「国際の平和と安全の維持」の観点から、第7章下で非締約国を含む国連加盟国にICCへの協力義務を課すことができる。この場合の協力義務の淵源は安保理決議の拘束力であり、また当該義務は、憲章103条に基づき、抵触する他の国際協定上の義務に優越することになる。

　これまで安保理が規程の非締約国に対してICCとの協力を義務づけた例は、安保理決議1593に基づくスーダンのダルフールの事態の付託(2005年3月)、及び安保理決議1970に基づくリビアの事態の付託(2011年2月)の2件である。いずれの場合においても、決議は、規程の非締約国であるそれぞれの国の政府、当局又は紛争当事者(スーダンの場合はスーダン政府及びダルフール地域の紛争当事者、リビアの場合はリビア当局)に対して裁判所及び検察官と十分に協力する義務を課す一方、その他の加盟国に対しては、ICCへの十分な協力を促す(urge)のに留め、協力義務を課さなかった[24]。国連憲章7章に基づく義務をどの範囲の加盟国に対して課すかの判断は、安保理の裁量に委ねられている。したがって、このように一部の加盟国・紛争当事者のみに対して義務を課す安保理の対応は、その適否については議論がありうるものの、法的な問題は生じない。他方で、非締約国であるスーダン政府やリビア当局

に対して決議が課す協力義務の内容については、決議においては「(裁判所と)十分に協力する」という以上に明確ではなく、決議に基づく協力義務と ICC 規程に規定される協力義務の制度とがどのような関係に立つのかが問題となる[25]。

この問題について扱った Al-Bashir 事件の上訴裁判部判決は、安保理決議を介することで、非締約国に対して規程上の締約国の協力義務の制度全体が適用されうることを確認した。すなわち上訴裁判部によれば、ICC 規程は安保理の付託の場合の協力義務の制度については規定しておらず、安保理が別段の意図を明白に示さない限り、裁判所は、締約国の協力義務の制度（86条以下）又は非締約国の協力制度（87条5項）のいずれかに拠らねばならない。その上で、安保理決議 1593 の文言の書きぶりは、スーダンに課された義務が他の非締約国に向けられた義務よりも強いものであることを示唆していること、及び「十分に協力する」という文言が規程 86 条の文言を反映していることから、スーダンに対しては、規程の締約国に関して設定された協力制度が適用されるとの結論が導かれている[26]。

このように、安保理決議を介して非締約国にも規程上の協力義務制度が拡張されることは、裁判所の集権的な権限行使の確保に資するといえる。他方で、上述のように、どの範囲の加盟国に協力義務を課すかはあくまで安保理の裁量に委ねられており、集権性の担保の可能性は規程外在的な事情に依存することに留意しなければならない。

III 国際刑事裁判所規程上の協力義務と他の国際規範との調整問題──規程 98 条を巡る問題──

1 被請求国の国際約束に基づく義務との調整問題

98 条 2 項は、被請求国が「派遣国の国民の裁判所への引渡しに当該派遣国の同意を必要とするという国際約束に基づく義務」を負っている場合、派遣国の同意なしに裁判所が引渡請求を行うことを禁止する。この規定は、ローマ会議において、駐留外国軍の地位協定及び国連の平和活動の地位協定に基づく受入国の義務などを想定して、挿入されたものである[27]。もっとも、規程採択後に、米国が、自国の同意がない限り自国民を ICC へ引渡すことができない旨を規定する 2 国間の不引渡協定（いわゆる不引渡協定）の締結を進

めたため、98条2項の解釈問題が生じることとなった[28]。

第1に、98条2項の「国際約束」は、(ICC規程締約国である)被請求国と「派遣国」との間の条約を想定するところ、「派遣国」がどの範囲の国家を指すのかが問題となりうる。これについては、規程の締約国が89条の下で負う引渡請求に応じる義務に照らして、98条2項の「国際約束」がICC規程の締約国間の条約を含むとすることは規程の趣旨と整合しないこと[29]、又は98条1項の「第三国」の解釈との整合性の観点から[30]、98条2項の「国際約束」は、ICC規程の締約国である被請求国と非締約国である「派遣国」との間の条約に限られるとの見解が通説的である。

第2に、「国際約束」の時間的範囲を巡っても解釈が分かれる。一方で98条2項にいう国際約束は、規程採択以前に存在していた条約に限られるという狭い解釈を採る見解がある[31]。もっとも、起草過程からも、文言の通常の意味からも、98条2項が規程採択以前の条約のみを指すとの解釈は導かれえないことが指摘されている[32]。したがってある協定が規程採択以降に締結されたという事実のみをもって、98条2項の適用対象にならないと主張することは困難であろう[33]。

以上のことから、98条2項は不引渡協定に適用されうると解釈する余地がある。ただし、98条2項の下で、ICCが引渡請求を行うことができないのは、国家間の協定の下で「派遣国」により「派遣された者」に限定されている。この点で、不引渡協定は、当事国の公務員（現職・元職の双方を含む）、被用者、軍人又は国民を広く適用対象とし、当該個人が派遣されているかどうかの区別を設けていない。したがって、これらの者が「派遣された者」に該当しない場合には、98条2項の適用の範囲外ということになり、ICCは引渡請求を行うことができる。他方で、このような場合に、不引渡協定の有効性は否定されるわけではないから[34]、被請求国はICCからの引渡請求に応じれば、不引渡協定に違反することになり、反対に引渡しを拒否すれば規程違反となる。

98条2項はローマ外交会議の最終段階で米国の提案を受けて挿入されたものであるが、会議参加国の間では、この規定が、不引渡協定のように、非締約国が自国民をICCの刑事裁判権から免れさせることを意図して締約国との間で締結する合意を含みうることについて、明確な了解があったわけではない。しかしながら、98条2項は、不引渡協定のような協定を解釈上排除することはできず、また仮に解釈上排除しえたとしても、不引渡協定の有

効性を否定することはできない。そのため、ICC 規程と不引渡協定が競合する場合に、実際に ICC が引渡しを得られるか否かは、結局のところ相反する要請に直面した被請求国の判断に依存する。そして、被請求国が不引渡協定のような条約を優先し ICC からの引渡請求に応じないことを選択する場合に、ICC としてとりうる措置は、被請求国の非協力を認定することに留まるのである。

2　第三国の国家免除・外交免除との調整問題

規程 98 条 1 項は、ICC は、被請求国が「第三国の人又は財産に係る国家の又は外交上の免除に関する国際法に基づく義務」に違反することになるような引渡請求又は援助請求を行うことができないと定めている。財産に関する免除は、当該第三国が締約国である場合には、ICC は 93 条 1 項に従って、当該第三国に対して証拠の提出、場所の見分、捜索及び差押さえの実施などを実施できるために、特に問題とはならない[35]。他方で人の免除については、規程 27 条 2 項が (27 条 1 項の下での実体的な免除の否定と並んで) 個人の公的資格に基づく手続的な免除を否定していること (公的資格の無関係) と一見して矛盾する。もっともこの点については、98 条 1 項の「第三国」を非締約国と解することで、両者の衝突を回避することができる[36]。すなわち一方で、第三国が締約国である場合には、27 条の効果として当該第三国は自国の政府職員の免除を援用することができないから、98 条 1 項の適用は排除される。他方で、第三国が非締約国の場合には、27 条の効果は当該第三国には及ばないから、人的免除は取り除かれず、98 条 1 項が適用されることになる。

しかしながら、スーダンのダルフールの事態における Al Bashir 事件において 98 条 1 項は、新たな解釈上の問題を生じさせることとなった。前提を確認しておこう。スーダンのダルフールの事態は安保理決議 1593 により付託されているから、ICC は非締約国の事態であっても、管轄権を行使することができる (規程 12 条 2 項)。その結果、ICC は、27 条が定める公的資格の無関係に基づき、アル・バシール大統領に対しては彼が現職の大統領であるにもかかわらず逮捕状を発付することができる。決議 1593 の下でスーダンは ICC 及び検察官に「十分に協力する」義務を負うから、ICC はスーダンに対しては逮捕状の執行を求めることができるといえる。しかしながらこのことは、逮捕状が他の規程締約国において当然に執行されることを意味するものでは

ない。少なくとも国家元首・政府の長・外務大臣は、公的地位に付随する人的免除を享有し、その地位にある限りはたとえ国際犯罪に関してであっても外国の裁判権からの完全な免除を享受する——すなわち、一国は外国の国家元首らに対して刑事裁判権を一切行使できない——という規則が慣習法上確立している[37]。規程の締約国と非締約国であるスーダンとの間にはICC規程ではなく慣習法が適用されるから、締約国がICCの要請に従って逮捕状を執行すれば、慣習法上の免除に係る規則に違反してしまうことになるのである。

上述の98条1項の解釈に依拠すれば、非締約国のスーダンの事態においては98条1項が適用されることになり、それゆえICCは引渡請求を行うことができないということになりそうである。ところがICCは、アル・バシール大統領に対する逮捕状の執行を各締約国に要請し、逮捕状の執行を見送った締約国の非協力を一貫して認定してきた。もっともその理由づけは一様ではない。一方で、ICCの国際裁判所としての性格を重視し、国際刑事裁判所における訴追に関連する限りは、公的資格に伴う免除の適用はなく、したがって国家間関係においても免除を援用することはできない——98条1項の適用はそもそもない——とするアプローチがある。国際刑事裁判権の垂直的性格を強く読む立場といえよう（垂直アプローチ）。他方で、国家間関係における免除の適用は維持されるとしつつ、スーダンの事態に関しては、事態を付託した安保理決議の効果により免除の適用が排除されるとするアプローチがある（国家間の水平的な関係における免除が原則として維持されるという意味で、ここでは水平アプローチと呼ぶ）。

初期の第一予審裁判部の判例は、垂直アプローチを採っていた。すなわち、ICCの国際裁判所としての性格を重視し、①各種国際刑事裁判機関において、国家指導者の公的地位に伴う免除が一貫して否定されてきたこと、②ICC規程の締約国が増加し、そのような国際刑事裁判権を受け入れることが一般化していることなどに照らして、国際刑事裁判所における訴追に関する限り、国家間関係に適用される免除規則は適用されないとの立場をとっていた[38]。

他方で、2014年以降この問題を扱うようになった第二予審裁判部の判例は、水平アプローチに依拠している。もっともこのアプローチにも2種類あり、一方で①安保理決議1593の第2項がスーダン政府に対して「国際刑事裁判所

及び検察官に十分協力し、すべての必要な援助を提供しなければならない」と決定していることを踏まえて、スーダンはかかる協力義務の下で、自らが享受し得る免除を黙示に放棄したとみなされるとするもの[39]、他方で、②安保理決議による事態の付託を通じて、公的資格の不適用を含むICC規程の制度がスーダンにも適用されるとするものとがある[40]。

しかしながらヨルダンに対する非協力認定の上訴審判決において、上訴裁判部は再び垂直アプローチに依拠しているように見える。上訴裁判部は、国際裁判所における訴追に関する限り、国家元首の免除を認める慣習法は存在しないとした上で、そうした慣習法の不存在は国際裁判所の個人に対する垂直的関係のみならず、国際裁判所から外国の国家元首の逮捕・引渡しを求められた国家と当該外国国家との間の水平的関係にも適用されると判示した[41]。上訴裁判部は、国内裁判所と対比されるところの「国際社会全体のために (on behalf of the international community as a whole)」行動する国際裁判所の性格を強調している[42]。

このようにICCの国際裁判所としての性格を強調する上訴裁判部の説示については、裁判所の国際性は、国家元首の人的免除を否定するのに必要でも十分でもないという批判が向けられている[43]。上訴裁判部自身も、別の箇所では、安保理決議に依拠する形で、事態を付託した安保理決議の効果としてICC規程上の締約国の協力義務がスーダンにも適用される結果、スーダンは免除を援用できないこと、及びスーダンとヨルダンとの（水平的な）関係は、拘束力ある安保理決議により修正を受けることを確認している[44]。本件では、規程の非締約国たるスーダンに対するICCの管轄権の基礎が安保理による付託であることを考え合わせると、人的免除を否定する法的論拠としては、安保理決議の方が堅固であったといえる。

もっとも安保理の常任理事国が有する拒否権のために、安保理による付託に依拠することにはおのずと限界がある。安保理決議を欠く状況でも、ICCは、上訴裁判部の説示に沿って国家元首の免除を認める慣習法は存在しない（98条1項の適用はない）という立場を採り、引渡しを請求することが想定される。他方で、安保理決議がなければ締約国と非締約国との間には依然として免除に関する慣習法が適用されるとの立場もありうる。結局、このような状況でICCが現実に引渡しを得られるかは、引渡し義務と人的免除の尊重義務との相反する要請に直面した被請求国の判断に委ねられることになる[45]。

Ⅳ　おわりに

　ICCの協力義務制度は、集権性と分権性のバランスの上に成り立つ。すなわち裁判所の一元的な決定権を維持しつつ、締約国の自律性を最大限尊重するという制度設計である。逮捕・引渡し義務に関しては拒否事由を認めない一方で、締約国の国内制度や他の協定に基づく義務との調整を図っていることや、協力の拒否事由が認められる他の形態の協力においても、裁判所と締約国との間の協議の機会を最大限確保するための手続が設けられていることに、こうした趣旨が反映されているといえる。

　このような制度設計は、規程の締約国間の関係を想定したものである。もっともICCはその実践を通じて規程の非締約国が関与する事態にも権限を拡張してきており、ICCの協力制度は、当初の制度設計を越えた課題に直面している。98条を巡る解釈問題はその典型であろう。安保理決議の法的支えが少なくとも存在したスーダン、リビアの事態とは異なり、そうした支えを欠くウクライナの事態をICCが本格的に扱うことになったことで、締約国と非締約国との間の関係が問題となる場面でいかにICCの協力義務制度を運用していくのかが、改めて問われている。

【注】

1　Annalisa Ciampi, "Legal Rules, Policy Choices and Political Realities in the Functioning of the Cooperation Regime of the International Criminal Law", in Olympia Bekou and Daley J. Birkett (eds.), *Cooperation and the International Criminal Court* (Martinus Nijhoff, 2016), pp. 17-41.

2　この対比は、Blaškić事件の文書提出命令に関するICTYの上訴裁判部の判決で用いられたことから（ICTY, *Prosecutor v. Blaškić*, AC, Judgment on the request of the Republic of Croatia for review of the decision of Trial Chamber II of 18 July 1997, IT-95-14-AR108bis, 29 October 1997, para. 43)、広く学説で用いられることとなった。Jackson Nyamuya Maogoto, "A Giant Without Limbs: The International Criminal Court's State-Centric Cooperation Regime", *The University of Queensland Law Journal*, Vol. 23 (2004), p. 106；洪恵子「国際刑事裁判所規程の批准と手続法の課題」『法律時報』79巻4号（2007年）39-41頁；竹村仁美『国際刑事裁判所の検察官の裁量』（信山社、2022年）。

3　これらの相違点については、村井伸行「ICCに対する国家の協力」村瀬信也・洪恵子編『国際刑事裁判所　第2版』（東信堂、2014年）255-256頁を参考にしつつ、本章の観点から整理した。

4　U.N. Doc. S/RES/827 (1993), para. 4; U. N. Doc. S/RES/955 (1994), para. 2.

5　このことを踏まえて、ICC規程においては、他の国際義務との調整を図るための規

第 11 章　裁判所に対する協力　339

定がおかれている（例えば、90 条、98 条）。
6　Claus Kreß and Kimberly Prost "Article 89", Kai Ambos (ed.), *Rome Statute of the International Criminal Court: Article-by-Article Commentary* (4th ed., Beck/Hart/Noms, 2022), p. 2501.
7　竹村、前掲書（注 2）124 頁。
8　ICC は自らの刑務所を持たないため、拘禁刑は、受け入れる意思を明らかにした国家の中から裁判所が指定する国において執行される。
9　Claus Kreß and Kimberly Prost "Article 88", in Ambos, *supra* note 6, p. 2493.
10　William A. Schabas, *International Criminal Court* (Oxford University Press, 2010), p. 994; Claus Kreß and Kimberly Prost "Article 89", in Ambos, *supra* note 6, p. 2497.
11　ただし、2013 年 11 月の締約国会議における手続証拠規則の改正により追加された規則 134 条の 2-4 の下で、①ビデオリンクによる在廷の代替、②例外的な状況における在廷の一部の免除、③「国内の最高水準の重要な公の義務（extraordinary public duties at the highest national level）」を理由とした在廷の免除が認められるようになった。
12　Peter Wilkitzki, Claus Kreß, and Kimberly Prost "Article 101", in Ambos, *supra* note 6, p. 2690. 実際に、中央アフリカ共和国の事態における Bemba 他事件では、起訴時の犯罪及び責任の態様（70 条 1 項 (a)-(c)、25 条 3 項 (a)-(d)）の範囲が、引渡請求時の逮捕状に記載されていたものから拡大していたこと（70 条 1 項 (b), (c)、25 条 3 項 (c)）について、犯罪の基礎をなす一連の事実が同一であることを理由に、特定性の原則の違反はないとされた。ICC, Prosecutor v. Bemba et al., PTC II, ICC-01/05/01/13-567, 15 July, 2014, pp. 5-6.
13　Claus Kreß and Kimberly Prost "Article 91", in Ambos, *supra* note 6, p. 2520.
14　裁判所の実行においては、逮捕・引渡しを請求する書面中で、被請求国に対して 91 条 2 項 (c) に定める引渡手続きの要件を満たすために必要な文書、説明、又は情報を通知するように求めることが一般化している。See e.g., ICC, Prosecutor v. Ntaganda, PTC 1, Request to the Republic of Uganda for the arrest and surrender of Bosco Ntaganda, ICC-01/04/02/06, 8 February 2008, p. 3. なお、同書面中では、89 条 2 項及び同 4 項にかかる照会もなされる。
15　Claus Kreß and Kimberly Prost "Article 89", in Ambos, *supra* note 6, p. 2499.
16　Schabas, *supra* note 10, p. 1000; Claus Kreß and Kimberly Prost "Article 89", in Ambos, *supra* note 6, p. 2509.
17　95 条が引渡請求には適用されないという立場としては、例えば、95 条が引渡請求にも適用されるとすると 89 条 2 項を包含してしまうため、89 条 2 項が無意味になってしまうということから、95 条の 2 文目を 1 文目と調和させる形で 95 条は証拠の収集にのみ適用されるとする見解（Kevin Jon Heller, "Does Libya Have to surrender Saif to the ICC (Answer: Yes)", Opinio Juris (23 November 2011), available at https://opiniojuris.org/2011/11/23/does-libya-have-to-surrender-saif-to-the-icc-answer-yes/）、95 条は 89 条 2 項を補完する規定であるとみて、引渡以外のすべての協力請求に適用されるとする見解（Schabas, *supra* note 10, p. 1031）がある。
18　Decision on the postponement of the execution of the request for surrender of Saif Al-Islam

Gaddafi pursuant to article 95 of the Rome Statute, *Prosecutor v Gaddafi and Al-Senussi* (ICC-01/11-01/11-163), Pretrial Chamber I, 1 June 2012, para. 32.

19　なお、94条が引渡請求以外の協力請求について定めているのに対して、95条は引渡請求を含む全ての協力請求について適用される Decision on the postponement of the execution of the request for surrender of Saif Al-Islam Gaddafi pursuant to article 95 of the Rome Statute, *Prosecutor v Gaddafi and Al-Senussi* (ICC-01/11-01/11-163), Pretrial Chamber I, 1 June 2012, para. 34.

20　なお、引渡請求に関しては89条4項が定めているので、94条は引渡請求以外の協力請求に適用される Claus Kreß and Kimberly Prost 'Article 94', in Ambos, *supra* note 6, pp. 2562-2563.

21　ICTY, *Prosecutor v. Blaškić*, AC, Judgment on the request of the Republic of Croatia for review of the decision of Trial Chamber II of 18 July 1997, IT-95-14-AR108bis, 29 October 1997. 同事件においては、クロアチアが、自国の安全保障上の理由から文書の提出を拒否し、理由として安全保障の必要の決定は主権の本質的な属性であり裁判所には判断権限がないことを挙げていた。

22　*Ibid*, paras. 61-69. 上訴裁判部は、国家の協力義務について定めた ICTY 規程 29 条は義務的な書きぶりであり、いかなる例外も明示に認めていないことに加えて、裁判に不可欠な文書の提出を拒否する権利を国家に対して認めることは、国際裁判所の機能そのものを毀損することにつながりうることを挙げた。国際裁判所は戦争犯罪、人道に対する罪、及びジェノサイドに責任を有する個人を訴追するために設置されているのであり、軍事関連の書類は、訴追又は被告人の弁護の双方において、とりわけ上官責任が関連している場合には、決定的な重要性をもつからである。

23　条約法条約34条は「条約は、第三国の義務又は権利を当該第三国の同意なしに創設することはない」と定めている。

24　実際に、リビアの事態の Gaddafi 他事件において、ICC 規程の非締約国であるモーリタニアが、被疑者の1人である Al-Senussi をリビアに引き渡したことについて、予審裁判部は、事態を付託した安保理決議1970がリビア当局以外のすべての国家については協力義務を課していないことを踏まえて、モーリタニアによるリビアへの Al-Senussi の引渡しは、裁判所に対するいかなる義務違反も構成しないと判示した。Prosecutor v. Gaddafi and Al-Senussi, Pre-Trial Chamber I, Decision on the request of the Defence of Abdullah Al-Senussi to make a finding of non-cooperation by the Islamic Republic of Mauritania and refer the matter to the Security Council, ICC-01/11-01/11-420, 28 August 2013, paras. 14-15.

25　Dapo Akande, "The Effect of Security Council Resolutions and Domestic Proceedings on State Obligations to Cooperate with the ICC", *Journal of International Criminal Justice*, Vol. 10 (2012), pp. 304-307.

26　Prosecutor v Omar Hassan Ahmad Al-Bashir, Appeals Chamber, Judgment in the Jordan Referral re Al-BashirAppeal, ICC-02/05-01/09-397, 6 May 2019, paras. 137-142.

27　David Scheffer, "Article 98(2) of the Rome Statute", *Journal of International Criminal Justice*, Vol. 3

(2005), p. 347.
28 古谷修一「国際刑事裁判所（ICC）設置の意義と直面する問題」『法学教室』281 号（2004 年）26-27 頁。
29 Claus Kreß, "Article 98", in Ambos, *supra* note 6, p. 2666.
30 Dapo Akande, "International Law Immunities and the International Criminal Court", *American Journal of International Law*, Vol. 98 (2004), pp. 426-429.
31 Claus Kreß, "Article 98", in Ambos, *supra* note 6, pp. 2668-2670.
32 James Crawford, Phillipe Sands, and Ralf Wilde, "In the Matter of the Statute of the International Criminal Court and in the Matter of Bilateral Agreements sought by the United States under Article 98 (2) of the Statute", available at https://www.legal-tools.org/doc/7f2edf/pdf/.
33 竹村、前掲書（注 2）134 頁。
34 Markus Benzing, "U.S. Bilateral Non-Surrender Agreements and Article 98 of the Statute of the International Criminal Court: An Exercise in the Law of Treaties", *Max Planck United Nations Yearbook*, Vol. 8 (2004), pp. 230-231.
35 村井、前掲論文（注 3）262 頁。
36 Dapo Akande, "The Legal Nature of Security Council Referrals to the ICC and its Impact on Al Bashir's Immunities", *Journal of International Criminal Justice*, Vol. 7 (2009), p. 337.
37 *Arrest Warrant of 11 April 2000(Democratic Republic of the Congo v. Belgium)*, Judgment, 14 February 2002, ICJ Reports 2002, paras. 53-59.
38 マラウィの非協力に関する決定（ICC-02/05-01/09-139, 12 December 2011）。
39 たとえば、コンゴ共和国の非協力に関する決定（ICC-02/05-01/09-195, 9 April 2014）、ウガンダに関する決定（ICC-02/05-01/09-267, 11 July 2016）、ジブチに関する決定（ICC-02/05-01/09-266, 11 July 2016）。
40 たとえば、南アフリカに関する決定（ICC-02/05-01/09-302, 6 July 2017）、ヨルダンに関する決定（ICC-02/05-01/09-309, 11 December 2017）がある。
41 Prosecutor v Al-Bashir, *supra* note 26, paras. 113-114.
42 *Ibid.*, para. 115.
43 水島朋則「国際法上の刑事管轄権免除をめぐる条約法の問題について」浅田正彦他編『現代国際法の潮流 I』（東信堂、2020 年）211-213 頁。
44 Prosecutor v Al-Bashir, *supra* note 26, paras. 143 and 145.
45 これは、ウクライナの事態において非締約国であるロシアのプーチン大統領に対して ICC が逮捕状を発付したことから、現実の問題となった。たとえば、2023 年に南アフリカで開催された BRICS の会議へのプーチン氏の参加が問題となった際には、南アフリカがいかなる判断をするかが注目された（結局プーチン氏はオンライン参加となった）。経緯について、Max du Plessis and Andreas Coutsoudis, "The Putin-South Africa arrest warrant saga: A tale of the shrinking world of an accused war criminal", EJIL Talk!(18 August 2023), available at https://www.ejiltalk.org/the-putin-south-africa-arrest-warrant-saga-a-tale-of-the-shrinking-world-of-an-accused-war-criminal/

第 12 章
締約国会議

大平　真嗣

Ⅰ　はじめに
Ⅱ　国際社会における対 ICC 批判
Ⅲ　ICC 改革のための ASP の取組
　1　検察局の強化
　2　裁判官選出プロセスの強化、裁判プロセスを迅速化させるための措置
Ⅳ　侵略犯罪
Ⅴ　おわりに

I　はじめに

　2023年7月、国際刑事裁判所（ICC）は、設立文書であるローマ規程の採択25周年を迎えた。国連安保理常任理事国であるロシアによるウクライナ侵略という未曾有の事態を受け、国際社会におけるICCへの関心と期待は大きく高まっている。

　他方で、ICCは、ごく最近まで、国際社会の非常に厳しい批判にさらされ、大きな困難に直面していた。この困難を克服するため、裁判所及び締約国の双方が多大な努力を払ってきた。ローマ規程採択20周年から25周年までのこの5年間は、ICCが国際社会の信頼と期待を取り戻すために歩んだ軌跡と言えるかもしれない。

　本稿では、特に2018年から23年までの5年間、ICCは、どのような困難に直面し、これにどのように対処してきたのか、また、主要な締約国は、ICCを改革するために何を考え、締約国会議（Assembly of States Parties：ASP）においてどのような取組を行ってきたのかを紹介することとしたい。

　本稿は、ASPを始めとする締約国間のやり取りの中で長沼善太郎国際裁判対策室長を始めとする歴代の外務省担当者が看取した事実を中心に記載するものであるが、本稿で示された見解は、筆者の個人的見解であり、必ずしも日本政府の見解を代表するものではない。

II　国際社会における対ICC批判

　2018年7月、ICCは、ハーグの本部においてローマ規程採択20周年記念行事を開催した。参加した国々は一様に、ICCが果たすべき役割を強調し、ICCへのコミットメントを再確認した。しかしながら、会議のマージンでは、ICCの現状に対する懸念が表明され、改革の必要性が主張されるようになっていた。

　ICCに対する懸念の中心は、ICCが膨大な時間と予算を費やしたにもかかわらず、2018年の時点では殆ど成果を上げられていなかった点にある。すなわち、ICCは、2002年の発足以降（ローマ規程は、1998年に採択され、2002年に発効。）、2018年までの時点で、16年の期間と約15億ユーロの予算を費やしたが、有罪判決はわずか3名にとどまっていた。ICCは警察組織などの独

自の法執行機関を有していないため、証拠の収集、被告人の逮捕などは、締約国の協力に多くを依存せざるを得ない。したがって、ICC の検察局による捜査・訴追は元々容易ではない作業であり、多くの有罪判決を得られずにいたことの責任の全てを検察局に帰することは、公平な評価とは言えない。しかしながら、無罪判決の中には、「検察官は、被告の責任を立証し得ていない」と判示するなど、検察局の基本的な能力に疑義を呈するものが見られた。先進国出身の ICC 職員からは、検察局職員の捜査・訴追能力は不十分であるとする評価も伝わってきた。

また、検察局は、締約国や安保理の付託を待つことなく、検察官自らの発意により、非締約国をも巻き込む国際的に「目を引く」案件や大物を捜査・訴追する方針をとり、これを積極的に広報していた。これは、ICC が、唯一の常設の国際刑事裁判所として存在意義を示すために、ローマ規程で認められた制度の下で自らが追求できる方途ではあったが、このような ICC の姿勢は、ICC への評価を挽回するための政治的な行為であるかのように受け取られ、米国などとの関係も悪化することとなった。このような背景の下、締約国は、検察局の業務に対する懸念を深めるようになっていた。

さらに、これは当時の検察局が直接責任を負うべき事項ではないが、前任の検察官と検察局員が、ICC の捜査対象となっていた者から巨額の報酬を受け取り、捜査関連情報を漏洩していたと報じられた。これらの全てが検察局に対する懸念を増幅させ、このような中で、締約国のみならず国連幹部や学識者からも、「検察局は、耳目を集める事案を追い求めるのではなく、地道に成果を積み上げるべき」、「検察局は、非締約国を含む関係国との関係を十分にマネージすべき」との厳しい指摘が行われるようになった。

ICC への批判は、検察局のみにとどまらない。2018 年、裁判官の給与が不十分であるとして、現職と OB の数名の ICC 裁判官が、ICC を国際労働機関行政裁判所 (Administrative Tribunal of the International Labour Organization：ILOAT) に提訴するという事案が生じた (日本出身の尾﨑久仁子判事及び赤根智子判事は、この提訴には何ら関与していない。)。これは、裁判官に相応しくない行為であるとされ、提訴に参加した裁判官に対する締約国の疑念を更に増幅させることになった。

検察局による捜査・訴追プロセスが遅延していたことに加えて、裁判部におけるプロセスも長期化していた。ICC においては未決勾留日数が全て刑期

から差し引かれるため、被告人の側においては裁判プロセスを迅速化するインセンティブがないとされるが、ICC職員も、自らのポストを守るために案件の長期化を望む傾向があり、裁判官も、自らがより長くICCにとどまることを利益と感じ、裁判プロセスを遅延させがちであると評された。実際、任期を終了しても案件を継続する「延長裁判官」の制度が複数の案件について活用されていた。

加えて、特に幹部職にある多くのICC職員が十数年にわたって同じポストにとどまっており、これが組織を停滞化させていると指摘された。

このような状況の下、2018年12月に開催されたASP第17会期において、英国は、「このままではICCに対する各国の信頼が失われてしまう」、「我々は現在の状況を見て見ぬふりをすることはできない」と述べるなど、異例とも言える直截なステートメントを実施し、ICCにおけるガバナンスやプロフェッショナリズムの向上、財政規律の強化などを訴えた[1]。

この英国のステートメントを契機として、その後、有志国の間で、ICCをいかに改革すべきかについての議論が本格化した。この議論はASP全体にも拡大し、ASPは、2019年12月に開催された第18会期において、独立専門家によるレビュー (Independent Expert Review：IER) の実施を決定する決議を採択した。これを受け、ガバナンス、裁判部関連事項及び検察局関連事項の3分野の有識者である9名の外部専門家が任命された。これらの専門家は、2020年1月以降、関係者 (ICC職員、被害者、締約国、市民社会等) から提出された130の意見書を検討し、246名の関係者へのインタビューや日本を含む9の締約国及び54の市民社会代表との意見交換を行い、その結果を同年9月に報告書 (IER報告書) として取りまとめた[2]。

IER報告書は、384の勧告を含む、全体で348頁から成る大部の文書である。この報告書は、関係者の生の声として、「ICC内部には不信と恐怖の文化がある」(パラ62)、「(ICCは) 極めて官僚主義的で、融通が利かず、リーダーシップとアカウンタビリティを欠いている」(パラ63)、「幹部の決定は恣意的であり、一貫性を欠いている」(パラ74)、「何名かの裁判官は貴族のように振る舞い、職員を平民のように扱っている」(パラ74)、「ICCの全ての部局、特に検察局では、いじめやハラスメントが横行している」(パラ209)等の赤裸々で衝撃的な内容を含むものであった。これを受けASPは、2020年12月に開催された第19会期において、IER報告書に含まれる勧告の実施の是非を検討す

るメカニズムの立上げを決定した。ASP は、2021 年以降、主に IER 勧告を検討していく文脈で、特に、①検察局の強化、②裁判部の強化・裁判プロセスの迅速化、③ICC 全体のガバナンスの強化に取り組んでいくこととなった。

Ⅲ　ICC 改革のための ASP の取組

　IER 報告書に盛り込まれた勧告は合計で 384 と膨大であり、ここでその全てを取り扱うことはできないが、以下では、締約国が特に注視し、改革に向けて取り組んできた事項を紹介したい。

1　検察局の強化

　検察局は ICC の全ての業務のトリガーを引く存在であるため、多くの締約国は、新検察官の選出を ICC 改革における最重要事項として位置付けた。検察局が改善すべき事項としては、①職員の基本的な証拠収集能力及び事実認定能力の向上、②予備的検討及び捜査におけるタイムラインの設定、③訴追の実現性も踏まえた案件の選定などの点が指摘されており、IER 報告書もこれらに関する多くの勧告を盛り込んでいるが、当時の検察官の任期は 2021 年 6 月までであり、新検察官の選出プロセスは 2019 年初頭から開始されたため、新検察官の選出に関する締約国の取組は、IER プロセスに先んじて行われた。

　新検察官の選出に関し、締約国がまず取り組んだのは、「検察官選出委員会」を発足させ、適切な候補を選出するためのメカニズムを強化したことである。日本を含む関心国は、2019 年 1 月には、次期検察官の選出のあり方に関する議論を開始し、各国による議論を経て、議長団会合は、同年 4 月に検察官選出に関する Terms of Reference (TOR) を採択した[3]。これは、新検察官候補の検討を十分な時間的余裕を持って行うため、同年 12 月の ASP 会合を待つことなく、議長団会合が ASP に代わって決定したものである。TOR の下で検察官選出委員会が設置され、また、候補者に対してインタビューを実施して候補者の専門知識の有無を確認するため、5 名の「専門家パネル」も設置された[4]。有能な候補の選出を徹底するため、検察官選出委員会によるインタビューに加え、ショート・リストに残った候補者に対しては、締約国及び市民社会の代表による公聴会 (Public Hearing) も開催されることとなった。

その後、検察官選出委員会によるインタビュー及び2回に及ぶ公聴会により人選が行われ、ASPにおける選挙プロセスには4名の検察官候補が参加することとなり、最終的には、2021年2月に開催されたASP第19会期再開会合において、英国出身のカーン候補が検察官に選出された。日本を含む主要な締約国は、ASPによる選挙に先立ち、この4名の候補者との間で個別に意見交換を実施したが、多くの締約国は、意見交換に際し、①検察実務に関する経験、②組織のマネジメント能力、③ICC改革を進める意欲と能力、④外交センスなどの点について各候補者を精査したものとみられる。

ICCにおける最高位のポストは裁判所長、検察官及び書記の3ポストである。当時の裁判所長及び書記はそれぞれナイジェリア及び英国出身であったため、地域バランスを重視する通常の国際機関選挙の相場観からすれば、検察官には、裁判所長及び書記とは異なる国籍の候補を選出するのが通例であるが、それにもかかわらず、検察官に選出されたのは、書記と同じ英国出身のカーン候補であった。これは、カーン候補が特に検察局改革に取り組む意向を十分に示したことにより、上記①～④の資質を有する人物として、締約国から評価されたものと考えられる。

カーン新検察官は、2021年6月に就任した。就任に際する宣誓式において、同検察官は、①ローマ規程の精神に則り、補完性及び独立性を重視し、非締約国に対しても正義のための戦いに参加するよう呼びかけていく、②我々は訴訟で成果を上げなければならない、③効率性を高めるため、改革を実行しなければならないと明言した。その言葉のとおり、カーン検察官は、組織を改編し[5]、幹部職員を交代させ[6]、成果の見通しを踏まえた案件の選択と優先順位付けを行う[7]などの改革措置を次々に実施した。また、「検察局戦略計画2023－2025」[8]においても、第一の戦略目的として、「法廷で成果を出すこと（"Deliver results in the courtroom"）」を明記した。さらには、ICC職員への任期制の導入（以下2(4)参照。）についても積極的な態度を示している。

このように、締約国が大きく懸念していた諸課題は、カーン検察官の下で前向きな進展を示し始めている。今後は、検察局の「戦略文書」に関する議論などを通じ、カーン検察官が導入した措置を制度として定着させていくことが重要であろう。

2 裁判官選出プロセスの強化、裁判プロセスを迅速化させるための措置

締約国は、ICC が目に見える成果を出せるようにするため、検察局の強化と共に、有能な裁判官が選出されるための制度を構築し、また、裁判プロセスを迅速化させるための措置についても議論してきた。

(1) 裁判官選出プロセスの強化

ローマ規程は、有能な裁判官の選出を促進するため、ASP が裁判官指名諮問委員会 (Advisory Committee on nominations of judges：ACN) の設置を決定することができる旨を定めている (第 36 条 4 (a))。これを受け、ASP は、2011 年の第 10 会期において ACN の設置を決定している。同年以降に実施された裁判官選挙に際しては、ACN が候補者に対するインタビューを実施し、その結果を ASP に報告してきた。

このように、ICC における裁判官の選出プロセスは、国際司法裁判所 (ICJ) や国際海洋法裁判所 (ITLOS) の選挙制度とは異なるユニークなものであるが、ICC 改革の機運の中で、ICC 裁判官の選出プロセスのガバナンスを更に強化すべきとの議論が行われた。この結果、ASP は、2019 年の第 18 会期において、ACN の機能の一層の強化など、裁判官の指名・選出手続を見直すとする決議を採択した[9]。この決議の下で、ACN は、候補者に対し、詳細な質問事項 (刑事裁判案件を処理した経験、国際公法に関する業務経験等) を統一的に質問すべきこととなり、また、各候補者に対し、「highly qualified」から「not qualified」までの 4 段階評価のいずれかを付与することとなった。さらに、候補者に対しては、ACN によるインタビューに加えて、締約国や市民社会の代表が参加する公開討論会 (public roundtable discussions) も実施されることとなった。これらの措置も、検察官の選出と同様に、その重要性に鑑み、IER プロセスに先立って実施されたものである。

この結果、ICC 裁判官に選出されるためには、十分な実務経験に加えて、公開の場における討論において自らの経験等を英仏いずれかの言語で十分にプレゼンする能力が求められることとなった。ICC 裁判官は、英語 (又はフランス語) を母国語としない国の候補にとっては、よりハードルが高いものとなったものと言えよう。

なお、ローマ規程上、ICC 裁判官は、刑事法・刑事手続に関する能力等を有する裁判官 (いわゆる「リスト A 裁判官」) と国際人道法・人権に関する法等

の国際法に関する能力等を有する裁判官（「リストB裁判官」）の二つのカテゴリーから成るが、裁判官の資質を議論する過程においては、有罪判決を生み出すことを重視する観点から、リストA裁判官こそが重要であり、リストB裁判官は廃止すべきとの議論も一部で行われた。しかしながら、実際問題として、ICCは免除などの国際公法の論点を取り扱わざるを得ず、裁判官にはICJ判決や国連安保理決議などに関する知識も必須のものであることから、リストB裁判官廃止論は多くの国の支持を得るものとはならなかった。

（2）裁判プロセスにおけるタイムラインの導入等

　裁判プロセスを迅速化させるためには、予審裁判を含む各プロセスにおいて適切なタイムラインを導入し、例外的なケースについてはASPに報告を求めるなどの制度を導入することが有益である。国際的な注目を浴びたバグボ及びブレ・グデ事件[10]においては、第一審裁判部が口頭で無罪判決を言い渡した後、判決文の発出まで6か月の期間を要したが、これは、タイムラインの欠如が裁判プロセスを長期化させた一例である。また、裁判文書が著しく長大化しないように、文書の分量に関するルールを厳守することも重要である。締約国は、IERプロセスにおいてこれらの事項を指摘し、裁判部に対して検討を求めてきた。

　裁判プロセスの迅速化は、2010年のASP第9会期で設置された「ガバナンス問題スタディ・グループ（Study Group on Governance：SGG）」においても議論されてきており、裁判部においても、毎年のリトリートで議論した結果、2019年版の「裁判部実践マニュアル（Chambers Practice Manual）」には定量的なタイムラインのターゲットも設定されていた。しかしながら、このタイムラインは、必ずしも遵守されていなかった。

　しかしながら、IER報告書がこの点を指摘し、締約国も折に触れて問題提起を行った結果、2023年に策定された「ICC戦略計画2023－2025」は、上記のマニュアルに記されたタイムラインをkey performance indicatorとして記しており、この遵守が裁判プロセスの迅速化に大きく進展させるものであると明記している[11]。これは、裁判官の側においてもタイムラインの意識が浸透しつつあることの証左であるものと思われる。今後、締約国との意見交換等を通じてタイムラインが精緻化され、裁判官の遵守意識が更に強化され、裁判プロセスが迅速化されていくことが期待される。

(3) 裁判官欠員問題への対処

　締約国は、裁判プロセスを迅速化させるための措置に加えて、裁判プロセスを遅延させないための措置についても議論してきた。この議論の結果を受け、ASPは、2022年及び2023年の第21回及び第22回会期において、裁判官が欠員となった場合に対処するための措置を定めた手続証拠規則の改正をそれぞれ採択している。

　ローマ規程は、「第一審裁判部のすべての裁判官は、公判の各段階に出席し、及び評議に終始参加する。」(第74条1第一文)と定めている。この規定の下で、従来は、第一審において病気や事故などの理由で裁判官が一時的に審理に参加できなくなる場合には、その問題が解決するまで審理を再開することはできないと解されており、また、病気や事故などの理由で裁判官に恒久的な欠員が生じる場合には、審理を初めからやり直す必要があるものと解されていた。

　しかしながら、この解釈の下では、病気や事故などの理由によって一時的であれ恒久的であれ裁判官に欠員が生じた場合には、審理手続は遅延することとなる。特に、審理の後半において恒久的に欠員が生じる場合には、審理手続は大幅に遅延せざるを得ない。このような裁判プロセスの長期化は、ローマ規程に定める、被告人が不当な遅延のない裁判を受ける権利(第67条1(c))を侵害するおそれがある。裁判官の病気や事故はいつでも生じ得るものであり、被害者の権利保護の観点からも裁判プロセスの長期化はできる限り回避すべき事態である。特に赤根判事が本件を解決すべき必要性を様々な機会に強調してきたこともあり、日本を含む締約国は、この問題への対処を優先事項の一つとして議論することとなった。

　ローマ規程は、裁判官欠員問題に対処するための措置を一応は設けている。すなわち、第74条1第二文は、いわゆる補充裁判官の制度(裁判官が不在となった場合に備えて、担当の裁判官とは別の裁判官が公判に出席して議論を傍聴するという制度)を設け、裁判官に欠員が生じた場合には補充裁判官がこれを代替することを想定している。しかしながら、補充裁判官は、何ら発言を行うことなく公判の全段階に出席することが求められていることから、補充裁判官を務める裁判官にとって大きな負担となるものである。このため、今まで補充裁判官が任命された例は存在しておらず、今後も任命することは困難と考え

られる。ICC 自身も、補充裁判官の任命は現実的ではないとしている。

この問題に対処する上では、理論的には、上記のローマ規程第 74 条 1 第一文を改正するというオプションも存在する。しかしながら、ローマ規程（第 121 条 4）によれば、ローマ規程第 74 条 1 の改正の発効には全締約国の 8 分の 7、すなわち、2024 年 2 月時点（締約国数は 124 か国）では 109 か国による締結が必要であるが、仮に改正案に合意が得られ採択されたとしても、近い将来 109 か国がその改正を締結することはおよそ現実味がない。したがって、このオプションは理論的には存在するものの、現実問題としては問題を解決し得ないものである。

これらの点を踏まえて締約国間で議論を重ねた結果、以下のとおり対処することとなった。

第一に、裁判官に一時的な欠員が生じた場合の対応については、手続証拠規則を改正（新たな規則 140bis を追記）し、裁判当事者の同意等、一定の条件を満たす限りにおいて、残りの裁判官のみで審理を継続し得ることとした。この手続規則の改正は、2022 年の ASP 第 21 会期において採択された[12]。

上記のローマ規程第 74 条 1 の趣旨は、裁判部の裁判官が、審理で提出された証拠等について最も高い水準の情報と知識を有することを確保することにあると解され、この趣旨を逸脱しない限り、同条を柔軟に解釈して運用することは否定されないと考えられる。過去においても、新たな手続証拠規則を採択することによってローマ規程を柔軟に解釈することとした事例があり[13]、手続証拠規則 140bis の追記は、この考えに基づくものである。

第二に、裁判官に恒久的な欠員が生じた場合の対応については、手続証拠規則を改正（新たな規則 140ter を追記）し、①全ての被告人の同意を得た上で、欠員となった裁判官に代わる裁判官（代替裁判官）を任命し、残りの裁判官が代替裁判官と共に審理を継続できることとし、また、②全ての被告人が同意しない場合であっても、残りの裁判官は、裁判の利益に資すると認める場合には、代替裁判官と共に審理を継続することを決定できることとした。この手続規則の改正は、2023 年の ASP 第 22 会期において採択された[14]。

また、ASP は、第 22 会期において、上記の手続証拠規則 140ter の追記を採択するとともに、裁判部の構成を定めるローマ規程第 39 条 2(b) も改正し、手続証拠規則によって裁判官を代替し得ることを明確にした[15]。ローマ規程の改正手続には以下の三種類があるが、第 39 条 2 の改正は以下の②に該当

する改正であり、いわゆる機関決定として、2024年6月13日に我が国を含む全締約国について効力を生じることとなった。

【ローマ規程改正の3類型】
①対象犯罪に関する規定（第5条から第8条までの規定）の改正（第121条5参照）
　これらの規定の改正は、当該改正の締約国のみについて、当該改正の締結の一年後に効力を生じる。
②専ら制度的な性質を有する規定の改正（第122条参照）
　これらの規定の改正は、ASP等による採択の6ヶ月後、全ての締約国について効力を生じる。（第39条2は、「専ら制度的な性質を有する規定」の一つとして、第122条に明記されている。）
③上記①及び②以外の改正（第121条4参照）
　これらの規定の改正は、ローマ規程の全締約国の8分の7による締結の一年後、全ての締約国について効力を生じる。

(4) ICCの職務環境全般の改革

　上記Ⅱで述べたとおり、2020年9月に公表されたIER報告書は、ICCの職務環境が極めて厳しい状況にあり、リーダーシップやアカウンタビリティを欠いているのみならず、いじめやハラスメントが横行していることを指摘している。これらの根源には、極めて多くの職員が長期間同じポストにとどまっているため職員に流動性がなく、多くの職員にとって現状を維持することが自己目的化しているとの要因が存在するものと思われる。

　このため、IERプロセスにおいて、日本などの主要な締約国は、国際原子力機関（IAEA）、化学兵器条約禁止機関（OPCW）、包括的核実験禁止機関（CTBTO）準備委員会と同様に、ICCの職員にも任期制限を導入すべきと強く主張した。この結果、IER報告書は、P5以上の新規採用職員の最長雇用期間を5年から9年までとする任期制限の制度をできるだけ早期に導入すべきと勧告した（勧告105）。任期制限の対象を「P5以上の」「新規採用職員」に限定したのは、前者については、組織の運営に責任を有する幹部のみを対象として職員一般からの反発を抑え、後者については、ILOATへの提訴を回避するためと思われる。

　これを受け、ASPは、2020年12月に開催された第19会期において、裁判

所側に対し、任期制を導入するための措置を検討して2021年5月末までにASPに報告することを求める決議を採択[16]し、2021年から任期制の導入の可否について議論を開始した。このプロセスにおいて、裁判所側は、当初、任期制の導入に大きな抵抗を示し、ASP決議にもかかわらず、求められた報告書を2022年4月まで作成しなかった。ようやく作成された報告書も、①任期制の導入に伴う問題点（職員の採用等に伴う必要経費の増加、職員の異動に伴うinstitutional memoryの喪失等）を強調し、②任期制の導入はアンダーレップ国出身者や女性の雇用促進にはつながらないと強調し、③任期制の導入に必要な措置（職員規則の改正、任期の期間、「例外」許容の是非等）については何らの検討も行わないものであった。

しかしながら、締約国側は、任期制の導入なくしては、人事異動の停滞をなくし、組織を再活性化させ、いじめやハラスメントを撲滅することはできないと主張した。その結果、ASPは、2022年12月に開催された第21会期において、任期制の導入に関するIER勧告105をエンドースするとともに、裁判所に対し、任期制を導入するために必要な提案を作成するよう求める決議を採択した[17]。

これを受けて、ようやく裁判所側も、任期制を導入するための措置についての検討を開始し、①任期制の対象はP5及びD1の新規採用の職員とする（ただし、現在雇用されている職員も、契約更改時には対象とする。）、②任期の長さは7年とする、③任期は、職員個人ではなくポストに紐付ける（したがって、7年を経過した職員が他のポストに応募することは可能。）、④限定的な場合には例外を許容するなどを内容とする提案を作成した。その後の議論の結果、ASPは、2023年12月に開催された第22会期において、任期制を2025年1月1日から実施することを決定する決議を採択した[18]。

IV　侵略犯罪

最後に、侵略犯罪の扱いについて一言触れたい。ウクライナ事態については、ICCは締約国の付託により、検察官が集団殺害犯罪、人道に対する犯罪及び戦争犯罪の捜査を開始しているが、侵略犯罪については、ロシアもウクライナもローマ規程及びカンパラ改正の締約国ではないため、ICCは管轄権を有していない。そのため、ウクライナは、侵略犯罪を裁くためのアドホッ

クな特別法廷の設置を求め、欧州を中心とする関係国の間で議論されている。

同時に、ドイツのベアボック外相は、2023年1月のスピーチにおいて、侵略犯罪についても、他の3つの犯罪と同様に、被害国が締約国であればICCが管轄権を行使できるようにローマ規程を改正することを提唱した[19]。同外相は、これは新しいアイデアではなく、カンパラ会議当時にアフリカ・南米諸国が行っていた主張であり、当時は大多数の支持を得られなかったが、ロシアによるウクライナ侵略を機に、それに向けて支持を積み重ねれば実現できると説く。カンパラ改正でさえ締約国は45か国にとどまる中で、カンパラ会議で激論となった侵略犯罪の管轄権のハードルを下げるこの案は、実現に向けて多くの困難が待ち受けることは想像に難くない。しかし、これは、ICCがあるべき理想に向けて発展していかなければ、ICCの限界を補う手法として特別法廷の設置が続出し、常設の国際刑事裁判所として設立したICCの存在意義が損なわれかねないという危機感を反映するものであると言える。

ASPは、2023年12月に開催された第22会期において、改めて、2025年に予定するカンパラ改正のレビューを想起する旨を決議に盛り込んだ[20]。このレビューへの焦点の当て方には、ASP参加国の間でも積極派と慎重派で意見が分かれており、今後の展開が注目される。

V　おわりに

上述のとおり、ICCは、2018年から2020年にかけて、国際社会から厳しい批判を受け、さらには米国による制裁措置を受けるという極めて困難な状況に直面したが、その経験を経て、締約国とICCは課題を特定し、具体的な改革を進めた。国際社会がICCへの期待を再び高めることとなった直接の契機は、2022年2月のロシアによるウクライナ侵略であったが、これに先立って改革に関する議論が進展し、具体的な成果が得られ始めていたことは、ICC及び国際社会にとって幸いであった。2023年12月現在、ICCは合計19件の事案を同時並行的に扱っており、ウクライナ事態の捜査を始め、国際社会からICCに注がれる期待はかつてなく大きい。

ICCは、ICJやITLOSとは異なり、裁判部のみならず書記局及び検察局を有している。ICCは、司法機関であると同時に国際機関である。締約国は、司法の独立の観点から、検察局や裁判部が行った個別の案件における判断へ

の評価については、原則として ICC の独立性を尊重した態度をとるべきであるが、組織のマネジメントについては、積極的に関与していくべき立場にあろう。

　ICC は、普遍的な国際刑事裁判所を目指すべきである。ローマ規程の締約国は、2024 年 2 月時点で 124 か国であり、歩むべき道は今なお遠い。特に、国連のアジア・太平洋地域グループには 55 か国が所属するにもかかわらず、同地域の締約国はわずか 19 か国にとどまっており、同地域の締約国の増加が強く望まれる。アジア太平洋地域出身の裁判官は、2007 年以降、日本及び韓国出身の裁判官 2 名であったが、2023 年の裁判官選挙によって新たにモンゴル出身の裁判官が選出されて計 3 名となった。これは歓迎すべき一歩である。

　常設の国際刑事裁判所を運営し、その信頼性を高めることによって更に多くの締約国を獲得していくことは、国際社会が初めて挑戦する課題である。多くの困難が伴うことはむしろ当然であろう。国際社会全体の関心事である最も重大な犯罪の不処罰をなくす普遍的な国際刑事裁判所として十全に機能するという「理想」に対して、国益の最大化のために行動する主権国家がローマ規程の締約国にならなければ普遍的な国際刑事裁判所にはなれないという「現実」をどう近づけていくか。即効性のある打開策はない。しかし、少なくとも、ICC が国際社会から信頼される国際司法機関・組織であり続けなければ、ICC が目指す理想への共感、さらには、その実現のための具体的行動が、国際社会で更に広がることは期待できないであろう。

　これまでの ICC の改革努力が少しずつ成果を上げていることは喜ばしい。米国が ICC への協力姿勢に転換したことも、ICC にとって「追い風」である。しかし、この追い風はロシアによるウクライナ侵略がもたらしたものであり、ICC 自身が生み出したものではない。他力によって生まれた風向きはまた変わるかも知れない。そのことを意識し、ICC が、捜査や裁判で質・量ともに信頼される実績を積み上げ、また、更に組織改革を進めて信頼される組織になっていくことによって、ICC 自らが自身への追い風を生み出すことが今後は一層重要であろう。ASP には、そのために締約国として必要な役割を果たしていくことが求められる。

　日本は、単に ICC の最大拠出国であるだけでなく、いや、最大拠出国であるからこそ、他の主要ドナー国と密接に連携しつつ、ASP において、ICC

改革の議論に積極的に貢献してきた。2024年1月、上川陽子外務大臣は、日本の外務大臣として初めてICCを訪問することによって、「法の支配」と「人間の尊厳」に対するICCの貢献への日本の支持を示した[21]。さらに、同年3月、赤根智子判事が日本人として初めてICC所長に就任した。ICCが引き続き国際社会からの信頼を高め、多くの非締約国が参加する環境を作るために、日本が一層の貢献を果たしていく必要性は今後も増していく。

【注】

1　https://asp.icc-cpi.int/sites/asp/files/asp_docs/ASP17/GD%20UK%2005-12-2018.pdf.
2　https://asp.icc-cpi.int/sites/asp/files/asp_docs/ASP19/IER-Final-Report-ENG.pdf.
3　https://asp.icc-cpi.int/sites/asp/files/asp_docs/ASP18/ICC-ASP-18-INF2-ENG-11Apr19-1600.pdf.
4　我が国の野口元郎・元ICC被害者信託基金理事長も、専門家の一人に就任した。
5　当時存在していた訴追部、捜査部、管轄権・補完性・協力部の3つの部を解体し、予備的検討から捜査及び公判までを統一したチームで実施するように案件を振り分けた。
6　ICC設立以降長年勤務していた部長を交代させた。
7　17年間継続していたコロンビアの事態に関する予備的検討等を終了させ、代わりに、ベネズエラでの捜査開始等を決定した。
8　https://www.icc-cpi.int/sites/default/files/2023-08/2023-strategic-plan-otp-v.3.pdf.
9　https://asp.icc-cpi.int/sites/asp/files/asp_docs/ASP18/ICC-ASP-18-Res4-ENG.pdf.
10　コートジボワールのバグボ (Laurent Gbagbo) 前大統領は、2010年の大統領選において敗北を認めず、約3,000人の死者が出た騒乱を生じさせたとして、人道に対する罪に問われていた。2019年1月、第一審裁判部は、口頭で無罪判決を言い渡したが、判決文が発出されたのは同年7月であった。
11　https://www.icc-cpi.int/sites/default/files/2023-08/2023-strategic-plan-icc-v.2.pdf.（パラ33、Annex II Goal 1。）
12　https://asp.icc-cpi.int/sites/default/files/2022-12/ICC-ASP-21-Res5-ENG.pdf.
13　ローマ規程第39条2 (b) (ii) は、「第一審裁判部の任務は、第一審裁判部門の三人の裁判官が遂行する。」と定めているが、手続証拠規則132bisの追記によって、公判に向けた事件の準備に係る一定の任務については1名以上の裁判官によって遂行することができることとした。この改正は、2012年のASP第11会期において採択された (https://asp.icc-cpi.int/sites/asp/files/asp_docs/Resolutions/ASP11/ICC-ASP-11-Res2-ENG.pdf 参照。) また、ローマ規程第63条1は、「被告人は、公判の間在廷するものとする。」と定めているが、手続証拠規則134bisの追記によって、被告人のビデオによる公判への参加であっても在廷しているものと見なすこととした。この改正は、2013年のASP第12会期において採択された (https://asp.icc-cpi.int/sites/asp/files/asp_docs/Resolutions/ASP12/

ICC-ASP-12-Res7-ENG.pdf 参照。）

14　https://asp.icc-cpi.int/sites/default/files/asp_docs/ICC-ASP-22-Res1-AV-ENG.pdf.
15　https://asp.icc-cpi.int/sites/default/files/asp_docs/ICC-ASP-22-Res2-AV-ENG.pdf.
16　https://asp.icc-cpi.int/sites/asp/files/asp_docs/ASP19/ICC-ASP-19-Res6-ENG.pdf の本文パラ 124 及び Annex I のパラ 13.（b）参照。
17　https://asp.icc-cpi.int/sites/asp/files/2022-12/ICC-ASP-21-Res4-ENG.pdf のパラ 2 参照。
18　https://asp.icc-cpi.int/sites/default/files/asp_docs/ICC-ASP-22-Res7-AV-ENG.pdf.
19　ドイツ外務省 HP https://www.auswaertiges-amt.de/en/newsroom/news/strengthening-international-law-in-times-of-crisis/2573492.
20　https://asp.icc-cpi.int/sites/default/files/asp_docs/ICC-ASP-22-Res3-AV-ENG.pdf.
21　上川外務大臣は ICC を訪問し、ホフマンスキ所長とカーン検察官とそれぞれ会談した。概要は外務省 HP（ホフマンスキ所長との会談 https://www.mofa.go.jp/mofaj/ila/ila/pageit_000001_00185.html、カーン検察官との会談 https://www.mofa.go.jp/mofaj/ila/ila/pageit_000001_00186.html）参照。

資　料

国際刑事裁判所組織図

ICC 事態・事件一覧（2024 年 3 月 12 日現在）

ICC における手続の流れ

受理許容性審査の流れ

判例一覧

国際刑事裁判所組織図

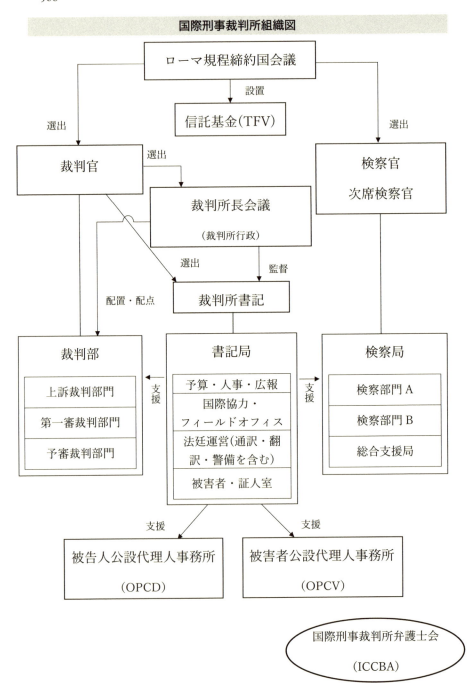

ICC 事態・事件一覧（2024 年 3 月 12 日現在）

（同日付 The Court Today, ICC-PIOS-TCT-01-138/24_Eng の抄訳。なお、原文では不明確な表現や用語の不統一があるが、原則として、修正は加えていない。）

1. ウガンダの事態

2003 年 12 月にウガンダ政府によって付託。2004 年 7 月に捜査開始。2023 年 12 月 1 日、検察官は、ウガンダの事態における捜査段階は終了したと発表。

①ジョセフ・コニー（公判前段階）

神の抵抗軍（LRA）のトップメンバーであるジョセフ・コニーは、2002 年 7 月以降ウガンダで行われたとされる人道に対する犯罪と戦争犯罪について嫌疑をかけられている。同被疑者は ICC の拘禁下にない。この事件にはラスカ・ルクウィヤ、オコット・オディアンボ及びヴィンセント・オッティも関与していたが、彼らの死去により手続は終了された。2024 年 3 月 4 日、予審裁判部は、ジョセフ・コニーが出頭しなければ同人の立会いなしで犯罪事実確認のための審理を行うことを求める検察官の要請に関する決定を出し、同審理の日程を 2024 年 10 月 15 日の開始と設定した。

②ドミニク・オングウェン（賠償段階）

2021 年 2 月 4 日、LRA のシニア旅団の元旅団長ドミニク・オングウェンは、2002 年 7 月 1 日から 2005 年 12 月 31 日の間にウガンダ北部で行った 61 件の人道に対する犯罪と戦争犯罪で有罪判決を受けた。2021 年 5 月 6 日、第一審裁判部は 25 年の拘禁刑を言い渡した。2022 年 12 月 15 日、上訴裁判部は有罪及び量刑を確定した。現在、被害者に対する賠償手続が進行中である。2023 年 12 月 18 日、オングウェンは拘禁刑に服するためノルウェーに移送された。2024 年 2 月 28 日、第一審裁判部は、被害者に対する賠償命令を発した。

2. コンゴ民主共和国の事態

2004 年 4 月にコンゴ民主共和国政府によって付託。2004 年 6 月に捜査開始。

①トーマス・ルバンガ・ディロ（賠償段階）

2012 年 3 月 14 日、トーマス・ルバンガ・ディロは、2002 年 9 月から 2003 年 8 月の間に、15 歳未満の子どもをコンゴ解放愛国軍に志願に基づいて編入し及び強制的に徴集し、並びに、敵対行為に積極的に参加させたという戦争犯罪の共同正犯として有罪判決を受けた。2012 年 7 月 10 日、14 年の拘禁刑が言い渡された。2014 年 12 月 1 日、上訴裁判部は判決と量刑を確定した。2012 年 8 月 7 日、第　審裁判部は被害者に対する賠償のための原則及び手続に関する決定を出した。2015 年 3 月 3 日、上訴裁判部は第一審裁判部の賠償命令を修正し、被害者信託基金（TFV）に対し、集団賠償の実施計画案を第一審裁判部に提出するよう指示した。2016 年 10 月 21 日、第一審裁判部は象徴的な集団賠償のための TFV の計画を承認し、実施開始を命じた。2017 年 12 月 15 日、裁判部はルバンガの集団賠償責任額を 10,000,000 米ドルとした。この決定は 2019 年 7 月 18 日に上訴裁判部により支持された。2015 年 12 月 19 日、ルバンガは刑に服するためコンゴ民主共和国の刑務所に移送され、2020 年 3 月 15 日に刑を終えた。

②ジェルマン・カタンガ（賠償段階）

2014 年 3 月 7 日、ジェルマン・カタンガは、2003 年 2 月 24 日にイトゥリ地方のボゴロ村を攻撃した際に行われた、1 件の人道に対する犯罪（殺人）と 4 件の戦争犯罪（殺人、文民たる住民を攻撃すること、財産の破壊、略奪）の従犯として有罪判決を受けた。その他

の犯罪事実については無罪となった。2014年5月23日、12年の拘禁刑が言い渡された。2014年6月25日、弁護側と検察側は判決及び量刑に対する上訴を取り下げた。2015年11月13日、上訴裁判部の3人の裁判官がカタンガの刑を再審査し、減刑を行った。2015年12月19日、カタンガは刑に服するためコンゴ民主共和国の刑務所に移送され、2016年1月18日に刑を終えた。2017年3月24日、第一審裁判部は被害者に対する個別及び集団賠償を命じた。カタンガが困窮していたため、TFVは賠償のためにその資金を使うことを検討し、実施計画を提出するよう求められた。2018年3月8日、上訴裁判部は賠償命令の大部分を支持した。

③マチュー・ングジョロ・チュイ（無罪確定）

マチュー・ングジョロ・チュイは、2003年2月24日にイトゥリ地方のボゴロ村を攻撃した際に行われたとされる3件の人道に対する犯罪と7件の戦争犯罪について、2012年12月18日に無罪判決を受けた。2012年12月21日、彼は釈放された。2015年2月27日、上訴裁判部は無罪判決を確定した。

④ボスコ・ンタガンダ（賠償段階）

2019年7月8日、第一審裁判部は、2002年から2003年にイトゥリで行われた18件の戦争犯罪と人道に対する犯罪について、ボスコ・ンタガンダを有罪と認定した。2019年11月7日、30年の拘禁刑が言い渡された。2021年3月30日、上訴裁判部は有罪判決と量刑を確定した。2021年3月8日、第一審裁判部は賠償命令を発した。2022年9月12日、上訴裁判部は、第一審裁判部が新たな賠償命令を発するよういくつかの問題を差し戻した。2023年7月14日、第一審裁判部は2021年3月8日の賠償命令に対する補遺を発した。2022年12月14日、同人は刑に服するためベルギーに移送された。

⑤カリクステ・ムバルシマナ（犯罪事実の確認拒否）

ルワンダ解放民主軍-アバクングジ戦闘部隊の事務局長とされるカリクステ・ムバルシマナは、2009年にキブスで行われたとされる人道に対する犯罪と戦争犯罪で訴追された。2011年12月16日、予審裁判部は犯罪事実の確認を拒否した。2011年12月23日、彼は釈放された。2012年5月30日、この決定は上訴審で支持された。

⑥シルベストレ・ムダクムラ（公判前段階）

FDLR-FCAの最高司令官とされるシルベストル・ムダクムラは、キブスにおいて2009年1月20日から2010年9月末にかけて行われたとされる9件の戦争犯罪について嫌疑をかけられている。同被疑者はICCの拘禁下にない。

3. スーダン、ダルフールの事態

2005年3月31日の国連安全保障理事会決議1593号により付託。2005年6月に捜査開始。

①アリ・ムハンマド・アブド＝アル＝ラフマーン（公判段階）

アリ・ムハンマド・アリ・アブド＝アル＝ラフマーンに対する、2007年4月27日に発付された最初の逮捕状と、2020年6月11日に公表された第二の逮捕状には、ダルフール（スーダン）で行われたとされる53件の戦争犯罪及び人道に対する犯罪が記載されている。同人は、中央アフリカ共和国での自発的投降後、2020年6月9日にICCの拘置所に移送された。ICCへの初出頭は2020年6月15日に行われた。2021年7月9日、予審裁判部は、すべての犯罪事実を確認した。2022年4月5日、第一審裁判部で公判が開始された。

②アフマド・ムハンマド・ハルン（公判前段階）

アフマド・ハルン元スーダン内務大臣は、2003年と2004年にダルフールで行われたと

される人道に対する犯罪と戦争犯罪について嫌疑をかけられている。同被疑者は裁判所の拘禁下にない。

③オマール・ハサン・アハマド・アル・バシール（公判前段階）

オマル・アル・バシール元スーダン大統領は、2003年から2008年にかけてスーダンのダルフールでファー、マサリット、ザガワの各民族集団に対して行われたとされる、5件の人道に対する犯罪（殺人、絶滅させる行為、強制移送、拷問、強姦）、2件の戦争犯罪（文民たる住民それ自体又は敵対行為に〔直接〕参加していない個々の文民を故意に攻撃すること、略奪）、及び3件のジェノサイドで訴追されている。同被疑者はICCの拘禁下にない。

④バハール・イドリス・アブ・ガルダ（犯罪事実の確認拒否）

統一抵抗戦線の議長兼軍事作戦総調整官であるバハール・イドリス・アブ・ガルダは、スーダンのアフリカ連合（AU）平和維持ミッションに対する2007年9月29日の攻撃における3件の戦争犯罪で訴追された。2010年2月8日、予審裁判部は証拠不十分により、犯罪事実の確認を拒否した。

⑤アブダラ・バンダ・アバカエル・ヌウラン（公判段階）

アブダラ・バンダは、2007年9月29日にスーダンのAU平和維持ミッションに対して行われた攻撃における3件の戦争犯罪（既遂か未遂かにかかわらず、殺人という形で生命に対し害を加えること、平和維持活動に係る要員、施設、物品、組織又は車両を故意に攻撃すること、略奪）について裁判中である。この事件には、サレハ・モハメッド・ジャーボ・ジャムスが関与していたが、2013年10月4日、彼が死去したことにより、彼に対する手続は終了した。2014年9月11日、第一審裁判部はバンダに対する逮捕状を発付し、公判期日を取り消し、その領域内にバンダが所在する可能性のあるいかなる国に対しても、逮捕及び引渡しの請求を送付するよう書記局に指示した。2015年3月3日、召喚状を逮捕状に置き換えた同決定に対するバンダの上訴は却下された。

⑥アブデル・ラヒーム・ムハンマド・フセイン（公判前段階）

元スーダン国防相、元内務大臣、元スーダン大統領ダルフール特別代表であるアブデル・ラヒーム・ムハンマド・フセインは、2002年以降ダルフールで行われたとされる7件の人道に対する犯罪（迫害、殺人、強制移送、強姦、非人道的な行為、拘禁または自由の著しい剥奪、拷問）及び6件の戦争犯罪（殺人、文民たる住民に対する攻撃、財産の破壊、強姦、略奪、個人の尊厳の侵害）で訴追されている。同被疑者はICCの拘禁下にない。

4. 中央アフリカ共和国の事態

2004年12月に中央アフリカ共和国によって付託。2007年5月に捜査開始。2022年12月16日、検察官は、中央アフリカ共和国の事態における捜査段階は終了したと発表。

①ジャン＝ピエール・ベンバ・ゴンボ（事件終了）

2018年6月8日、上訴裁判部は過半数をもって、2002年10月26日頃から2003年3月15日にかけて中央アフリカで行われたとされる戦争犯罪及び人道に対する犯罪につき、コンゴ解放運動（Mouvement de libération du Congo）の議長兼司令官とされる被告人を無罪とする決定を下した。

②ジャン＝ピエール・ベンバ・ゴンボ、エメ・キロロ・ムサンバ、ジャン＝ジャック・マンゲンダ・カボンゴ、フィデール・ババラ・ワンドゥ、ナルシセ・アリド（上訴段階）

2016年10月19日、被告人らは、ベンバに対する①事件において、故意に証人を買収し、弁護側証人の虚偽証言を勧誘したことに関連する裁判の運営に反する犯罪で有罪となっ

た。2017年3月22日、第一審裁判部は量刑を言い渡した。2018年3月8日、上訴裁判部はほとんどの犯罪事実について有罪判決を確定した。しかし、当事者が虚偽または偽造と知っている証拠を提出した罪については、ベンバ、キロロ、マンゲンダに無罪を言い渡した。5人の被告人に関する有罪判決及び無罪判決は、現在確定している。量刑に関して上訴裁判部は、ベンバ、ババラ、アリドの上訴を棄却し、ババラ、アリドに対する量刑は確定した。しかし上訴裁判部は、ベンバ、マンゲンダ、キロロに対する量刑を破棄し、問題を第一審裁判部に差し戻した。新たな決定は2018年9月17日に下された。2018年6月12日、第一審裁判部は特定の条件下でのベンバの暫定的な釈放を命じた。拘禁刑は執行された。

5. 中央アフリカ共和国の事態 II
2014年5月30日、中央アフリカ共和国は、2012年8月1日以降に同国で行われたとされる犯罪に関して付託。2014年9月24日、捜査開始。2022年12月16日、検察官は、その時点でICCに係属中の諸事件を除いて、捜査段階は終了したことを発表。

①アルフレッド・イェカトム及びパトリス・エドゥアール・ンガイッソナ（公判段階）
2019年12月11日、予審裁判部はアルフレッド・イェカトム及びパトリス＝エドゥアール・ンガイッソナに対する戦争犯罪及び人道に対する犯罪の犯罪事実を部分的に確認した。公判は2021年2月16日から18日にかけて第一審裁判部で開始された。

②マハマト・サイード・アブデル・カニ（公判段階）
マハマト・サイード・アブデル・カニは、2013年にバンギで行われたとされる戦争犯罪及び人道に対する犯罪の容疑で、2021年1月24日にICCに引き渡された。ICCへの最初の出頭は2021年1月28日と29日に行われた。2021年12月9日、予審裁判部は、人道に対する犯罪及び戦争犯罪の犯罪事実を部分的に確認した。公判は2022年9月26日に開始された。

③マキシム・ジョフロワ・エリ・モコム・ガワカ（犯罪事実撤回）
マキシム・ジョフロワ・エリ・モコム・ガワカは、少なくとも2013年12月5日から少なくとも2014年12月の間に中央アフリカ共和国の様々な場所で行われたとされる戦争犯罪及び人道に対する犯罪の容疑で、2022年3月14日にICCに引き渡された。2023年10月17日、予審裁判部は、犯罪事実の撤回を検察側が通知したことを受け、本件における手続を終了した。モコムは同日、釈放された。

④マハマト・ヌラディン・アダム（逃亡中）
2022年7月28日、予審裁判部は、戦争犯罪及び人道に対する犯罪について、マハマット・ヌラディン・アダムに対する逮捕状の公開編集版を発付した。逮捕状は当初、2019年1月7日に封印されて発付されていた。同被疑者はICCの拘禁下にない。

6. ケニアの事態
2010年3月31日、予審裁判部は検察官に対し、ケニア共和国における2007年から2008年にかけての選挙後の暴力に関連して、同国の事態に関する捜査の開始を許可。2023年11月27日、次席検察官は、ケニアの事態における捜査段階は終了したと発表。

①ウィリアム・サモエイ・ルト及びジョシュア・アラップ・サン（事件終了）
ウィリアム・サモエイ・ルトとジョシュア・アラップ・サングに対しては、ケニアにおける2007年から2008年にかけての選挙後の暴力の文脈で行われたとされる3件の人道に対する犯罪について裁判が行われていた。2016年4月5日、第一審裁判部は彼らに対する事件を終了した。

②ウフル・ムイガイ・ケニヤッタ（犯罪事実撤回）
　ウフル・ケニヤッタについては、ケニアにおける2007年から2008年にかけての選挙後の暴力の文脈で行われたとされる5件の人道に対する犯罪について裁判が行われていた。2015年3月13日、第一審裁判部はこの事件の手続を終了し、ケニヤッタに対する召喚状を無効化した。
③ウォルター・オサピリ・バラサ（公判前段階）
　ウォルター・オサピリ・バラサは、3件の裁判の運営に対する犯罪、すなわち、3人のICC側証人を買収した、又は買収しようと試みたことで訴追されている。同被疑者は裁判所の拘禁下にない。
④フィリップ・キプコエチ・ベット（公判前段階）
　フィリップ・キプコエチ・ベットは、裁判の運営に対する犯罪である証人の買収の嫌疑をかけられている。ICCへの最初の出頭は2020年11月6日に行われた。ベットはICCの拘禁下にない。
⑤ポール・ギチェル（事件終了）
　ポール・ギチェルは、裁判の運営に対する犯罪である証人の買収の嫌疑をかけられた。公判は2022年2月15日に開始され、2022年6月27日に最終陳述が行われた。2022年10月14日、第一審裁判部は、ギチェルの死去を確認し、彼に対する手続を終了した。

7. リビアの事態
　2011年2月26日、国連安全保障理事会は決議1970号により、2011年2月15日以降のリビアの事態を付託。2011年3月3日に捜査開始。
①サイフ・アル＝イスラム・ガダフィ（公判前段階）
　サイフ・アル＝イスラム・ガダフィは、2011年2月15日から少なくとも同月28日にかけてリビア全土で行われたとされる、2件の人道に対する犯罪（殺人及び迫害）で訴追されている。2013年5月31日、予審裁判部は、受理許容性についてのリビアの異議申立てを却下し、リビアに対し、ガダフィをICCに引き渡す義務を喚起した。2014年5月21日、この決定は上訴審で支持された。同被疑者はICCの拘禁下にない。アブドラ・アル＝セヌシに対しても逮捕状が発付されたが、2013年10月11日、予審裁判部は、この事件は権限のあるリビア当局による国内手続の対象であり、リビアはこの捜査を真に遂行する意思と能力があるとして、ICCにおいて受理しないことを決定した。2014年7月24日、この決定は上訴審で支持され、アル＝セヌシに対するICCにおける手続は終了した。ムアンマル・モハメド・アブ・ミニャール・ガダフィに対しても逮捕状が発付されたが、彼の死去により、2011年11月22日に彼の事件は終了した。
②アル＝トゥハミー・モハメッド・カレド（事件終了）
　アル＝トゥハミー・モハメッド・ハレドは、2011年2月15日から2011年8月24日にかけてリビアで行われたとされる4件の人道に対する犯罪（拘禁、拷問、迫害、その他の非人道的行為）、及び、少なくとも2011年3月初旬から2011年8月24日にかけてリビアで行われたとされる3件の戦争犯罪（拷問、虐待、個人の尊厳に対する侵害）で訴追された。2022年9月7日、予審裁判部は、彼の死去に関する検察側の通知を受け、同被疑者に対する手続を終了した。
③マフムード・ムスタファ・ブサイフ・アル＝ウェルファルリ（事件終了）
　マフムード・ムスタファ・ブサイフ・アル＝ウェルファッリは、リビアのベンガジま

はその周辺地域における、2016年6月3日またはそれ以前から2017年7月17日頃までの、33人が殺害された7件の事件の文脈において、戦争犯罪としての殺人につき訴追された。2022年6月15日、予審裁判部は、彼の死去に関する検察側の通知を受け、彼に対する手続を終了した。

8. コートジボワールの事態

2011年10月3日、予審裁判部は検察官に対し、2010年11月28日以降に行われたとされるICCの管轄権内の犯罪及びこの事態において将来行われる可能性のある犯罪に関する、コートジボワールにおける捜査の開始を許可。2012年2月22日、同裁判部は、2002年9月19日から2010年11月28日の間に行われたとされるICCの管轄権内の犯罪が含まれるよう許可を拡大。なお、同国は2003年4月18日にICCの管轄権を受諾。2010年12月14日及び2011年5月3日に大統領府がこれを再確認。2013年2月15日、同国はローマ規程を批准。

①ローラン・バグボ及びシャルル・ブレ・グーデ（事件終了）

ローラン・バグボとシャルル・ブレ・グーデは、2010年及び2011年にコートジボワールで行われたとされる4件の人道に対する犯罪で訴追された。2019年1月15日、第一審裁判部は、バグボとブレ・グーデをすべての犯罪事実につき無罪とした。2021年3月31日、上訴裁判部は過半数をもって無罪を確定した。同裁判部は、ICC書記に対し、受入国または受入諸国への安全な移送の手配を行うよう指示した。

②シモーヌ・バグボ（犯罪事実撤回）

シモーヌ・バグボは、2010年12月16日から2011年4月12日の間にコートジボワールにおいて選挙後の暴力の間に行われたとされる、4件の人道に対する犯罪（殺人、強姦及びその他の性的暴力、迫害、並びにその他の非人道的な行為）で訴追された。2021年7月19日、予審裁判部は、同人に対する逮捕状の無効化を求める検察側の要請を認め、同逮捕状は効力を失う旨の命令を発した。

9. マリの事態

2012年7月13日にマリによって付託。2013年1月16日、捜査開始。

①アフマド・アル・ファキ・アル・マハディ（賠償段階）

アフマド・アル・ファキ・アル・マハディの公判は2016年8月22日から24日にかけて行われ、同人は有罪を自認した。2016年9月27日、彼は2012年6月及び7月にマリのトンブクトゥで宗教的及び歴史的建造物を故意に攻撃したという戦争犯罪の共同正犯として有罪と認定された。彼は9年の拘禁刑を言い渡された。2017年8月17日、第一審裁判部は被害者に対する賠償命令を発した。2018年3月8日、同命令はその大部分が上訴審で支持された。2018年8月29日、同人は刑に服するため英国に移送された。2021年11月25日、上訴裁判部の3人の裁判官団は、9年の拘禁刑を2年減刑することを決定した。刑は2022年9月18日に終了した。

②アル・ハサン・アグ・アブドゥル・アジズ・アグ・モハメド・アグ・マハムード（公判段階）

2019年9月30日、予審裁判部は、アル・ハッサン・アグ・アブドゥル・アジズ・アグ・モハメド・アグ・マフムードに対する、マリのトンブクトゥで2012年及び2013年に行われたとされる戦争犯罪及び人道に対する犯罪の犯罪事実を確認する秘密決定を下した。編集版は2019年11月13日に公開された。公判は2020年7月14日及び15日に開始された。

2023年2月8日、第一審裁判部は本件における証拠提出の終結を宣言した。当事者及び参加者の最終陳述が2023年5月23日から25日にかけて行われた。

10. ジョージアの事態

2016年1月27日、予審裁判部は検察官に対し、2008年7月1日から同年10月10日の間にジョージアの南オセチアとその周辺で行われたとされるICCの管轄権内の犯罪について、捜査の開始を許可。2022年12月16日、検察官は、その時点でICCに係属中の諸事件を除き、捜査段階は終了したと発表。

①ミハイル・マヤモビッチ・ミンツァエフ、ガムレト・グチャマゾフ、ダビド・ジョルジエビッチ・サナコエフ（逃亡中）

2022年6月30日、予審裁判部は、ミハイル・マイラモビッチ・ミンツァエフ、ガムレト・グチャマゾフ、ダヴィッド・ゲオルギエヴィチ・サナコエフに対する逮捕状（2022年6月24日に封印されて発付されたもの）の公開編集版を発付した。彼らは2008年のロシアとジョージアの間の武力紛争中に行われたとされる戦争犯罪について嫌疑をかけられている。被疑者たちはICCの拘禁下にない。

11. ブルンジの事態

2017年10月25日、予審裁判部は検察官に対し、2015年4月26日から2017年10月26日にかけて、ブルンジ国内において、またはブルンジ国外においてブルンジ国民によって行われたとされるICCの管轄権内の犯罪について、捜査の開始を許可。検察官は、一定の法的要件が満たされれば、2015年4月26日より前または2017年10月26日より後に行われた犯罪に捜査を拡大することを許可されている。

12. バングラデシュ／ミャンマーの事態

2019年11月14日、予審裁判部は検察官に対し、バングラデシュ人民共和国／ミャンマー連邦共和国の事態において行われたとされるICCの管轄権内の犯罪について、捜査の開始を許可。この許可は、2019年7月4日に提出された検察官の請求を受けたものである。

13. アフガニスタンの事態

2020年3月5日、上訴裁判部は検察官に対し、アフガニスタン・イスラム共和国の事態において行われたとされるICCの管轄権下の犯罪について、捜査の開始を許可。検察官は、2017年11月20日の検察官の請求で特定された範囲内において、2003年5月1日以降アフガニスタン領域で行われたとされる犯罪、及び、2002年7月1日以降ローマ規程のその他の締約国の領域で行われたとされる犯罪であって、アフガニスタンにおける武力紛争と関連性を有するがゆえにアフガニスタンの事態と十分に関連するものを捜査することを許可されている。2020年4月15日、検察側は、2020年3月26日付でアフガニスタン政府から、ローマ規程第18条2項に基づき、同国の事態に関する検察側の捜査を同国に委ねるよう要求があったことを、予審裁判部に通知した。2021年9月27日、検察側は、規程第18条2項の下で、捜査再開の許可を要請した。2022年10月31日、予審裁判部は、アフガニスタンが現在、裁判所の捜査の〔同国への〕委任を正当化するような方法での真正な捜査を実施しておらず、また、アフガニスタン当局が2020年3月26日に自身の提出した要求を追求する関心を示していないことを考慮し、検察側に捜査の再開を許可した。2023年4月4日、上訴裁判部は検察官の上訴に関する判決を出し、上訴裁判部によって以前に決定された、アフガニスタンの事態に関する検察官の捜査の範囲に沿うよう、予審裁判部の決定を修正した。

14. パレスチナの事態

2015年1月1日、パレスチナ政府はローマ規程第12条3項に基づき、「2014年6月13日以降、東エルサレムを含むパレスチナ被占領地域で」行われたとされる犯罪に対するICCの管轄権を受諾する宣言を行った。2015年1月2日、パレスチナはローマ規程に加入し、規程は2015年4月1日に効力を生じた。2021年3月3日、検察官はパレスチナの事態に関する捜査の開始を発表した。これは、2021年2月5日の予審裁判部の決定、すなわち、裁判所はパレスチナの事態において管轄権を行使することができ、この管轄権の領域的範囲はガザ、及び東エルサレムを含むヨルダン川西岸に及ぶ、とする決定を受けたものである。

15. フィリピンの事態

2021年9月15日、予審裁判部は検察官に対し、いわゆる「麻薬戦争」キャンペーンの文脈において2011年11月1日から2019年3月16日の間にフィリピン領域で行われたとされる裁判所の管轄権内の犯罪について、捜査の開始を許可。この許可は、当初2021年5月24日に提出され、2021年6月14日に公開編集版で提出された、検察官の捜査開始請求を受けたものである。2023年1月26日、フィリピンによって提供された資料を慎重に分析した上で、予審裁判部は、検察官の、フィリピン共和国の事態に関する捜査の再開請求を認めた。2023年7月18日、この決定はICC上訴裁判部により支持された。

16. ベネズエラの事態 I

2018年9月27日、複数の締約国が、2014年2月12日以降のベネズエラ・ボリバル共和国の事態を付託。2021年11月3日に捜査開始。2022年4月16日、検察官は、同国から、ローマ規程第18条に基づき、捜査を同国に委ねるよう要求があったことを、裁判官に通知した。2022年11月1日、検察官は、ベネズエラの事態Iに関する捜査の再開許可を求める請求を予審裁判部に提出した。2023年6月27日、予審裁判部は検察官に対し、捜査の再開を許可した。2024年3月1日、上訴裁判部は、予審裁判部の2023年6月27日付決定に対する、ベネズエラ・ボリバル共和国の上訴を棄却し、「捜査の再開を許可する決定」を支持した。

17. ウクライナの事態

2022年3月1日及び2日に複数の締約国によって付託。2022年3月2日に捜査開始。事態の範囲は、2013年11月21日以降にウクライナ領域で行われたとされる戦争犯罪、人道に対する犯罪及び集団殺害犯罪である。

①ウラジーミル・ウラジーミロヴィチ・プーチン及びマリア・アレクセーエフナ・ルボヴァ＝ベロヴァ（逃亡中）

2023年3月17日、ICC予審裁判部は、ウクライナの事態の文脈で、ウラジーミル・ウラジーミロヴィチ・プーチン（ロシア連邦大統領）とマリア・アレクセーエフナ・ルボヴァ＝ベロヴァ（ロシア連邦大統領府子どもの権利担当委員）に対する逮捕状を発付した。2023年2月22日の検察側の請求に基づき、予審裁判部は、各被疑者が、ウクライナの子どもたちに不利益を課す形で、住民（子どもたち）の不法な追放という戦争犯罪、及び、ウクライナの占領地域からロシア連邦への住民（子どもたち）の不法な移送という戦争犯罪に対する責任を負っていると信ずるに足る合理的な理由がある、と判断した。被疑者たちはICCの拘禁下にない。

②セルゲイ・イワノヴィッチ・コビラッシュ及びヴィクトール・ニコライェヴィッチ・ソコロフ（逃亡中）

2024年3月5日、ICCの予審裁判部は、ウクライナの事態の文脈において2人の個人に

対し逮捕状を発付した。ロシア国軍の陸軍中将で、関連時点では空軍の長距離航空機隊の指揮官であった、セルゲイ・イワノヴィッチ・コビラッシュと、ロシア海軍の大将で、関連時点では黒海艦隊の指揮官であったヴィクトール・ニコライェヴィッチ・ソコロフである。2024年2月2日の検察側の請求に基づき、予審裁判部は、民用物に対して攻撃を行ったという戦争犯罪、文民に対する過度の付随的損害又は民用物に対する損害を与えたという戦争犯罪、人道に対する犯罪である非人道的行為に関し、各被疑者が責任を有すると信じるに足る合理的な理由があると判断した。被疑者たちはICCの拘禁下にない。

以上

ICCにおける手続の流れ

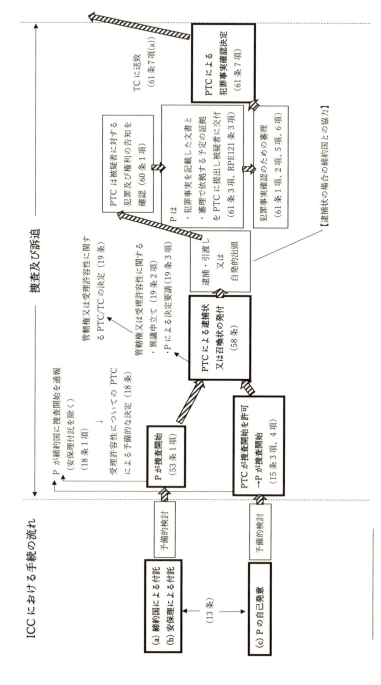

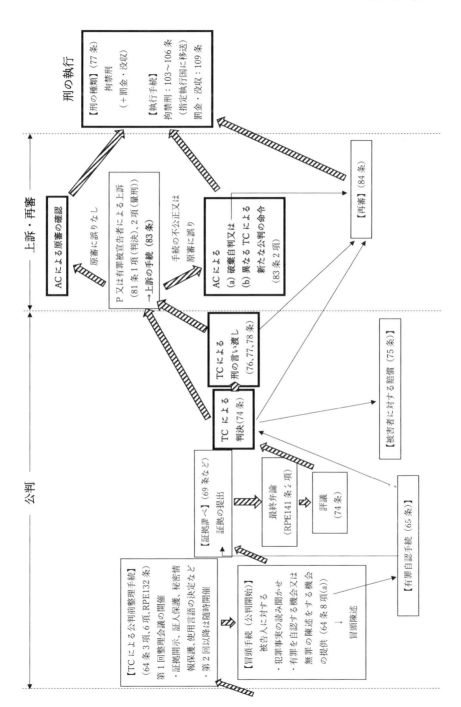

受理許容性審査の流れ [注1]

- ●・・・義務的な又は要請による受理許容性審査
- ○・・・職権による受理許容性審査が可能な手続

①国家による付託

事態(situation):
- ●検察官による捜査開始決定(53条1項)
  検討事項の一つに受理許容性審査(53条1項(b))
- 不開始の場合には国家又は安保理の要請で予審裁判部の検討に服する(53条3項(a))
- 開始の場合
- ●受理許容性に関する予備的決定（右③の場合と同じ18条の手続）

②安保理による付託

- 開始の場合
- 18条の適用なし

③検察官の自己発意

- ●検察官による捜査開始許可請求(15条3項)
  *53条1項の基準を準用する(手続証拠規則48条)ため受理許容性審査も行われる
- 予審裁判部による捜査開始許可決定(15条4項)
- 検察官は全締約国及び当該犯罪につき「裁判権を通常行使し得る国」に捜査開始を通報(18条1項)
  国家が通報受領後1ヶ月以内に国内手続の存在を通報し、検察官が予審裁判部に捜査許可を請求した場合(18条2項)
- ●受理許容性に関する予備的決定(予審裁判部、18条)

事件(case):
- ●検察官による訴追/不訴追の決定
  不訴追理由の一つに受理許容性の欠如(53条2項(b))
- 不訴追の場合には国家又は安保理の要請で予審裁判部の検討に服する(53条3項(a))
- 訴追の場合
- ○予審裁判部による逮捕状または召喚状の発付(58条)
- 事件の受理許容性に関する異議申立てが提出された場合(19条2項)
- ●異議申立てに基づくPTCによる受理許容性審査(19条6項)
- ○職権での受理許容性審査(19条1項)
- ○Pの要請に基づく同審査(19条3項)が随時可能(回数制限なし)
- ○PTCによる犯罪事実確認決定(61条) [注2]
- 異議申立てが提出された場合(19条2項)
- ●異議申立てに基づくTCによる受理許容性審査(19条6項)
- ●○第一審裁判部による公判開始(64条8項(a))
  異議申立ては原則として公判開始時までに一回のみ
  この時点以降の異議申し立ては17条1項(c)以外の根拠に依拠できない(19条4項)

注1) 受理許容性の審査基準については17条を参照のこと。この図は審査が行われるタイミングに焦点を当てている。
注2) 逮捕状発付時には審査せず、異議申立ても無かった場合にこの時点で職権審査した例があり、それが適切とされている (Ambos (ed.), *Rome Statute of the ICC: Article-by-Article Commentary [Fourth Edition]*, "Article 19", mn.10)。

判例一覧

ICC

Situation in the Islamic Republic of Afghanistan

- Situation in the Islamic Republic of Afghanistan, PTC III, Order to the Victims Participation and Reparation Section Concerning Victims' Representations, ICC-02/17-6, 9 November 2017 ······ 317
- Situation in the Islamic Republic of Afghanistan, PTC II, Decision Pursuant to Article 15 of the Rome Statute on the Authorisation of an Investigation into the Situation in the Islamic Republic of Afghanistan, ICC-02/17-33, 12 April 2019 ······ 240
- Situation in the Islamic Republic of Afghanistan, AC, Judgment on the appeal against the decision on the authorisation of an investigation into the situation in the Islamic Republic of Afghanistan, ICC-02/17-138, 5 March 2020 ······ 60, 240, 317

Situation in the People's Republic of Bangladesh/Republic of the Union of Myanmar

- Request Under Regulation 46(3) of The Regulations of The Court, PTC I, Decision on the "Prosecution's Request for a Ruling on Jurisdiction under Article 19(3) of the Statute", ICC-RoC46(3)-01/18-37, 6 September 2018 ······ 59, 240, 241, 317
- Situation in the People's Republic of Bangladesh/Republic of the Union of Myanmar, PTC III, Decision Pursuant to Article 15 of the Rome Statute on the Authorisation of an Investigation into the Situation in the People's Republic of Bangladesh/Republic of the Union of Myanmar, ICC-01/19-27, 14 November 2019 ······ 32, 194

Situation in the Central African Republic

Case of Bemba

- The Prosecutor v. Jean-Pierre Bemba Gombo, PTC III, Decision on the Prosecutor's Application for a Warrant of Arrest against Jean-Pierre Bemba Gombo, ICC-01/05-01/08-14, 10 June 2008 ······ 243
- The Prosecutor v. Jean-Pierre Bemba Gombo, PTC II, Decision Pursuant to Art.61(7)(a) and (b) of the Rome Statute on the Charges of the Prosecutor Against Jean-Pierre Bemba Gambo, ICC-01/05-01/08-424, 15 June 2009 ······ 118, 153
- The Prosecutor v. Jean-Pierre Bemba Gombo, PTC II, Decision on the Defence's Urgent Request concerning Mr Jean-Pierre Bemba's Attendance of his Father's Funeral, ICC-01/05-01/08-437-Red, 3 July 2009 ······ 343
- The Prosecutor v. Jean-Pierre Bemba Gombo, AC, Judgment on the Appeal of the Prosecutor against Pre-Trial Chamber II's "Decision on the Interim Release of Jean-Pierre Bemba Gombo and Convening Hearings with the Kingdom of Belgium, the Republic of Portugal, the Republic of France, the Federal Republic of Germany, the Italian Republic,

and the Republic of South Africa", ICC-01/05-01/08-631-Red, 2 December 2009 ⋯ 243
- The Prosecutor v. Jean-Pierre Bemba Gombo, TC III, Decision on the Defence Request for Mr Jean-Pierre Bemba to attend His Stepmother's Funeral, ICC-01/05-01/08-1099-Red, 12 January 2011 243
- The Prosecutor v. Jean-Pierre Bemba Gombo, AC, Judgment on the appeals of Mr Jean-Pierre Bemba Gombo and the Prosecutor against the decision of Trial Chamber III entitled "Decision on the admission into evidence of materials contained in the prosecution's list of evidence", ICC-01/05-01/08-1386, 3 May 2011 280
- The Prosecutor v. Jean-Pierre Bemba Gombo, TC III, Judgment pursuant to Article 74 of the Statute, ICC-01/05-01/08-3343, 21 March 2016 .... 118, 215
- The Prosecutor v. Jean-Pierre Bemba Gombo, AC, Judgment on the appeal of Mr Jean-Pierre Bemba Gombo against Trial Chamber III's "Judgment pursuant to Article 74 of the Statute", ICC-01/05-01/08-3636-Red, 8 June 2018 .... 215, 216

Case of Bemba et al.

- The Prosecutor v. Jean-Pierre Bemba Gombo, Aimé Kilolo Musamba, Jean-Jacques Mangenda Kabongo, Fidèle Babala Wandu and Narcisse Arido, PTC II, Decision on "Narcisse Aiido's Request for an Order Rejecting the Prosecution's Document Containing the Charges (ICC-01/05-01/13-526-AnxBl) and for an Order to the Prosecution to File an Amended and Corrected Document Containing the Charges", ICC-01/05-01/13-567, 15 July 2014 339
- The Prosecutor v. Jean-Pierre Bemba Gombo, Aimé Kilolo Musamba, Jean-Jacques Mangenda Kabongo, Fidèle Babala Wandu and Narcisse Arido, TC VII, Decision on Prosecution Requests for Admission of Documentary Evidence (ICC-01/05-01/13-1013-Red, ICC-01/05-01/13-1113-Red, ICC-01/05-01/13-1170-Conf), ICC-01/05-01/13-1285, 24 September 2015 280
- The Prosecutor v. Jean-Pierre Bemba Gombo, Aimé Kilolo Musamba, Jean-Jacques Mangenda Kabongo, Fidèle Babala Wandu and Narcisse Arido, TC VII, Judgment pursuant to Article 74 of the Statute, ICC-01/05-01/13-1989-Red, 19 October 2016 216
- The Prosecutor v. Jean-Pierre Bemba Gombo, Aimé Kilolo Musamba, Jean-Jacques Mangenda Kabongo, Fidèle Babala Wandu and Narcisse Arido, AC, Judgment on the appeals of Mr Jean-Pierre Bemba Gombo, Mr Aimé Kilolo Musamba, Mr Jean-Jacques Mangenda Kabongo, Mr Fidèle Babala Wandu and Mr Narcisse Arido against the decision of Trial Chamber VII entitled "Judgment pursuant to Article 74 of the Statute", ICC-01/05-01/13-2275-Red, 8 March 2018 .... 213, 216, 280

Case of Mokom

- The Prosecutor v. Maxime Jeoffroy Eli Mokom Gawaka, PTC II, Decision on interim release, ICC-01/14-01/22-173-Red, 8 March 2023 243

Case of Yekatom and Ngaïssona
- The Prosecutor v. Alfred Yekatom and Patrice-Edouard Ngaïssona, TC V, Decision Setting the Commencement Date of the Trial, ICC-01/14-01/18-589, 16 July 2020 ············ 318

Situation in the Republic of Côte D'Ivoire
- Situation in the Republic of Côte d'Ivoire, PTC III, Order to the Victims Participation and Reparations Section Concerning Victims' Representations Pursuant to Article 15(3) of the Statute, ICC-02/11-6, 6 July 2011 ·· 317
- Situation in the Republic of Côte d'Ivoire, PTC III, Decision Pursuant to Article 15 of the Rome Statute on the Authorisation of an Investigation into the Situation in the Republic of Côte d'Ivoire, ICC-02/11-14-Corr, 15 November 2011 ···························· 242

Case of Gbagbo and Blé Goudé
- The Prosecutor v. Laurent Gbagbo and Charles Blé Goudé, AC, Judgment on the appeals of Mr Laurent Gbagbo and Mr Charles Blé Goudé against the decision of Trial Chamber I of 9 June 2016 entitled "Decision on the Prosecutor's application to introduce prior recorded testimony under Rules 68(2)(b) and 68(3)", ICC-02/11-01/15-744, 1 November 2016 ·· 280
- The Prosecutor v. Laurent Gbagbo and Charles Blé Goudé, AC, Decision on the Registry's transmission of applications for victim participation in the proceedings, ICC-02/11-01/15-1319, 25 March 2020 ·· 318

Situation in Darfur, Sudan
Case of Abu Garda
- The Prosecutor v. Bahar Idriss Abu Garda, PTC I, Decision on the Confirmation of Charges, ICC-02/05-02/09-243-Red, 8 February 2010 ·································· 159

Case of Abd-Al-Rahman ("Ali Kushayb")
- The Prosecutor v. Ali Muhammad Ali Abd-Al-Rahman ("Ali Kushayb"), AC, Judgment on the appeal of Mr Ali Muhammad Ali Abd-Al-Rahman against the decision of Pre-Trial Chamber II of 18 August 2020 entitled 'Decision on the Defence request and observations on reparations pursuant to article 75(1) of the Rome Statute', ICC-02/05-01/20-237, 18 December 2020 ·· 318

Case of Banda
- The Prosecutor v. Abdallah Banda Abakaer Nourain, TC IV, Order on the Recusal of the Prosecutor from the Current Case, ICC-02/05-03/09-704, 29 June 2021 ············· 239

Case of Al Bashir
- The Prosecutor v. Omar Hassan Ahmad Al Bashir, PTC I, Warrant of Arrest for Omar Hassan Ahmad Al Bashir, ICC-02/05-01/09-1, 4 March 2009 ···························· 33
- The Prosecutor v. Omar Hassan Ahmad Al Bashir, PTC I, Decision on the Prosecution's

Application for a Warrant of Arrest against Omar Al Bashir, ICC-02/05-01/09-3, 4 March 2009 155
- The Prosecutor v. Omar Hassan Ahmad Al Bashir, PTC I, Second Warrant of Arrest for Omar Hassan Ahmad Al Bashir, ICC-02/05-01/09-95, 12 July 2010 90
- The Prosecutor v. Omar Hassan Ahmad Al Bashir, Decision Pursuant to Article 87(7) of the Rome Statute on the Failure by the Republic of Malawi to Comply with the Cooperation Requests Issued by the Court with Respect to the Arrest and Surrender of Omar Hassan Ahmad Al Bashir, ICC-02/05-01/09-139, 12 December 2011 341
- The Prosecutor v. Omar Hassan Ahmad Al Bashir, PTC II, Decision on the Cooperation of the Democratic Republic of the Congo Regarding Omar Al Bashir's Arrest and Surrender to the Court, ICC-02/05-01/09-195, 9 April 2014 341
- The Prosecutor v. Omar Hassan Ahmad Al Bashir, PTC II, Decision on the non-compliance by the Republic of Djibouti with the request to arrest and surrender Omar Al-Bashir to the Court and referring the matter to the United Nations Security Council and the Assembly of the State Parties to the Rome Statute, ICC-02/05-01/09-266, 11 July 2016 341
- The Prosecutor v. Omar Hassan Ahmad Al Bashir, PTC II, Decision on the non-compliance by the Republic of Uganda with the request to arrest and surrender Omar Al-Bashir to the Court and referring the matter to the United Nations Security Council and the Assembly of State Parties to the Rome Statute, ICC-02/05-01/09-267, 11 July 2016 341
- The Prosecutor v. Omar Hassan Ahmad Al Bashir, PTC II, Decision under article 87(7) of the Rome Statute on the non-compliance by South Africa with the request by the Court for the arrest and surrender of Omar Al-Bashir, ICC-02/05-01/09-302, 6 July 2017 341
- The Prosecutor v. Omar Hassan Ahmad Al Bashir, PTC II, Decision under article 87(7) of the Rome Statute on the non-compliance by Jordan with the request by the Court for the arrest and surrender or Omar Al-Bashir, ICC-02/05-01/09-309, 11 December 2017 ... 341
- The Prosecutor v. Omar Hassan Ahmad Al Bashir, AC, Judgment in the Jordan Referral re Al-Bashir Appeal, ICC-02/05-01/09-397, 6 May 2019 340

Situation in the Democratic Republic of the Congo
- Situation in the Democratic Republic of the Congo, PTC I, Decision on the Applications for Participation in the Proceedings of VPRS1, VPRS2, VPRS 3, VPRS 4, VPRS 5 and VPRS 6, ICC-01/04-101, 17 January 2006 242
- Situation in the Democratic Republic of the Congo, PTC I, Decision on the Prosecutor's Application for Warrants of Arrest, Article 58, ICC-01/04-520-Anx2, 10 February 2006 60
- Situation in the Democratic Republic of the Congo, AC, Judgement on the Prosecutor's

資　料　377

Application for Extraordinary Review of Pre-Trial Chamber I's 31 March 2006 Decision Denying Leave to Appeal, ICC-01/04-168, 13 July 2006 ···61
- Situation in the Democratic Republic of the Congo, AC, Judgment on the Prosecutor's appeal against the decision of Pre-Trial Chamber I entitled "Decision on the Prosecutor's Application for Warrants of Arrest, Article 58", ICC-01/04-169-US-Exp, 13 July 2006 ··61

Case of Ngudjolo Chui
- The Prosecutor v. Mathieu Ngudjolo Chui, AC, Order on the implementation of the cooperation agreement between the Court and the Democratic Republic of the Congo concluded pursuant article 93 (7) of the Statute, ICC-01/04-02/12-158, 20 January 2014 ··· 318

Case of Katanga
- The Prosecutor v. Germain Katanga, TC II, Judgment pursuant to article 74 of the Statute, ICC-01/04-01/07-3436, 7 March 2014 ··· 118, 216
- The Prosecutor v. Germain Katanga, TC II, Minority Opinion of Judge Christine Van den Wyngaert, ICC-01/04-01/07-3436-AnxI, 7 March 2014 ···································· 279
- The Prosecutor v. Germain Katanga, TC II, Order for Reparations pursuant to Article 75 of the Statute, ICC-01/04-01/07-3728, 24 March 2017 ······································ 317
- The Prosecutor v. Germain Katanga, AC, Judgment on the appeals against the order of Trial Chamber II of 24 March 2017 entitled "Order for Reparations pursuant to Article 75 of the Statute", ICC-01/04-01/07-3778-Red, 8 March 2018 ······························· 317

Case of Katanga and Ngudjolo Chui
- The Prosecutor v. Germain Katanga and Mathieu Ngudjolo Chui, PTC I, Decision on the confirmation of charges, ICC-01/04-01/07-717, 30 September 2008 ················ 215
- The Prosecutor v. Germain Katanga and Mathieu Ngudjolo Chui, AC, Judgment on the Appeal of Mr. Germain Katanga against the Oral Decision of Trial Chamber II of 12 June 2009 on the Admissibility of the Case, ICC-01/04-01/07-1497, 25 September 2009 ··· 241
- The Prosecutor v. Germain Katanga and Mathieu Ngudjolo Chui, AC, Judgment on the Appeal of Mr Katanga Against the Decision of Trial Chamber II of 22 January 2010 Entitled "Decision on the Modalities of Victim Participation at Trial", ICC-01/04-01/07-2288, 16 July 2010 ··· 317

Case of Lubanga
- The Prosecutor v. Thomas Lubanga Dyilo, AC, Judgment on the appeal of Mr. Thomas Lubanga Dyilo against the decision of Pre-Trial Chamber I entitled "First Decision on the Prosecution Requests and Amended Requests for Redactions under Rule 81", ICC-01/04-01/06-773, 14 December 2006 ·· 317
- The Prosecutor v. Thomas Lubanga Dyilo, AC, Judgment on the appeal of Mr. Thomas

Lubanga Dyilo against the decision of Pre-Trial Chamber I entitled "Second Decision on the Prosecution Requests and Amended Requests for Redactions under Rule 81", ICC-01/04-01/06-774, 14 December 2006 ··· 317
- The Prosecutor v. Thomas Lubanga Dyilo, PTC I, Decision on the confirmation of charges, ICC-01/04-01/06-803, 29 January 2007 ································ 216, 279
- The Prosecutor v. Thomas Lubanga Dyilo, AC, Decision of the Appeals Chamber on the Joint Application of Victims a/0001/06 to a/0003/06 and a/0105/06 concerning the "Directions and Decision of the Appeals Chamber" of 2 February 2007, ICC-01/04-01/06-925, 13 June 2007 ·· 317
- The Prosecutor v. Thomas Lubanga Dyilo, TC I, Decision on victims' participation, ICC-01/04-01/06-1119, 18 January 2008 ··· 317
- The Prosecutor v. Thomas Lubanga Dyilo, TC I, Decision on the admissibility of four documents, ICC-01/04-01/06-1399, 13 June 2008 ··· 280
- The Prosecutor v. Thomas Lubanga Dyilo, TC I, Decision on the consequences of non-disclosure of exculpatory materials covered by Article 54(3)(e) agreements and the application to stay the prosecution of the accused, together with certain other issues raised at the Status Conference on 10 June 2008, ICC-01/04-01/06-1401, 13 June 2008 ······ 280
- The Prosecutor v. Thomas Lubanga Dyilo, AC, Judgment on the appeals of The Prosecutor and The Defence against Trial Chamber I's Decision on Victims' Participation of 18 January 2008, ICC-01/04-01/06-1432, 11 July 2008 ··· 317
- The Prosecutor v. Thomas Lubanga Dyilo, AC, Judgment on the appeal of the Prosecutor against the decision of Trial Chamber I entitled "Decision on the consequences of non-disclosure of exculpatory materials covered by Article 54(3)(e) agreements and the application to stay the prosecution of the accused, together with certain other issues raised at the Status Conference on 10 June 2008", ICC-01/04-01/06-1486, 21 October 2008 ··· 280
- The Prosecutor v. Thomas Lubanga Dyilo, AC, Judgment on the appeal of the Prosecutor against the decision of Trial Chamber I of 8 July 2010 entitled "Decision on the Prosecution's Urgent Request for Variation of the Time-Limit to Disclose the Identity of Intermediary 143 or Alternatively to Stay Proceedings Pending Further Consultations with the VWU", ICC-01/04-01/06-2582, 8 October 2010 ··· 317
- The Prosecutor v. Thomas Lubanga Dyilo, AC, Judgment on the appeal of Prosecutor against the oral decision of Trial Chamber I of 15 July 2010 to release Thomas Lubanga Dyilo, ICC-01/04-01/06-2583, 8 October 2010 ··· 317
- The Prosecutor v. Thomas Lubanga Dyilo, TC I, Judgment pursuant to Article 74 of the Statute, ICC-01/04-01/06-2842, 14 March 2012 ··· 280
- The Prosecutor v. Thomas Lubanga Dyilo, TC I, Decision establishing the principles and procedures to be applied to reparations, ICC-01/04-01/06-2904, 7 August 2012 ······ 317

資　料　379

- The Prosecutor v. Thomas Lubanga Dyilo, AC, Judgment on the appeal of Mr Thomas Lubanga Dyilo against his conviction, ICC-01/04-01/06-3121-Red, 1 December 2014 ··· 212, 279
- The Prosecutor v. Thomas Lubanga Dyilo, AC, Judgment on the appeals against the "Decision establishing the principles and procedures to be applied to reparations" of 7 August 2012 with AMENDED order for reparations (Annex A) and public annexes 1 and 2, ICC-01/04-01/06-3129, 3 March 2015 ··· 317
- The Prosecutor v. Thomas Lubanga Dyilo, AC, Order for Reparations, ICC-01/04-01/06-3129-AnxA, 3 March 2015··· 317
- The Prosecutor v. Thomas Lubanga Dyilo, TCII, Corrected version of the "Decision Setting the Size of the Reparations Award for which Thomas Lubanga Dyilo is Liable" With Corrected Version of One Public Annex (Annex I); of One Public Annex (Annex III) and One Confidential Annex, EX PARTE, Registry, Trust Fund for Victims, Legal Representatives of the V01 and V02 Groups of Victims, and Office of Public Counsel for Victims (Annex II); and Confidential Redacted Version of Annex II, ICC-01/04-01/06-3379-Red-Corr, 21 December 2017 ··· 317
- The Prosecutor v. Thomas Lubanga Dyilo, AC, Judgment on the appeals against Trial Chamber II 's 'Decision Setting the Size of the Reparations Award for which Thomas Lubanga Dyilo is Liable', ICC-01/04-01/06-3466-Red, 18 July 2019 ·················· 317

Case of Mbarushimana
- The Prosecutor v. Callixte Mbarushimana, PTC I, Decision on the confirmation of charges, ICC-01/04-01/10-465-Red, 16 December 2011 ··· 216

Case of Ntaganda
- The Prosecutor v. Bosco Ntaganda, PTC I, Request to the Republic of Uganda for the arrest and surrender of Bosco Ntaganda, ICC-01/04-02/06-13, 8 February 2008 ······ 339
- The Prosecutor v. Bosco Ntaganda, PTC II, Decision Pursuant to Article 61(7)(a) and (b) of the Rome Statute on the Charges of the Prosecutor Against Bosco Ntaganda, ICC-01/04-02/06-309, 9 June 2014 ··· 157, 213
- The Prosecutor v. Bosco Ntaganda, TC VI, Reparations Order, ICC-01/04-02/06-2659, 8 March 2021 ·· 318
- The Prosecutor v. Bosco Ntaganda, AC, Judgment on the appeals of Mr Bosco Ntaganda and the Prosecutor against the decision of Trial Chamber VI of 8 July 2019 entitled 'Judgment', ICC-01/04-02/06-2666-Red, 30 March 2021 ····························· 318
- The Prosecutor v. Bosco Ntaganda, AC, Judgment on the appeals against the decision of Trial Chamber VI of 8 March 2021 entitled "Reparations Order", ICC-01/04-02/06-2782, 12 September 2022 ·· 215

Situation in Georgia

- Situation in Georgia, PTC I, Report on the Victims' Representations Received Pursuant to Article 15(3) of the Rome Statute, ICC-01/15-11, 4 December 2015 317
- Situation in Georgia, PTC I, Decision on the Prosecutor's request for authorization of an investigation, ICC-01/15-12, 27 January 2016 56

Situation in the Republic of Kenya

- Situation in the Republic of Kenya, PTC II, Order to the Victims Participation and Reparations Section Concerning Victims' Representations Pursuant to Article 15(3) of the Statute, ICC-01/09-4, 10 December 2009 317
- Situation in the Republic of Kenya, PTC II, Decision Pursuant to Article 15 of the Rome Statute on the Authorization of an Investigation into the Situation in the Republic of Kenya, ICC-01/09-19-Corr, 31 March 2010 118
- Situation in the Republic of Kenya, PTC II, Decision on the "Application for Leave to Participate in the Proceedings before the Pre-Trial Chamber relating to the Prosecutor's Application under Article 58(7) ", ICC-01/09-42, 11 February 2011 243
- Situation in the Republic of Kenya, PTC II, Decision on the "Victims' request for review of Prosecution's decision to cease active investigation" , ICC-01/09-159, 5 November 2015 317

Case of Gicheru

- The Prosecutor v. Paul Gicheru, PTC A (Article 70), Order on the Recusal of the Prosecutor from the Current Case," ICC-01/09-01/20-149, 29 June 2021 239

Case of Muthaura and Kenyatta

- The Prosecutor v. Francis Kirimi Muthaura and Uhuru Muigai Kenyatta, TC V, Order for the prosecution to file an updated document containing the charges, ICC-01/09-02/11-450, 5 July 2012 279

Case of Muthaura et al.

- The Prosecutor v. Francis Kirimi Muthaura, Uhuru Muigai Kenyatta and Mohammed Hussein Ali, AC, Judgment on the appeal of the Republic of Kenya against the decision of Pre-Trial Chamber II of 30 May 2011 entitled "Decision on the Application by the Government of Kenya Challenging the Admissibility of the Case Pursuant to Article 19(2)(b) of the Statute", ICC-01/09-02/11-274, 30 August 2011 242
- The Prosecutor v. Francis Kirimi Muthaura, Uhuru Muigai Kenyatta and Mohammed Hussein Ali, PTC II, Decision on the Confirmation of Charges Pursuant to Article 61(7)(a) and (b) of the Rome Statute, ICC-01/09-02/11-382-Red, 23 January 2012 158

Case of Ruto et al.

- The Prosecutor v. William Samoei Ruto, Henry Kiprono Kosgey and Joshua Arap Sang, PTC II, Decision on the Application by the Government of Kenya Challenging the

Admissibility of the Case Pursuant to Article 19 (2)(b) of the Statute, ICC-01/09-01/11-101, 30 May 2011 ······ 61
- The Prosecutor v. William Samoei Ruto, Henry Kiprono Kosgey and Joshua Arap Sang, AC, Judgment on the appeal of the Republic of Kenya against the decision of Pre-Trial Chamber II of 30 May 2011 entitled "Decision on the Application by the Government of Kenya Challenging the Admissibility of the Case Pursuant to Article 19(2)(b) of the Statute", ICC-01/09-01/11-307, 30 August 2011 ······ 61

Situation in Libya
Case of Gaddafi
- The Prosecutor v. Saif Al-Islam Gaddafi, AC, Judgment on the appeal of Mr Saif Al-Islam Gaddafi against the decision of Pre-Trial Chamber I entitled 'Decision on the "Admissibility Challenge by Dr. Saif Al-Islam Gadafi pursuant to Articles 17(1)(c), 19 and 20(3) of the Rome Statute"' of 5 April 2019, ICC-01/11-01/11-695, 9 March 2020 ······ 61

Case of Gaddafi and Al-Senussi
- The Prosecutor v. Saif Al-Islam Gaddafi and Abdullah Al-Senussi, PTC I, Decision on the postponement of the execution of the request for surrender of Saif Al-Islam Gaddafi pursuant to article 95 of the Rome Statute, ICC-01/11-01/11-163, 1 June 2012 ······ 340
- The Prosecutor v. Saif Al-Islam Gaddafi and Abdullah Al-Senussi, AC, Decision on the Request for Disqualification of the Prosecutor, ICC-01/11-01/11-175, 12 June 2012 ··· 239
- The Prosecutor v. Saif Al-Islam Gaddafi and Abdullah Al-Senussi, PTC I, Decision on the request of the Defence of Abdullah Al-Senussi to make a finding of non-cooperation by the Islamic Republic of Mauritania and refer the matter to the Security Council, ICC-01/11-01/11-420, 28 August 2013 ······ 340
- The Prosecutor v. Saif Al-Islam Gaddafi and Abdullah Al-Senussi, AC, Judgment on the appeal of Mr Abdullah Al-Senussi against the decision of Pre-Trial Chamber I of 11 October 2013 entitled "Decision on the admissibility of the case against Abdullah Al-Senussi", ICC-01/11-01/11-565, 24 July 2014 ······ 61

Case of Khaled
- The Prosecutor v. Al-Tuhamy Mohamed Khaled, PTC I, Decision on Reclassification of the Warrant of Arrest, ICC-01/11-01/13-18, 24 April 2017. ······ 243

Situation in the Republic Mali
Case of Al Hassan
- The Prosecutor v. Al Hassan Ag Abdoul Aziz Ag Mohamed Ag Mahmoud, AC, Judgment on the appeal of Mr Al Hassan against the decision of Pre-Trial Chamber I entitled 'Décision relative à l'exception d'irrecevabilité pour insuffisance de gravité de l'affaire soulevée par la défense', ICC-01/12-01/18-601-Red, 19 February 2020 ······ 61

Case of Al Mahdi

- The Prosecutor v. Ahmad Al Faqi Al Mahdi, PTC I, Decision on the confirmation of charges against Ahmad Al Faqi Al Mahdi, Separate Opinion of Judge PÉTER KOVÁCS, ICC-01/12-01/15-84-Anx, 9 May 2016 279
- The Prosecutor v. Ahmad Al Faqi Al Mahdi, TC VIII, Judgment and Sentence, ICC-01/12-01/15-171, 27 September 2016 280
- The Prosecutor v. Ahmad Al Faqi Al Mahdi, TC VIII, Reparations Order, ICC-01/12-01/15-236, 17 August 2017 318
- The Prosecutor v. Ahmad Al Faqi Al Mahdi, AC, Judgment on the appeal of the victims against the "Reparations Order", ICC-01/12-01/15-259-Red2, 8 March 2018 318

Situation in the State of Palestine

- Situation in the State of Palestine, PTC I, Order setting the procedure and the schedule for the submission of observations, ICC-01/18-14, 28 January 2020 317
- Situation in the State of Palestine, PTC I, Decision on the 'Prosecution Request pursuant to Article 19(3) for a ruling on the Court's territorial jurisdiction in Palestine', ICC-01/18-143, 5 February 2021 241

Situation in the Republic of the Philippines

- Situation in the Republic of the Philippines, AC, Judgment on the Appeal of the Republic of the Philippines against Pre-Trial Chamber I's "Authorisation pursuant to Article 18(2) of the Statute to resume the investigation", ICC-01/21-77, 18 July 2023 .... 240, 242

Situation on the Registered Vessels of the Union of the Comoros, the Hellenic Republic, and the Kingdom of Cambodia

- Situation on the Registered Vessels of the Union of the Comoros, the Hellenic Republic and the Kingdom of Cambodia, PTC I, Decision on the Victims' Participation, ICC-01/13-18, 24 April 2015 317
- Situation on the Registered Vessels of the Union of the Comoros, the Hellenic Republic and the Kingdom of Cambodia, PTC I, Decision on the request of the Union of the Comoros to review the Prosecutor's decision not to initiate an investigation, ICC-01/13-34, 16 July 2015 242
- Situation on the Registered Vessels of the Union of the Comoros, the Hellenic Republic and the Kingdom of Cambodia, PTC I, Decision on the 'Application for Judicial Review by the Government of the Comoros', ICC-01/13-111, 16 September 2020 242

Situation in Uganda

Case of Kony et al.

- The Prosecutor v. Joseph Kony and Vincent Otti, Okot Odhiambo and Dominic Ongwen, AC, Judgment on the appeals of the Defence against the decisions entitled "Decision on victims' applications for participation a/0010/06, a/0064/06 to a/0070/06, a/0081/06, a/0082/06, a/0084/06 to a/0089/06, a/0091/06 to a/0097/06, a/0099/06, a/0100/06, a/0102/06 to a/0104/06, a/0111/06, a/0113/06 to a/0117/06, a/0120/06, a/0121/06 and a/0123/06 to a/0127/06" of Pre-Trial Chamber II, ICC-02/04-01/05-371, 23 February 2009 ………………………………………………………………… 318
- The Prosecutor v. Joseph Kony and Vincent Otti, Okot Odhiambo and Dominic Ongwen, PTC II, Ex parte only available to the Prosecution and the Defence with ten confidential annexes, ex parte only available to the Prosecution and the Defence Report of the Registry on the voluntary surrender of Dominic Ongwen and his transfer to the Court, ICC-02/04-01/05-419-Conf-Exp, 22 January 2015 …………………………………………… 243

Case of Ongwen
- The Prosecutor v. Dominic Ongwen, PTC II, Decision on the confirmation of charges against Dominic Ongwen, ICC-02/04-01/15-422-Red, 23 March 2016 …………… 213
- The Prosecutor v. Dominic Ongwen, TC IX, Sentence, ICC-02/04-01/15-1819-Red, 6 May 2021 ……………………………………………………………………………… 281
- The Prosecutor v. Dominic Ongwen, AC, Judgment on the appeal of Mr Ongwen against the decision of Trial Chamber IX of 4 February 2021 entitled "Trial Judgment", ICC-02/04-01/15-2022-Red, 15 December 2022 ……………………………………… 281

IMT
- The United States of America, the French Republic, the United Kingdom of Great Britain and Northern Ireland, and the Union of Soviet Socialist Republics v. Hermann Wilhelm Göring, et al., International Military Tribunal, Judgment and Sentence, 1 October 1946 ……………………………………………………………………………………… 114

ICTY
Case of Aleksovski
- The Prosecutor v. Zlatko Aleksovski, TC, Judgement, IT-95-14/1-1, 25 June 1999 … 156

Case of Blaškić
- The Prosecutor v. Tihomir Blaškić, AC, Judgement on the request of the Republic of Croatia for review of the decision of Trial Chamber II of 18 July 1997, IT-95-14-AR108bis, 29 October 1997 …………………………………………………… 338, 340

Case of Furundžija
- The Prosecutor v. Anto Furundžija, TC, Judgement, IT-95-17/1-T, 10 December 1998 154

Case of Jelisić
- The Prosecutor v. Goran Jelisić, TC, Judgement, IT-95-10-T, 14 December 1999 ……… 92

- The Prosecutor v. Goran Jelisić, AC, Judgement, IT-95-10-A, 5 July 2001 ················93

Case of Karadžić
- The Prosecutor v. Radovan Karadžić, TC, Judgement, IT-95-5/18-T, 24 March 2016 ···91

Case of Krstić
- The Prosecutor v. Radislav Krstić, TC, Judgement, IT-98-33-T, 2 August 2001 ······ 91, 93
- The Prosecutor v. Radislav Krstić, AC, Judgement, IT-98-33-A, 19 April 2004 ······ 89, 92

Case of Kunarac et al.
- The Prosecutor v. Dragoljub Kunarac, Radomir Kovač and Zoran Vuković, AC, Judgement, IT-96-23 & IT-96-23/1-A, 12 June 2002 ·· 117

Case of Kupreškić et al.
- The Prosecutor v. Zoran Kupreškić, Mirjan Kupreškić, Vlatko Kupreškić, Drago Josipović, Dragan Papić, Vladimir Šantić, also known as "Vlado", TC, Judgement, IT-95-16-T, 14 January 2000 ·· 93, 120, 154

Case of Milošević
- The Prosecutor v. Slobodan Milošević, TC, Decision on Preliminary Motions, IT-99-37-PT, 8 November 2001 ··31

Case of Mladić
- The Prosecutor v. Ratko Mladić, TC I, Judgment, IT-09-92-T, 22 November 2017 ·······91

Case of Mucić et al.
- The Prosecutor v. Zejnil Delalić, Zdravko Mucić aka "Pavo", Hazim Delić, Esad Landžo aka "Zenga", TC, Judgment, IT-96-21-T, 16 November 1998 ·························· 156

Case of Popović et al.
- The Prosecutor v. Vujadin Popović, Ljubiša Beara, Drago Nikolić, Ljubomir Borovčanin, Radivoje Miletić, Milan Gvero, Vinko Pandurević, TC II, Judgement, IT-05-88-T,10 June 2010 ··92

Case of Stakić
- The Prosecutor v. Milomir Stakić, TC II, Judgement, IT-97-24-T, 31 July 2003   92, 93, 214
- The Prosecutor v. Milomir Stakić, AC, Judgement, IT-97- 24-A, 22 March 2006 ········92

Case of Tadić
- The Prosecutor v. Duško Tadić, TC, Decision on the Defence Motion on Jurisdiction, IT-94-I-T, August 10, 1995 ··59
- The Prosecutor v. Duško Tadić, AC, Decision on the Defence Motion for Interlocutory Appeal on Jurisdiction, IT-94-1-AR72, 2 October 1995 ······························· 59, 154
- The Prosecutor v. Duško Tadić, AC, Judgement, IT-94-1-A, 15 July 1999 ··· 117, 156, 212

ICTR
Case of Akayesu
- The Prosecutor v. Jean-Paul Akayesu, TC I, Judgement, ICTR-96-4-T, 2 September 1998

·········· 157

Case of Bagilishema
- The Prosecutor v. Ignace Bagilishema, TC I, Judgement, ICTR-95-01A-T, 7 June 2001 ··· 92

Case of Kambanda
- The Prosecutor v. Jean Kambanda, TC I, Judgement and Sentence, ICTR 97-23-S, 4 September 1998 ·············· 89

Case of Kayishema and Ruzindana
- The Prosecutor v. Clément Kayishema and Obed Ruzindana, TC II, Judgement, ICTR-95-1-T, 21 May 1999 ············ 92, 118
- The Prosecutor v. Clément Kayishema and Obed Ruzindana, AC, Judgement (Reasons), ICTR-95-1-A, 1 June 2001 ············ 89

Case of Rutaganda
- The Prosecutor v. Georges Anderson Nderubumwe Rutaganda, TC I, Judgement and Sentence, ICTR-96-3-T, 6 December 1999 ············ 92

Case of Semanza
- The Prosecutor v. Laurent Semanza, TC III, Judgement and Sentence, ICTR-97-20-T, 15 May 2003 ············ 92

ECCC

Case of Nuon Chea and Khieu Samphan
- The Prosecutor v. Nuon Chea and Khieu Samphan, TC, Judgement, No. 002/19-09-2007/ECCC/TC, 16 November 2018 ············ 88

ICJ

- *Application of the Convention on the Prevention and Punishment of the Crime of Genocide (Bosnia and Herzegovina v. Serbia and Montenegro), Judgment, I.C.J. Reports 2007,* p. 43 ············ 31, 88
- *Application of the Convention on the Prevention and Punishment of the Crime of Genocide, Preliminary Objections, Judgment, I.C.J. Reports 1996 (II),* p. 595 ············ 385
- *Application of the Convention on the Prevention and Punishment of the Crime of Genocide (The Gambia v. Myanmar), Application Instituting Proceedings and Request for Provisional Measures, filed in the Registry of the Court on 11 November 2019* ············ 24, 32, 86, 87
- *Application of the Convention on the Prevention and Punishment of the Crime of Genocide (The Gambia v. Myanmar), Preliminary Objections, Judgment, I.C.J. Reports 2022,* p. 477 ········ 24, 32
- *Arrest Warrant of 11 April 2000 (Democratic Republic of the Congo v. Belgium). Judgment, I.C.J. Reports 2002,* p. 3 ············ 31, 341
- *Barcelona Traction, Light and Power Company, Limited, Judgment, I.C.J. Reports 1970,* p. 3 ····· 89
- *Certain Expenses of the United Nations (Article 17, paragraph 2, of the Charter), Advisory Opinion of July 20, 1962: I.C.J. Reports 1962,* p. 151 ············ 193

- *Reservations to the Convention on the Prevention and Punishment of the Crime of Genocide, Advisory Opinion : I.C.J. Reports 1951*, p. 15 ·· 89

日本

- 最大判昭和 32・11・27 刑集 11 巻 12 号 3113 頁 ································· 215
- 最判昭和 40・3・26 刑集 19 巻 2 号 83 頁 ·· 215
- 最決昭和 58・9・21 刑集 37 巻 7 号 1070 頁 ····································· 215
- 最決平成 13・10・25 刑集 55 巻 6 号 519 頁 ······························ 212, 215
- 最決平成 18・3・27 刑集 60 巻 3 号 382 頁 ······································ 212
- 最決平成 21・7・21 刑集 63 巻 6 号 762 頁 ······································ 212
- 最決平成 22・3・17 刑集 64 巻 2 号 111 頁 ······································ 212
- 最決平成 27・9・15 刑集 69 巻 6 号 721 頁 ······································ 215
- 東京地判平成 8・6・26『判例タイムズ』921 号 93 頁 ························· 212
- 東京地判平成 10・2・26『判例タイムズ』1001 号 281 頁 ···················· 212
- 東京地判平成 10・5・14『判例タイムズ』1015 号 279 頁 ···················· 212

ドイツ

- BGHSt 35, 347 Urteil vom 15. September 1988·································· 212

イスラエル

- Attorney-General of the Government of Israel v. Adolf Eichmann, the District Court of Jerusalem, Judgment, No. 40/61, 11 December 1961···························· 71, 90
- Attorney-General of the Government of Israel v. Adolf Eichmann, the Supreme Court of Israel, Judgment, 29 May 1962 ·· 71, 90, 91

英国

- R. v. Bow Street Metropolitan Stipendiary Magistrate and others, *ex parte* Pinochet Ugarte (Amnesty International and others intervening) (No. 3), [1999] UKHL 17 ······ 20, 21, 31

事項索引（判例については、判例一覧参照）

*（ ）内は略称、追加語句、追加説明等、〔 〕内は同意、または類似の別表現である。
「国際刑事裁判所」は略称「ICC」で表示している。また「国際刑事裁判所規程」は「規程」と略している。

【ア行】

アイヒマン事件 …………… 71, 90, 91, 98, 102
アウトリーチ …………………… 304, 310, 315
アカイエス事件 …………… 74, 76, 77, 78, 83
アド・ホック委員会 ………………… 14, 30
アパルトヘイト防止条約 ………… 95, 98, 103
アフガニスタン ………………………… 229
アブダラ・バンダ・アバカエル・ヌーレン 46
アブデル・ラヒーム・ムハマド・フセイン 46
アブドゥラ・アル・セヌシ ………………… 46
アフマド・ムハマド・ハルン ………………… 45
アフリカ司法人権裁判所 ………………… 22
アフリカ連合（AU） …………………… 22, 46
アリ・ムハマド・アリ・アブド・アル・
　　ラーマン ………………………………… 45
アルゼンチン ……………………… 219, 235
アル・トゥアミ・モハメッド・カレド …… 46
安保理 ……………… 174-179, 222, 324, 337
安保理付託 …………………………… 177, 224
イェリシッチ（Jelisić）事件 ……………… 73
イエン・サリ ……………………………… 90
イギリス ……………………………… 178, 186
イスラエル ……………………………… 82, 228
一元的アプローチ（monistic approach） …… 173
違法収集証拠 ……………………… 262, 263
イラク ……………………………… 168, 228
インカメラ ……………………………… 293
ヴィルヘルム 2 世 ………………………… 6, 8
ヴェルサイユ講和条約 …………………… 6
ウガンダ ……………………………… 234, 235
ウクライナ侵略（戦争） …………………… 24, 86
欧州評議会 ……………………………… 190
オースティン・チェンバレン …………… 164
オランダ ……………………………… 235

オングェン事件 ………… 112, 200, 234, 235, 272

【カ行】

外交会議（ローマ会議） ………………… 35, 218
カイシェマ（Kayishema）事件 …………… 120
海戦法規 ……………………………… 131
化学兵器禁止条約 ……………………… 144
核兵器 ……………………………… 143, 151
ガザ（地区） …………………… 24, 86, 228
過失 ……………………………… 197, 204, 208
カラジッチ ……………………………… 72, 73
カリム・カーン ……………………………… 219
間接正犯 ……………………………… 197, 201, 206
カンパラ（検討）会議 … 123, 163, 165, 169, 178, 179, 181, 182, 196
ガンビア対ミャンマー事件 ……………… 87
カンボジア特別法廷（Extraordinary Chambers
　　in the Courts of Cambodia, ECCC） …… 36, 64, 101
関与形式 ……………………… 196-198, 255
期待可能性 ……………………………… 198
客観的な要素（material element） ……… 128
糾問主義 ……………………………… 247, 283
旧ユーゴスラビア国際刑事裁判所（ICTY）… 12, 64, 72, 95, 124, 249, 324
競合管轄権 …………………………… 25, 32
強行規範 …………………………… 68, 111
教唆 …………………………… 198, 207
供述証拠 …………………………… 265, 266
供述録取書 …………………………… 265-267, 270
強制失踪条約 …………………… 95, 106, 319
強制的な児童の移動 ………………………… 77
強制妊娠 …………………………… 77, 138
共同間接正犯 …………………… 206, 207
共同正犯 …………………………… 197, 205

共犯 …………………………………… 197
共謀共同正犯 ………………… 196, 211, 214
協力義務 …………………………… 223, 323
クナラチ（Kunarac）事件 …………… 108, 109
クプレスキッチ（Kupreškić）事件 ………… 120
クルスティッチ（Krstić）事件 ……………… 73
軍事諮問委員会 ……………………………… 248
経過規定 ……………………………………… 125
刑事責任の阻却事由 ………… 125, 128, 252
刑の執行 ………………… 274, 301, 302, 326
決議 1497 号 ………………………………… 41
欠席裁判 ………………………………… 90, 261
ケニア …………………………………………… 238
　──共和国の事態に関する予審裁判部の
　　決定 …………………………………… 109
ケニヤッタ事件 ……………………………… 262
言語 …………………………………………… 258
検察官（局）………………………… 218, 251
検察局規則 ……… 218, 220, 222, 228, 232, 2553
検察局行動規範 …………………… 218, 232
故意（intent）………………… 129, 200, 204
行為支配論 …………………………… 202, 206
効果的な救済を受ける権利 ………………… 285
強姦 ………………………………… 77, 206, 207
拘禁刑 ………………………………… 206, 271
公設弁護士事務所 …………………………… 298
拘置 …………………………………………… 274
公的資格の無関係（性）………………… 9, 335
口頭主義 …………………………… 253, 265, 266
公判前整理手続 …………………… 256, 258, 259
公平性 ………………………………… 221, 238
合理的な基礎 ………………………………… 225
合理的な理由 ……………………… 226, 234, 235
国際軍事裁判所
　国際軍事裁判所全般 …… 35, 95, 188, 284, 286
　東京裁判 …… 6-10, 19, 97, 163, 171-172, 188,
　　　　　　　　　　　　　196, 248-249, 284
　ニュルンベルク裁判 …… 7-10, 19, 66, 97, 163,
　　　　　　　　　　　　171, 172, 188, 247-249, 284
国際刑事裁判権 ………… 5, 29, 323, 327, 336

国際刑事裁判所弁護士会 …………… 251, 289
国際人権法 ……………… 52, 252, 285, 290, 305
国際人権法の重大な侵害と国際人道法の深
　刻な侵害に対する救済と保障の権利に関
　する基本原則とガイドライン ………… 286
国際人道法 …………………………………… 95
国際法委員会（ILC）…………… 9, 37, 98, 164
国連憲章 24 条 ……………………………… 179
国連憲章第 7 章 ……… 12, 35, 177, 222, 324, 332
国連憲章の明白な違反 ……………… 166, 168
国連総会決議 96（I）………………………… 66
国連ダルフール委員会 ……………… 69, 79, 81
国連の平和活動の地位協定 ………………… 333
コソボ国連暫定統治機構（United Nations
　Interim Administration Mission in Kosovo）… 35
国家責任 ……………………………………… 4

【サ行】

罪刑法定主義 ……………… 115, 127, 198, 252
最終弁論 …………………………… 260, 271
再審 ………………………………… 272, 274
「採択」説 …………………………………… 180
裁判の運営に対する犯罪 …………… 270, 291
裁判の迅速性 ……………………… 250, 253
裁判の利益（interest of justice）……… 48, 224
裁判部実務マニュアル（CPM）……… 254, 287
サイフ・アル・イスラム・ガダフィ ………… 46
錯誤 ……………… 128, 130, 140, 141, 208, 212
殺人 ………………………………… 206, 208
ジェームズ・スチュワート ………………… 219
ジェノサイド条約 ………………………… 9, 65
　──第 9 条 ………………………… 73, 87
　──適用事件 ……………………… 23, 82
　──適用事件 1996 年管轄権判決 …… 67, 89
　──適用事件 2007 年本案判決 ……… 88, 89
　──適用事件の本案判決 ……………… 73
　──に対する留保に関する勧告的意見 … 68
シエラ・レオーネ特別裁判所（Special Court
　for Sierra Leone）………………… 35, 101
ジェンダー ………………………………… 101

事項索引　389

──と子ども室………………………289
──犯罪……………………………101, 219
敷居条項（要件）…………95, 167, 168, 170
指揮命令……………………………………203
自国の安全保障上の利益を理由とした文書
　の提出又は証拠の開示の拒否……………331
自己付託（self-referral）………44, 45, 51, 52, 238
指導者犯罪……………………………171, 173
司法妨害……………………………266, 269, 270
集団殺害
　　──扇動罪……………………………200
　　──犯罪（ジェノサイド）………35, 64
集団賠償………………………………307-309, 312
主観的な要素（Mental element）………101, 128
主席検察官…………………………………219
ジュネーヴ諸条約……………………105, 127
　　──共通第 3 条及び非国際的武力紛争
　の法規慣例の著しい違反…………123, 146
　　　　──に対する重大な違反行為……123, 133
受理許容性（admissibility）……26, 36, 226, 325
上官責任…………………………125, 128, 202, 209
上官命令…………………………………9, 125
消極解釈（negative understanding）……183-186
消極的属人主義…………………………38, 113
証拠……………………247, 249, 254, 262, 292, 311
　　──開示……………………………247, 292
　　──の許容性及び関連性…………262, 267
　　──の評価…………………………254, 263, 266
　　──の優越……………………………311, 321
　　──法……………………249, 254, 256, 268
上訴裁判部………………………………………250
証人………………………………………259, 264
　　──尋問……………………………264, 265
　　──保護………………………………254
　　──保護プログラム…………………270
除斥…………………………………………221
職権主義………………………………247, 283
職権証拠調べ………………………………248
職権による捜査……15, 176, 179, 182, 187, 218
信託基金…………………………………312-314

人道に対する罪（犯罪）…………8, 35, 66, 84
人道に対する犯罪の防止および処罰に関す
　る条文草案…………………………101, 113
侵略
　　──行為……………………167, 168, 170
　　──戦争………………96, 97, 167, 172, 191
　　──定義（決議）………9, 166, 170, 171
　　──犯罪………15, 35, 163, 167, 188, 353
人類の平和と安全に対する犯罪法典（案）
　………………………9, 38, 98, 164, 167, 172
スーダン（決議 1593）………………45, 238
スタニシッチ及びシマトヴィッチ事件（Stanišić
　and Simatović）事件……………………91
スピロプーロス……………………………164
スレブレニツァ………………………72, 73
性的暴力……………………………293, 300
正犯…………………………………………197
生物毒素兵器禁止条約………………143-145
世界人権宣言………………………………285
赤十字国際委員会（ICRC）………………127
積極解釈（positive understanding）……183-185
積極的属人主義……………………………38, 40
積極的補完性………………………………28, 227
セルジュ・ブラマーツ……………………219
ゼレンスキー………………………………190
戦時復仇……124, 125, 129, 149, 152, 154, 155
戦争犯罪………………………………6, 35, 123
戦争犯罪および人道に対する罪の時効不適
　用条約………………………………………98
占領地…………………………136, 137, 156, 157
訴因………………………………73, 102, 247, 256
属地主義……………………………………38, 40
組織性………………………………………255
　　──と大規模性の要件……123, 124, 131, 149, 156
組織犯罪…………………………………196, 198
訴追戦略………………………13, 29, 218, 227
ソフト・オプト・アウト…………………186

【タ行】

- 第 1 審裁判部・・・・・・・・・・・・・・・・・・・・・・・250
- 第 1 追加議定書・・・・・・・・・・・・・・・・・・・・135
- 対世的義務 (erga omnes partes)・・・・・・・67, 68, 87
- 逮捕状・・・・・・・・・・・・・・・・・・・・・・・・・234, 251
- 逮捕状事件・・・・・・・・・・・・・・・・・・・・・・21, 190
- 多元的アプローチ (differentiated approach)
  ・・・・・・・・・・・・・・・・・・・・・・・・・・・・・・・・・・173
- 脱退・・・・・・・・・・・・・・・・・・・・・・・・・・・184, 223
- 中央アフリカ・・・・・・・・・・・・・・・・・・・・・・・・235
- 仲介者 (intermediary)・・・・・・・・・・・270, 281, 292
- 中核(的)犯罪（コア・クライム）・・・・・・15, 35, 196, 205, 210
- 中間上訴・・・・・・・・・・・・・・・・・・・・・・・・・・・273
- 中止犯・・・・・・・・・・・・・・・・・・・・・・・・・・・・201
- 駐留外国軍の地位協定・・・・・・・・・・・・・・・333
- 直接主義・・・・・・・・・・・・・・・・・・・・・・・・・・266
- 締約国会議・・・・・・・・・・・・・・・40, 220, 250
  - 第 16 回——・・・・・・・・・163, 185, 188, 189, 194
- 適正手続・・・・・・・・・・・・・・・・・・・・・・176, 248
- 適用される法 (Applicable law)・・・・・・・・・・・125
- 出口戦略・・・・・・・・・・・・・・・・・・・・・・・・・・237
- 手続及び証拠に関する規則 (RPE)・・・・・14, 253
- 伝聞法則・・・・・・・・・・・・・・・・・・・・・・・・・・266
- ドイツ・・・・・・・・・・・・・・・・・・・・・・82, 167, 168
- 同一事件（同一人物同一行為）（"same case"（same person same conduct)）テスト・・・27, 51
- 当事者（対抗）主義・・・・・・・・・・・・247, 283, 284
- 特殊標章・・・・・・・・・・・・・・・・・・・140, 157, 159
- 特定通常兵器使用禁止制限条約・・・・・・143, 145
- 特別アフリカ裁判部・・・・・・・・・・・・・・・・・190
- トリガー・メカニズム (trigger mechanism)
  ・・・・・・・・・・・・・・・・・・・・・・・・・・・・・43, 222

【ナ行】

- ナザト・シャミーム・カーン・・・・・・・・・・・219
- 人間の盾・・・・・・・・・・・・・・・・・・・・・・・・・・143
- 認識 (knowledge)・・・・・・・・・・・・・95, 129, 200
- 狙い撃ちサンクション・・・・・・・・・・・・・・・・・19
- ノン・ルフールマン（原則）・・・・・・・・・・78, 295

【ハ行】

- ハーグ陸戦規則・・・・・・・・・・・・・・127, 137, 139
- ハイブリッド・・・・・・・・・・・・・・・・・・・249, 253
- ハイブリッド法廷・・・・・・・・・・・・・・・・・・・190
- バシール大統領・・・・・・・・・・・・・・・・45, 64, 70
- バハール・イドリス・アブ・ガルダ・・・・・・45
- 判決の言渡し・・・・・・・・・・・・・・・・・・260, 271
- 犯罪共同体 (joint criminal enterprise, JCE) 82-84, 93
- 犯罪構成要件文書 (EOC)・・・・・11, 104, 126, 169
- 犯罪事実の確認・・・・・・・・・・・・・・・・・・・・251
- 犯罪事実を記載した文書 (DCC)・・・・・255, 256
- 犯罪と権力の濫用の被害者のための司法の基本原則宣言・・・・・・・・・・・・・・・・・・・・286
- 反対尋問権・・・・・248, 249, 252, 253, 265, 266, 276, 294
- 被害者参加・賠償セクション（被害者・証人室、被害者・証人セクション）・・・・269, 288, 289
- 被害者信託基金・・・・・・・・・・・・・・・・・・・・289
- 被害者の利益・・・・・48, 224, 228, 261, 275, 299, 321
- 東ティモール国連暫定統治機構 (United Nations Transitional Administration in East Timor)・・・・・・・・・・・・・・・・・・・・・・・・35
- 被疑者・被告人の権利・・・・・・・・・・・221, 249
- 非供述証拠・・・・・・・・・・・・・・・・・・・・・・・・267
- 非国際的武力紛争・・・・・・123, 124, 131, 134, 146, 153, 161
- 非締約国の協力義務・・・・・・・・・326, 331, 332
- ビデオリンク・・・・・・・・・・・・・262, 265, 269, 339
- ピノチェト事件・・・・・・・・・・・・・・・・・・・・・・20
- ファトゥ・ベンソーダ・・・・・・・・・・・・・・・・219
- フィールド・オフィス・・・・・・・・・・・・233, 243
- フィリピン・・・・・・・・・・・・・・・8, 202, 222, 223
- プーチン大統領・・・・・・・・・・・・・・82, 87, 189
- 武器対等の原則・・・・・・・・247, 249, 259, 276
- 不作為・・・・・・・・・・・・・・・・・・・・・・・・・・・・202
- 不処罰の文化・・・・・・・・・・・・・・・・・・・20, 211

事項索引　391

付随的損害 …………… 142, 150, 152, 157, 158
付帯私訴 …………………………… 284, 306
普遍主義 ……………… 38, 50, 102, 113, 275
普遍的管轄権 ……………………… 72, 91, 124
フランス ……………………… 178, 186, 187
ブルンジ …………………………………… 223
文脈的要件 …… 95, 104, 106, 109, 110, 112, 275
文民たる住民 ……………………………… 97
平和に対する罪 …… 8, 11, 96, 167, 171, 172, 189
ペリシッチ (Perišić) 事件 ………………… 91
ベルギー …………………………… 219, 235
ベンバ事件 …………………… 209, 235, 270
幇助 …………………………………… 199, 207
補完性 …………………………………… 238
補完性の原則 …………………… 5, 49, 101
保護主義 …………………………………… 38
ポリティ (Politi) ………………………… 127
ポル・ポト裁判 …………………………… 71
ホロコースト …………………………… 64, 65

【マ行】

マシアス裁判 ……………………………… 71
マメ・マンディアイ・ニアン …………… 219
マラボ議定書 ……………………………… 22
未遂 ……………………………………… 201
南アフリカ対イスラエル事件 …………… 87
ミャンマー ………………………………… 82
ミレティッチ及びグヴェロ (Miletić and
　Gvero) 事件 …………………………… 91
ミロシェビッチ事件 ……………………… 73
民族浄化 ……………………………… 64, 04
ムアマル・モハメッド・アブ・ミニャー・
　ガダフィ ………………………………… 46
ムラジッチ ……………………………… 73, 74
免除 …………………………… 21, 330, 335

【ヤ行】

ユーゴ国際刑事裁判所 (International Criminal
　Tribunal for the Former Yugoslavia, ICTY)
　…………………… 12, 35, 64, 95, 249, 324
有罪自認 (答弁) …………………… 260, 261
ヨーキッチ (Jokić) 事件 ………………… 91
予審 (裁判部門) …… 175, 177, 178, 200, 223, 250
予備調査 (予備的な検討) …………… 28, 219

【ラ行】

ライプチヒ裁判 …………………………… 6
ラファエル・レムキン …………………… 65
リビア ……………………………………… 45
「了解 (understandings)」文書 ………… 169
量刑 …………………………………… 201, 260
ルイス・モレノ・オカンポ ……………… 219
ルト及びサン事件 ……………………… 262
ルバンガ事件 ………………… 206, 260, 270
ルワンダ国際刑事裁判所 (International
　Criminal Tribunal for Rwanda, ICTR) …… 13, 35,
　　　　　　　　　　　　64, 74, 95, 249, 324
レバノン特別裁判所 (Special Tribunal
　for Lebanon) …………………………… 36, 38
ロシア ……………………………………… 82
ロヒンギャ (族) ……………………… 24, 86
ロンドン協定 ……………………………… 6, 7

【欧字】

ABC 方式 ……………………………… 304, 321
C. Garraway ……………………… 156, 158, 160
Erdemović 事件 ………………………… 91
EU ………………………………………… 190
ICC 準備委員会 (Preparatory Commission for
　the International Criminal Court) …… 126, 127,
　　　　　　　　　　130, 131, 150, 154, 160
ICC 設立準備委員会 (Preparatory Committee
　on the Establishment of an International
　Criminal Court) ………………… 126, 127
ICC への付託 …………………………… 47, 174
UNPROFOR ……………………………… 72

執筆者紹介

尾﨑久仁子（おざき　くにこ）〔編者紹介参照〕（第三版はしがき、第 9 章）

洪　恵子（こう　けいこ）〔編者紹介参照〕（第三版・第二版・初版はしがき、第 2 章）

古谷修一（ふるや　しゅういち）（第 1 章）
　　現　　職：早稲田大学大学院法務研究科教授
　　最終学歴：早稲田大学大学院法学研究科博士後期課程単位取得退学
　　主要著作・論文：Shuichi Furuya / Hitomi Takemura / Kuniko Ozaki eds., *Global Impact of the Ukraine Conflict: Perspectives from International Law* (Springer, 2023)、Shuichi Furuya / Cristián Correa / Clara Sandoval, *Reparation for Victims of Armed Conflict* (Cambridge University Press, 2020)、「国際刑事裁判所における『同一人物・同一行為』基準の適用―補完性に関する法と政策の狭間」（浅田正彦他編『現代国際法の潮流 II』東信堂、2020 年）

稲角光恵（いなずみ　みつえ）（第 3 章）
　　現　　職：金沢大学法学類教授
　　最終学歴：名古屋大学大学院法学研究科博士課程後期修了、ユトレヒト大学（オランダ）法学博士取得
　　主要著作・論文：「刑事司法を通じた新植民地主義―欧州諸国の普遍的管轄権に対するアフリカの反発」（松田竹男編『現代国際法の思想と構造 II　環境、海洋、刑事、紛争、展望』東信堂、2012 年）、*Universal Jurisdiction in Modern International Law: Expansion of National Jurisdiction for Prosecuting Serious Crimes under International Law* (Intersentia, Antwerpen, 2005)、「国際刑事裁判所の一事不再理の原則に見られる管轄権調整ルールの検証」（『国際法外交雑誌』104 巻 1 号、2005 年）

坂本一也（さかもと　かずや）（第 4 章）
　　現　　職：岐阜大学教育学部教授
　　最終学歴：東北大学大学院法学研究科博士後期課程満期退学
　　主要著作・論文：「領域管理を行う国際組織・機関のアカウンタビリティに関する一考察―平和構築活動に関連する人権侵害を素材として」（『国際法外交雑誌』119 巻 4 号、2021 年）、『平和構築と個人の権利―救済の国際法試論』（片柳真理・坂本一也・清水奈名子・望月康恵共著、広島大学出版会、2022 年）

真山　全（まやま　あきら）（第 5 章）
　　現　　職：大阪学院大学国際学部教授・大阪大学名誉教授
　　最終学歴：京都大学大学院法学研究科博士後期課程単位取得満期退学
　　主要著作・論文：『武力紛争の国際法』（村瀬信也・真山全共編、東信堂、2004 年）、『防衛実務国際法』（共著、弘文堂、2021 年）、「武力紛争法における『核の忘却』の終焉―対ウクライナ核攻撃を武力紛争法からどのように・どこまで非難できるか」（有斐閣 Online ロージャーナル 2023 年 7 月号）

新井　京(あらい　きょう)(第 6 章)
　　現　　職：同志社大学法学部教授
　　最終学歴：同志社大学大学院法学研究科博士後期課程単位取得退学
　　主要著作・論文："Between *Consented* and *Un-Contested* Occupation," *Israel Law Review*, Vol.51(3) (2018)、『沖縄の引き延ばされた占領：「あめりか世(ゆー)」の法的基盤』(有斐閣、2023 年)、『ウクライナ戦争犯罪裁判：正義・人権・国防の相克』(新井京・越智萌共編、信山社、2024 年)

髙山佳奈子(たかやま　かなこ)(第 7 章)
　　現　　職：京都大学大学院法学研究科教授
　　最終学歴：東京大学大学院法学政治学研究科修士課程修了
　　主要著作・論文：『故意と違法性の意識』(有斐閣、1999 年)、Karl Riesenhuber / Kanako Takayama (Hrsg.), *Rechtsangleichung: Grundlagen, Methoden und Inhalte - Deutsch-Japanische Perspektiven* (2006)、Luis Arroyo Zapatero / William Schabas / Kanako Takayama eds., *Death Penalty: A Cruel and Inhuman Punishment* (2013)

竹村仁美(たけむら　ひとみ)(第 8 章)
　　現　　職：一橋大学大学院法学研究科教授
　　最終学歴：アイルランド国立大学ゴールウェイ校附属人権センター Ph.D. 取得
　　主要著作・論文：『国際刑事裁判所の検察官の裁量』(信山社、2022 年)、*The Rohingya Crisis and the International Criminal Court* (Springer, 2023), *International Human Right to Conscientious Objection to Military Service and Individual Duties to Disobey Manifestly Illegal Orders* (Springer, 2008) ほか

東澤　靖(ひがしざわ　やすし)(第 10 章)
　　現　　職：弁護士・明治学院大学法学部教授
　　最終学歴：コロンビア大学ロー・スクール LL.M. 修了
　　主要著作・論文：『国際人権法講義』(信山社、2022 年)、『国際人道法講義』(東信堂、2021 年)、『国際刑事裁判所と人権保障』(信山社、2013 年)、『国際刑事裁判所　法と実務』(明石書店、2007 年)、翻訳『正しいビジネス—世界が取り組む「多国籍企業と人権」の課題』(ジョン・ジェラルド・ラギー著、岩波書店、2014 年)

竹内真里(たけうち　まり)(第 11 章)
　　現　　職：神戸大学法学研究科教授
　　最終学歴：京都大学博士後期課程修了、グラスゴー大学(英国)博士号取得
　　主要著作・論文：『分野別国際条約ハンドブック』(森澤肇志・藤田巌・玉田大・伊藤一頼・北村朋史共著、有斐閣、2020 年)、「域外行為に対する刑事管轄権行使の国際法上の位置づけ—重大な人権侵害に関する分野の普遍管轄権行使を中心に」(『国際法外交雑誌』第 110 巻 2 号、2010 年)

大平　真嗣(おおだいら　まさつぐ)(第 12 章)
　　現　　職：外務省国際法局国際法課長(執筆当時)
　　最終学歴：東京大学法学部卒業

編者紹介

尾﨑　久仁子（おざき　くにこ）
- 1979 年　外務省入省
- 2006 年　国際連合薬物・犯罪事務所条約局長
- 2010 年　国際刑事裁判所裁判官
- 2021 年　中央大学法学部特任教授

東京大学学士（教養）、オクスフォード大学 M.Phil（International Relations）
主要著作・論文：*Global Impact of the Ukraine Conflict: Perspectives from International Law*（共編著、Springer, 2023）、「分断の中の人権外交」植木安弘・安野正士編『専制国家の脅威と日本―分断の中の外交・安全保障』（勁草書房、2023 年）、『国際刑事裁判所―国際犯罪を裁く』（東信堂、2022 年）

洪　恵子（こう　けいこ）
- 1996 年　上智大学大学院法学研究科博士後期課程満期退学
- 2006 年　三重大学人文学部教授
- 2007 年 11 月－2009 年 3 月　国際刑事裁判所締約国会議・侵略犯罪特別作業部会・日本政府代表団団員
- 2014 年 5 月－現在に至る　難民審査参与員（出入国在留管理庁）
- 2016 年 10 月－現在に至る　南山大学法学部教授、三重大学名誉教授
- 2018 年 1 月－2022 年 1 月　国連・人種差別撤廃委員会委員

主要著作・論文：『国際刑事裁判所―最も重大な犯罪を裁く』初版および第 2 版共編者、"The Tokyo Judgment on Crimes against Peace and the Crime of Aggression", *Beiträge aus dem Symposium Japan and Germany-150 Years of Cooperation Dynamics of Traditional Research Societies in a Rapidly Changing World*（Iudicium, 2013）、「国際刑事裁判所の新たな課題―侵略犯罪に関する公判について」（寺谷広司・伊藤一頼編『国際法の現在　変転する現代世界で法の可能性を問い直す』日本評論社、2020 年）ほか。

International Criminal Court, 3rd.ed.

国際刑事裁判所――最も重大な国際犯罪を裁く〔第二版〕

- 2008 年 3 月 1 日　　初　版第 1 刷発行
- 2014 年 9 月 30 日　　第二版第 1 刷発行
- 2024 年 11 月 15 日　　第三版第 1 刷発行

〔検印省略〕
定価はカバーに表示してあります。

編者ⓒ尾﨑久仁子・洪恵子／発行者　下田勝司

印刷・製本／中央精版印刷

東京都文京区向丘 1-20-6　郵便振替 00110-6-37828
〒113-0023　TEL (03) 3818-5521　FAX (03) 3818-5514
Published by TOSHINDO PUBLISHING CO., LTD.
1-20-6, Mukougaoka, Bunkyo-ku, Tokyo, 113-0023, Japan
E-mail: tk203444@fsinet.or.jp　http://www.toshindo-pub.com

発行所　株式会社 東信堂

ISBN978-4-7989-1930-0　C3032　ⓒ OZAKI Kuniko, KO Keiko

東信堂

国際刑事裁判所――最も重大な国際犯罪を裁く〔第三版〕	尾﨑久仁子編	四二〇〇円
国連安保理改革を考える――正統性、実効性、代表性からの新たな視座	洪恵子編	三五〇〇円
国連の金融制裁――法と実務	竹内俊隆・神余隆博編著	三五〇〇円
国際取引法〔上巻〕	吉村祥子編著	三二〇〇円
国際取引法〔下巻〕	井原宏	四五〇〇円
国際技術ライセンス契約――そのリスクとリーガルプランニング	井原宏	三二〇〇円
国際ジョイントベンチャー契約――国際ジョイントベンチャーのリスクとリーガルプランニング	井原宏	五八〇〇円
グローバル企業法	井原宏	三八〇〇円
判例ウィーン売買条約	井原宏・河村寛治編著	四二〇〇円
新版 国際商取引法	中谷和弘・阿髙佳克則子編著	二二〇〇円
国際民事訴訟法・国際私法論集	高桑昭	六五〇〇円
講義 国際経済法	高桑昭	三六〇〇円
グローバル保健ガバナンス	柳赫秀編著	四六〇〇円
――グローバル化と法の諸課題 グローバル法学のすすめ	城山英明編著	三三〇〇円
武力紛争の国際法	真山全編	一四八〇〇円
国連安保理の機能変化	村瀬信也編	二八〇〇円
海洋境界確定の国際法	村瀬信也編	二七〇〇円
自衛権の現代的展開	藤瀬信也編	二八〇〇円
国連安全保障理事会――その限界と可能性	江瀬信也編	二八〇〇円
集団安全保障の本質	村瀬信也編	三三〇〇円
憲法と自衛隊――法の支配と平和的生存権	松浦一夫編	四六〇〇円
イギリス憲法Ⅰ 憲政	柿山堯司編	四六〇〇円
イギリス債権法	幡新大実	四二〇〇円
	幡新大実	四二〇〇円
	幡新大実	三八〇〇円
戦争と国際人道法――赤十字の歴史のあゆみ	井上忠男	二四〇〇円
人道研究ジャーナル5～13号〔続刊〕日本赤十字国際人道研究センター編		各二〇〇〇円 12号二五〇〇円
第二版 世界と日本の赤十字――世界最大の人道支援機関の活動	森居正尚孝	二五〇〇円

※定価：表示価格（本体）＋税　　〒113-0023　東京都文京区向丘1-20-6　TEL 03-3818-5521　FAX 03-3818-5514
Email tk203444@fsinet.or.jp　URL:http://www.toshindo-pub.com/

東信堂

ベーシック条約集（二〇二四年版）	編集代表 浅田正彦	二七〇〇円
ハンディ条約集〔第2版〕	編集代表 浅田正彦	一六〇〇円
国際法〔第5版〕	浅田正彦編著	三〇〇〇円
国際環境条約・資料集	編集 松井芳郎・富岡・田中・薬師寺・坂元・高村・西村	八六〇〇円
国際人権条約・宣言集〔第3版〕	編集代表 松井芳郎	三八〇〇円
国際機構条約・資料集〔第3版〕	編集 坂元・薬師寺・小畑・徳川	三二〇〇円
判例国際法〔第3版〕	編集代表 薬師寺・坂元・安藤・中谷 代表 浅田・酒井	三九〇〇円
国際法新講〔上〕〔下〕	田畑茂二郎	各八四〇〇円
ウクライナ戦争をめぐる国際法と国際政治経済	浅田正彦・玉田大 編著	〔上〕二六〇〇円 〔下〕二七〇〇円
現代国際法の潮流 I・II〔坂元茂樹・薬師寺公夫両先生古稀記念論集〕	編集 西村・桐山・德川・ 薬師寺・富岡・坂元・ 田中・薬師寺・桐山・西村	七八〇〇円
21世紀の国際法と海洋法の課題	編集 薬師寺公夫・坂元茂樹	六八〇〇円
国際海洋法の現代的形成	田中則夫	六八〇〇円
在外邦人の保護・救出―朝鮮半島と台湾海峡有事への対応	武田康裕編著	四六〇〇円
国際海峡	坂元茂樹編著	四二〇〇円
条約法の理論と実際	坂元茂樹	八二〇〇円
グローバル化する世界と法の課題	編集 松井芳郎・木棚照一・薬師寺公夫・田中則夫・山形英郎	六二〇〇円
現代国際法の思想と構造 I ―歴史、国家、機構、条約、人権	編集 松田竹男・田中則夫・薬師寺公夫・坂元茂樹	五二〇〇円
現代国際法の思想と構造 II ―環境、海洋、刑事、紛争、展望	編集 松田竹男・田中則夫・薬師寺公夫・坂元茂樹	六八〇〇円
日中戦後賠償と国際法	浅田正彦	五二〇〇円
国際環境法の基本原則	松井芳郎	三八〇〇円
通常兵器軍縮論	福井康人	三六〇〇円
大量破壊兵器と国際法	阿部達也	五七〇〇円
サイバーセキュリティと国際法の基本―国連における議論を中心に	赤堀毅	二〇〇〇円

国際法・外交ブックレット

為替操作、政府系ファンド、途上国債務と国際法	中谷和弘	一〇〇〇円
イランの核問題と国際法	浅田正彦	一〇〇〇円
もう一つの国際仲裁	中谷和弘	一〇〇〇円
化学兵器の使用と国際法―シリアをめぐって	浅田正彦	一〇〇〇円
国際刑事裁判所―国際犯罪を裁く―	尾﨑久仁子	一〇〇〇円
気候変動問題と国際法	西村智朗	一〇〇〇円

※定価：表示価格（本体）＋税

〒113-0023　東京都文京区向丘1-20-6　TEL 03-3818-5521　FAX03-3818-5514
Email tk203444@fsinet.or.jp　URL:http://www.toshindo-pub.com/

東信堂

《グローバル・スタディーズ》叢書 第4巻

グローバル化と日本	内海博文編著	四六〇〇円
文明化と暴力——エリアス社会理論の研究	内海博文	三四〇〇円
言説の国際政治学——「心の地政学」理論、歴史と	山本吉宣	六八〇〇円
「帝国」の国際政治学——冷戦後の国際システムとアメリカ	山本吉宣	四七〇〇円
アメリカ政党システムのダイナミズム——仕組みと変化の原動力	吉野孝	二八〇〇円
危機のアメリカ「選挙デモクラシー」——社会経済変化からトランプ現象へ	吉野孝・前嶋和弘編著	二七〇〇円
オバマ後のアメリカ政治——二〇一二年大統領選挙と分断された政治の行方	吉野孝・前嶋和弘編著	二五〇〇円
オバマ政権と過渡期のアメリカ社会——選挙、政党、制度、メディア、対外援助	吉野孝・前嶋和弘編著	二四〇〇円
オバマ政権はアメリカをどのように変えたのか——支持連合・政策成果・中間選挙	吉野孝・前嶋和弘編著	二六〇〇円
2008年アメリカ大統領選挙——オバマの当選は何を意味するのか	吉野孝編著	二〇〇〇円
米中対立と国際秩序の行方——交叉する世界と地域	大澤傑編著	二七〇〇円
ホワイトハウスの広報戦略——大統領のメッセージを国民に伝えるために	M・J・クマ著 吉牟田剛訳	二八〇〇円
蔑まれし者たちの時代——現代国際関係の病理	ベルトランド・バデ著 福富満久訳	二四〇〇円
サステナビリティ変革への加速	国際基督教大学社会科学研究所編	二七〇〇円
緊迫化する台湾海峡情勢——台湾の動向二〇一九〜二〇二一年	上智大学グローバル・コンサーン研究所編 門間理良	三六〇〇円
ウクライナ戦争の教訓と日本の安全保障	神余隆博・松村五郎著	一八〇〇円
「ソ連社会主義」からロシア資本主義へ——ロシア社会と経済の100年	岡田進	三六〇〇円
パンデミック対応の国際比較	川上高司・石井貫太郎編著	二〇〇〇円
現代アメリカのガン・ポリティクス	鵜浦裕	二〇〇〇円

※定価：表示価格（本体）＋税

〒113-0023 東京都文京区向丘1-20-6 TEL 03-3818-5521 FAX03-3818-5514
Email tk203444@fsinet.or.jp URL:http://www.toshindo-pub.com/

東信堂

近世イギリスの誕生[上巻]――市場再編と貧困地域	稲上毅	九五〇〇円
近世イギリスの誕生[下巻]――市場都市イギリス・ヨークの近現代	稲上毅	七五〇〇円
市場都市イギリス・ヨークの近現代	武田尚子	六九〇〇円
安藤昌益――社会学者から見た昌益論	橋本和孝	二五〇〇円
地域社会研究と社会学者群像	橋本和孝	五九〇〇円
コミュニティ思想と社会理論――社会学としての闘争論の伝統	橋本直樹編著 吉原直樹 速水聖子 熊谷苑子	二七〇〇円
有賀喜左衛門――社会関係における日本的性格	熊谷苑子	二三〇〇円
自然村再考	高橋明善	六四〇〇円
再帰的=反省社会学の地平	矢澤修次郎編著	二八〇〇円
社会的自我論の現代的展開	船津衛	二四〇〇円
ハーバーマスの社会理論体系	永井彰	二八〇〇円
シカゴ学派社会学の可能性――社会的世界論の視点と方法	宝月誠	六八〇〇円
ヴェーバー後、百年――社会理論の航跡 ウィーン、東京、ニューヨーク、コンスタンツ	森元孝	五八〇〇円
未来社会学 序説	森元孝	二〇〇〇円
理論社会学――勤労と統治を超える	森元孝	二四〇〇円
貨幣の社会学――社会構築のための媒体と論理	中島道男	二八〇〇円
清水幾太郎の闘い	中島道男	一八〇〇円
エミール・デュルケム〈シリーズ世界の社会学・日本の社会学〉――経済社会学への招待	中島道男	二四〇〇円
丸山眞男――課題としての「近代」	中島道男	二四〇〇円
ハンナ・アレント――共通世界と他者	中島道男	二四〇〇円

※定価：表示価格（本体）＋税

〒113-0023 東京都文京区向丘1-20-6 TEL 03-3818-5521 FAX03-3818-5514
Email tk203444@fsinet.or.jp URL:http://www.toshindo-pub.com/

東信堂

住民投票運動とローカルレジーム【増補第2版】──新潟県巻町と根源的民主主義の細道、1994-2004	中澤秀雄	五八〇〇円
自治と参加の理論──住民投票制度と辺野古争訟を中心として	武田真一郎	四六〇〇円
異説・行政法──後衛の山から主峰を望む	武田真一郎	三三〇〇円
吉野川住民投票──市民参加のレシピ	武田真一郎	一八〇〇円
生協共済の未来へのチャレンジ 公益財団法人生協総合研究所編	生協共済研究会	二三〇〇円
二〇五〇年 新しい地域社会を創る──「集いの館」構想と生協の役割	生協総合研究所編	一五〇〇円
歴史認識と民主主義深化の社会学	庄司興吉編著	四二〇〇円
主権者の社会認識──自分自身と向き合う	庄司興吉	二六〇〇円
主権者の協同社会へ──新時代の大学教育と大学生協	庄司興吉	二四〇〇円
社会的自我論の現代的展開	庄司興吉	三二〇〇円
社会学の射程──ポストコロニアルな地球市民の社会学へ	庄司興吉	三二〇〇円
地球市民学を創る──地球社会の危機と変革のなかで	庄司興吉編著	三二〇〇円
現代日本の階級構造──理論・方法・計量分析	橋本健二	四五〇〇円
階級・ジェンダー・再生産──現代資本主義社会の存続メカニズム	橋本健二	三三〇〇円
社会学の現代的展開	船津衛	二四〇〇円
自立支援の実践知──阪神・淡路大震災と共同・市民社会	似田貝香門編	三八〇〇円
【改訂版】ボランティア活動の論理──ボランタリズムとサブシステンス	西山志保	三六〇〇円
自立と支援の社会学──阪神大震災とボランティア	佐藤恵	三二〇〇円
NPO実践マネジメント入門【第3版】	パブリックリソース財団編	二八〇〇円
個人化する社会と行政の変容──情報、コミュニケーションによるガバナンスの展開	藤谷忠昭	三八〇〇円
コミュニティワークの教育的実践	高橋満	二〇〇〇円
NPOの公共性と生涯学習のガバナンス	高橋満	二八〇〇円

※定価：表示価格（本体）＋税

〒113-0023 東京都文京区向丘1-20-6　TEL 03-3818-5521　FAX 03-3818-5514
Email tk203444@fsinet.or.jp　URL:http://www.toshindo-pub.com/

東信堂

〈ジョルダーノ・ブルーノ著作集〉全7巻完結

カンデライオ	加藤守通訳	三二〇〇円
聖灰日の晩餐	加藤守通訳	三二〇〇円
原因・原理・一者について	加藤守通訳	三二〇〇円
無限・宇宙・諸世界について	加藤守通訳	三六〇〇円
傲れる野獣の追放	加藤守通訳	四八〇〇円
天馬のカバラ	加藤守通訳	三三〇〇円
英雄的狂気	加藤守通訳	三六〇〇円
ロバのカバラ──ジョルダーノ・ブルーノにおける文学と哲学	N・オルディネ 加藤守通監訳	三六〇〇円
主観性の復権──心身問題から『責任という原理』へ	H・ヨナス 宇佐美・滝口訳	二〇〇〇円
ハンス・ヨナス「回想記」	H・ヨナス 盛永・木下・馬渕・山本訳	四八〇〇円
生命の神聖性説批判	H・クーゼ著、飯田・石川・小野谷・片桐・水野訳	四六〇〇円
生命科学とバイオセキュリティ──デュアルユース・ジレンマとその対応	四ノ宮成祥 河原直人編著	二四〇〇円
医学の歴史	今井道夫 石渡隆司監訳	四六〇〇円
安楽死法：ベネルクス3国の比較と資料	盛永審一郎監修	二七〇〇円
死の質──エンド・オブ・ライフケア世界ランキング	加藤泰恵・飯田亘之訳	一二〇〇円
バイオエシックスの展望	松坂井悦昭編訳	三二〇〇円
死生学入門──小さな死・性・ユマニチュード	大林雅之	二〇〇〇円
生命の問い──生命倫理学と死生学の間で	大林雅之	二〇〇〇円
生命の淵──バイオシックスの歴史・哲学・課題	大林雅之	二〇〇〇円
今問い直す脳死と臓器移植 [第2版]	澤田愛子	二八〇〇円
キリスト教から見た生命と死の医療倫理	浜口吉隆	三八〇〇円
動物実験の生命倫理──個体倫理から分子倫理へ	大上泰弘	四〇〇〇円
テクノシステム時代の人間の責任と良心	H・レンク 山本・盛永訳	三五〇〇円
哲学の目で歴史を読む	松永澄夫	二四〇〇円

※定価：表示価格（本体）＋税
〒113-0023 東京都文京区向丘1-20-6 TEL 03-3818-5521 FAX03-3818-5514
Email tk203444@fsinet.or.jp URL:http://www.toshindo-pub.com/

東信堂

オックスフォード キリスト教美術・建築事典	P&L.マレー宗義宗監訳	三〇〇〇〇円
イタリア・ルネサンス事典	J・R・ヘイル編 中森義宗監訳	七八〇〇円
美術史の辞典	P・デューロ他 中森義宗・清水忠訳	三六〇〇円
涙と眼の文化史──中世ヨーロッパの標章と恋愛思想	徳井淑子	三五〇〇円
青を着る人びと	伊藤亜紀	三六〇〇円
社会表象としての服飾──近代フランスにおける異性装の研究	新實五穂	三六〇〇円
病と芸術──「視差」による世界の変容	中村高朗編著	一八〇〇円
象徴主義と世紀末世界	中村隆夫	二六〇〇円
イギリスの美、日本の美──ラファエル前派と漱石、ビアズリーと北斎	河村錠一郎	二六〇〇円
美を究め美に遊ぶ──芸術と社会のあわい	荻江宏野厚佳志紀編著	二八〇〇円
バロックの魅力	小穴晶子編	二六〇〇円
新版 ジャクソン・ポロック	藤枝晃雄	二六〇〇円
西洋児童美術教育の思想	前田茂監訳 真理子	三六〇〇円
──ドローイングは豊かな感性と創造性を育むか？		
ロジャー・フライの批評理論──知性と感受性の間で	要真理子	四二〇〇円
レオノール・フィニ──境界を侵犯する新しい種	尾形希和子	二八〇〇円
【世界美術双書】		
バルビゾン派	井出洋一郎	二〇〇〇円
キリスト教シンボル図典	中森義宗	二〇〇〇円
パルテノンとギリシア陶器	関隆志	二〇〇〇円
中国の版画──唐代から清代まで	小林宏光	二〇〇〇円
中国の仏教美術──後漢代から元代まで	中村隆夫	二〇〇〇円
象徴主義──モダニズムへの警鐘	久野美樹	二〇〇〇円
セザンヌとその時代	浅野春男	二〇〇〇円
日本の南画	武田光一	二〇〇〇円
画家とふるさと	小林忠	二〇〇〇円
ドイツの国民記念碑 一八一三―一九一三年	大原まゆみ	二〇〇〇円
日本・アジア美術探索	永井信一	二〇〇〇円
インド、チョーラ朝の美術	袋井由布子	二〇〇〇円
古代ギリシアのブロンズ彫刻	羽田康一	二三〇〇円

※定価：表示価格（本体）＋税

〒113-0023 東京都文京区向丘1-20-6　TEL 03-3818-5521　FAX03-3818-5514
Email tk203444@fsinet.or.jp　URL:http://www.toshindo-pub.com/